Jim Petersen

Der lebende Beweis

Evangelisation als Lebensstil

FRANCKE
Verlag der Francke-Buchhandlung GmbH

Dieses Buch entstand in Zusammenarbeit mit den Navigatoren. Die Navigatoren sind eine überkonfessionelle Organisation. In Matthäus 28, 19 gibt Jesus seinen Jüngern den Auftrag, in die Welt zu gehen und Jünger heranzubilden.
Die Navigatoren haben das Ziel, bei der Erfüllung dieses Auftrages mitzuhelfen, indem sie in allen Völkern Arbeiter für Christus zurüsten. Die verschiedenen Materialveröffentlichungen der Navigatoren sind als Hilfe für das geistliche Wachstum von Gläubigen gedacht.

Anschrift: Die Navigatoren
Seufertstr. 5
5300 Bonn 2

Die Deutsche Bibliothek – CIP-Einheitsaufnahme

Petersen, Jim:
Der lebende Beweis : Evangelisation als Lebensstil / Jim Petersen.
[Dt. Bearb.: A. Sperling-Botteron]. – Marburg an der Lahn : Francke, 1991
(Das biblische Wort – aktuell)
Einheitssacht.: Living proof ‹dt.›
ISBN 3-88224-914-5

Deutsch von Agentur Lardon/A. Sperling-Botteron
Umschlaggestaltung: Agentur Lardon, Wiesbaden
Satz: Druckerei Schröder, 3552 Wetter/Hessen
Druck: St.-Johannis-Druckerei, 7630 Lahr/Schwarzwald 27683

Das biblische Wort – aktuell

INHALT

Der Autor

Jim Petersen ist Assistent des internationalen Missionsleiters der Navigatoren in Colorado Springs, Colorado.

Er wuchs in einer christlichen Familie in Minneapolis, Minnesota, auf und graduierte an der Universität Minnesota. Zudem studierte er am Northwestern Bible College sowie am Bethel College.

Als Jim einundzwanzig war, trat Gott in sein Leben und wurde zur größten Realität für ihn. Ein verzehrendes Suchen begann ihn zu erfüllen – er wollte ihn besser kennenlernen. Im folgenden Jahr wandte er sich an Ed Reis, einen leitenden Mitarbeiter der Navigatoren, und bat ihn um persönliche Hilfe. Die Vision und die Befähigung, die seinem innersten Verlangen, von Gott gebraucht zu werden, entsprachen und die er in der Folge empfing, schreibt Jim dem Einfluß zu, den Ed auf sein Leben ausübte.

Von 1958 bis 1961 wirkte er als Regionalbeauftragter in Minneapolis-St.Paul. Im Anschluß an eine kürzere Tätigkeit am internationalen Hauptsitz der Navigatoren in Colorado Springs, Colorado, gingen Jim und seine Frau Marge 1963 nach Brasilien, um dort mit der Navigatorenarbeit zu beginnen. 1972 wurde Jim Missionsleiter dieser Arbeit in Lateinamerika und war in dieser Funktion bis 1985 tätig.

Er und seine Frau haben vier Kinder: Michelle, Todd, Raquel und Rochelle.

Ein Wort des Autors

„Der lebende Beweis" besteht eigentlich aus zwei Büchern: „Evangelisation: ein Lebensstil" und „Evangelisieren heute". Beide wurden überarbeitet und zu einem Buch zusammengefaßt. Ich glaube, Ihnen, lieber Leser, eine Erklärung schuldig zu sein, wie es dazu kam. Beginnen wir von vorne.

Mitte der siebziger Jahre kehrten wir nach zehnjährigem Aufenthalt in Brasilien in die Vereinigten Staaten zurück, um dort einen Zwei-Jahres-Auftrag anzunehmen. Wenn man an einen vertrauten Ort zurückkommt, nachdem man einige Zeit abwesend gewesen ist, dann springen einem die Veränderungen geradezu ins Auge. Uns fielen vor allem die Veränderungen in der Einstellung und bei den Wertvorstellungen der Menschen auf, besonders bei den Nichtchristen unserer Gesellschaft. Amerika war säkularer geworden. Zum Beispiel war für viele die Vorstellung undenkbar, es könnte absolute Werte geben, die einen bestimmenden Einfluß auf eine Gesellschaft oder auf das persönliche Verhalten eines einzelnen ausüben. Der Relativismus war zu einer allgemeinen Grundauffassung geworden.

Da wir jene zehn Jahre mit Erfolg unter den brasilianischen Universitätsstudenten und jungen Berufstätigen gearbeitet hatten, die zum großen Teil ihre religiösen Traditionen zugunsten säkularer Lebensanschauungen aufgegeben hatten, glaubten wir, solche Menschen auch in den Vereinigten Staaten erreichen zu können. Ich war mir auch der grundlegenden Abkühlung des geistlichen Klimas bewußt, die in Europa um sich griff. Dieselben Kräfte, welche diese Klimaveränderung vorantrieben, traten auch in den Vereinigten Staaten in Erscheinung. Auch das beschäftigte mich. Durch diese Faktoren veranlaßt, beschloß ich, meine öffentliche Vortragstätigkeit in den zwei Jahren unseres vorgesehenen Aufenthaltes im Lande diesem Thema zu widmen. Ich sprach darüber überall, wo ich hinkam. Meine Botschaft war einfach: Beinahe die Hälfte unserer Gesellschaft hat mit der Kirche nichts im Sinn, und wir Christen haben keine

Kommunikation mit ihr; die Menschen dieser Hälfte kommen nicht zu uns oder interessieren sich nicht für unsere Programme, aber sie sind erreichbar; wir müssen lernen, ihnen Christus dorthin zu bringen, wo sie sind – in ihre Welt.

Ich hatte geglaubt, das sei einfach. Doch oft bestand die einzige Antwort in ausdruckslosen Blicken. Ich hatte das Gefühl, als versuchte ich beim Reden eine unsichtbare Welt zu beschreiben.

Als wir nach zwei Jahren nach Brasilien zurückkehrten, war meine Besorgnis angewachsen. Ich hatte mittlerweile gemerkt, daß sich mein erster Eindruck von einer Verschiebung im geistlichen Klima bestätigt hatte, und ich hatte mich genug mit ungläubigen Leuten abgegeben, um mich von ihrer Aufgeschlossenheit für Christus zu überzeugen. Aber ich wußte, es war mir nicht gelungen, weiterzugeben, was ich sah und fühlte. Damals beschloß ich, „Evangelisation als Lebensstil" zu schreiben. Ich meinte, daß, wenn ich das ganze Anliegen in einem Buch niederlegen würde, ich meine Botschaft an den Mann bringen könnte. Ich schrieb das Buch, empfahl es Gott und dem Herausgeber und wandte mich anderen Dingen zu. Ich glaubte, gesagt zu haben, was ich über Evangelisation zu sagen hatte.

Dann begannen Briefe einzutreffen. Offensichtlich hatte ich den Lesern meine Hauptbotschaft übermitteln können, aber ich hatte nicht genügend praktische Anleitung gegeben, wie man in dieser Sache etwas unternehmen kann. Ich war froh, daß wir Tausende von Kilometern entfernt lebten! Da erhielt ich einen vielseitigen Brief von einem Navigator in Kalifornien, Peter Gerhard. Ich war ihm vorher noch nie begegnet. Sein Brief bestand aus einem „Wie macht man es, daß ..." nach dem andern. Während ich ihn las, dachte ich: *Um diesen Brief zu beantworten, ist ein weiteres Buch nötig!* Und deshalb schrieb ich „Evangelisieren heute".

Bald nach der Veröffentlichung von „Evangelisieren heute" schrieb mir Joe Coggeshall von CBMC (Komitee der Christlichen Geschäftsleute), die beiden Bücher ließen sich bestimmt als Grundlage für ein Video-Seminar benutzen. Er teilte mir mit, NavPress und CBMC seien daran interessiert, das als Gemeinschaftsprojekt zu realisieren. Ich brauchte mehr als ein Jahr, um mich für diese Idee zu erwärmen. Als ich soweit war, meinte Pat McMillan zu mir, es sei sicher eine gute Sache, beide Titel zu einem einzigen Buch zusammenzufügen! Dieser Vorschlag war nicht ganz neu, da ich etwas Ähnliches schon von einigen Theologie-Professoren gehört hatte. Doch in Anbetracht all meiner laufenden Verpflichtungen schien es einfach unmöglich. Ich wandte mich an Jake Barnett.

Jake hatte tatkräftig mitgeholfen, „Evangelisation: ein Lebensstil" und

„Evangelisation heute“ zu schreiben. Ich bezweifle, ob ich ohne seine aufmunternden Worte und kompetente Unterstützung je ein Druckerzeugnis zustande gebracht hätte. Jake erbot sich an, für mich die beiden Texte zu integrieren. Er tat sich mit meinem alten Lehrer Ed Reis zusammen, und nicht lange danach legten sie mir einen Entwurf vor. Ich verschwand damit, arbeitete daran und ging dann zu Jake zurück. Gemeinsam gaben wir dem Text den letzten Schliff. Das Resultat dieses Prozesses ist „Der lebende Beweis“.

Das Material in diesem Buch ist das Ergebnis vieler Fehler und einiger richtiger Dinge, die im Verlaufe von dreißig Jahren gemacht wurden. Als Quellen dienten mir die Bibel, meine ungläubigen Freunde (und Feinde), meine Kollegen und ein paar gute Bücher. Zum Schluß kann ich nicht umhin, einige ganz spezielle Freunde zu erwähnen, die mit mir zusammen Erfahrungen gesammelt und aus ihnen gelernt haben: Ken Lottis, Osvaldo Simóes, Aldo Berndt, Fernando Gonzalez und Mário Nitsche. Ein jeder von ihnen wäre kompetent genug gewesen, selber dieses Buch zu schreiben.

Einleitung

Neue Erkenntnisse über die herkömmliche Evangelisation

Evangelisation – in Traditionen festgefahren

1963 reisten wir als Familie mit dem Schiff von den Vereinigten Staaten nach Brasilien. Diese Reise stellte für uns einen Neuanfang dar. Das entsprach auch unserer Erwartung. Doch wir hatten nicht damit gerechnet, daß wir schon während der sechzehn Tage auf dem Schiff neue Erkenntnisse sammeln würden, und dieser Vorgang hat sich bis zum heutigen Tag fortgesetzt. Das vorliegende Buch ist ein Versuch, das weiterzugeben, was ich seit dieser Reise über das Thema Evangelisation hinzugelernt habe.

An Bord des Schiffes befanden sich hundertzwanzig Passagiere, die Hälfte davon Touristen und die andere Hälfte Missionare, einschließlich uns. Sechzig Touristen und sechzig Missionare – ein 1:1 Verhältnis während sechzehn Tagen! An Bord läßt sich kaum mehr unternehmen als spazierengehen, lesen oder Gespräche führen. Aus diesem Grund konnte ich mir kaum vorstellen, daß auch nur ein Tourist die Reise beenden konnte, ohne nicht gründlich mit der christlichen Botschaft konfrontiert worden zu sein. Idealere Bedingungen zum Evangelisieren konnte es gar nicht geben.

Während der ersten drei Tage versuchten meine Frau und ich, Kontakte zu anderen Passagiere zu knüpfen. Wir konnten uns ohne Zeitdruck unterhalten, und schon bald diskutierten wir mit unseren neuen Bekannten eingehend über Christus.

Am dritten Tag wurde mir klar, daß wir die Passagiere bald völlig überfordern würden, wenn alle anderen achtundfünfzig Missionare dasselbe taten wie wir. Deshalb beschloß ich, mit den anderen darüber zu reden, wie wir unsere Bemühungen aufeinander abstimmen könnten. Die erste Gelegenheit dazu bot sich mir, als ich sechs Missionare traf, die auf dem Oberdeck zusammensaßen. Ich gesellte mich zu ihnen und teilte ihnen meine Befürchtung mit. Ich schlug vor, daß wir uns absprechen sollten, wie wir die Passagiere am besten erreichen könnten.

Ich hatte das Problem völlig falsch eingeschätzt. Als ich ihnen erklärte, was mich beschäftigte, schauten sich die sechs einander befremdet an. Offenbar war es ihnen überhaupt nicht in den Sinn gekommen, mit den anderen sechzig Passagieren über Christus zu sprechen. Schließlich sagte einer von ihnen: „Wir kommen gerade frisch vom Seminar, und dort haben wir nicht gelernt, wie man so etwas macht." Ein anderer sagte: „Ich weiß nicht so recht. In mir sträubt sich alles gegen die Vorstellung, daß man sich bekehren soll." Ein Dritter meinte: „Ich bin jetzt seit drei Jahren Pastor, aber ich habe noch nie mit jemand persönlich über den Glauben gesprochen. Ich glaube, ich weiß auch nicht, wie man das macht."

Ich erinnere mich, wie ich ihnen daraufhin sagte, daß wir die 95 Millionen Brasilianer vergessen könnten, wenn es uns nicht gelingen würde, diesen sechzig Leuten während den sechzehn Tagen und mit so vielen Missionaren das Evangelium zu bezeugen. Dann sollten wir doch lieber gleich mit dem nächsten Schiff zurück nach Hause fahren.

Ein paar Stunden später klopfte es an unserer Kabinentür. Ich öffnete und sah mich dreien der sechs gegenüber, mit denen ich zuvor gesprochen hatte. Sie wollten mich darüber informieren, daß sie vom Kapitän die Erlaubnis erhalten hätten, am Sonntag einen Gottesdienst für die Schiffsmannschaft abzuhalten. Gleichzeitig baten sie mich, die Predigt zu halten.

Als sie mir ihre Absicht erklärten, mußte ich an ein Gespräch denken, das ich drei Wochen zuvor mit einem befreundeten Pastor geführt hatte. Dieser Pastor erzählte mir, daß seine Gemeindeglieder angefangen hätten, Zeugnis von ihrem Glauben abzulegen. Er sagte, die jungen Leute gingen jetzt jeden Sonntag in ein Altersheim, um dort einen Gottesdienst zu halten. Etliche der Gemeindeglieder hielten jede Woche Gottesdienste im Gefängnis, und im Anschluß daran führten sie Seelsorgegespräche mit den einzelnen Häftlingen.

Natürlich ist nichts Verkehrtes daran, Gottesdienste in Gefängnissen und Altersheimen zu halten. Aber wenn das der ganze evangelistische

Einsatz ist, dann entsteht ein Problem. Ich fragte den Pastor: „Riskieren Sie damit nicht, Ihrer Gemeinde beizubringen, daß das Evangelium nur für Menschen ist, die in schwierigen Umständen sind, für solche, bei denen uns das Zeugnisgeben verhältnismäßig leichtfällt? Sollten die Christen nicht lernen, die Botschaft auch ihren Freunden und Bekannten, den Menschen ihrer eigenen Gesellschaftsschicht zu bringen?" Das gleiche gab ich auch den drei Missionaren in meiner Kabine zu bedenken. Wir standen in Gefahr, hier an Bord in dasselbe Denkschema zu verfallen. Ich sagte: „Durch unser Gespräch hat sich Ihr Gewissen geregt. Und nun haben Sie diese armen Seeleute ausgemacht, die nie zur Kirche gehen, und haben einen Gottesdienst für sie geplant. Das ist in Ordnung; aber ich denke, wir können uns nicht der Verantwortung für die anderen Passagiere entziehen."

Sie begriffen, was ich sagen wollte. Aber sie hatten jetzt schon vereinbart, diesen Gottesdienst für die Schiffsmannschaft abzuhalten. Der Kapitän machte einen Anschlag in den Mannschaftsunterkünften, und man begann den Speisesaal für den Anlaß herzurichten. Ich sagte zu, am Gottesdienst teilzunehmen, aber nicht um zu predigen.

Wir vier waren rechtzeitig im Speisesaal. Außer uns war er leer. Dann und wann lief ein Matrose beim Verrichten seiner Arbeit eilig durch den Raum, offensichtlich darauf bedacht, nicht von uns abgefangen zu werden. Schließlich kam ein Matrose herein und nahm Platz. Er war Baptist. Und so hielten wir unseren Gottesdienst: vier Missionare und ein baptistischer Matrose!

Nach diesem Abend begannen meine drei Freunde, sich darüber Gedanken zu machen, wie sie auf die Touristen zugehen könnten.

Unter den Passagieren befand sich auch ein älteres, gläubiges Ehepaar. Der Mann hatte gerade Geburtstag, und aus diesem Anlaß veranstalteten die drei Missionare einen Abend mit traditionellen Liedern. Ich ahnte, was kommen würde, und hielt es für weiser, fernzubleiben, um nicht die Beziehung zu den Leuten, die ich kennengelernt hatte, zu gefährden. Als es Zeit wurde, mit ihrem Abendprogramm zu beginnen, war ich auf dem Oberdeck. Auch ein anderer Passagier wollte hier oben die Abendluft genießen. Wir fingen an, uns über das Neue Testament zu unterhalten, das ich zum Lesen mitgenommen hatte.

Von unten klangen die alten Lieder herauf. Dann wurde „Fels des Heils" gesungen und noch ein anderes geistliches Lied. Danach wechselten sich Pausen, weitere Kirchenlieder und Glaubenszeugnisse ab. Schließlich wurde eine Ansprache gehalten.

Als alles vorbei war, zeigten sich meine drei Freunde ganz begeistert.

Es war ihnen gelungen, zu fast allen Passagieren zu „predigen". Natürlich organisierten sie für den übernächsten Tag einen weiteren Liederabend. Wieder begab ich mich auf das Oberdeck, aber dieses Mal waren noch sechzig andere Passagiere oben. Sie wollten nicht ein zweites Mal in dieselbe Falle gehen!

Als ich später nochmals über diese sechzehn Tage nachdachte, kam mir in den Sinn, daß jene Situation auf dem Schiff eigentlich die Situation der Gemeinde Jesu im kleinen widerspiegelte. Herkömmliche, von uns bis dahin geschätzte Methoden und Bemühungen genügen oft nicht, um die Welt um uns her zu erreichen. Die Erfahrungen der darauffolgenden Jahre, als wir uns um der Verbreitung des Evangeliums willen an die neue Kultur mit ihrer neuen Sprache gewöhnten, haben diese Erkenntnis bestätigt.

Meine Bemühungen, das Evangelium über kulturelle und sprachliche Grenzen hinweg weiterzutragen, haben ein Gutes gehabt, nämlich, daß bei diesem Versuch viele meiner besten und vermeintlich unwiderlegbaren Vorstellungen zunichte gemacht wurden. Nur wenige meiner Methoden überlebten diese Grenzüberschreitung, und es wäre besser gewesen, wenn auch diese dasselbe Schicksal erlitten hätten. Als mir kaum noch etwas blieb, erkannte ich meine Unkenntnis, die unterschwellig schon lange dagewesen war. Dies war eine außerordentlich wertvolle Erfahrung; denn wenn man endlich aufwacht und merkt, daß man nichts weiß, kann man erst anfangen, etwas Neues zu lernen.

All das hat mich zu einem Suchen geführt, das bis zu diesem Tage anhält. Ich möchte herausfinden, wie man das Evangelium effektiv in die Welt hineintragen kann. Während der letzten Jahre habe ich mir oft die Frage gestellt, wie beweglich wir eigentlich bei der Verkündigung des Evangeliums sind. Viele damit in Zusammenhang stehende Fragen blieben unbeantwortet (so auch einige von denen, die ich hier aufführe). Doch ich habe genug gelernt, um einzusehen, daß ich manchmal wichtige biblische Wahrheiten außer acht gelassen habe. Deswegen waren diese Jahre vom Forschen nach Antworten geprägt. Ich möchte Sie gerne in diese Suche mit hineinnehmen, damit wir gemeinsam dazu beitragen können, daß mehr Menschen mit dem Evangelium erreicht werden.

Hierzu einige Fragen, denen ich mich gestellt habe:

Wie sieht die Welt, in der wir leben, eigentlich aus? Sind wir wirklich vertraut mit ihr? Verstehen wir, was in den Köpfen der Menschen um uns her vor sich geht? Sind wir uns dessen bewußt, wohin die moderne Philosophie den Menschen von heute gebracht hat? Wissen wir, wo er gefühlsmäßig steht?

Wie steht es mit der Säkularisierung? Kennen wir das Ausmaß der Säkularisierung in unserer näheren Umgebung? Wie verständigen wir uns mit den säkularisierten Menschen? Ist eine Verständigung überhaupt möglich?

Was macht eine echte Kommunikation aus? In welcher Weise müssen wir bei unserem Zeugnis von Christus die unterschiedlichen Denk- und Lebensweisen berücksichtigen? Wie können wir wissen, daß das Evangelium wirklich „angekommen" ist? Wer trägt die Verantwortung, wenn wir in der Kommunikation versagen? Wie gehen wir eigentlich auf unsere Zuhörer ein?

Was meinte Jesus, als er sagte, daß das Evangelium „jeder Kreatur" und „in der ganzen Welt" gepredigt werden soll? Inwieweit haben wir diesen Auftrag erfüllt? Haben wir ihn schon erfüllt, wenn wir jemandem lediglich die Vorbedingungen des Heilserlebnisses erklärt haben, oder geht es nicht doch um viel mehr? Sind „evangelisieren" und „ernten" gleichartige Begriffe?

Was meinte Jesus, als er uns sagte, daß wir „in der Welt" leben sollen? Wie läßt sich das vereinbaren mit der anderen Aufforderung: „Gehet aus ihrer Mitte" (2.Kor 6,17)? Wie würde ein ausgeglichenes Verhältnis zwischen einem Leben in der Welt und der Absonderung von ihr aussehen? Leben wir in der Welt, so wie Jesus das von uns wollte, oder haben wir uns in ein Ghetto zurückgezogen?

Was ist mit den großartigen Dingen, die heute in der Gemeinde Jesu geschehen? Evangeliumsfeldzüge, Seminare, Supergemeinden? Können wir es nicht doch mit genügend Zeit und Leuten schaffen, die Befehle Christi auszuführen? Werden unsere Programme und Institutionen den Bedürfnissen entsprechen können? Wenn nicht, woran liegt es dann?

Wer sorgt für den Vormarsch des Evangeliums in der Welt? Ist es realistisch, wenn wir erwarten, daß sich hier jeder Christ engagiert? Oder laden wir unseren Brüdern falsche Schuldgefühle auf? Ist die persönliche Evangelisation die Antwort? Ist persönliche Evangelisation nur etwas für einige wenige, die eine besondere Begabung dafür haben? Wo ist die Gemeinschaft der Gläubigen einzuordnen?

Als ich nach Antworten auf diese Fragen suchte, erkannte ich, daß die christliche Mission viel komplizierter und vielschichtiger ist, als wir zugeben wollen. Die Tatsache, daß wir uns nur mit geringem Erfolg über die Grenzen verschiedener Denkweisen und Kulturen verständlich machen können, zeigte mir, daß wir gewisse, wichtige biblische Wahrheiten bei der Verkündigung des Evangeliums in der Welt übersehen haben müssen. Es gelingt uns zuwenig, mit den säkularisierten Männern und Frauen der westlichen Kulturen oder mit den Millionen anderer außerhalb des normalen Rahmens unserer Verkündigung zu kommunizieren.

Unsere westliche Gesellschaft reagiert auf die einst wirksamen Methoden immer weniger. Gleichzeitig haben wir unser Verständnis von Evangelisation so verkürzt und uns so sehr an unsere Erfolglosigkeit gewöhnt, daß wir mit unseren gewohnten Evangelisationsmethoden weitermachen und uns manchmal der Welt ohne Christus um uns herum gar nicht richtig bewußt werden.

Unsere Evangelisation konzentriert sich vor allem auf die verirrten Schafe unserer eigenen Herde, das heißt auf jene Menschen, die in unseren Denominationen aufgewachsen sind. Sich um sie und um die Bedürfnisse der eigenen Gemeinde zu kümmern, das gibt uns genug zu tun. Deshalb finden wir auch kaum Zeit, innezuhalten und uns über die Tatsache Gedanken zu machen, daß wir nur mit sehr bescheidenem Erfolg die ungläubige Welt um uns her erreichen. In gewissem Sinne führen wir Selbstgespräche und merken es nicht einmal.

Ken Lottis, zwanzig Jahre lang mein Mitarbeiter in Brasilien, wußte eine gute Illustration dafür. Als er seine Erlebnisse während eines seiner Urlaube schilderte, erzählte er mir die folgende Geschichte.

„Als ich an diesem Nachmittag zu dem Café fuhr, wußte ich wirklich nicht, was ich erwarten sollte. Ich hatte Pastor Ellsworth seit zwanzig Jahren nicht mehr gesehen. Jetzt, nach dieser langen Zeit, hatte er mich mit einem Brief und einigen Telefonanrufen ausfindig gemacht. Mit seiner Frau hatte er fast 300 Kilometer zurückgelegt, um mit meiner Frau und mir eine Tasse Kaffee zu trinken.

Als wir uns das erste Mal begegneten, war er frisch verheiratet, gerade erst ordiniert worden und hatte sein erstes Pastorat. Zu jener Zeit hatte auch ich gerade geheiratet, arbeitete für die Navigatoren und war Mitglied seiner Gemeinde. Jetzt, zwanzig Jahre später, sollten wir uns in einem Hotel-Café treffen. Meine Frau fragte mich, als wir hineingingen: „Glaubst du, daß wir sie wiedererkennen werden?" Wir erkannten sie, wahrscheinlich deshalb, weil sie so etwas wie ein Spiegelbild von uns waren: ein paar graue Haare, ein paar Pfunde zuviel und einige Falten um die Augen herum.

Zu Beginn unserer Unterhaltung tauschten wir Erinnerungen aus und sprachen von unseren Familien. Dann drehte sich das Gespräch um unseren Dienst im Reich Gottes, den wir in den vergangenen zwanzig Jahren getan hatten. Pastor Ellsworth hatte verschiedene Gemeinden betreut, von denen jede neue ein bißchen größer als die vorherige war.

Seine momentane Gemeinde in einer Stadt des Mittelwestens war typisch mittelamerikanisch – Farmer, Rancher, usw.

Ich hatte die vergangenen zwanzig Jahre bei den Navigatoren in Brasilien mitgearbeitet. Als ich ihm von einigen unserer Erfahrungen erzählte, wie wir den jungen Brasilianern das Evangelium weitersagten, antwortete er: „In jeder Gemeinde, in der ich gewesen bin, habe ich die herkömmlichen Evangelisationsmethoden ausprobiert: Evangeliumsfeldzüge, Hausmission, Evangelisationsseminare. Ich nahm das Buch „Evangelisation: ein Lebensstil" zur Hand, weil ich wußte, daß darin über deine Arbeit mit Jim Petersen in Brasilien berichtet wurde. Als ich begann, es zu lesen, hatte ich plötzlich das Gefühl, eine Erklärung für meine Frustration zu finden, die bei meinen Versuchen entstanden war, die Menschen in meiner Stadt mit dem Evangelium zu erreichen.

In unserer Gemeinde wird die Bibel gelehrt und geglaubt wie in vielen anderen Gemeinden des Mittelwestens. Die Stadt ist klein und hat knapp zehntausend Einwohner. Letztes Jahr veranstaltete ich eine Woche lang evangelistische Abende. Wir hatten einen guten Evangelisten, und die Abende waren gut besucht, aber die meisten Menschen kamen aus unserer eigenen Gemeinde.

Als ich darüber las, was ihr unter säkularisierten Menschen in Brasilien tut, erkannte ich endlich, daß es sehr viele Menschen in meiner Stadt gab, die auch säkularisiert waren. Sie waren keine Intellektuellen, sondern einfache Menschen, die sich nicht mehr für die Kirche und ihre Botschaft interessierten. Sie würden nie in meine Gemeinde kommen. Ich frage mich jetzt, was ich tun muß, um diese Menschen zu erreichen."

Diese Geschichte verdeutlicht uns verschiedene Schwierigkeiten , die wir Christen haben, wenn es um die Kommunikation mit den Menschen um uns her geht. Wir schenken der Kluft zwischen uns und ihnen oft zu wenig Beachtung. Gerade denen, welchen wir es am meisten schulden, können wir uns mit unseren Methoden oft nicht verständlich machen. Es kann sein, daß uns dieses Versagen gar nicht bewußt ist; aber auch wenn wir darauf aufmerksam werden, geraten wir in Verlegenheit und wissen nicht, was zu tun ist.

Aber es muß nicht so bleiben. Es ist möglich, den verschiedensten Menschen das Evangelium mit Erfolg weiterzusagen. Um das tun zu können, müssen wir zunächst besser verstehen, was uns die Bibel über das Evangelisieren lehrt. Es ist das Ziel dieses Buches, uns wachzurütteln, damit wir anfangen, die vielen Menschen um uns her zu sehen, und damit wir auf einige biblische Wahrheiten, die bis jetzt vernachlässigt wurden, aufmerksam werden. Wir werden noch zeigen, daß Evangelisation, wie Jesus sie beschrieb und wie sie in den Briefen der Apostel dargelegt wird, zwei Aspekte beinhaltet:

1. Das *Verkündigen* oder Bekanntmachen des Evangeliums – ein aktives *Handeln,* durch das der Nichtchrist ganz klar mit dem Kern der Botschaft konfrontiert wird.

2. Die *Bekräftigung* oder Darstellung des Evangeliums – ein anhaltender Prozeß, in dessen Verlauf wir die christliche Botschaft ausleben und vorleben.

Wir werden noch sehen, daß beide Methoden gleichermaßen wichtig sind, wenn wir alle Bevölkerungsschichten erreichen wollen. Aber beide Evangelisationsmethoden haben auch ihre Grenzen. Wir sind vertrauter mit der ersten Art der Evangelisation und haben sie oft als die eigentliche Evangelisation verstanden, obwohl sie doch nur die eine Phase des Gesamtprozesses ist. Es mag die Anfangsphase sein – wie bei Paulus, wenn er in eine Stadt kam, in die Synagoge ging und mit den Leuten redete. Oder es kann sich auch um eine spätere Phase handeln, die in den Rahmen der Bekräftigung durch das ausgelebte Zeugnis hineingehört.

Vom Gesichtspunkt einer biblischen Definition der Evangelisation aus werden wir feststellen, daß sich in unserer Gesellschaft viel mehr Menschen mit dem Evangelium erreichen lassen, als wir denken – obwohl diese Menschen vielleicht nicht gleich Christen werden. Es ist Zeit, daß wir bewußt damit anfangen, Gott wirklich zuzutrauen, daß durch unseren Einsatz viel mehr Menschen aus dem Reich der Finsternis herausgerettet werden als bisher. Das ist möglich, aber es erfordert ein Umdenken.

Teil I
Analyse unserer Zeit

1. Unsere Zeit verstehen lernen

Eine Welt nie dagewesener Umbrüche

In 1.Chronik 12,32 ist die Rede von „den Männern von Isaschar, die erkannten und rieten, was Israel zu jeder Zeit tun sollte" (1.Chr 12,32).

Ihr Männer von Isaschar, wo seid ihr heute?

Die westliche Welt geht gegenwärtig durch einen gesellschaftlichen Prozeß des Umbruchs, der eine nicht geringe Herausforderung für alle darstellt, die verstehen möchten, was da vorgeht. Das Wesen und die Bedeutung dessen, was bereits geschehen ist, zu verstehen, ist eine schwer zu lösende Aufgabe. Tendenzen zu identifizieren und zu erkennen, wohin sie führen, ist noch schwieriger.

Futurologen füllen unsere Regale mit Büchern und Zeitschriften, die eine breite Palette von Vorhersagen und Interpretationen enthalten. Diese bieten wohl interessanten und aufschlußreichen Lesestoff. Aber die Veränderungen kommen oft so schnell, daß das, was diese Autoren zu sagen haben, meist schon überholt ist, bevor es die Leser erreicht. Um die Verwirrung noch zu steigern, weisen ihre Annahmen grundlegende Unterschiede auf.

Es liegt nicht in meiner Absicht, hier noch eine weitere Analyse unserer Gesellschaft zu den bereits vorhandenen hinzuzufügen. Ich möchte statt dessen mit groben Pinselstrichen die vorherrschenden Tendenzen aufzeigen, die unserer Gesellschaft ihr Gepräge verleihen. Mit diesem Kapitel verfolge ich nicht das Ziel, den Leser darüber zu informieren, was vor sich geht, sondern ich möchte ihn für die *Tatsache* der Veränderung sensibilisieren – das heißt, daß unsere Gesellschaft tatsächlich in einem Wandel begriffen ist.

Veränderungen haben die Tendenz, von uns überhaupt nicht bemerkt zu werden, während wir so weiterleben wie bisher. Aber um des Missionsbefehls Jesu willen „Geht hin in alle Welt" können wir uns das nicht leisten. Wir Christen haben den Auftrag, Mitarbeiter Gottes in dieser Welt zu sein. Wir müssen deshalb versuchen, unsere Zeit zu verstehen; denn die Menschen, die wir erreichen wollen, werden von diesen Zeitströmungen mitgerissen. Wenn es uns nicht gelingt, diese Wahrheit zu verstehen, werden wir auch zu keiner wirksamen Kommunikation fähig sein. Dann sprechen wir mit den Menschen so, als wären sie noch die gleichen, die sie früher einmal waren. Wir dürfen die Entwicklungen nicht verschlafen!

ERKENNTNISSE ÜBER DIE ZEITSTRÖMUNGEN: WAS SAGEN DIE ANALYTIKER?

Die Vorhersagen über das geistliche Klima unserer Gesellschaft weisen große Unterschiede auf. Einige sehen eine Zeit ungewöhnlicher Offenheit für geistliche Werte voraus. Andere behaupten das genaue Gegenteil.

Die Optimisten

Rifkin und Howard machen einige sehr optimistische Angaben über das Wachstum der Gemeinde Jesu. Sie sagen: „Ein wachsende Anzahl von Historikern, Ökologen, Wirtschaftswissenschaftlern und Anthropologen fragen: Was wird an die Stelle des Materialismus treten? Die meisten stimmen darin überein, daß ... das Hauptinteresse des menschlichen Daseins sich von der horizontalen Ebene des Materialismus zu der vertikalen Ebene der Spiritualismus hin bewegen werde. Nur eine große geistliche Erneuerung, so argumentieren sie, werde sowohl die Grundlagen für eine neue Weltanschauung sowie den Glauben und die Disziplin liefern können, die nötig sind, um sie in die Tat umzusetzen.“[1] Dies ist in der Tat eine positive Aussage.

Im gleichen Sinne sagt John Naisbitt voraus, in den Vereinigten Staaten werde es zu einer großen religiösen Erweckung kommen und demzufolge der Gottesdienstbesuch zunehmen. Seine Begründung: „Weil viele Menschen in schwierigen Zeiten in ihrem Leben ein festes Gefüge und keine Vieldeutigkeit brauchen.“[2] Die Menschen brauchen etwas, woran sie sich festhalten können, etwas, das ihnen in einer Zeit voller Veränderungen einen Anker bietet.

George Gallup führte 1977 in Amerika eine religiöse Umfrage durch. Er kam zu dem Ergebnis, daß „die sich häufenden Anzeichen darauf schließen lassen, daß die späten siebziger Jahre tatsächlich den Beginn einer religiösen Erweckung in Amerika bringen könnten."[3]

Diese Beobachter eines positiven, religiösen Trends stützen sich alle auf bestimmte Anzeichen, um ihre Analyse zu belegen. Sie lenken die Aufmerksamkeit auf die Tatsache, „daß 42 Prozent aller erwachsenen Amerikaner wenigstens einmal in der Woche einen Gottesdienst besuchen"; daß „sich fast jeder dritte Amerikaner als „wiedergeboren" bezeichnet; daß heute „1300 Radiosender – jeder siebente – im Besitz von Christen ist und von Christen betrieben wird"; und daß evangelikale Verleger ein Drittel des gesamten kommerziellen Buchmarktes abdecken.[4]

Es stimmt! Es existiert tatsächlich ein Aufschwung unter der evangelikalen Christenheit Amerikas. Jedermann kann sich davon überzeugen: Er muß einfach einmal probieren, sich am Sonntagmorgen durch den Verkehrsstau in der Umgebung einer der vielen Supergemeinden hindurchzuarbeiten, die es heute in der religiösen Szene Amerikas gibt. Die Begeisterung dieser Gemeinden, deren überbeschäftigte Mitarbeiterstäbe mit ihrem eigenen Erfolg kaum mehr Schritt halten können, läßt ihnen beinahe keine Zeit, um innezuhalten und über die Vorgänge außerhalb des eigenen Gemeindegeschehens nachzudenken. Jede Erfolgskurve bestätigt, daß die Dinge nie besser standen.

Und so kommen Howard und Rifkin zu dem Schluß: „Zwei Dinge sind sicher: ein umfassendes religiöses Erwachen ist zu erwarten, und die ersten Anzeichen dieser Umwälzung sind bereits erkennbar."[5] Werden sie recht behalten?

Die Pessimisten

Es gibt jedoch auch davon abweichende Einschätzungen der religiösen Zukunft, die mit derselben Gewißheit und mit ähnlich überzeugenden Beweisen vorgebracht werden. Diese anderen Stimmen klingen sehr seltsam in den Ohren jener Christen, die sich in dem oben erwähnten Gemeindewachstum engagieren. Kenneth Kantzer, ehemaliger Chefredakteur der Zeitschrift „Christianity Today", stellt fest: „Wir stehen wahrscheinlich am Ende einer Zeitepoche, die von der Reformation bis hin zur russischen Revolution reicht. Eine religiöse Eiszeit geht heutzutage über Europa und Nordamerika hinweg (von einigen erwähnenswerten Ausnahmen in besonderen Gegenden abgesehen, wo die Evangelikalen stark vertreten sind). Materialistisch geprägtes Heidentum ist zur vorherrschenden Weltanschauung geworden. Diese wachsende Säkularisierung, die eine Gesellschaft prägt, welche dem christlichen Glauben völlig fremd ist, höhlt allmählich die biblischen Werte in unserer Gesellschaft aus und dringt auch in die Gemeinde Jesu ein."[6]

Worüber spricht Kantzer hier? Ich glaube, er sieht Dinge, die bisher von den optimistischeren Beobachtern ignoriert wurden. Er sieht die Dinge in ihrem größeren Zusammenhang. Die soeben beschriebene religiöse Tendenz ist nicht vorherrschend, so eindrücklich sie auch erscheinen mag. Sie ist vielmehr eine Gegenströmung, die sich eindeutig von der Hauptströmung, die unsere Gesellschaft prägt, unterscheidet. Dabei spielt diese säkularisierte Hauptströmung in Größe und Einfluß eine überragende Rolle.

Rifkin und Howard erkennen die Brisanz der gegenwärtigen Situation. Sie stellen fest, daß „Amerika ... aus zwei Kulturen besteht, die in einem sorgfältig strukturierten Verhältnis zueinander existieren ... Dies sind die reformatorische Kultur von Calvin, welche die Basis bleibt, und ihre entartete Nachfolgerin, das sie überlagernde liberale Ethos".[7] Ihrer Meinung nach geht es um die Frage, ob „die neue evangelikale Erweckung diese kritische Zeit umformen wird, oder ob sie statt dessen von der säkularisierten Gesellschaft umgeformt und absorbiert wird".[8]

Verschiedene Autoren drücken es unterschiedlich aus, aber die meisten sind sich darin einig, daß sich ein großer Teil der Welt, insbesondere der westlichen Welt, in diesem gesellschaftlichen Umbruch befindet. Der eine Lebensstil stirbt, und der andere tritt dafür an seine Stelle.

Wie dieser gesellschaftliche Wandel die Offenheit der Menschen unserer Generation für geistliche Dinge beeinflussen wird, läßt sich unmöglich voraussagen. Viel hängt davon ab, wie wach wir Christen für das Geschehen unserer Tage sind, und ob wir die nötige Flexibilität besitzen oder nicht, angemessen darauf zu reagieren.

Christopher Lasch beschreibt in seinem Buch „The Culture of Narcissism" die Richtung, in die unsere Gesellschaft seiner Meinung nach steuert. Darin faßt er die Faktoren zusammen, die das Sterben dessen anzeigen, was er den „leistungsorientierten Individualismus" nennt, und die Herausbildung dessen, was logischerweise an seine Stelle tritt, nämlich „die Jagd nach Glück, die in die Sackgasse einer narzistischen Beschäftigung mit sich selbst mündet".[9]

Lasch stellt fest, daß unsere politischen Theorien keine Erklärung mehr dafür finden, daß unsere ökonomischen Theorien dasselbe Schicksal erlitten haben und daß die Wissenschaften, die einst so davon überzeugt waren, Antworten für das Leben geben zu können, jetzt deutlich machen, daß man von ihnen nicht mehr die Lösung gesellschaftlicher Probleme erwarten solle.

Die Geisteswissenschaften, so Lasch, seien genauso bankrott wie alle anderen und „müssen allgemein eingestehen, daß humanistisches Studium nichts zum Verständnis der modernen Welt beizutragen vermag. Philosophen haben es aufgegeben, uns das Wesen der Dinge erklären zu wollen oder zu sagen, wie wir leben sollen". Die Kunst erhebt nur noch den Anspruch, „den inneren Geisteszustand des Künstlers widerzuspiegeln". Selbst Historiker warnen uns vor den sogenannten „Lektionen" der Geschichte – sie seien „keineswegs belanglos, sondern sogar gefährlich".[10]

Zu dieser Ernüchterung gesellt sich noch die Angst, indem die Gesellschaft anfängt, sich Gedanken zu machen über die Folgen der Erschöpfung unserer natürlichen Ressourcen sowie über die wohlbegründeten Vorhersagen ökologischer Katastrophen. Sinnlose Terrorakte und gefährliche, kriegerische Konfliktherde lassen die Bedrohung durch eine nukleare Vernichtung zu einer täglichen Sorge werden. Die Inflation läßt auch die finanzielle Stabilität ins Schwanken geraten. Selbst der Familie ist ihre frühere Funktion abhanden gekommen, ein sicherer Hort des Zusammenlebens und der Kindererziehung zu sein. Die zwischenmenschlichen Beziehungen sind unverbindlich und oberflächlich geworden.

Lasch führt weiter aus: „Jetzt, da das zwanzigste Jahrhundert seinem Ende entgegengeht, wächst die Überzeugung, daß auch viele andere Dinge bald an ihrem Ende angelangt sind. Sturmwarnungen, unheilvolle Vorhersagen und Katastrophensignale beunruhigen unsere Zeit. Das „Gefühl eines bevorstehenden Endes" greift in der Vorstellung der Menschen immer mehr um sich."[11]

Weil das Morgen zu ungewiß ist oder das Nachdenken darüber uns zuviel Angst einflößt, ziehen wir uns lieber in unsere eigene Privatsphäre zurück. „Für den Augenblick zu leben, das ist jetzt die vorherrschende Leidenschaft – für sich selbst zu leben, nicht für unsere Vorfahren oder Nachkommen ... Da die Menschen keinerlei Hoffnung haben, ihr Leben in irgendwelchen Dingen, die von Bedeutung sind, wesentlich verbessern zu können, sind sie zu der Überzeugung gekommen, daß es die eigene, seelische Selbstentfaltung ist, die zählt: Sie machen sich ihre Gefühle bewußt, achten auf gesunde Ernährung, nehmen Ballettstunden, beschäftigen sich intensiv mit östlichen Weisheiten, joggen, versuchen zu lernen, wie man ‚Beziehungen knüpft' und so weiter."[12]

Die Wahrheit liegt irgendwo dazwischen

Der aufmerksame Leser wird bemerkt haben, daß sich das positive Zukunftsbild einer geistlichen Erweckung und die pessimistische Vorhersage einer Gesellschaft, die sich in den Narzismus zurückzieht, als zwei unrealistische Extreme erweisen. Beides sind Übertreibungen. Beide Tendenzen sind zwar weiterhin festzustellen, aber keine von ihnen vermittelt ein ausgewogenes Bild dessen, was in Wirklichkeit geschieht.

In vieler Beziehung erscheint das Leben erstaunlich normal. Die Jugendlichen verfolgen weiter ihr traditionelles Ziel: Erfolg. Sie studieren. Sie wollen durch Leistung zum Erfolg zu kommen. Sie drängen sich nach finanziell lohnenden Arbeitsplätzen. Sogar ein ermutigendes, wenn auch bescheidenes Interesse für Politik und soziale Probleme läßt sich unter ihnen feststellen.

Es kommt einem fast so vor, als sei die „gute, alte Zeit" wieder da. Nach den Erschütterungen der Generation der sechziger Jahre und der Gleichgültigkeit und der Genußsucht, die die siebziger Jahre prägten, scheint sich die gesellschaftliche Szene heute spürbar gebessert zu haben. Jetzt endlich scheint eine Generation zu leben, die nicht mehr darauf aus ist, ihre eigene Umwelt zu zerstören. Aber bei dieser Generation handelt es sich um die Nachkommen der sechziger und der siebziger Jahre. Unter der Oberfläche schlummert das Erbe dieser beiden Jahrzehnte. Allen Bloom schreibt zu Beginn seines Buches „The Closing of the American Mind": „In einer Sache kann ein Professor sicher sein: Beinahe jeder Student, der an die Universität geht, glaubt oder behauptet zu glauben, daß Wahrheit relativ sei."[13] Blooms These lautet: Da Aufgeschlossenheit und Offenheit von unseren Erziehern als die höchste Tugend betrachtet wird, ist die Relativität der Wahrheit zu einem moralischen Postulat geworden. Aber sobald wir uns dieses Postulat zu eigen machen, können wir in Wirklichkeit überhaupt nicht mehr denken. „Darum ist das, was als eine große Öffnung angepriesen wird, ein großes Zumachen."[14]

Bloom fährt fort und macht einige Feststellungen, die für das Thema dieses Kapitels von wesentlicher Bedeutung sind. Er beschreibt, wie er während seinen ersten Jahren als Universitätsprofessor „noch damit rechnen konnte, daß die Studenten die Bibel kannten", aber jetzt seien „echte Religion und Bibelkenntnis bis auf den Nullpunkt herabgesunken".[15] Mit ihrem allmählichen Verschwinden haben als Folge davon „Väter und Mütter die Vorstellung aufgegeben, sie könnten keine größeren Ambitionen für ihre Kinder haben, als daß diese weise werden … [und] ohne das Buch ist sogar die Vorstellung vom Stellenwert des Ganzen verlorengegangen."[16]

Wenn die Vorstellung einer absoluten Wahrheit fehlt, so sagt Bloom, dann entscheidet der Einzelne – zusammen mit der Gesellschaft, in der er lebt – selber darüber, was richtig und was falsch ist. Dann ist alles möglich! Die Folge davon ist, daß die Grundlagen dieser Generation gottloser als in der Vergangenheit sind. Die Leichtigkeit, mit der wir Abtreibungen akzeptieren, unsere Bereitschaft, uns scheiden zu lassen und wieder zu heiraten, unsere Gleichgültigkeit gegenüber der seelischen Gesundheit unserer Kinder – all dies sind gottlose und keine christlichen Merkmale. Solange eine solche Einstellung vorherrscht, besteht wenig Spielraum für eine Diskussion über das wahre Wertsystem unserer Gesellschaft.

Diese kurze Skizzierung unserer Gesellschaft sollte dazu dienen, uns die grundsätzliche Unvereinbarkeit vorzuführen, die zwischen dem Weltanschauungssystem des Hauptteils unserer Gesellschaft und dem Glauben jener besteht, die zu der christlichen Gegenströmung gehören. Während die christliche Ethik sich auf Glaube, Hoffnung und Liebe gründet, sind die in der Welt vorherrschenden Wertsysteme von Ichbezogenheit gekennzeichnet.

Die Menschen der säkularisierten Hauptströmung suchen nicht wirklich unsere geistlichen Werte. Der Gedanke, der christliche Glaube könne eine solide Lebensgrundlage bieten, würde den meisten Menschen wohl nie in den Sinn kommen. Statt dessen versuchen sie, das Gefühl ihrer inneren Leere und ihres Unbehagens durch Erfahrungen zu überdecken, die ihnen die momentane Illusion des Wohlbefindens vorgaukeln. Einer meiner Bekannten drückte das so aus: „Mein Leben besteht darin, von einer Erfahrung zur anderen zu gehen. Keine dieser Erfahrungen dauert länger als die Zeit, die ich brauche, um sie auszuleben."

Was ist Säkularisierung?

Obwohl die Begriffe „Säkularisation" und „Säkularisierung" zu jener Terminologie gehören, mit der wir die heute vorherrschende Weltanschauung unserer Gesellschaft beschreiben, ist doch unser Verständnis dieser Begriffe oft alles andere als klar. Die meisten Definitionen des Wortes Säkularisierung konzentrieren sich vor allem auf den Gedanken, daß der säkularisierte Mensch bewußt oder vielleicht auch unbewußt seine Unabhängigkeit von Gott erklärt hat. Weil die Säkularisierung in unserer Gesellschaft zunehmend um sich greift, ist eine genaue Definierung dieses Begriffs notwendig.

Das Wörterbuch definiert „säkular" als „zur Welt gehörend, oder zu

Dingen, die nicht als religiös, geistlich oder heilig angesehen werden können." „Säkularisiert" bedeutet „profan geworden, losgelöst von jeglicher Religion oder geistlichen Zusammenhängen oder Einflüssen, weltlich oder ungeistlich geworden." Die erste Definition stellt einen Lebenszustand in den Vordergrund. Die zweite beinhaltet, daß sich ein Übergang von einem Zustand zu einem anderen Zustand vollzogen hat.

Os Guinness unterscheidet zwischen Säkularismus, Säkularisierung und dem Säkularisierten. „Säkularismus" ist eine Philosophie, die sich als solche analysieren und genau definieren läßt. Säkularisation hingegen ist ein Prozeß, in dessen Verlauf religiöse Vorstellungen „immer weniger Bedeutung haben und religiöse Institutionen immer nebensächlicher werden".[17] Säkularisierung färbt auf die Menschen ab. Anders als die Philosophie ist sie ansteckend, so daß überall dort, wohin die Modernisierung vordringt, eine gewisse Ansteckung unvermeidlich ist. Bei den „Säkularisierten" handelt es sich um Menschen, welche angesteckt worden sind. Es gibt verschiedene Grade der Ansteckung, und gegen die von da ausgehenden Einflüsse sind Christen nicht immun.

Die Säkularisierten umfassen einen Großteil der Bevölkerung in der westlichen Welt. Sie sind, wie der Apostel Paulus es ausdrückt, „ohne Gott in der Welt" (Eph 2,12). In ihrer persönlichen Philosophie gibt es keinen Platz für Gott. Er wird nicht als wichtiger Bestandteil ihres Lebens angesehen.

Das würde sowohl die einschließen, welche nie eine auf Gott hin orientierte Philosophie gekannt haben, wie auch die, welche erst später weltlich „geworden" sind, bei denen sich ein Gesinnungswandel von einer auf Gott hin orientierten Philosophie zu einer Philosophie ohne Gott vollzogen hat. Manche Menschen haben diesen Wandel während ihrer eigenen Lebenszeit miterlebt. Aber meistens erstreckt er sich über mehrere Generationen. Bei vielen von ihnen ist es eine ganze Generation her, daß sie ein Leben innerhalb christlicher Strukturen kennengelernt haben. Für sie ist Gott kein gültiges Fundament für eine persönliche Lebensanschauung.

Die Säkularisierten kann man nicht eigentlich als „nicht religiös" bezeichnen. Wenn man unter Religion die persönliche Überzeugung eines Menschen versteht, die für sein Leben maßgeblich ist, dann sind alle Menschen religiös. Das würde aber auch den Atheisten, den Agnostiker, den Marxisten oder den philosophischen Humanisten einschließen. Oft basiert eine pseudo-religiöse Weltanschauung auf dem Glauben an die Wissenschaft, an die Ökonomie und an die Technologie; von ihnen erwartet der säkularisierte Mensch Antwort auf seine Fragen und Lösungen für die Probleme der Gesellschaft. In Wirklichkeit liegt es in der schöpfungsmäßigen Anlage des Menschen, daß er unverbesserlich religiös ist, und der Säkularismus übernimmt die Funktion einer Religion im oben beschriebenen Sinn – seine persönlichen Überzeugungen bilden für ihn das Fundament seines Lebens.

Wohl vermag der Säkularismus die Funktion einer Religion zu übernehmen, aber er kann ebensowenig die Bedürfnisse des Menschen befriedigen, wie der Humanismus, der dessen konventionelle Ausdrucksform darstellt. Die gegenwärtigen Tendenzen innerhalb unserer Gesellschaft hin zu den mystischen östlichen Religionen, der bewußten Selbstvergottung, zum Okkulten und zur Satansanbetung sind Anzeichen dafür, daß sich der Säkularismus in Wirklichkeit in einem Übergangsstadium befindet. Die „New Age"-Bewegung ist ein Beispiel für die Pseudo-Religion, zu welcher der Säkularismus unweigerlich führt.

Die verschiedenen Grade der Säkularisierung, von denen Guinness spricht, wirken manchmal etwas verwirrend auf uns. Wir beurteilen die Dinge gern nach einem Schwarz-weiß-Schema: die Menschen sind entweder religiös oder dann säkularisiert. Das führt dazu, daß wir die Säkularisierung nicht wahrnehmen, es sei denn, wir begegnen einem Menschen, der unter einer tödlichen Ansteckung leidet.

Oft habe ich den Eindruck, daß sich die Leute unter einer „säkularisierten Person" jemand vorstellen, der etwas aus dem Rahmen fällt und einen alternativen Lebensstil pflegt. Dabei fallen die säkularisierten Menschen unserer Gesellschaft gewöhnlich keineswegs aus dem Rahmen. Sie rasieren sich. Sie gehen zum Friseur. Sie tragen Anzüge und Krawatten. Sie stehen mitten im Geschäftsleben, und sie bebauen unsere Äcker. Wir sind geradezu umgeben von Säkularisierten.

Vor einem Dutzend Jahren erklärte uns ein Bekannter seine persönliche Philosophie so: „Immer mit der Ruhe – nur keine Verpflichtungen – leben und leben lassen." Einer unserer jetzigen Nachbarn beschrieb uns seine Lebensauffassung auf ähnliche Weise. „Das Leben", sagte er, „ist wie die Schmetterlinge. Sie fliegen die ganze Zeit von einer Blume zur andern. Wenn es vorbei ist, dann ist es vorbei. Beim Fliegen gut aussehen – darauf kommt es an."

In unserer jetzigen Umgebung sind die vielen Ehescheidungen und unverheirateten Paare fast typisch für diesen Vorort im Mittelwesten. Gegenüber, auf der anderen Straßenseite, hat sich ein Ehepaar ein Haus gebaut, einen schönen Rasen angelegt – und das Haus zum Verkauf angeboten. Der Grund: Scheidung. Genau das gleiche geschah einige Häuser weiter. Der geschiedene Mann lebt jetzt allein in seinem Eckhaus, und die drei kleinen Kinder kommen ihn am Wochenende besuchen. In einem anderen Hause wohnen zwei Personen, jede erst vor kurzem geschieden, und jetzt brachte jede Seite zum erstenmal die eigenen Kinder hierher. Der Ex-Mann der Frau sitzt wegen versuchten Mordes an seiner Frau im Gefängnis.

Diese Dinge sind die unvermeidbare Folge, wenn man „ohne Gott in der Welt" lebt. Das Fehlen einer sinngebenden Lebensanschauung führt dazu, daß der aus dem Säkularismus hervorgegangene Relativismus die Lebensweise unserer Gesellschaft immer stärker prägt – mit verheerenden Auswirkungen!

Die verschiedenen Zeitströmungen verstehen und entsprechend handeln

Die Auswirkungen dieser Tendenzen sind sehr verschieden und weitreichend; aber im Rahmen dieses Buches geht es vor allem um diese eine Frage: Welchen Einfluß wird all dies auf die Ausbreitung des Evangeliums in der Welt haben?

Ich glaube, daß die Antwort davon bestimmt wird, *wie wir auf diese Zeitströmungen reagieren werden.* Wenn wir einfach wie bisher weitermachen und bei unseren bewährten Methoden bleiben, als ob die soeben beschriebene Welt nicht existieren würde, dann lassen sich die Folgen mit Leichtigkeit absehen. Wenn unsere Reaktion jedoch Durchblick verrät und wir uns auf die Situation einstellen, könnten wir erleben, daß die Situation sich sogar *zum Vorteil* für das Evangelium auswirken wird.

Die gesellschaftliche Umwälzung, von der wir hier sprechen, geht in einem rasanten Tempo vor sich. In seinem Buch „Idols of Destruction" schreibt Herbert Schlossberg, daß einige „Soziologen diesen gesellschaftlichen Wandel hin zur Verzweiflung in einem einzigen Jahrzehnt ansiedeln: in ‚den sechziger Jahren.'"[18] Doch ungeachtet seines ersten Auftretens kann dieser negative Wandel heute ohne weiteres überall beobachtet werden.

Ich arbeite mit einer christlichen Organisation zusammen, die unter dem Namen „Navigatoren" bekannt ist. Unsere Arbeit besteht hauptsächlich darin, noch nicht gerettete Menschen zu Christus zu führen und sie zuzurüsten, selber Menschen in ihrem Bekanntenkreis für Christus zu gewinnen. Dies bedeutet natürlich, daß wir an der „Basis" arbeiten, wo die ersten Anzeichen gesellschaftlicher Veränderungen zuerst erkannt werden können.

Es scheint, als ob sich diese verschiedenen Zeitströmungen in der westlichen Welt von Osten nach Westen bewegen. Unsere europäischen Mitarbeiter waren die ersten, die die oben beschriebenen Veränderungen in der Gesellschaft zu spüren bekamen.

Veränderungen in Methode, Inhalt und Erwartung wurden unseren Mitarbeitern in Holland innerhalb einer Zeitspanne von fünf Jahren aufgezwungen. Ein Mitarbeiter der Navigatoren in Holland, Gert Doornenbal, schrieb hierzu in einem unveröffentlichten Aufsatz: „Die jungen Leute von heute sind nicht mehr wie die, welche wir vor zehn Jahren erreichten. Immer mehr Kinder wachsen mit nur einem Elternteil auf. Oft fehlt es ihnen an Liebe und Fürsorge."

In Schweden sprechen Familienberater von „Nie-Kindern", das heißt von Kindern, zu denen nie jemand gesagt hat: „Ich liebe dich". Sie müssen mit unbefriedigten emotionalen Bedürfnissen leben und kämpfen mit Einsamkeit und Unsicherheit. Sie sind unfähig, ihren Gefühlen und Beziehungen auf normale Weise Ausdruck zu geben.[19]

Rinus Baljeu, ein holländischer Mitarbeiter der Navigatoren, der in Schweden arbeitet, schreibt über die Auswirkungen dieser Situation: „Die achtziger Jahre begannen mit der schockierenden Entdeckung, daß wir mit unserer Evangelisationsarbeit in gewissen Ländern nur sehr wenige erreichten. Wir sind auf dem Wege zu einer Gesellschaft ohne Religion. 85 bis 90 Prozent der heutigen Teenager betrachten Fragen wie „Hat Jesus wirklich gelebt?" oder „War er der Sohn Gottes?" als völlig unwichtig und belanglos."[20]

Ein Mitarbeiter der englischen Navigatoren, John Mulholland, führte eine Umfrage unter englischen Studenten durch, um das Ausmaß der Säkularisierung unter ihnen herauszufinden. Er sagte: „Die Ergebnisse waren doch sehr überraschend. Die Studenten sind viel säkularisierter, als wir glaubten. Wir müssen uns entscheiden, wo wir arbeiten wollen: unter den relativ wenigen, vorbereiteten Menschen, die nicht fern vom Reiche Gottes sind, oder unter den Säkularisierteren. Natürlich sollten die vorbereiteten Menschen gewissermaßen geerntet werden, aber hier sind schon andere damit beschäftigt, diese kleine Ernte einzubringen. Da jene auf der säkularisierten Hälfte der Waage zu jenen auf der biblischeren Hälfte im Verhältnis fünf zu eins stehen, wird deutlich, daß die Mehrheit der Menschen im Grunde säkularisiert ist. Wenn wir unsere Mitarbeiter ausrüsten wollen, eine gute Arbeit in der Ernte zu leisten, ist es entscheidend wichtig, daß wir lernen, mit Erfolg unter säkularisierten Menschen zu arbeiten und andere zu lehren, dies auch zu tun."[21] Statt dessen wiederholt sich jedes Jahr das gleiche Bemühen christlicher Studentenorganisationen an den Universitäten um Einbringung „der kleinen Ernte unter den Vorbereiteten".

Das Tatsache, die Zeitströmungen nicht verstanden zu haben, hat die Wirksamkeit vieler Gemeinden und christlicher Gruppen bei ihren Bemühungen, ihre Umwelt zu erreichen, erheblich beeinträchtigt. Viele christliche Leiter sind sehr entmutigt, weil sie das Gefühl haben, gegen eine übermächtige Flut ankämpfen zu müssen. Wenn sie dann erschöpft sind, schwindet auch ihre Motivation, und es kommen ihnen oft Zweifel an ihrer Berufung oder ihrer Lehre. Sie kommen sich fehl am Platz vor. Das Einfachste für sie wäre, dieser verwirrenden Welt den Rücken zu kehren und sich nur noch auf das ihnen vertraute, angenehme christliche Umfeld zu konzentrieren.

Besonders ältere christliche Institutionen leiden unter dem Druck dieser Umstände. Das, was vor ein paar Jahren noch wirksam, richtig und erfolgreich war, ist es heute nicht mehr. Diese abnehmende Wirksamkeit bedroht heute jede Organisation. Sie ist ein deutliches Signal dafür, daß etwas getan werden muß.

Baljeu bemerkt dazu: „Für die meisten europäischen Länder sind die Umstellungen, vor denen wir stehen, nicht nur kleine Kurskorrekturen. Ein Neuüberdenken unserer ganzen Arbeitsweise und –strukturen drängt sich auf. Unsere Art der Gemeinschaft, die Schwerpunktverteilung, unsere Ausdrucksweise, unsere Organisationsstruktur, unsere Auffassungen über Jüngerschaft und Verhaltensnormen – das alles muß neu überarbeitet werden, damit unser Dienst auch wirklich bei den Bedürfnissen der Menschen ansetzt, die wir erreichen wollen ... Hier geht es nicht um größere Effektivität, sondern es ist einfach eine Frage des Überlebens in den achtziger Jahren.“[22] Jeder, der die Probleme aus der Sicht einer christlichen Organisation betrachtet, kann die Dringlichkeit und den Ernst der Situation erkennen.

Wir sind also schon von den Auswirkungen der Säkularisierung betroffen. Wir machen hier keine Zukunftsvorhersagen; wir sprechen lediglich von den Einflüssen, die die christliche Gemeinde und ihre Mission in der Welt stark beeinträchtigen. Der Großteil der Menschen bewegt sich sehr schnell weg von den biblischen Werten. Doch das ist kein Grund für uns, aufzugeben oder uns mit dem Gedanken zu beschäftigen, bestimmte Schichten der Bevölkerung aufzugeben. *Unsere Reaktion sollte darin bestehen, uns um ein Verständnis der Zeitströmungen zu bemühen und zu versuchen, sie zum Nutzen für die Ausbreitung des Evangeliums einzusetzen.* Wir haben einen langen Weg vor uns, bis dies wirklich geschehen kann. Die meisten von uns wissen gar nicht, wie sie es anfangen sollen, um unsere nichtgläubigen Mitmenschen mit dem Evangelium zu erreichen.

Ein typischer Fall

Der Kontrast zwischen der säkularisierten Welt und der christlichen Subkultur wird immer offensichtlicher und für viele Menschen immer beunruhigender. Einer meiner Freunde beschreibt dieses Dilemma mit seinen Worten:

> „Ich arbeitete in einer Bank in Houston, Texas. Ich war auch Mitglied einer Baptistengemeinde in der Stadt, in der ich Anschluß an eine kleine Gruppe für Alleinstehende fand. So vollzog sich mein Leben in zwei verschiedenen Welten: unter meinen Freunden aus der Gemeinde und unter meinen Freunden aus der Bank. Die meisten meiner Arbeitskollegen kamen aus kirchlichen Verhältnissen, von denen sie sich aber mit der Zeit distanziert und sich schließlich gelöst hatten. Einige hatten aber noch nicht einmal diesen Hintergrund. Es war mein sehnlicher Wunsch, sie zu Christus zu führen, aber jeder Versuch endete mit Frustration.
>
> Das Arbeitsklima bei uns war gut, und ich versuchte auch, gesellschaftliche Kontakte zu knüpfen. Ich besuchte Parties, die von der Bank veranstaltet wurden, und soviel andere gesellschaftliche Anlässe wie möglich, aber die Unterschiede zwischen uns waren zu groß. Wir hatten tatsächlich so wenig gemeinsam, daß keine echte Kommunikation zustandekam.
>
> Da ich in der Stadt noch neu war, ergriffen einige dieser Freunde die Initiative und luden mich gelegentlich ein, um mich in ihre Aktivitäten miteinzubeziehen. Einmal nahmen sie mich zu einem Fußballspiel der bekannten „Houston Oilers“ mit. Aber ich fühlte mich in ihrer Gesellschaft nicht wohl. Das bemerkten sie natürlich und stellten ihre Einladungen an mich nicht lange danach ein. Meine Welt war die christliche Subkultur. Sobald ich diese verließ, fühlte ich mich unsicher. Es war einfacher, zu meinen Freunden aus der Gemeinde zurückzukehren.
>
> Und genau das tat ich dann auch. Ich nahm an den verschiedensten Aktivitäten teil, weil ich irgendwie evangelistisch tätig sein wollte. Eine Zeitlang schloß ich mich einem Team an, das unter den Studenten an der Universität Zeugnis ablegte. Danach nahm ich an einer stadtweiten Telefon-Evangelisationskampagne teil.
>
> Beide Aktivitäten stießen auf ein gewisses Echo, aber die Erfahrungen blieben ohne Folgen für mein geistliches Wachstum, da

sie nicht zu dauerhaften Beziehungen mit Leuten meines Alters führten.

Wenn ich heute auf diese Erfahrungen zurückblicke, erkenne ich die große Distanz, die zwischen mir und meinen Freunden aus der Bank bestand. Damals ist mir das allerdings nicht so aufgefallen. Auch wenn wir gesellschaftlich und intellektuell auf dem gleichen Niveau waren, hatte ich nicht die Beziehung zu ihnen, die es mir erlaubt hätte, mich einfach zu ihnen zu setzen und offen mit ihnen über das Evangelium zu sprechen."

Diese Geschichte ist wirklich typisch. Sie wiederholt sich immer wieder. Grundlegende Unterschiede, die wir nicht genügend verstehen, machen uns im Umgang mit Nichtchristen ängstlich und unsicher. Da wir eine solche Kluft zwischen ihnen und uns verspüren, tun wir einfach, als würden diese Menschen nicht existieren. Evangelistische Anstrengungen gleichen oft einem Überraschungsangriff auf völlig fremde Menschen oder sind nicht mehr als das Bestreben, einfach nett zu jemandem zu sein.

Wo bleibt unsere Offensive?

Man kann heute fast keine christliche Zeitschrift in die Hand nehmen, ohne darin einen Hinweis auf die Säkularisierung und ihre Auswirkungen zu finden. Das Problem ist, daß diese Artikel fast ausnahmslos in der Absicht geschrieben wurden, uns die Bedrohung unserer Religionsfreiheit und Menschenrechte bewußt zu machen.

Da sich unsere Gesellschaft durch die Säkularisierung immer mehr von ihrer theistischen Religion entfernt, ist der Humanismus – der Glaube an den Menschen – auf dem Vormarsch, das entstandene Vakuum zu füllen, wobei er die christliche Ethik und die christlichen Werte untergräbt. Und so wird „Humanismus" sogar unter Christen zu einem vertrauten Begriff. Der Humanismus wird als philosophische Hauptalternative zum Christentum als dem großen Feind unserer Zeit verstanden.

Ich stimme dem zu, daß diese Bedrohung echt ist und wir denen zu Dank verpflichtet sind, die uns auf das Umsichgreifen der Säkularisation und ihre Folgen aufmerksam machen. Doch mir scheint, daß das, was sie sagen, ziemlich unvollständig ist. Wir haben darin Übung, die Unterschiede zwischen den Positionen herauszustellen. Wir erheben laut unsere warnende Stimme und erteilen Ratschläge bezüglich bedrohter Grundwerte und Freiheiten auf privater und politischer Ebene. Kurzum, wir werfen einen großen Verteidigungswall auf. Aber *wo bleibt unsere Offensive?*

Wir haben nicht nur mit Ideen und Philosophien zu tun, sondern mit *Menschen.* Ideen können nur in den Köpfen von Menschen existieren. Im Eifer des Gefechtes gegen Ideen bringen wir Christen oft die Dinge durcheinander, indem wir uns gegen diejenigen stellen, die solche Ideen vertreten. Wir dürfen jedoch nie vergessen, daß wir gerade zu diesen Menschen gesandt sind.

Eine ähnliche Situation bestand offenbar im ersten Jahrhundert zwischen den Christen und den Juden. Michael Green weist darauf hin, daß zumindest während einiger Jahrzehnte nach der Auferstehung Jesu sich das Christentum nicht von der jüdischen Kultur unterschied. Die jüdischen Christen dachten gar nicht daran, sich vom übrigen Israel zu trennen. Der Messias war ja gekommen! Sie hofften, ganz Israel würde eines Tages ihre Überzeugung von Jesus teilen. Obwohl die Möglichkeit der Trennung von Anfang an bestand, hielten die Christen des ersten Jahrhunderts immer noch an der Hoffnung fest, Israel gewinnen zu können.

Green schreibt weiter: „Obwohl sie manchmal ziemlich ungestüm ans Werk gingen, war doch die treibende Kraft dahinter die Liebe ... Sie sehnten sich, zu erleben, wie Israel seinen Messias anerkennt. Aber verschiedene, aufeinanderfolgende Krisenereignisse ... ließen diese Einstellung sich in Antipathie und Haß verwandeln. Das Interesse der Christen galt nicht mehr der Evangelisation unter den Juden, sondern der Rechtfertigung ihrer Lehre ihnen gegenüber."[23]

Wir Christen riskieren, heute in ähnlicher Weise zu versagen. Ich habe dieses Buch mit dem Gebet geschrieben, daß wir die Menschen unserer Zeit so sehen, wie Christus sie sieht – voller Mitgefühl für die, welche „verschmachtet und zerstreut sind wie Schafe, die keinen Hirten haben" (Mt 9,36). Obwohl es notwendig sein mag, die Unterschiede zwischen der säkularisierten und der christlichen Position zu verstehen, sollte es doch unser Hauptanliegen sein, Brücken zu bauen.

Anmerkungen

1 Jeremy Rifkin und Ted Howard, „The Emerging Order" (New York: G.P.Putnam's Sons, 1979), S. 95.
2 John Naisbitt, „Megatrends" (New York: Warner Books, 1982), S. 240.
3 Rifkin, S. 99.
4 Rifkin, S. 99, 101, 105, 112.
5 Rifkin, S. 96.

6 Kenneth Kantzer, „Evangelism: Mid-course Self-Appraisal", Christianity Today (7. Januar 1983), S. 11.
7 Rifkin, S. 129.
8 Rifkin, S. 126.
9 Christopher Lasch, „The Culture of Narcissism" (New York: W.W. Norton & Co., Inc., 1979), S. XXIV.
10 Lasch, S. XXIV.
11 Lasch, S. 3.
12 Lasch, S. 4 und 5.
13 Allan Bloom, „The Closing of the American Mind" (New York: Simon und Schuster, 1987), S. 25.
14 Bloom, S. 34.
15 Bloom, S. 54.
16 Bloom, S. 58.
17 Wanda Urbanska, „The Singular Generation" (New York: Doubleday, 1986), S. x1.
18 Herbert Schlossberg, „Idols of Destruction" (Nashville: Thomas Nelson Publishers, 1983), S. 3.
19 Gert Doornenbal, „Knowing the People of Our Time" (Januar 1982), S. 2.
20 Rinus Baljeu, „Evangelism: Secularization and the Navigators" (August 1982), S. 1.
21 John Mulholland und Gary Pryke, „Secularization and The Navigators", Reading, Großbritannien (September 1983), S. 9.
22 Baljeu, S.3.
23 Michael Green, „Evangelism in the Early Church" (Grand Rapids: Eerdmans, 1970), S. 105.

2. Die Menschen unserer Zeit verstehen

Das rebellierende Geschöpf

Wir wissen, daß sich Menschen in ihrem Verhalten verändern, wenn ein gesellschaftlicher Wandel stattfindet. Dies kann für Christen, die gegen den Strom schwimmen und sich von dieser Veränderung nicht erfassen lassen, sehr beunruhigend sein. Wir sind von Menschen umgeben, die wir nicht verstehen. Meistens reagieren wir damit, daß wir die Realität dieser gesellschaftlichen Unterschiede einfach ignorieren oder leugnen. Wir sagen uns: „Menschen bleiben doch immer Menschen, und das Evangelium bleibt immer noch das Evangelium.“ Wirksame Kommunikation setzt jedoch ein Verständnis zwischen Redner und Hörer voraus. Wenn wir uns zuwenig bemühen, den anderen wirklich zu verstehen, kommt uns die Kommunikation abhanden.

Wie sehen die säkularisierten Menschen unserer Zeit nun wirklich aus? Was unterscheidet sie von den Menschen früherer Generationen? Inwiefern unterscheiden sie sich von ihren christlichen Zeitgenossen? Wie ähneln sie ihnen?

Es gibt drei Hauptfaktoren in der Veranlagung des Menschen, die für die Antworten auf diese Fragen bestimmend sind. Zwei dieser Faktoren sind konstant; sie haben sich seit Anfang der Menschheitsgeschichte nicht verändert. Der dritte Faktor unterscheidet die Menschen einer Generation oder einer Gesellschaft von der anderen. In gewissem Sinn ist es richtig zu sagen, daß sich die Menschen überall in der Welt gleich sind. Wo immer und unter welchen Bedingungen man die Menschen findet, stets stößt man auf diese Gleichheit unter ihnen. Aber jene, die uns auf die Unterschiede zwischen Generationen und Völkern aufmerksam machen, sind der ganzen Wahrheit näher. Es gibt tiefgründige Unterschiede, die eine deutliche Trennlinie zwischen Völkern bilden.

Wenn wir über die Grenzen unserer eigenen Kreise hinaus Kommunikation mit anderen Menschen haben wollen, müssen wir diese drei Merkmale in ihrer richtigen Beziehung zueinander verstehen. Diese drei Hauptfaktoren sind:

1. *Der Mensch ist nach Gottes Ebenbild erschaffen.*
2. *Der Mensch ist in Sünde gefallen.*
3. *Der Mensch wird von seiner Gesellschaft beeinflußt.*

Der Mensch ist nach Gottes Ebenbild erschaffen

> „Und Gott sprach: Laßt uns Menschen machen in unserem Bild, uns ähnlich! ... Und Gott schuf den Menschen nach seinem Bild, nach dem Bild Gottes schuf er ihn; als Mann und Frau schuf er sie" (1.Mo. 1,26-27).
> „An dem Tag, als Gott Adam schuf, machte er ihn Gott ähnlich. Als Mann und Frau schuf er sie, und er segnete sie und gab ihnen den Namen Mensch ... Und Adam ... zeugte einen Sohn ihm ähnlich, nach seinem Bild, und gab ihm den Namen Seth" (1.Mo. 5,1-3).
> „In ihm [Gott] leben und weben und sind wir, wie auch einige eurer Dichter gesagt haben: „Denn wir sind auch sein Geschlecht." Da wir nun Gottes Geschlecht sind, wollen wir nicht meinen, daß das Göttliche ... einem Gebilde der Kunst und der Erfindung des Menschen gleich sei" (Apg. 17,28-29).

Diese drei grundlegenden Bibelstellen sprechen von dem Menschen, der *nach Gottes Ebenbild erschaffen wurde*. Was bedeutet es nun, nach seinem Bild gemacht zu sein? Vielleicht gibt es irgendwo irgend jemanden, der davon überzeugt ist, die Tiefe dieser Aussage ergründet zu haben; ich für meinen Teil aber habe den Eindruck, erst am Anfang zu stehen. Gestützt auf die oben zitierten Bibelstellen können wir einige bruchstückhafte Bemerkungen machen: Der Mensch ist einzigartig und wichtig. Er weist gewisse Ähnlichkeiten mit Gott auf, der ihn erschuf.

Außerdem können wir einige Vermutungen darüber anstellen, wie diese Ähnlichkeiten konkret aussehen: Gott ist eine Person. Er besitzt die Fähigkeit, etwas zu planen, zu entscheiden und zu handeln. Er hat eine Persönlichkeit mit besonderen Eigenschaften wie Liebe und Haß. Er kann sich mitteilen, er ist kreativ und übt Herrschaft aus.

Daß der Mensch nach dem Bild Gottes erschaffen ist, unterscheidet ihn von der übrigen Schöpfung. Es macht ihn seiner Einzigartigkeit bewußt. Der Mensch versteht, daß Gott ihn anders erschaffen hat als das ganze Universum. Er kann eine Beziehung zu Gott haben, die kein anderes Geschöpf haben kann. Da Gott eine Person ist und der Mensch nach seinem Bild geschaffen wurde, ist auch das Wesen seiner Beziehung zum Menschen persönlicher Art. Doch ich denke, die Bedeutung dieser Wahrheit geht noch viel tiefer.

In seinem letzten großen Werk vor seinem Tod machte der Historiker Arnold Toynbee einige Bemerkungen über die Einzigartigkeit des Menschen, die uns bei unseren Überlegungen den Horizont erweitern können. Seine Aussagen sind besonders interessant, weil sie von einer bewußt nichtchristlichen Position aus gemacht wurden. Im Vorwort zu seinen Ausführungen schreibt Toynbee: „Es ist heute kaum mehr möglich zu glauben, daß die Phänomene, die der Mensch kennt, durch das Schöpfungswort eines menschenähnlichen Schöpfergottes ins Leben gerufen wurden.“[1]

Mit dieser Aussage schloß Toynbee das Christentum als Quelle der Erkenntnis als unbrauchbar aus. Zu seinen Schlußfolgerungen gelangte er, indem er den Menschen und das Leben beobachtete und darüber nachdachte, ohne sie in Bezug zu Gott oder Gottes Offenbarung zu setzen. Er schrieb dann weiter: „Aber bis heute ist diese nicht länger haltbare traditionelle Hypothese [eines Schöpfergottes] noch nicht durch irgendeine überzeugende Alternativlösung ersetzt worden ... Unser Wissen und unsere Erkenntnisse sind gewachsen ... aber das hat nicht dazu geführt, das Wesen oder den Sinn (wenn es einen solchen gibt) des Lebens und des Bewußtseins zu verstehen.“[2]

In Zusammenhang mit seiner Ablehnung der Vorstellung von einem Schöpfergott und auch der Darwin'schen Lehre spricht Toynbee auch das Ausmaß des menschlichen Dilemmas an: „Jeder Mensch ... ist ein bewußter, sinnvoller Geist, der in einem Körper lebt. Keine dieser Komponenten [ein bewußter Geist und ein Körper] sind je voneinander getrennt angetroffen worden. Sie existieren zwar immer in einem engen Verhältnis zueinander; und doch ist ihre Beziehung zueinander unverständlich.“[3]

Dann fragte sich Toynbee, wie es möglich ist, daß der Mensch im „Besitz eines Bewußtseins ist ... und die Fähigkeit hat, Pläne zu machen“. Ebenso machte er sich Gedanken über die freie Entscheidungsgewalt des Menschen. Er fragte: „Was ist die Quelle dieser ethischen und moralischen Entscheidungen, die dem Menschen offensichtlich angeboren, aber dem Wesen nichtmenschlicher Gattungen fremd sind? ... Welche Stellung und Bedeutung im Universum hat ein bewußter, sinnvoller Mensch, der mit dem Gefühl für die Unterscheidung von Gut und Böse erfüllt ist und der sich gedrängt fühlt ... zu tun, was ihm als das Richtige erscheint? Ein Mensch fühlt sich als der Mittelpunkt des Universums, weil sein eigenes Bewußtsein für ihn die Basis ist, von der aus er die Welt sieht. Und doch sagt ihm sein Bewußtsein, daß er moralisch wie auch verstandesmäßig in dem Maße falsch handelt, wie er seiner Ichbezogenheit Raum gibt."[4]

Wahrscheinlich finden alle diese sehr scharfsichtigen Wahrnehmungen der Einzigartigkeit der menschlichen Natur ihre Erklärung in diesen drei Worten: „nach Gottes Ebenbild". Denn, was immer es sonst noch bedeutet, sagt es uns doch zumindest, daß sich der Mensch unweigerlich seiner selbst und auch Gottes bewußt ist. Es gibt etwas im Menschen, das ihn veranlaßt, mit dem Rätsel seines eigenen Bewußtseins so lange zu ringen, bis er Gott anerkennt.

Vor kurzem leitete ich eine evangelistische Bibelarbeit mit einigen Studenten. Als die Zeit kam, Fragen zu stellen, fragte ein Student in vollem Ernst: „Könnte mir jemand erklären, warum ich hier in diesem Zimmer bin? Ich habe mich nie für diese Dinge interessiert, und doch sitze ich heute hier. Was treibt mich dazu, nach Antworten zu suchen? Warum kann ich mich nicht damit zufrieden geben, einfach zu leben, ohne ständig zu hinterfragen?"

Der Mensch ist nach Gottes Ebenbild geschaffen; deshalb besitzt er eine natürliche Offenheit für geistliche Wahrheit. Alle Evangelisationsarbeit beruht auf dieser Tatsache.

Der Mensch ist in Sünde gefallen

Als der Mensch in Sünde fiel, wurde er von einem dreifachen Unglück heimgesucht: 1. Er konnte Gut und Böse voneinander unterscheiden. 2. Sein Leben wurde leer und sinnlos; und 3. er starb. Es ist schwer zu sagen, mit welchem Unglück von diesen dreien sich am schwersten leben läßt.

Der Mensch weiß, was gut und böse ist.

Die Schlange sagte zu Eva: „Gott weiß, daß an dem Tag, da ihr davon eßt, eure Augen aufgetan werden und ihr sein werdet wie Gott, erkennend Gutes und Böses" (1.Mo. 3,5). Der Teufel log nicht, als er diese Aussage machte. Dieser Baum wurde ja auch der Baum der Erkenntnis des

Guten und des Bösen genannt. Als Adam und Eva von seiner Frucht gegessen hatten, sagte Gott: „Der Mensch ist geworden wie einer von uns, zu erkennen Gutes und Böses“ (V.22).

Als der Mensch dem Rat des Teufels folgte, gewann er Kräfte und Fähigkeiten, die er zuvor nicht besessen hatte. Was der Teufel ihm nicht sagte, war, daß er nicht ausgerüstet war, mit dieser Erkenntnis zu leben. Die erste Einsicht des Menschen aus seinen neu gewonnenen Kräften war die Tatsache, daß er nackt war. Die Ichbezogenheit war geboren. Der Mensch konnte sein Gegenüber nicht länger mit derselben selbstlosen Annahme ansehen, wie er es zuvor getan hatte. Beide, der Mann und die Frau, die sich ihrer neuen Einstellungen dem anderen gegenüber bewußt wurden, bedeckten rasch ihren Körper.

Die Ichbezogenheit brachte auch die Schuld hervor, und diese Schuld entfremdete den Menschen sich selbst, anderen und auch Gott gegenüber. Als Gott Adam und Eva rief, nachdem sie gesündigt hatten, antwortete Adam: „Ich hörte deine Stimme ... und ich fürchtete mich, weil ich nackt bin, und ich versteckte mich“ (1.Mo. 3,10). Schuld entfremdet. „Ich fürchtete mich.“ Adam war der erste Neurotiker.

Als Nachkommen Adams tragen auch wir die Last unserer Erkenntnis des Guten und Bösen. „Ihr Verhalten zeigt, daß ihnen die Forderungen des Gesetzes ins Herz geschrieben sind, und dasselbe beweist ihr Gewissen, dessen Stimme sie abwechselnd anklagt oder verteidigt“ (Röm. 2,15 – Die Gute Nachricht). Hier ist ein weiteres Wesensmerkmal, das mit Sicherheit in den Herzen der Menschen vorhanden ist, zu denen wir gesandt worden sind. Weil der Mensch Gut und Böse voneinander unterscheiden kann, hat er ständig Schuldgefühle.

Der Mensch erlebt Sinnlosigkeit

Eine andere Auswirkung des Sündenfalls beim Menschen ist das Gefühl der Sinnlosigkeit. Gott sagte: „Der Erdboden sei verflucht um deinetwillen: Mit Mühsal sollst du davon essen alle Tage deines Lebens; und Dornen und Disteln wird er dir sprossen lassen ... Im Schweiße deines Angesichts wirst du dein Brot essen, bis du zurückkehrst zum Erdboden“ (1. Mo. 3,17-19). Mit anderen Worten: das Leben ist ein Kampf – ein ziemlich sinnloser Kampf. Wir verbringen unser Leben damit, so gerade mit dem Leben fertig zu werden. Dann müssen wir wieder zu Staub werden.

Das, was wir planen, worauf wir warten und uns freuen, scheint nie ganz unseren Erwartungen zu entsprechen. Immer wieder sprossen diese „Dornen und Disteln“. Wir heiraten die Person unserer Träume, und dann geht die Ehe in Brüche. Wir freuen uns darauf, eigene Kinder zu haben, und dann brechen sie uns das Herz. Wir gehen viele Opfer ein, um zu studieren und einen guten Beruf zu bekommen, und dann erleben wir, daß unser Beruf langweilig und öde ist. Dann freuen wir uns auf den Ruhestand – und so fort.

Das Leben ist aufgrund des Sündenfalls zu einem Kampf gegen die Verzweiflung geworden. Wahrscheinlich können wir uns alle bis zu einem gewissen Grad mit den Worten des ersten Existentialisten identifizieren, die uns überliefert sind: „Was bleibt dem Menschen von all seinem Mühen und vom Streben seines Herzens, womit er sich abmüht unter der Sonne? Denn alle seine Tage sind Leiden, und Verdruß ist sein Geschäft; selbst nachts findet sein Herz keine Ruhe. Auch das ist Nichtigkeit" (Pred. 2,22-23).

Hat je ein Mensch gelebt, der nicht innehielt, um sich diese existentielle Frage zu stellen: „Warum tue ich dies alles?" Und dann macht er weiter, auch ohne daß seine Frage beantwortet wurde, und alles bleibt in seinem Leben beim alten.

Dieser Kampf gegen die Sinnlosigkeit ist etwas, das Gott dem Menschen auferlegt hat. Daher muß er nach den Absichten Gottes eine positive Funktion haben. Nicht aus Rache, sondern aus Liebe vertrieb Gott den Menschen aus dem Paradies und stieß ihn in diesen Kampf. Im Paradies gibt es keinen Schmerz. Dieses Empfinden der Sinnlosigkeit ist ein Geschenk Gottes. Wen würde sonst ohne sie nach Versöhnung verlangen? Auch dies bewirkt, daß die Menschen ihr Herz für das Evangelium öffnen.

Der Mensch erlebt den Tod

Der Überlebenswille des Menschen, der ihn veranlaßt, angesichts der Sinnlosigkeit des Lebens dennoch durchzuhalten, gehört auch zum Geheimnis des Menschen. Die ersten Hinweise zur Lösung dieses Phänomens finden sich ebenfalls im Sündenfall des Menschen.

Beim Sündenfall starb der Mensch. Das war ein Tod im vollen Sinn des Wortes. Er starb in seiner Beziehung zu Gott, zu seinen Mitmenschen und zu sich selbst. Geistlich gesehen trat der Tod sofort ein. Sein physischer Tod vollzog sich langsamer. Unser Sterben dauert Jahre. Unsere Schuld nagt an unserer Gesundheit. Der Psalmist klagt: „Keine heile Stelle ist an meinem Fleisch ... nichts Heiles an meinen Gebeinen wegen meiner Verfehlung. Denn meine Sünden wachsen mir über den Kopf, wie eine schwere Last sind sie zu schwer für mich" (Ps. 38,3-4).

Warum wehrt sich der Mensch so gegen den Tod? Warum ist er von der Furcht vor dem Tod wie besessen? Die Bibel sagt, daß der Teufel die Macht des Todes in seinen Händen hält und daß der Mensch durch seine Angst vor dem Tod sein ganzes Leben lang Sklave ist (Hebr. 2,14-15). Der Tod wird als Feind betrachtet, und der Mensch setzt alles daran, gegen ihn anzukämpfen, um sein nichtiges Leben zu erhalten. Warum tut er das?

Ich glaube, es liegt daran, daß er instinktiv an seine eigene Einzigartigkeit glaubt. Obwohl er diesen Glauben wahrscheinlich nicht offen zugeben wird, ist er gewöhnlich nicht bereit, von seinem Leben zu lassen, bis er nicht sein Bestes getan hat, um seine Einzigartigkeit auszuleben. Er kann sich einfach nicht mit dem Gedanken abfinden, daß er nur siebzig Jahre zur Verfügung haben soll.

Gott hat „die Ewigkeit in ihr Herz gelegt, nur daß der Mensch das Werk nicht ergründet, das Gott getan hat, vom Anfang bis zum Ende" (Pred. 3,11). Im Menschen liegt also der Drang nach Unsterblichkeit. Dieser Drang drückt sich oft auf seltsame Weise aus. Die ägyptischen Pharaonen widmeten ihr ganzes Leben dem Bau ihrer eigenen Gräber. Dieser Drang ist ein weiteres Merkmal, das alle Menschen gemeinsam haben und das sie für geistliche Dinge empfänglich macht.

Wir haben schon früher festgestellt, daß die Kommunikation auf einer gemeinsamen Ebene beginnen muß. Es muß ein Einstieg gefunden werden, der von Redner und Hörer verstanden werden kann. Menschen haben von ihrem Wesen her eine ganze Reihe von Merkmalen gemeinsam. Der Einzelne weiß, daß er einzigartig, aber auch ruhelos ist und daß er seine eigene Sterblichkeit nicht akzeptieren kann. So ist der Mensch; er war immer so und wird immer so sein. Die Zeit wie auch die verschiedenen Kulturen können diese Urbedürfnisse und –triebe nicht auslöschen.

Es gibt also einen gemeinsamen Nenner für die Kommunikation: Wir *können* geistliche Wahrheit vermitteln. Der Mensch *kann* sie verstehen und darauf eingehen, weil Gott gewisse Dinge in sein Herz gepflanzt hat. Ich glaube, das wollte der Apostel Johannes beschreiben, als er sagte, daß Jesus „das wahrhaftige Licht ist, welches alle Menschen erleuchtet, die in diese Welt kommen" (Joh. 1,9).

Der Mensch wird von seiner Gesellschaft beeinflußt

Es gibt noch einen dritten wichtigen Faktor, der auf das Wesen der Menschen unserer Zeit einwirkt. Anstatt zu vereinen, bewirkt dieser Faktor jedoch die Unterscheidung und Trennung der Menschen nach Kulturen und sogar Generationen. Es handelt sich um den Faktor der *Umweltbeeinflussung.*

Die Warnungen, die dem Volk Israel im Alten Testament gegeben wurden, bevor es in das Land Kanaan hineinging, bescheinigen die Realität dieses Faktors. „Nach der Weise des Landes Ägypten, in dem ihr gewohnt habt, sollt ihr nicht tun; und nach der Weise des Landes Kanaan, wohin ich euch bringe, sollt ihr nicht tun“ (3.Mo. 18,3).

In derselben Weise warnt Paulus die Christen in seinem Brief an die Römer: „Paßt euch nicht den Maßstäben dieser Welt an“ (Röm. 12,2 – Die Gute Nachricht).

Der Mensch läßt sich sehr leicht von der Gesellschaft beeinflussen, in der er lebt; ja dies ist geradezu unvermeidlich. Auf dem Gebiet der Psychologie sind unzählige Studien gemacht und zahllose Bücher geschrieben worden, die sich mit dem Thema Umwelteinflüsse befassen. Es wäre nicht angebracht, wenn wir an dieser Stelle eine ausführliche Diskussion dieses Themas bringen würden. Lassen Sie uns statt dessen mit der Feststellung beginnen, daß der Mensch von seiner Umgebung beeinflußt wird, und daß dieser Einfluß seine Moral- und Wertvorstellungen sowie seine Weltanschauung grundlegend prägt.

Die eindeutigsten Beispiele für diese Feststellung lassen sich in den Unterschieden finden, die zwischen Völkern verschiedenster Kulturen bestehen. Der Anthropologe Edward Hall bemerkt hierzu: „Jeder Mensch, der im Westen weit weg vom Fernen Osten aufgewachsen ist und behauptet, den Chinesen oder den Japaner verstehen und sich ihnen wirklich mitteilen zu können, täuscht sich nur selbst.“[5] Die Unterschiede, die uns unsere Umgebung aufprägt, sind real und dürfen nicht ignoriert werden, wenn es zu einem echten Verständnis kommen soll.

Es ist verblüffend, daß sich Menschen so sehr von ihrer Gesellschaft formen und prägen lassen. Es stimmt zwar, daß dieser Vorgang unbewußt abläuft, aber diese starke Empfänglichkeit wirft eine Frage auf. Was veranlaßt den Menschen, blindlings die Werte und Charaktermerkmale der Menschen seiner Umgebung anzunehmen, auch wenn diese Werte ganz offenkundig unvernünftig und zerstörerisch sind? Könnte man dies nicht auf die sündige Natur des Menschen zurückführen? In Römer 1 wird uns gesagt, daß Menschen ihre Fähigkeit verlieren, vernünftig zu denken, wenn sie sich von Gott loslösen, um auf eigene Faust zu leben. „Sie wußten, daß ein Gott ist, und haben ihn nicht gepriesen als einen Gott noch ihm gedankt, sondern haben ihre Gedanken dem Nichtigen zugewandt, und ihr unverständiges Herz ist verfinstert. Da sie sich für weise hielten, sind sie zu Narren geworden" (Röm. 1,21-22).

Der Verstand des Menschen reicht für belanglose Unternehmungen und Aufgaben aus, ist aber oft unzureichend für Dinge größeren Ausmaßes. Der Mensch ist ein sehr subjektives Geschöpf. Deshalb erlangt er seine Weltanschauungen und Wertvorstellungen auch in der Hauptsache auf der unterbewußten Ebene.

Hervorzuheben ist hier, daß der Mensch dazu neigt, die vorherrschenden Wertvorstellungen seiner Zeit für sich persönlich zu übernehmen, ohne sie zu hinterfragen. Obwohl wir unausweichlich Kinder unserer Zeit sind, sind doch die Werte unserer Zeit oft radikal verschieden von den biblischen Werten. Die Zugehörigkeit zur Allgemeinheit, die uns als Menschen verbindet, ist so tief in uns vergraben, daß sie kaum wahrnehmbar ist.

1979 wurde in Schweden eine Umfrage unter Teenagern durchgeführt. Sie sollten den folgenden Satz vervollständigen: „Ich glaube, daß das folgende meinem Leben mehr Sinn geben könnte ..." Von den Befragten waren 87 Prozent der Ansicht, daß man in einem guten Beruf Sinnerfüllung finden könnte. 85 Prozent glaubten, Sinnerfüllung in einem Partner zu finden, und 84 Prozent glaubten das von Sport und Freizeit. Nur 15 Prozent glaubten, daß Bibellesen und Gebet helfen könnten, und weitere 15 Prozent gaben an, daß Alkohol ihnen helfen könnten.

Ungefähr 80 Prozent hielten die Frage nach dem Sinn des Lebens für wichtig, aber 80 Prozent betrachteten es als unwichtig, ob Jesus als Mensch auf der Erde gelebt hat oder nicht. Volle 75 Prozent kamen zu dem Schluß, daß die Frage der Existenz Gottes unwichtig sei.[6]

Meine Erfahrung zeigt mir, daß diese Umfrage für die vorherrschenden Wertvorstellungen unserer Zeit sehr repräsentativ sind. Weil es überall in Westeuropa und in vielen Teilen Amerikas ähnlich ist, scheint es, als ob diese Generation traditionelle religiöse Erklärungen ablehnt. Obwohl die Frage nach dem Sinn des Lebens als wichtig angesehen wird, sind die Menschen gegenüber der Frage nach der Existenz Gottes oder Jesu im Grunde genommen gleichgültig. Es wird heute als unwichtig angesehen, wer Jesus war. Wichtige Dinge sind hingegen die Befriedigung der eigenen Wünsche und die Interessen, die im Augenblick im Vordergrund stehen – der Arbeitsplatz, die Freundin oder der Freund und das Skifahren etwa. Obwohl diese Tendenz bei der Mehrheit in unserer Gesellschaft deutlich zutage tritt, wird sie oft von Menschen, die tief in der christlichen Gegenkultur untergetaucht sind und keine engen Beziehungen zu den übrigen Menschen unserer Zeit haben, nicht gesehen.

Einübung in Einfühlsamkeit

Stellen wir uns einen Augenblick vor, daß das soeben Gesagte eine Beschreibung von Ihnen ist! Sie sind ein Kind Ihrer Zeit und haben es aufgegeben, von der Religion Antworten für das Leben zu erwarten. Es kommt Ihnen überhaupt nicht in den Sinn, über Gott oder Jesus Christus nachzudenken. Sie sehen in ihnen Überbleibsel der zerbröckelnden Institutionen früherer Generationen. Das Leben bedeutet Ihnen viel, aber Sie haben sich damit abgefunden, daß es nur siebzig Jahre dauert und glauben nicht, daß etwas danach kommt.

Die Jahre sind schnell verflogen. Heute ist Ihr 40. Geburtstag. Das ist in sich selbst schon eine Krisenmarke. Sie sind nicht mehr in den „Dreißigern" – Sie sind vierzig! Das Leben ist immer noch wichtig für Sie. Da Sie nur siebzig Jahre zur Verfügung haben, werden Sie sich heute bewußt, daß sechzig Prozent Ihres Lebens vergangen sind. Es ist an der Zeit, daß Sie sich Gedanken darüber machen, wo Sie heute stehen.

Sie sehen in den Spiegel und stellen fest, daß Sie langsam älter werden: das Haar beginnt sich zu lichten, überflüssige Pfunde haben sich angesetzt, und Anzeichen künftiger Falten werden sichtbar. Ihre beiden Kinder sind schon im Teenager-Alter und haben Ihnen deutlich genug zu verstehen gegeben, daß die Eltern ihrer Ansicht nach ihr Leben unnötig verkomplizieren. Ihre berufliche Karriere ist gesichert, und Sie wissen, daß Sie nie sehr reich, sehr berühmt oder einflußreich sein werden.

Jetzt sind Sie gerade aufgestanden, und das sind die ersten Gedanken, die Ihnen durch den Kopf gehen. Wie reagieren Sie darauf? Wahrscheinlich denken Sie: „Das Leben rennt mir davon! Ich muß mehr daraus machen, es mehr genießen. Ja, genau das!" Aber wie wollen Sie es praktisch anfangen? Inwiefern wird dieser Entschluß den heutigen Tag verändern? Was erscheint Ihnen aufgrund Ihrer Lebensauffassung als wichtig? Worauf freuen Sie sich, wofür setzen Sie sich ein? Da gibt es nicht sehr viel. Vielleicht eine gute Tasse Kaffee, einen Spaziergang im Park oder Kontakt mit einem anderen Partner – alles, wobei man sich gut fühlt. Aber was immer Sie tun werden, stets wird es von einem Gefühl des Verlusts begleitet sein, wenn Sie merken, daß ein weiterer Tag vorbei ist.

Dieses kleine Szenario zeigt deutlich, worin sich der Christ und der Nichtchrist im praktischen Leben voneinander unterscheiden: der Christ hat Hoffnung. In Epheser 2,12 steht: „Ihr jedenfalls wart früher von Christus getrennt. Ohne Hoffnung und ohne Gott lebtet ihr in der Welt."

Der Christ und der Nichtchrist leben auf der Grundlage zweier verschiedener Wertsysteme. Der Christ hat einen Blick für die Ewigkeit, während der Nichtchrist ausschließlich für seine siebzig Jahre hier auf der Erde lebt. Die riesige Distanz zwischen diesen beiden Gesichtspunkten widerspiegelt sich auch in den Dingen, die wir in unserem Alltag für wichtig und wertvoll halten.

Kehren Sie noch einmal zu unserem Szenario mit Ihnen als Hauptperson zurück – es bleibt da noch eine Frage: Was würde Ihrer Meinung nach Ihr Interesse an der christlichen Botschaft wecken? Was würde Sie dazu bringen, noch einmal darüber nachzudenken und sie zu prüfen, nachdem Sie sie doch schon als unwichtiges Überbleibsel der Vergangenheit abgetan haben? Was könnte bewirken, daß ein Hoffnungsstrahl die aufgehäuften Schichten von Entmutigung und Frustration durchdringen könnte?

Anmerkungen

1 Arnold Toynbee, „Mankind and Mother Earth“ (Paladin, Großbritannien: Granada Publishing, 1978), S. 2.
2 Toynbee, S. 2.
3 Toynbee, S. 2.
4 Toynbee, S. 3.
5 Edward Hall, „Beyond Culture„ (Garden City, New York: Anchor Press, Doubleday, 1976), S. 2.
6 Rinus Baljeu, „Evangelism: Secularization and The Navigators“ (August 1982), Anhang: Diagramme 6 und 7.

3. Jesus und die Menschen seiner Zeit

Jesus selber war die Botschaft

Der Mensch von heute ist erstaunlich blind, unlogisch und außerordentlich empfänglich für die Beeinflussung durch seine gesellschaftlich-kulturelle Umgebung. Der bewußte Einfluß der Institutionen seiner Gesellschaft soll ihn zu dem Schluß führen, daß der Glaube an Gott nichts anderes als Aberglaube ist; daß Befreiung und Unbestechlichkeit darin liegt, daß man die Relativität der Wahrheit anerkennt; daß es auch irgendwie etwas Anerkennenswertes ist, wenn man in seinem Leben einen ständigen Kampf gegen die Sinnlosigkeit führt.

Wie können wir als Christen, deren Herzen von der Evangeliumswahrheit durchdrungen sind, auf diese unserer Überzeugung zuwiderlaufende Indoktrinierung reagieren? Man kann sich so leicht einschüchtern lassen und sich angesichts dieser Unvereinbarkeit der christlichen und der säkularisierten Einstellung völlig inkompetent fühlen. Wer, so fragen wir, ist kompetent genug, einen Gegenangriff zu unternehmen? Es mag vielleicht hier und da eine ungewöhnliche Persönlichkeit geben, die der Herausforderung gewachsen ist; aber wir halten uns ziemlich sicher nicht dafür.

Die Versuchung, aufzugeben und uns um die Menschen zu bemühen, zu denen wir leichter Zugang finden, ist geradezu überwältigend groß. Aber wir täuschen uns; so schwierig ist das gar nicht. Jeder Durchschnittschrist besitzt die Fähigkeit, unter den Menschen unserer Zeit wirksam das Evangelium weiterzusagen. Weil wir zu „allen Völkern" gesandt sind, können wir wohl kaum zu dem Schluß kommen, daß der Großteil unserer Gesellschaft nicht mit dem Evangelium erreicht werden kann!

Es gibt nur ein Thema

Der Apostel Johannes begann sein Evangelium mit der Beschreibung Jesu als das Licht der Welt. Wie ein roter Faden zieht sich das Thema von Licht und Finsternis durch das ganze Buch. Ein solches Thema ist es wert, eingehend von uns untersucht zu werden, weil es die biblische Antwort auf die Probleme des Menschen ist, die wir gerade angesprochen haben.

Jesus sagte ganz deutlich, daß er das Licht ist, das der Mensch braucht: „Ich bin als Licht in die Welt gekommen, damit jeder, der an mich glaubt, nicht in der Finsternis bleibe" (Joh. 12,46).

Dies ist tatsächlich eine gute Nachricht für Menschen, die in der Finsternis leben! Und dies ist auch *unsere* Botschaft. Es ist die einzige Botschaft, die wir haben, weil Jesus das einzige, wahrhaftige Licht ist. Unser einziges Ziel muß sein, Jesus Christus den Menschen zu bezeugen.

Sie meinen jetzt vielleicht, daß dies sehr viel leichter gesagt als getan ist. Haben wir nicht soeben festgestellt, daß es die Menschen, die wir zu gewinnen suchen, gar nicht interessiert, ob Jesus lebte oder ob er wirklich das war, was er von sich behauptete? Wenn ihnen dies doch völlig gleichgültig ist, wie können wir dann eine positive Reaktion erwarten, wenn wir ihnen die Botschaft vermitteln wollen, daß Jesus das Licht der Welt ist?

Aber die Tatsache, daß er das Licht der Welt ist, bleibt bestehen; es gibt kein anderes Licht. Wenn irgendein Hoffnungsstrahl das Denken dieser Generation erleuchten soll, dann muß es dieses Licht sein. Unmöglich? Jesus war mit einer ähnlichen Situation konfrontiert. Wir wollen uns die Grundlage näher anschauen, auf der Jesus mit den Menschen seiner Zeit kommunizierte.

Jesus, die allgemeingültige Wahrheit

Die Menschen im Leben Jesu lassen sich in vier Gruppen aufteilen: die Menschenmenge, seine Widersacher, seine Jünger und die zwölf Apostel. Es gibt ein Thema, das sich beständig wie ein roter Faden durch seine Kommunikation mit jeder dieser vier Gruppen hindurchzieht. Wegen der ständigen Wiederkehr dieses Themas und wegen seines Inhalts können wir darauf schließen, daß wir es hier mit einer allgemeingültigen Wahrheit zu tun haben. Sie ist in ihrer Bedeutung und in ihrer Wirksamkeit zeitlos.

Wenn diese allgemeingültige Wahrheit klar und unverfälscht herausgestellt wird, dringt sie bis ins Innerste des Menschen; denn sie spricht die eigentliche und unveränderliche Natur des Menschen an. Wenn diese Wahrheit dargelegt wird und weiter wirkt, reagieren oft sogar die Menschen auf Gottes Ruf zur Umkehr, von denen wir es am wenigsten erwartet hätten.

Jesus und seine Feinde

Was war das Hauptproblem, daß Jesu Feinde mit ihm in Konflikt gerieten? Jesus erwähnt es in Johannes 8,23-25: „Ihr seid von unten her, ich bin von oben her; ihr seid von dieser Welt, ich bin nicht von dieser Welt ... Denn wenn ihr nicht glaubt, daß ich es bin, so werdet ihr sterben in euren Sünden."

„Wer bist du?" fragten sie. Das war die entscheidende Frage! Immer wieder, wenn Menschen mit Jesus in Berührung kamen, war dies die Kernfrage, vor die sie sich gestellt sahen – die Frage nach seiner Identität. Dies ist immer noch die wichtigste Frage: *Wer ist Jesus?*

Wenn ein sterblicher Mensch behauptet, er sei Gott, sind ehrliche und vernünftige Fragen jedenfalls angebracht! Jesus behauptete ganz eindeutig von sich, daß er Gott sei. Es ist jedoch erstaunlich, daß sich die Gespräche zwischen Jesus und seinen Anklägern nie um die verstandesmäßige Haltbarkeit dieses Anspruchs drehten. Fast ohne Ausnahme konzentrierten sich die Diskussionen auf das allzu subjektive Wesen ihres Widerstandes gegen ihn.

Hindernisse des Glaubens

Jesus begegnete vielen Menschen, die nicht bereit waren, ihm nachzufolgen, weil es in ihrem Leben bestimmte Bereiche gab, wo sich der Widerstand gegen ihn erhob. Diejenigen, die heute versuchen, anderen das Evangelium weiterzusagen, stoßen immer noch auf die gleichen Hindernisse des Glaubens.

1. Die öffentliche Meinung

Jesus fragte einmal die Juden, die ihm ablehnend gegenüberstanden: „Wie könnt ihr glauben, die ihr Ehre voneinander nehmt?" (Joh. 5,44). Er versuchte ihnen zu zeigen, daß sie sich nur um ihren eigenen gesellschaftlichen Status sorgten und daß dies ihnen den Weg zum Glauben versperrte.

2. Falsche Informationen

Ein anderes Mal kam es unter den Leuten, die sich in der Nähe Jesu aufhielten, zu einer Diskussion über die Frage nach seiner Identität: „Einige nun aus der Volksmenge sagten, als sie diese Worte hörten: Dieser ist wahrhaftig der Prophet. Andere sagten: Dieser ist der Christus. Andere sagten: Der Christus kommt doch nicht aus Galiläa? Hat nicht die Schrift gesagt: Aus der Nachkommenschaft Davids und aus Bethlehem, dem Dorf, wo David war, kommt der Christus?“ (Joh. 7,40-42).

In diesem Fall lag das Hindernis an der falschen Information. Das, was die Menschen zu wissen glaubten – oberflächliche und vorgefaßte Meinungen – versperrte ihnen den Weg zu einem echten Verständnis.

3. Selbstbezogenheit und Unabhängigkeit

Wenig später sprach Jesus mit einem Mann, der von Geburt an blind gewesen war und den er gerade geheilt hatte (Joh. 9,35-41). Wieder ging es um dasselbe Thema! „Glaubst du an den Sohn Gottes?“ fragte ihn Jesus.

„Wer ist es, Herr?“ fragte der Blindgeborene. Jesus sagte: „Der mit dir redet, der ist es.“ Daraufhin bekannte der Mann seinen Glauben an Jesus.

Jetzt wendete sich Jesus an den Menge: „Zum Gericht bin ich in diese Welt gekommen, damit die Nichtsehenden sehen und die Sehenden blind werden.“ Die Pharisäer in der Menge verstanden, was er damit sagen wollte und fragten ihn: „Sind denn auch wir blind?“ Jesus antwortete ihnen, daß sie in der Tat blind waren. Weil sie darauf bestanden, daß sie sehen könnten, vermochten sie ihre eigene Blindheit nicht zu erkennen.

In dieser Situation bestand das Hindernis in dem übermäßigen Glauben des Menschen an sich selbst. Diese überheblichen Pharisäer meinten, sie seien von sich aus in der Lage, auf geistlichem Niveau zu leben.

Wieder lag das Hindernis nicht in einem Mangel an Wissen, sondern in einem Übermaß an Subjektivität.

4. Sorge um die eigene Position

Unvernunft – hier eine Folge der Subjektivität – kennt anscheinend keine Grenzen. Der Fall des Lazarus zeigt dies deutlich (Joh. 11,1-12,11). Wie in fast jeder anderen Situation gebrauchte Jesus eine Krise, um die Aufmerksamkeit auf die entscheidende Frage seiner Identität zu lenken.

Stellen Sie sich die Szene vor: Lazarus ist gestorben. Wir haben die ganze Nacht gewacht. Dann erscheint Jesus. Bis zu diesem Zeitpunkt hat er aufgrund seiner Reden und seiner Wunder eine große Berühmtheit erlangt. Und jetzt vollbringt er ein Wunder, das sich von allen anderen abhebt – er weckt Lazarus von den Toten auf! Wie reagieren Sie wohl auf ein solches Wunder? Kamen die Augenzeugen zu dem Schluß, daß Jesus Gott ist, wie er behauptete?

Erstaunlicherweise lautete die Reaktion einiger Leute wie folgt: „Wenn wir ihn so gewähren lassen, werden alle an ihn glauben." Was ist daran verkehrt? „Die Römer werden kommen und uns den Ort und das Volk wegnehmen" (Joh. 11,48).

Positionen, Prestige, der Status quo – all dies hat in den Wertmaßstäben der meisten Menschen den Vorrang über die Wahrheit.

Wie gingen also die Gegner Jesu mit der Wahrheit um? Sie versuchten sie zu beseitigen! Der Hohe Rat sprach das Todesurteil über Jesus, und außerdem „beschlossen die Hohenpriester, daß sie auch Lazarus töteten" (Joh. 12,10). Unvernünftige Menschen! Wenn sie den Beweis nicht vernünftig widerlegen können, zerstören sie ihn einfach!

5. *Auflehnung*

Letzten Endes war es diese Frage nach der Identität Jesu, die ihn das Leben kostete (Mt. 26,63-68). Bei der Verhandlung „sprach der Hohepriester zu ihm: Ich beschwöre dich bei dem lebendigen Gott, daß du uns sagst, ob du seist der Christus, der Sohn Gottes. Jesus sprach zu ihm: Du sagst es". Aufgrund dieser Aussage hielten sie ihn für des Todes schuldig.

Es steckt eine zwingende Logik dahinter, die zu dieser irrationalen Ablehnung des Anspruchs Jesu, er sei Gott, führt: Anzuerkennen, daß Jesus Gott ist, würde heißen, daß man seine Autorität anerkennen müßte. Und seine Autorität anzuerkennen heißt, auch anzuerkennen, daß er ein Recht hat, über mich zu herrschen. *Auflehnung* gegen Gott ist seit dem Sündenfall das Grundproblem der Menschheit. Wenn der Mensch das Gottsein Jesu anerkennt, ohne sich nicht auch seiner Herrschaft zu unterwerfen, so bedeutet das, daß man seine Auflehnung gegen Gott zugibt. Dieses Eingeständnis fällt wohl jedem Menschen außerordentlich schwer. Letzten Endes ist Auflehnung gegen Gott immer das größte Hindernis für den Glauben.

Jesus und die Menschenmenge

Oberflächlich betrachtet reagierte die Menge ganz anders auf Jesus als seine religiösen Feinde. Sie mochten Jesus. Sie folgten ihm überall hin, wo er auch ging. Diese Leute waren den religiösen Menschen unserer Tage recht ähnlich. Es war für sie wichtig, einen Glauben zu haben. Das verleiht dem Leben eine Struktur, und außerdem müssen die Kinder ja nach einigen soliden, moralischen Prinzipien erzogen werden. Aber häufig war ihre wahre Reaktion identisch mit der Reaktion jener Menschen, die Jesus offen ablehnten.

Zwei Dinge waren es, welche die Menschenmenge zu Jesus hinzog: 1. Sie waren von seiner Lehre tief beeindruckt, „denn er redete wie einer, der Vollmacht von Gott hat – ganz anders als die Gesetzeslehrer". 2. Sie waren von seiner Vollmacht beeindruckt: „Er befiehlt sogar den bösen Geistern, und sie gehorchen ihm" (Mk. 1,22.27). Es war interessant und aufregend, in Jesu Nähe zu sein! Es gefiel ihnen, ihm zuzuhören und zu sehen, was er tat, in der Hoffnung, auch Nutzen davon zu haben.

Die Popularität Jesu wuchs in einem solchen Maße, daß bei einigen Gelegenheiten „die Menschen so zahlreich zusammenströmten, daß kein Platz mehr blieb, nicht einmal draußen vor der Tür ... Wieder strömte eine so große Menge zusammen, daß er und seine Jünger nicht einmal zum Essen kamen" (Mk. 2,2; 3,20-21). Seine Familie machte sich solche Sorge um ihn, daß sie meinten, „sich seiner bemächtigen" zu müssen. Sie glaubten, er sei verrückt geworden!

Jesus war berühmt. Er übertraf Johannes den Täufer bei weitem. Jeder war von Jesus begeistert – die *Menschenmenge,* der an Jesus alles gefiel, und *die zwölf Jünger,* die sich in der Bewunderung sonnten, die Jesus zuteil wurde. Aber Jesus ließ sich davon nicht beeindrucken. Er setzte dem allen sogar ein Ende.

Bei einer Gelegenheit konfrontierte Jesus die Menschen, die ihm nachfolgten, mit der Tatsache, daß er mit ihren Reaktionen auf ihn unzufrieden war. Er sagte: „Ihr sucht mich nicht darum, daß ihr Zeichen gesehen habt, sondern weil ihr von den Broten gegessen habt und gesättigt worden seid. Schafft euch Speise, nicht, die vergänglich ist, sondern die da bleibt ins ewige Leben." Sie fragten ihn: „Was sollen wir tun, damit wir die Werke Gottes wirken?" Jesus antwortete: „Dies ist das Werk Gottes, daß ihr an den glaubt, den er gesandt hat" (Joh. 6,26-29).

Wieder ging es darum, wer Jesus war. Jesus wollte ihnen damit sagen: „Ihr folgt mir, weil ihr einen persönlichen Nutzen davon habt, aber das genügt nicht. Wenn ihr mir nachfolgen wollt, muß das zu meinen Bedingungen geschehen – und das bedeutet, daß ihr mich als Gottes Sohn akzeptieren müßt!"

Die Menschen verstanden wohl, was er damit meinte. Und doch verrät ihre Reaktion ihren Unglauben: „Was tust du nun für ein Zeichen, damit wir sehen und dir glauben?" (Joh. 6,30).

Unglaublich! Sie hatten gesehen, wie er Geister austrieb, Kranke heilte und die Menge speiste. Sie hatten über seine Lehre gestaunt. Sie konnten ihn akzeptieren als einen großartigen Lehrer, als einen, der Wunder vollbringt, als einen Propheten oder als einen politischen Führer. Ihn aber als Gott anzuerkennen, das war wirklich zuviel verlangt!

Jesus wußte darum und schickte sie mit einigen scharfen und inhaltsschweren Bemerkungen über sich selbst weg: „Ich bin das Brot des Lebens ... Ich bin vom Himmel gekommen ... Das Brot, das ich geben werde, ist mein Fleisch ... Werdet ihr nicht essen das Fleisch des Menschensohnes und trinken sein Blut, so habt ihr kein Leben in euch" (Joh. 6,35.38.51.53).

Die Menge reagierte sofort. Sie murrten, sie stritten und beklagten sich und waren gekränkt: „Von da an wandten viele seiner Jünger sich ab und wandelten nicht mehr mit ihm" (Joh. 6,66).

Zu jedem beliebigen Zeitpunkt der Diskussion hätte Jesus einlenken und die Lage entspannen können; aber er wußte, was er tat. Er ließ es absichtlich dazu kommen, daß sich an der Frage seiner Identität die Geister schieden. Im wesentlichen sagte er ihnen: „Entweder glaubt ihr, daß ich der bin, der ich bin, mit allen Konsequenzen, oder ihr geht zurück nach Hause! Hört auf, euch selbst zu täuschen, indem ihr mir nachfolgt!"

Warum taten sich die Menschen so schwer, die Bedingungen Jesu zu akzeptieren? Sie schienen der Wahrheit doch so nahe zu sein! Aber hier zeigte es sich, wie sehr sie doch den offenen Feinden Jesu glichen. Warum ist es so schwer, Jesu Identität anzuerkennen? Weil es nicht möglich ist, daß Jesus und wir gleichzeitig die Herrschaft ausüben können – es kann nur einer König sein! Es fällt uns schwer, unsere unangemessene Herrschaft aufzugeben.

Jesus und seine Jünger

Dieser rote Faden – Jesu Identität – zieht sich durch alles hindurch, was Jesus seine Jünger lehrte. Offensichtlich behielt er das meiste seiner entscheidenden Lehren für diejenigen seiner Nachfolger zurück, die seine Identität vorbehaltlos anerkannt hatten. Mit dem Rest sprach er in Gleichnissen und rätselhaften Worten. Zweifelsohne verstanden sie nur wenig. Jesus sagte zu seinen Jüngern: „Euch ist das Geheimnis des Reiches Gottes gegeben; denen aber draußen widerfährt es alles durch Gleichnisse, damit sie es mit sehenden Augen sehen und doch nicht erkennen" (Mk. 4,11-12).

Was war hier geschehen? Hielt Jesus bewußt mit der Wahrheit vor den

Menschen zurück, die danach hungerten? Keineswegs! In der Bibel wird weiter erklärt: „Und durch viele solche Gleichnisse sagte er ihnen das Wort so, wie sie es zu hören vermochten. Und ohne Gleichnisse redete er nicht zu ihnen; aber wenn sie allein waren, legte er seinen Jüngern alles aus“ (Mk. 4,33-34).

Jesus lehrte die Menschen alles, was möglich war. Und das war nicht viel, weil sie ja seine göttliche Identität – die eigentliche Grundlage der biblischen Wahrheit – abgelehnt hatten. Bevor wir nicht die wichtigste Voraussetzung für die Lehre Jesu akzeptieren – nämlich daß er Gott ist – ergibt alles übrige nur wenig Sinn.

Jesus vermittelte den Jüngern ein immer größeres Verständnis für die Bedeutung seiner Herrschaft. Auch seine Autorität gründet sich auf seine Identität, darauf, wer er ist. Jesus bewies seine Autorität über menschliche Autoritäten (Mk. 1,22), über Satan (Mk. 1,27), über die Sünde (Mk. 2,9), über die Tradition (Mk. 2,27-28), über die Natur (Mk. 4,39) und sogar über Leben und Tod (Joh. 10,18; 19,10-11). Kurzum, die Antwort, die er seinen Jüngern auf die Frage, wer er sei, gab, lautete im wesentlichen: „Ich bin die Autorität über alles im Himmel und auf der Erde.“

Ein echter Jünger Jesu erfaßt das Ausmaß der Vollmacht Jesu Christi und stellt sein Leben Schritt für Schritt unter seine Herrschaft. Während er dies tut, geschieht etwas Wunderbares. Er wird von Bindungen befreit (Joh. 8,31-32). Er überwindet die Welt. Dies ist eine inhaltsschwere Wahrheit. Jesus sagt zu jedem von uns: „Was ist dein Problem? Was immer es ist, gib es mir, denn ich habe die Macht zerstört, die dieses Problem auf dich ausübt. Ich habe Vollmacht über dieses Problem. Überlaß es mir. Ich werde es lösen, und du darfst frei sein.“

Einen anderen zum Jünger Jesu machen, das heißt, ihm zu helfen, die dynamischen Kräfte der Autorität und Herrschaft Jesu Christi zu verstehen und zu erleben, damit auch er befreit sein kann. Hier zeigt es sich wieder, daß die Identität Jesu die alles entscheidende Frage ist. Für die Gegner Jesu und für die Menschenmenge, die ihm nachfolgte, entschied diese Frage nach seiner Identität über Leben und Tod. Für seine Jünger entschied sie über Freiheit oder Sklaverei. Doch wie stand es mit den zwölf Jüngern, die Jesus in den drei Jahren seines Wirkens hier auf Erden am nächsten standen?

Jesus und die zwölf Apostel

Bei der Zurüstung der zwölf Apostel machte Jesus deutlich, welche Folgen seine Identität letzten Endes für sie hat. Daß dies die Kernfrage in allem war, was er mit den Zwölfen unternahm, zeigt sich in seinem Gebet zum Vater in Johannes 17.

Einleitend unterstreicht er hier noch einmal, daß seine Identität der Kernpunkt seines ganzen Dienstes ist: „Dies ist aber das ewige Leben, daß sie [alle Gläubigen] dich [den Vater], der du allein wahrer Gott bist, und den du gesandt hast, Jesus Christus, erkennen" (Joh. 17,3).

Anschließend betet er für die Zwölf: „Ich habe deinen Namen geoffenbart den Menschen, die du mir von der Welt gegeben hast . . . Sie haben's angenommen und erkannt, daß ich von dir ausgegangen bin, und glauben, daß du mich gesandt hast" (Joh. 17,6.8). Die Schulung der zwölf Apostel bestand vor allem darin, sie aus erster Hand mit Gott bekannt zu machen und sie zu der Erkenntnis zu führen, daß Jesus und der Vater ein und derselbe Gott sind! Jesus sagte: „Wenn ihr mich erkannt habt, werdet ihr meinen Vater erkennen; und von jetzt an erkennt ihr ihn und habt ihn gesehen . . . Wer mich gesehen hat, hat den Vater gesehen" (Joh. 14,7.9).

Jesus verbrachte die meiste Zeit seines kurzen Dienstes auf dieser Erde damit, diesem Dutzend Männer diese eine Tatsache zu vermitteln: Er und der Vater sind eins.

Zu verstehen, was diese Einheit bedeutet und welche Konsequenzen sie hat, bedeutet auch, die Grundlage aller geistlichen Kraft zu verstehen (Joh. 14,20). So sagte Jesus: „Ohne mich könnt ihr nichts tun .. [Aber mit mir] werdet ihr größere Werke tun als diese [Wunder], denn ich gehe zum Vater" (Joh. 15,5; 14,12).

Wenn Jesus nicht Männer hinterlassen hätte, die seine Identität voll verstanden, hätte es für die christliche Bewegung keine Zukunft gegeben. Jesus sagte: „Mir ist gegeben alle Gewalt im Himmel und auf Erden. *Darum* geht hin und macht zu Jüngern alle Völker" (Mt. 28,18-19). Wenn wir Jesu Identität voll verstehen und ganz persönlich für uns bejahen, werden wir auch volle Teilhaber seiner Vollmacht sein.

Die Tatsache, daß sich das Thema der Identität Jesu wie ein roter Faden durch alle seine Beziehungen zu den Menschen hindurchzieht, beweist seine überragende Wichtigkeit! Jedes andere Thema ist diesem einen untergeordnet. *Er* ist das Evangelium. *Er* ist unsere Botschaft. Alles andere, was wir Christen glauben und was uns teuer ist, ist eine Erweiterung dieser einen Wahrheit. Wenn wir unter den Menschen unserer Zeit das Evangelium wirksam weitersagen wollen, muß uns Christus und die Bedeutung seiner Identität, seines Todes und seiner Auferstehung klar und zunehmend bewußt sein.

4. Die Botschaft für unsere Generation

Das Thema der Identität Jesu

Wenn wir evangelisieren, muß Jesus der Kern unserer Botschaft sein. Da Jesus es für entscheidend wichtig hielt, sich auf diese Tatsache seiner göttlichen Identität zu konzentrieren, sind wir gut beraten, wenn wir denselben Akzent setzen. In diesem Kapitel werden wir uns damit befassen, auf welche Weise wir unbeabsichtigt diese Betonung der göttlichen Identität Jesu abschwächen beziehungsweise verwischen.

Das Evangelium der aktuellen Problematik

Was ist das Evangelium? Diese Frage wird gerne von Theologen gestellt. Wenn sie diese Frage stellen, ist es zumeist so, daß unter den Anwesenden keiner ist, der auch nur im entferntesten weiß, wie die Antwort lauten soll. Ich gehe gewöhnlich ziemlich frustriert von solchen Gesprächen weg.

Und doch habe ich bei solchen Gesprächen eine interessante Beobachtung gemacht. Beinahe jedesmal, wenn diese Frage nach dem Inhalt des Evangeliums gestellt wird, verfolgt der Fragende eine ganz andere Absicht. Er möchte, daß die anderen wissen wollen, welches *sein* besonderes Evangelium ist. Es stellt sich dann heraus, daß es wohl das Evangelium an sich ist, jedoch ergänzt durch das, was er besonders betont! So gehört zum Beispiel die Frage nach sozialer Gerechtigkeit zu den dominierenden Themen von heute. Es könnte das Evangelium für den einen ein Evangelium sozialer Gerechtigkeit sein. Für einen anderen ist es ein Evangelium des Wohlstands. Und für einen dritten ist es ein Evangelium der Bürgerrechte.

Dabei handelt es sich um einen einfachen Vorgang. Wir konzentrieren uns dermaßen auf einen bestimmten Sachverhalt, daß er sich in unseren

Köpfen als *die* wesentliche Sache einnistet. Dann machen wir diesen Punkt oder diese Wahrheit zur Hauptaussage unserer Botschaft. Wenn wir dies tun, schneidern wir uns ein eigenes Evangelium zurecht. Wir bedienen uns des Herrn Jesus dazu, unsere eigene Sache zu unterstützen. Auf diese Weise wird er der Jesus der Armen, der Jesus der Frauenrechte oder der Jesus, der sich für irgendeine Problematik einsetzt, die zufälligerweise gerade aktuell ist. Aber ein privater Jesus kann nicht gleichzeitig der Jesus sein, der für die ganze Welt da ist.

Das Evangelium unserer eigenen Prägung

Die meisten von uns greifen bestimmte Lehren heraus und verleihen ihnen eine spezielle Betonung. Wir begünstigen bestimmte Ausdrucksformen unseres Glaubens, weil sie uns so natürlich erscheinen, daß wir uns nicht vorstellen können, wie ein Christ ohne sie auskommen könnte. Häufig halten wir ein bestimmtes Verhalten bei einem Christen für wesentlich und normgerecht. Unsere starken Empfindungen verleiten uns dazu, diese Gedanken und Ideen so hochzuhalten oder zu betonen, daß wir sie jedem, an dem wir einen geistlichen Dienst tun, zur Bedingung machen.

Diese Tendenz bedeutet eine Einengung des Evangeliums. Wir müssen vorsichtig mit unseren religiösen Traditionen, Gottesdienstformen, lehrmäßigen Akzenten und Ansichten über christliche Verhaltensweisen umgehen. Wir sollten zurückhaltend sein mit allem, was nicht mit der ganzen Heiligen Schrift in Einklang steht. Wenn wir diese Ausgewogenheit nicht haben, dann bieten wir einen Jesus an, der vielleicht mit den Dingen übereinstimmt, die uns persönlich wichtig sind, aber der für die, die wir eigentlich gewinnen wollen, ein Stein des Anstoßes ist. Weil Jesus ihnen in dieser „Verpackung" angeboten wird, wollen sie ihn nicht annehmen.

Das Evangelium unseres Kirchenverständnisses

Welchen Jesus Christus lehnen die schwedischen Jugendlichen ab? Den Jesus der Reformation, der Freikirchen oder der römisch-katholischen Kirche? Höchstwahrscheinlich ist es einer von diesen, aber wohl nicht der *wahre* Jesus Christus. Jesus in seiner tatsächlichen Fülle läßt sich nicht in irgendein kirchliches System pressen. Wurde er etwa nach der Reformation ein Protestant? War er je römisch-katholisch? Nein; Jesus steht über unseren Denominationen und theologischen Systemen. Für alle

Zeiten und für jeden Menschen ist er die Mitte des Evangeliums. Wenn wir ihn mit unserer besonderen gemeindlichen Glaubensrichtung gleichsetzen, isolieren wir ihn auf einen begrenzten Raum. Dabei schließen wir den Rest der Welt aus.

Ich verbrachte einmal etliche Tage damit, mit einigen gläubigen Freunden des einstigen kommunistischen Ostblocks ein Bibelstudium durchzuführen. Während fünfunddreißig Jahren mußten sie sich auf ihr Überleben konzentrieren. Erhaltung und Bewahrung waren ihnen wichtiger geworden als ihre Bemühungen um Außenstehende. Das ist auch verständlich. In einer solchen Situation wandert die christliche Gemeinde zwangsläufig in die Isolation, weil nur so ein Überleben als möglich erscheint. Unter solchen Umständen läßt sich Gesetzlichkeit fast nicht vermeiden. Weil viele Christen in jenen Ländern sich immer mehr dessen bewußt werden, daß es zu diesem Prozeß übermässiger Enge unter ihnen gekommen ist, unternehmen sie jetzt Schritte, um zu einer besseren Ausgewogenheit zu kommen.

Als ich ein paar Bibelstellen über die Freiheit vorlas, die wir in Christus haben, rief eine Frau plötzlich: „Wenn das stimmt, gibt es ja noch Hoffnung für meine Eltern! Auch sie können für Christus gewonnen werden! Bis heute glaubte ich, daß sie nur zu Jesus kommen können, wenn sie sich unserer Freikirche anschließen würden!"

Ein Jesus Christus der Freikirchen!

Das Evangelium der Entscheidung

Die häufigste Schwäche unserer heutigen evangelistischen Anstrengungen besteht wahrscheinlich darin, daß wir dazu neigen, in unserer Botschaft die „Entscheidung" zu betonen, anstatt die Person Jesu Christi in den Mittelpunkt zu stellen. Wir sind so eifrig damit beschäftigt, einem Menschen zu helfen, wie man sich für Jesus Christus entscheidet, daß wir ganz übersehen, daß er mit großer Wahrscheinlichkeit fast nichts über Christus weiß.

Es ist *viel weiser, sich auf die Person Jesu Christi als auf eine Entscheidung zu konzentrieren.* Anstatt den Menschen zu sagen, was sie tun müssen, wollen wir ihnen helfen zu verstehen, wer Jesus ist. Wenn sie dies besser verstanden haben, wird ihre Reaktion – das, was ein Mensch tun muß, um zum Glauben zu kommen – wie selbstverständlich folgen. Ich habe die Erfahrung gemacht, daß die Antwort auf den Ruf des Evangeliums oft ohne mein Dazutun folgte, wenn die Wahrheit über Christus erst einmal voll verstanden wurde.

Diese Beschäftigung mit der Entscheidung anstatt mit der Person Jesu Christi bewirkt noch eine andere Schwäche in unserer Evangelisationsarbeit. Wir neigen dazu, uns mehr für positive Reaktionen auf das Evangelium zu interessieren, als darum, ob der betreffende Mensch *verstanden* hat, worum es bei Jesus geht. Wir bemühen uns, eine Zustimmung herauszulocken, und wenn wir diese bekommen haben, versuchen wir, den Menschen eine positive Reaktion auf den Glauben abzuringen. Wir nennen dies, „einen Menschen zur Entscheidung für Christus zu führen". Dies ist aber ein erzwungener Entschluß.

Allzuoft besteht diese Art von Entschluß oder Entscheidung lediglich darin, daß wir einen Menschen dazu bringen, bestimmte Sätze auszusprechen, die wir ihm vorgeschlagen (oder vorgesprochen) haben. Hat er es dann auch getan, meinen wir, er sei jetzt „errettet".

Das Evangelium: Jesus Christus

Das Wesen des Evangeliums ist jedoch Jesus Christus, der starb, begraben wurde und dann von den Toten auferstand und zu seinem Vater auffuhr. Er ist unparteiisch und steht über unseren menschlichen Strukturen und zweitrangigen persönlichen Auffassungen. Wenn wir wirklich die Kommunikation mit den Menschen dieser Zeit suchen, müssen wir Jesus seine rechtmäßige Universalität zugestehen. Wir müssen den Menschen einen durch nichts gefärbten Christus präsentieren.

Vor zwanzig Jahren begannen wir unsere Arbeit in Brasilien. Wir lebten unter Bedingungen, die uns dazu führten, viele Überzeugungen, die wir früher ohne Vorbehalte akzeptiert hatten, neu zu überdenken. Die Studenten, unter denen wir arbeiteten, zeigten keinerlei Reaktion auf das Evangelium, das wir ihnen predigten. Die Hindernisse waren die Folge von zweitrangigen Dingen, die wir der Evangeliumsbotschaft hinzufügten. Hinzu kam auch die Tatsache, daß wir ihnen etwas für sie Fremdes und Institutionelles anboten. Wir präsentierten ihnen nicht einen schlichten Jesu.

In diesem Zusammenhang verstanden wir allmählich, daß unsere Botschaft nur Jesus und nichts anderes sein sollte. Wir wurden nicht ausgesandt, um wirtschaftliche oder politische Systeme, religiöse Strukturen, unsere eigene Organisation oder unsere persönlichen Lieblingslehren zu verteidigen oder Werbung dafür zu machen. Unsere Botschaft ist die Botschaft einer Person, und wir dürfen diese nicht einfach mit irgendwelchen Zusätzen predigen. Wir erkannten, daß wir nicht berufen sind, irgendwelche menschlichen Maßstäbe zu vermitteln oder den Respekt vor

Traditionen zu lehren. Statt dessen sind wir dazu berufen, Jesus ohne jedes Beiwerk zu verkündigen.

Als uns dies klar geworden war, merkten wir bald, daß wir jetzt mit denselben Menschen, die uns vorher gemieden hatten, kommunizieren konnten. Wir begannen, eine Ernte einzubringen, und sie ist noch nicht zu Ende.

Dieser Ansatz zur Evangeliumsverkündigung ist so grundlegend wie einfach. Wer ist Jesus? Prüfen Sie es doch selbst. Wenn Sie es nicht glauben können, verstehen wir das. Aber lassen Sie uns mit dieser einfachen Frage zur Bibel gehen, um die Antwort dort zu finden. Sie glauben nicht an die Bibel? Auch das verstehen wir. Auf dieser Basis fangen wir an – und rechnen mit der Macht Christi, daß er das Übrige vollbringt.

Vertrauen in die Macht Christi

Francisco ist einer meiner besten Freunde. Als wir uns vor einigen Jahren kennenlernten, war er ein Atheist, der dem Marxismus nahestand. Er hatte wohl nie in eine Bibel hineingeschaut. Trotzdem kam er eines Abends zu einem Bibelstudium, das ich leitete.

Francisco stammte aus dem Nordosten Brasiliens, einer verarmten Gegend, die oft lange Dürrezeiten durchmacht. Da er in Armut aufgewachsen war, wollte er gegen das System aufbegehren, das nichts gegen die Armut unternahm. Als er acht Jahre alt war, erklärte er, er wolle Arzt werden, und er beschloß auch, nie etwas mit der Kirche zu tun haben zu wollen. Gott existierte für ihn nicht. Francisco, der mit Mut und einer ungewöhnlichen Intelligenz begabt ist, blieb seinen Vorsätzen treu.

Eine Anzahl Jahre später arbeitete er in einem chirurgischen Ärzteteam mit, zu welchem auch ein gläubiger Freund von mir gehörte. Gott gebrauchte diesen Freund, um Franciscos Interesse an geistlichen Dingen zu wecken. Hier und da wurde einmal ein Wort gesprochen, oft nur im Spaß und manchmal auch während einer Operation.

Verschiedenste Umstände in seiner Familie, bei seinen Patienten und anderes bereiteten Francisco zunehmend Probleme. Er kam zu dem Schluß, daß mein Freund recht hatte: Er mußte der geistlichen Seite des Lebens mehr Beachtung schenken. Mit der für ihn typischen Beharrlichkeit setzte er sein Vorhaben in die Tat um. Er dachte: „Das Geistliche muß eine Beziehung zum Spiritismus haben." Deshalb schrieb er sich für einen einjährigen Informationskursus in einem spiritistischen Zentrum ein und begann, okkulte Dinge zu studieren. Er behielt es aber für sich.

Schließlich konnte mein Freund Francisco dazu bringen, zu unserem Bibelstudium zu kommen.

Weil Francisco von der Bibel fasziniert war, nahm er sie schnell in sich auf. In der zweiten Woche brachte er seine Frau mit, und von da an haben sie nie einen Abend versäumt.

Drei Monate vergingen, in denen wir durch das Wachstum, das Francisco und Daniela in ihrer Beziehung zu Jesus erlebten, sehr ermutigt waren. Dann kam er eines Tages zu mir, um eine „besondere Situation" mit mir zu besprechen. Mein Mut sank, als ich erfuhr, daß sich beide auf den Spiritismus eingelassen hatten. Sie hatten den Kurs bereits seit sechs Monaten besucht. Francisco glaubte, sein Versprechen halten und den Kurs bis zum Ende durchhalten zu müssen. Er erzählte mir, er habe schon die Stelle eines Lehrers in einem ihrer neuen Zentren angeboten bekommen, aber sie noch nicht angenommen.

Als ich dort saß, ging ich gedanklich alle Bibelstellen im Alten und Neuen Testament durch, die das Thema Okkultismus behandeln. Es gibt mehr als genug Verse darüber, und mein erster Gedanke war, sie alle zu benutzen. Wenn man jedoch unsicher ist, wie ein Mensch genau zu Jesus Christus steht, dann kann sich eine Überhäufung mit Bibelsprüchen auf die weitere Reaktion dieses Menschen auf das Evangelium sehr negativ auswirken. Ich schwieg also zunächst.

Am Ende sagte ich zu ihm: „Francisco, ich würde dir gerne etwas zeigen." Wir schlugen 1.Johannes 4 auf, und ich bat ihn, mir die ersten Verse vorzulesen: „Ihr Lieben, glaubt nicht einem jeglichen Geist, sondern prüft die Geister, ob sie von Gott sind . . . Daran sollt ihr den Geist Gottes erkennen: ein jeglicher Geist, der da bekennt, daß Jesus Christus ist im Fleisch gekommen, der ist von Gott; und ein jeglicher Geist, der Jesus nicht bekennt, der ist nicht von Gott."

Ich erklärte ihm dann weiter: „Du bekommst Informationen aus zwei verschiedenen Quellen, von mir und vom spiritistischen Zentrum. Beide Seiten behaupten wir, daß wir die Wahrheit lehren. Beide Seiten sprechen wir viel über Jesus. Nach welchem Kriterium wirst du nun bewerten und entscheiden, wer dir nun wirklich die Wahrheit sagt, wenn du von dieser Bibelstelle ausgehst? Ich habe einen Vorschlag. Wenn du wieder in dieses Zentrum gehst, dann höre genau hin, was sie über Jesus sagen, und vergleiche es mit den Aussagen der Bibel. Verhalte dich genauso bei dem, was ich dir sage. Prüfe das, was du von mir über Jesus hörst, anhand der Bibel. Entscheide dann, wer aufgrund dieses Bibelverses die Wahrheit sagt."

Als Francisco an diesem Tag wegging, war ich sehr besorgt. Ich war mir dessen bewußt, wie leicht der Spiritismus einen Menschen in seine Gewalt ziehen kann. Und ich war mir auch nicht sicher, ob Francisco schon so weit im Glauben war, daß die Bibel für ihn zur maßgeblichen Autorität geworden war.

Francisco tat jedoch, was ich ihm geraten hatte. Es dauerte nicht lange, bis seine Neugeburt im Glauben offenkundig wurde. Der letzte Tag dieses Kurses im spiritistischen Zentrum stand bevor. Erneut boten sie ihm die Lehrstelle an. Aber er entgegnete: „Vielen Dank für die Zeit und Aufmerksamkeit, die Sie mir geschenkt haben. Es war sehr interessant und informativ. In der Zwischenzeit habe ich jedoch auch die Bibel studiert. Ich bin zu dem Schluß gekommen, daß der Jesus, den Sie hier präsentieren, nicht der Jesus der Bibel ist. In Ihrem Jesus gibt es kein Heil." Und damit verließ er sie. Hier zeigte sich die Überlegenheit Jesu!

Unsere Aufgabe bei der Evangelisation

Unsere Botschaft ist die gute Nachricht über eine Person, denn das Evangelium ist die Person Jesu Christi. Christentum und Jesus sind jedoch nicht unbedingt dasselbe. Menschen können ihn kennenlernen, ohne die Systeme zu akzeptieren, die um ihn herum aufgebaut wurden. Oder sie können sich in der Institution engagieren, ohne etwas von ihm zu wissen. Wer Jesus jedoch als seinen persönlichen Herrn annimmt, muß es zu seinen Bedingungen tun. Ihn als Herrn zu haben, bedeutet, alles von ihm zu akzeptieren. Weil er über alles, was existiert, Gewalt hat, ist er auch der Herrscher über meine Person. Dies ist die Kernaussage des Evangeliums.

Unsere Aufgabe bei der Evangelisation kann mit dem verglichen werden, was Johannes der Täufer über sich selbst sagte. Er sah sich selbst als den Freund oder Trauzeugen des Bräutigams. Der Bräutigam ist Jesus. Die Braut ist, wer die Botschaft hört und glaubt. Die Aufgabe des Johannes bestand darin, dafür zu sorgen, daß die Hochzeit erfolgreich verlief, ohne jedoch dabei die Aufmerksamkeit auf sich zu lenken. Die Braut nimmt nicht den Familiennamen des Trauzeugen an. Sie gehört einzig und allein dem Bräutigam.

Wenn wir verstehen, daß unser Ziel mit der Darstellung des Evangeliums darin besteht, eine neue „Hochzeit" zustande zu bringen, dann scheinen uns solche, von denen wir vorher meinten, sie nicht erreichen zu können, mit einem Mal viel näher zu sein. Sie sind in unserer Reichweite. Natürlich werden manche Jesus ablehnen, nachdem sie ehrlich hingeschaut haben. Das können wir nicht verhindern. Aber wir *können* etwas für die Menschen tun, die Jesus nur deshalb ablehnen, weil er in den Traditionen, Dogmen oder Moralvorstellungen desjenigen verpackt ist, der ihnen die Botschaft von Jesus bringt. Solche möglicherweise zerstörerischen Einflüsse können wir vermeiden.

Wir müssen immer daran denken, daß die Evangelisation nicht nur darin besteht, die Voraussetzungen einer Entscheidung für Christus darzulegen, sondern wir stellen die Person Jesu Christi vor. Es wird viel Zeit erfordern, um einem Menschen zu helfen, die Konsequenzen der Identität Jesu wirklich zu verstehen.

Bei der Evangelisation bringen wir einen Menschen nicht nur dazu, daß er verstandesmäßig zustimmt, sondern unsere Aufgabe ist viel umfassender. Sie beinhaltet auch, daß wir einem Menschen dabei helfen, seine eigene Rebellion oder andere Hindernisse seines Eigenwillens zu überwinden.

Doch für viele Menschen ist diese ganze Frage nach der Identität Jesu überhaupt nicht von Interesse. Sie stellen diese Frage gar nicht. Wie soll man also einen Menschen dazu bewegen, Interesse dafür zu entwickeln, eine Antwort auf eine Frage zu suchen, der er völlig gleichgültig gegenübersteht? Die Antwort darauf wird die verbleibenden Seiten dieses Buches beanspruchen.

5. Die Tatsache der Abkapselung

Das Hindernis der Angst voreinander überwinden

„Damit ihr seid ohne Tadel und lauter, Gottes Kinder, unsträflich unter einem verderbten und verkehrten Geschlecht, unter welchem ihr scheint als Lichter in der Welt, dadurch daß ihr haltet an dem Wort des Lebens" (Phil. 2,15-16).

Dieses Thema, daß als Licht für die dunklen Orte geschaffen ist, zieht sich wie ein roter Faden durch die ganze Bibel. Die Vorstellung, daß Christen sich aktiv in der Welt engagieren sollen, erzeugt bei vielen von uns Spannungen. Anscheinend war dies in der ganzen Kirchengeschichte immer wieder der Fall. Das Pendel ist von Anfang an zwischen Abkapselung von der Welt und Kompromissen mit der Welt hin- und hergeschwungen. Das eine Extrem sind jene, die versuchen, sich von der übrigen Menschheit abzusondern. Das andere Extrem bilden solche Christen, die die Wertvorstellungen und Verhaltensweisen ihrer geschäftlichen und gesellschaftlichen Umwelt übernehmen, und dies in einem Ausmaß, daß sie sich von der übrigen Welt überhaupt nicht mehr unterscheiden.

Diese Spannung läßt sich nicht einfach auflösen. Sie kommt daher, daß Gott seine Gemeinde beruft, zwei anscheinend unvereinbare Aufgaben gleichzeitig wahrzunehmen: die schon Geretteten im Glauben aufbauen und die noch nicht Geretteten zu Jüngern Jesu machen. Wie kann man denn beides gleichzeitig tun?

Wenn wir erst einmal einen kleinen Kern von Christen haben, kann man der Versuchung kaum widerstehen, sie auf die Seite zu nehmen, um sie in der Abgeschiedenheit zu lehren und im Glauben aufzubauen.

Wenn wir dies tun, entsteht jedoch das Problem, daß wir die Christen so weit von ihren Mitmenschen wegziehen, daß eine Arbeit unter diesen nahezu unmöglich wird. Die geistliche Zurüstung der Geretteten muß mitten in der Welt, mit all ihren Gefahren und Risiken, geschehen.

Dieser gerade von mir beschriebene Vorgang der Abkapselung ist heute so alltäglich, daß nur sehr wenige Christen noch echte Beziehungen zu Nichtchristen haben. Man hat die Beobachtung gemacht, daß ein Durchschnittschrist in der Regel nach zwei Jahren seines Christseins keine nichtgläubigen Freunde mehr hat. Unsere Berührungspunkte mit der Welt beschränken sich auf einige oberflächliche Bekanntschaften. Wir müssen wieder neu lernen, wie wir Beziehungen zu Menschen außerhalb unseres christlichen Bekanntenkreises aufbauen können.

Martin Marty, Theologieprofessor an der Universität Chicago, beschreibt in einem Artikel, der am 11. Juli 1980 auf der Titelseite des *Wall Street Journal* unter der Überschrift „Old Time Religion“ erschien, diese Isolation wie folgt: „Wenn Sie zur evangelikalen Subkultur gehören, dann spielt sich Ihr ganzes Leben darin ab. Sie gehen in die Gemeinde, Sie kaufen religiöse Bücher, Sie schauen sich religiöse Fernsehprogramme an. Aber wenn Sie nicht zu dieser Subkultur gehören, dann wissen Sie noch nicht einmal, daß es sie gibt.“

In diesem Artikel kommt zum Ausdruck, in welch einem Ausmaß sich evangelikale Christen von der Welt, in der sie leben, abgekapselt haben. Die Untertitel dieses Artikels spiegeln die Schlußfolgerungen des Schreibers wider:

- Eine Erweckung ergreift das Land, jedoch ohne nennenswerte Auswirkungen auf die Welt.
- Die Christen meiden diese sündige Welt – Angst vor dem Engagement.

In einem anderen Zeitungsartikel kann man lesen: „Die gegenwärtige evangelikale Erweckung hat bis heute kaum mehr als Neugierde bei den Nichtchristen hervorgerufen ... Diese Bewegung hat die amerikanische Gesellschaft weit weniger beeinflußt als die große Erweckung des 18. Jahrhunderts.“ Er merkt außerdem an, daß es bei den Evangelikalen eine Tendenz gibt, die sich historisch nachweisen läßt, sich nämlich von jeglichem Engagement in der säkularisierten, sündigen Welt zurückzuziehen.

Die Kluft zwischen Gemeinde und Welt wurde mir zu Beginn meines Aufenthaltes in Brasilien so recht bewußt. Osvaldo war der erste brasilianische Student, der durch unser Zeugnis Christ wurde. Wir luden ihn ein, bei uns zu wohnen. Er lebte drei Jahre bei uns im Haus. Wir profitierten voneinander: Wir lehrten ihn alles, was wir konnten, über Nachfolge und Gehorsam gegenüber Gottes Wort. Und er lehrte uns, was er konnte, über Sprache und Kultur Brasiliens.

In dem Maße, wie Osvaldos Liebe zu Gott zunahm, wurde auch die Beziehung zwischen ihm und mir tiefer. Er wurde mir bald zu einem treuen Freund. Aufgrund dieser Entwicklung fand ich, es wäre allmählich an der Zeit, ihn mit in den Gottesdienst zu nehmen. Das war Osvaldos erster Kontakt mit dem Protestantismus. Alles schien gut zu laufen. Er äußerte sich nie darüber, wie es ihm gefiel, kam aber immer mit. Ich konnte jedoch sehen, daß ihn etwas sehr beschäftigte.

Eines Sonntags, als wir nach Hause gingen, sagte ich zu ihm: „Osvaldo, du scheinst nicht gerne zum Gottesdienst zu gehen, nicht wahr?“ Endlich öffnete er sich und stellte seine Fragen: „Warum verhalten Sie sich so seltsam? Warum singen Sie auf diese Art und Weise? Warum verändern Sie Ihre Stimme beim Beten?“ Und so fort. Seine Fragen waren ernsthaft – er suchte wirklich nach Antworten. Aber mich verunsicherten sie etwas, und das um so mehr, als mir meine Versuche, sie ihm zu beantworten, nicht besonders gut gelangen.

Die Zeit verging, aber Osvaldos Fragen gingen mir nach. Sie bewirkten, daß ich die Gottesdienste jetzt mit den Augen eines „Außenstehenden“ sah. Ich mußte zugeben, daß es auf beiden Seiten scheinbar unüberwindliche Verständigungsprobleme gab. Einer, der neu dazukommt, würde sich niemals in unserer Gemeinde wohlfühlen, es sei denn, er würde sich in seinem Lebensstil und seinen Gewohnheiten an uns anpassen. Und die Gemeinde ihrerseits wäre nicht bereit, ihn in ihre Gemeinschaft aufzunehmen, ehe er diese Änderung nicht vollzogen hat.

Manchmal akzeptieren junge Christen diese Bedingungen und nehmen diese Änderungen auf sich. Beispiele dafür gibt es genug. Aber auch wenn solche Eingliederungen in die Gemeinschaft erfolgreich verlaufen, sind es zweifelhafte Siege, denn sie gehen oft auf Kosten der Verständigung mit dem früheren Bekanntenkreis der Neubekehrten.

Wir geben es zwar nicht gerne zu, aber für Neubekehrte, die aus einer säkularisierten Welt kommen, gibt es oft keine Gemeinde, der sie sich anschließen könnten. Kulturell gesehen, trennen sie und unsere Gemeinden Welten. Das gilt noch viel mehr für die unerreichten Volksgruppen, die eine ganz andersartige Kultur haben.

Ich bin offensichtlich nicht der einzige, der so denkt. In seinem Buch „Let The Earth Hear His Voice“ stellt Ralph Winter die Frage: „Sind wir auf die Tatsache vorbereitet, daß die meisten Nichtchristen, die noch zum Glauben kommen werden – selbst in unserem Land – Mühe haben werden, sich in den Gemeinden, wie wir sie jetzt haben, zurechtzufinden?«[1]

Es gibt verschiedene Gründe dafür, warum die Gemeinden und die Welt so weit voneinander entfernt sind. Wir können hier an dieser Stelle nicht ausführlich auf alle Punkte eingehen. Einige Gründe dafür sind positiv und andere negativ. Wichtig ist hier für uns die Tatsache, daß Jesus Christus seine Gemeinde in die Welt gesandt hat, und daß wir aus diesem Grund auf keinen Fall den Kontakt mit denen in der Welt verlieren dürfen.

Kurz vor seinem Tod nennt Jesus seinem Vater seine Pläne für die Gemeinde: „Und ich bin nicht mehr in der Welt; sie aber sind in der Welt ... Sie sind nicht von der Welt, wie denn auch ich nicht von der Welt bin. Ich bitte nicht, daß du sie von der Welt nehmest, sondern daß du sie bewahrst vor dem Bösen ... Gleichwie du mich gesandt hast in die Welt, so sende ich sie auch in die Welt" (Joh. 17,11.14-15.18).

Nicht so sehr um unsertwillen, sondern vor allem um der Welt willen läßt Gott uns noch in der Welt. Aber schon als er uns diesen Auftrag an der Welt gab, erkannte er, vor welchem Dilemma wir stehen würden: *in* der Welt leben und doch nicht *von* der Welt sein. Wie kann ein Christ dem Befehl gehorchen: „Geht aus von ihnen und sondert euch ab" (2.Kor. 6,17) und gleichzeitig „in die Welt gesandt sein"? (Joh. 17,18). Gerade die Beziehung der Christen zur Welt hat im Laufe der Kirchengeschichte immer wieder zu Spannungen geführt. Durch die Jahrhunderte hindurch haben die Christen versucht, die Balance zwischen diesen scheinbar widersprüchlichen Befehlen zu halten – das Pendel schlug mal auf die eine und mal auf die andere Seite aus. Entweder waren wir isoliert wie Einsiedler, oder wir haben uns der Welt gleichgestellt. Keines dieser Extreme entspricht dem Plan Gottes. Gleichstellung mit der Welt verdunkelt die Herrlichkeit Gottes. Abkapselung macht das christliche Zeugnis unwirksam. Der Welt entgeht etwas Entscheidendes, wenn wir uns von ihr isolieren. Wenn wir in einem Ghetto leben, erfährt sie nie, wie eine Einheit von Glaube und Leben aussieht. „Man zündet auch nicht ein Licht an und setzt es unter einen Scheffel" (Mt. 5,13).

Die verständliche Versuchung der Abkapselung

Die Welt birgt Gefahren in sich! „Seid nüchtern und wacht, denn euer Widersacher, der Teufel, geht umher wie ein brüllender Löwe und sucht, welchen er verschlinge" (1.Petr. 5,8).

Unsere Gemeinsamkeiten mit der Welt sind begrenzt. „Was hat das Licht für Gemeinschaft mit der Finsternis? Was für ein Teil hat der Gläubige mit dem Ungläubigen? Wir aber sind der Tempel des lebendigen Gottes. Darum geht aus von ihnen und sondert euch ab“ (2.Kor. 6,14-17).

Bei einigen Dingen kann der Christ einfach nicht mehr mitmachen – sie passen nicht mehr zu ihm. „Denn es ist genug, daß ihr die vergangene Zeit des Lebens zugebracht habt nach heidnischem Willen ... Das befremdet sie, daß ihr nicht mehr mit ihnen lauft in dasselbe wüste, unordentliche Wesen“ (1.Petr. 3,3-4).

Wenn man das alles in Betracht zieht, scheint es das einzig Vernünftige zu sein, sich auf einen „Sicherheitsabstand“ zurückzuziehen. Die Frage ist nur, wie ein solcher Sicherheitsabstand aussieht.

Vor einigen Jahren nahm ich an einer Tagung teil, auf welcher der Referent sagte: „Wenn der Christ klare Stellung bezieht, zwingt er seine nichtchristlichen Freunde und Bekannten zwangsläufig, sich zu entscheiden. Entweder hat das Christsein Anziehungskraft für sie, oder es wirkt abstoßend, und das bedeutet: sie ziehen sich zurück. Die Folge davon ist, daß der reife Christ eines Tages ohne wirkliche nichtchristliche Freunde dasteht.“ Ein anderer Redner sagte: „Je mehr wir im Glauben wachsen, desto weniger Anklang finden wir in der Welt.“

Ist es das, was wir unter „Sicherheitsabstand“ verstehen: zu meinen, es sei eine christliche Tugend, keine echte Freundschaft mehr mit Nichtchristen zu haben? Wenn ja, ist es tragisch, denn diese Abkapselung hat eine zerstörerische Wirkung auf die Ortsgemeinde und verunmöglicht außerdem unsere Verständigung mit den Fernstehenden. Christen, die in ihrem geschlossenen Zirkel leben und nicht einen ständigen Zuwachs von Menschen erleben, die aus dem Reich der Finsternis errettet werden, isolieren sich selbst in ihrer eigenen Subkultur. Weil sie kein Feedback mehr von denen bekommen, die frisch aus der Welt kommen, vergessen sie, wie es „draußen“ aussieht. Sie entwickeln eine eigene Sprache, eigene Verhaltensmuster und Verständigungsmechanismen, die nur noch von den „Insidern“ verstanden werden. Auf diese Weise wächst die Gemeinde nur noch nach innen. Sie erscheint den Außenstehenden immer seltsamer, bis schließlich die Verständigung mit dem Mann auf der Straße unmöglich geworden ist.

Worin könnte nun also nun ein „Sicherheitsabstand“ bestehen? Jesus beantwortet diese Frage mit einer erstaunlichen Aussage in Johannes 17,17. Er bittet seinen Vater (in Zusammenhang mit der Sendung seiner Jünger in die Welt), sie „in der Wahrheit zu heiligen“ [für einen heiligen

Auftrag abzusondern]. „Dein Wort ist die Wahrheit." In Wirklichkeit ist die Heiligung nicht daran gebunden, *wo* wir uns in der Welt befinden, sondern sie hat etwas mit der Herzenshaltung zu tun (das heißt, *wem* gehört unser Herz?) Wir haben den richtigen „Sicherheitsabstand" von der Welt, wenn wir uns ständig verändern lassen, und zwar durch eine Erneuerung unseres Denksinns durch die Wahrheit des Wortes Gottes. Das erfordert Zeit, die wir mit dem Herrn allein verbringen und wo wir unser Denken bewußt von seiner Wahrheit durchdringen lassen. Wenn diese Praxis nicht ein Teil unseres Lebens ist, oder wenn sie nicht echte Frucht bringt, dann sind wir sehr schlecht auf Begegnungen mit Nichtchristen in der Welt vorbereitet. In diesem Fall wäre tatsächlich eine Abkapselung noch die beste Lösung!

Angst voreinander
Ein Hindernis für ehrliche Beziehungen

Der Christ fürchtet sich vor dem Einfluß der Nichtchristen. Auf der einen Seite hat er guten Grund dazu: „Schlechter Umgang verdirbt den Charakter" (1.Kor. 15,33). Auf der anderen Seite sind diese Befürchtungen grundlos, weil dem Christen genügend Kräfte zur Verfügung stehen, um sich *in* der Welt zu behaupten.

Aber ob nun berechtigte Furcht oder nicht, sie behindert das Weitersagen des Evangeliums in nicht geringem Maß. Überlegen Sie doch einmal: Wenn Sie völlig frei von jeglicher Furcht wären, was für ein Zeuge wären Sie?

Selbst der unerschrockene Apostel Paulus hatte mit der Furcht zu kämpfen. Er schrieb an die Christen in Korinth, daß er zu ihnen in „Schwachheit und in Furcht und mit großem Zittern" (1.Kor. 2,3) kam. Er bat die Epheser, für ihn zu beten, damit er „das Geheimnis der guten Nachricht ohne Furcht verkünden" konnte (Eph. 6,19). Die Furcht des Paulus rührte aus seinen Erfahrungen her. Er kannte die Gefahren von Schiffsreisen, er hatte im Gefängnis gesessen und war gesteinigt worden. Unsere Furcht ist in abstrakteren Gefahren begründet, sie ist deswegen aber nicht weniger real.

Ebenso trifft es auch zu, daß der Nichtchrist genau soviel Angst vor dem Christen hat, und sicher mit gutem Grund: „Denn wir sind Gott ein guter Geruch Christi unter denen, die gerettet werden und unter denen, die verlorengehen; diesen ein Geruch des Todes zum Tode, jenen aber ein Geruch des Lebens zum Leben" (2.Kor. 1,15-16). Die Gegenwart eines

Christen erinnert den Nichtchristen an Gottes unmittelbar bevorstehendes Gericht. Einige der Befürchtungen von seiten der Nichtchristen sind begründet, andere hingegen nicht.

Die Furcht des Nichtchristen kommt zum Teil daher, daß wir ihn an Tatsachen erinnern, an die er lieber nicht denken möchte: Sünde, Tod und das Gericht. Andere Ängste ergeben sich daraus, daß wir ihm das Gefühl geben, mit seinem Verhalten nicht einverstanden zu sein. Diese Angst ist unnötig, denn wir sind nicht sein Richter.

Die Ängste des Nichtchristen abbauen

Christen neigen dazu, Nichtchristen anhand einer eigens dafür aufgestellten Liste akzeptablen oder inakzeptablen Verhaltens zu bewerten. Diese Liste enthält ganz klare Gebote aus Gottes Wort, wie zum Beispiel: „Du sollst nicht ehebrechen", bis hin zu traditionsgebundenen Vorschriften wie „totale Enthaltung von Alkohol".

Der Nichtchrist weiß genau, was der Christ über ihn denkt, und fühlt sich verurteilt. Manchmal entschuldigt er sich sogar für seine schlechten Gewohnheiten. Er zeigt damit, daß er das Gefühl hat, in die Hände von jemand gefallen zu sein, der ihn unbedingt umkrempeln will. Solche Verurteilungen machen jede Verständigung zu einem hoffnungslosen Unterfangen.

Doch wie können wir dieses Hindernis überwinden? Wie können wir eine Beziehung zu jemand aufbauen, dessen Sünden ihn und seine Umgebung zerstören? Sollen wir einfach die Augen verschließen, wenn wir es mit jemand zu tun haben, der seine Familie mit seinem untreuen Verhalten zugrunde richtet? Können wir vor ihm unsere negative Beurteilung verbergen? Worin liegt die Lösung?

Schauen wir auf Jesus. Er brachte es fertig, selbst die Schlimmsten unter uns anzunehmen. Wie? Er schaffte es, weil er ein Realist war. Er kannte den Menschen und seinen Hang zum Bösen – er erwartete nicht das Gute von ihm. Er wußte auch, daß die schlimmsten Taten des Menschen nur Symptome einer tiefer sitzenden und häßlicheren Sünde sind: der Rebellion gegen Gott. Die Rebellion ist es und nicht die Unkenntnis, die den Menschen von Gott trennt. Und diese Rebellion ist der Ursprung aller Probleme der Menschen. Jesus hielt sich nicht lange mit der Behandlung der Symptome auf: er wollte die Menschen heil machen.

Wir dürfen nicht bei den äußeren Symptomen stehenbleiben, sondern müssen die tiefere Not sehen. Erst dieser Blick befähigt uns zu ehrlichen Beziehungen mit Nichtchristen. Um sie als Person akzeptieren und lieben zu können, brauchen wir ihr Handeln nicht gutzuheißen.

Einer meiner Freunde kam aus der alternativen Szene. Er arbeitete fast nie und war drogenabhängig. Er lebte mit einer Frau zusammen. Wir begannen, die Bibel miteinander zu studieren; aber da ich nur sehr wenig Zeit hatte, lud ich ihn zu einer Bibelgruppe ein. Die Leute in der Gruppe wollten auch Christus kennenlernen, waren aber „bürgerlicher" und intellektueller als mein Freund. Darum gingen unsere Gespräche über seinen Kopf hinweg.

Eines Abends während des Bibelstudiums explodierte er schließlich: „Ihr habt ja gar keine Ahnung, wo ich herkomme! Was ihr hier macht, sagt mir überhaupt nichts!" Ich mußte ihm recht geben: auch ich verstand ihn nicht. Er versuchte, mich zu provozieren und lud mich ein, seine Welt kennenzulernen. Wir machten einen Termin für die folgende Woche ab, um einen Abend bei seinen Freunden zu verbringen. Es gab für mich viel zu lernen!

Wir waren die ersten, doch langsam füllte sich der Raum. Jeder einzelne Ankömmling war eine Lektion für sich. Schließlich kam der Anführer der Gruppe herein. Er sah völlig ungepflegt und schlampig aus, trug lange Haare und einen Bart, und ein paar Vorderzähne fehlten ihm auch. Er setzte sich hin und verkündete: „Heute habe ich meinen Job an den Nagel gehängt!" Der Reaktion der anderen entnahm ich, daß er das für ihre Gesellschaft Höchste getan hatte: auf den Job zu pfeifen. Das bedeutete, seine Freiheit zurückzugewinnen, unangenehme Verpflichtungen zu umgehen, andere für sich arbeiten zu lassen.

Langsam entdeckte ich, wie dieser Mann der uneingeschränkte Anführer dieser Gruppe hatte werden können. Er hatte sowohl ein abgeschlossenes Studium als auch eine militärische Laufbahn hinter sich. Eines Tages verließ er aus einer Laune heraus seine Frau und seinen Posten im Pentagon (US-Verteidigungsministerium). Er handelte mit Drogen, um sich ein Leben ohne Verpflichtungen leisten zu können. Sein ganzer Besitz bestand nur aus einem schwarzen Lieferwagen, einem Paar Ski und zwei großen Hunden. Er führte einen Lebensstil, der es ihm erlaubte, sich keine tiefschürfenden Gedanken mehr zu machen und gerade das zu tun, was ihm im Moment Spaß machte.

Nach dieser aufschlußreichen Erfahrung nahm ich meinen Freund aus der Bibelgruppe mit den anderen heraus. Statt dessen studierten wir die Bibel bei ihm zu Hause. Seine Freunde erfuhren davon und kamen ab und zu vorbei. Manchmal nahmen sie seine Bibel und lasen selber darin. Seine Freundin gewann auch Interesse, setzte sich zu uns und ließ sich kein Wort entgehen.

Aber was sollte ich mit der Sünde der beiden machen? Nachdem beide sich bekehrt hatten, fingen wir an, die Symptome für die Sünde herauszuarbeiten. Das erste Problem, mit dem wir uns beschäftigten, war seine mangelnde Verbindlichkeit gegenüber seiner Freundin.

Glücklicherweise sind Gottes Gebote vernünftig; sie sind nicht unsinnig oder willkürlich. Ich glaube, wenn jemand alle Weisheit besäße und man würde ihn auffordern, Richtlinien zum Überleben der Gesellschaft und Wertmaßstäbe zu ihrem Gedeihen vorzuschlagen, er käme bestimmt auf die Zehn Gebote!

Was die Bibel über Ehebruch und die Ehe sagt, entspricht dem gesunden Menschenverstand. Eines Tages, als mein Freund und ich wieder zusammen waren, beschrieb ich ihm wie beiläufig, wie ich das Verhältnis zwischen ihm und seiner Freundin sah: Sie liebten einander sehr, keiner wollte den anderen verlieren, und doch wußten sie, daß sich keiner von beiden fest binden wollte. Die Folge davon war, daß sie vorgaben, in einer Harmonie zu leben, die zwischen ihnen in Wirklichkeit gar nicht existierte.

Dann versuchte ich, mir die Zukunft ihrer Beziehung vorzustellen. Ich sagte ihm, daß sie wahrscheinlich damit enden würde, daß sie sich nur noch etwas vorspielten und so täten, als ob sie sich liebten. Deshalb würde ihre Beziehung bei der ersten wirklichen Krise auseinanderbrechen. Wenn es zum Bruch käme, würden beide ihre Wege gehen und beide sehr verletzt sein. Ich fuhr dann fort und erklärte, wie Gott Mann und Frau zu einer untrennbaren Einheit zusammenfügen will (Mt. 19,6). Deshalb muß die Grundlage einer jeden zwischenmenschlichen Beziehung, wenn sie halten soll, die Verbindlichkeit sein.

Mein Freund sagte kein Wort, aber zwei Wochen später wurden wir zu seiner Hochzeit eingeladen. Heute stehen sie beide in der Nachfolge Christi.

Wir müssen den Nichtchristen so annehmen, wie er ist, und ihm helfen, Heilung zu finden. Dann erst können wir ihn lehren, wie er mit den Dingen, die ihn ruinieren, umgehen kann. Wenn wir diese Reihenfolge umdrehen, versuchen wir, einfach etwas an ihm zu verändern, anstatt ihm Gottes Heilung anzubieten.

Umgang mit unseren eigenen Ängsten

Wir müssen handeln, wenn wir aus der Sackgasse der Abkapselung herauskommen wollen. Jesus gab uns ein paar einfache Hinweise, wie wir sie vermeiden können und statt dessen unser Licht da leuchten lassen, wo es am nötigsten ist – in der Dunkelheit dieser Welt.

In Matthäus 5,43-48 sagt Jesus, daß wir wie unser Vater sein sollen, der „seine Sonne aufgehen läßt über den Bösen und über den Guten". Im Grunde genommen sagt Jesus: „Liebt nicht nur die, die euch wieder lieben. Selbst Zöllner tun das. Grüßt nicht nur eure Brüder, das tut jeder. Seid von euch aus zu allen Menschen freundlich und achtet aufmerksam auf das, was um euch her vorgeht. Das ist doch nicht schwer, oder?"

Jesus schlägt für den Anfang noch einen anderen einfachen Schritt vor. In Lukas 14,12-13 sagt er, daß wir nicht nur Freunde und Verwandte zum Essen einladen sollen. Wir wissen ja, wie das geht: dieses Mal sind wir dran und das nächste Mal ihr. Am Ende sind wir quitt. Es hat niemand etwas gekostet. Aber Jesus sagt uns: Ladet die Armen, die Krüppel, die Lahmen und die Blinden ein, die es euch nicht vergelten können – bis zum Tag der Auferstehung, an dem sie eure Treue rühmen werden. Mit anderen Worten, seid gastfrei. Brecht freiwillig mit eurer täglichen Routine; bleibt um des Evangeliums willen nicht immer am selben Ort und immer mit denselben Leuten zusammen.

Ich kenne keinen besseren Rahmen für ein evangelistisches Gespräch als ein Abendessen zu Hause oder in einem ruhigen Restaurant. Auch das sollte nicht zu schwierig sein, nicht wahr? Wir müssen zur Welt gehen, um die nötigen Kontakte zu knüpfen und Leute in unser Leben mit einzubeziehen.

Anmerkungen

1 Ralph Winter: „The Highest Priority: Cross Cultural Evangelism" in „Let The Earth Hear His Voice", Minneapolis, World Wide Publications, 1975, S. 221

6. Von der Isolation zur Kommunikation

Die Dynamik des Prozesses

Wenn wir erst einmal die Ängste unserer Zuhörer verstehen und gelernt haben, mit unseren eigenen umzugehen, können wir unsere Aufmerksamkeit auch auf jene Kräfte richten, die den Kommunikationsprozeß begleiten. Ich habe die Erfahrung gemacht, daß Reden nicht immer Kommunizieren bedeutet und daß Erzählen nicht dasselbe ist wie Lehren. Der Prüfstein dafür, ob eine Kommunikation erfolgreich ist, sind nicht die vielen Worte des Kommunikators, sondern ob der Zuhörer ihn auch tatsächlich verstanden hat. Erzählen ist eine Einbahn-Funktion; Kommunikation ist eine Straße mit Gegenverkehr.

Osvaldo war einer der ersten Brasilianer, mit denen ich über Christus sprach. Er arbeitete als Chemiker in der Industrie, als ich ihn kennenlernte. Sein Bruder, mit dem ich während meines Sprachstudiums zusammen die Bibel las, hatte ihn mir vorgestellt. Osvaldo wollte wissen, was wir da eigentlich machten, weil er sich nicht vorstellen konnte, daß sich sein Bruder mit irgendwelchen religiösen Dingen beschäftigte. Sein Bruder sei nämlich kein religiöser Typ. Als ich Osvaldo zu mir zum Essen einlud, willigte er gerne ein.

Unser Gespräch begann damit, daß Osvaldo fragte, warum wir in Brasilien lebten und was sich eigentlich zwischen seinem Bruder und mir abspielte. Am besten konnte ich seine Fragen beantworten, indem ich ihm das Evangelium erklärte. Ich nahm ein Stück Kreide sowie eine Bibel und benutzte den Holzfußboden als Schreibtafel. Während der nächsten zwei Stunden zeichnete ich ihm ein Diagramm auf, das ich gerne benutzte, wenn ich jemandem die Botschaft des Evangeliums erklären wollte. Anschließend lehnte ich mich zurück, um zu beobachten, wie Osvaldo reagieren würde. Ich war sicher, daß er im Begriff stand, Buße zu tun und sich zu bekehren.

Statt dessen schaute er zuerst meine Zeichnung und dann mich an. Er war ziemlich verblüfft. „Wollen Sie mir weismachen, daß Sie den langen Weg nach Brasilien zurückgelegt haben, um den Leuten das hier zu erzählen?"

Die Entdeckung: Evangelisation ist ein Prozeß

Osvaldo kam das, was ich ihm erzählt hatte, belanglos und unwichtig vor. In diesem Augenblick erkannte ich, daß ich es hier mit einem Verständigungsproblem zu tun hatte, das mir vorher entgangen war. In meiner Vorstellung hatte ich „Evangelisieren" immer mit „Ernten" gleichgesetzt. Aber jetzt lag ein Brachfeld vor mir. Hier mußte erst gepflanzt, bewässert und bebaut werden, bevor ich darauf hoffen konnte, ernten zu dürfen.

Ich lud Osvaldo ein, mit mir zusammen die Bibel zu lesen. Während der nächsten drei Monate trafen wir uns mehrmals in der Woche, um zusammen das Johannesevangelium zu lesen und uns darüber zu unterhalten. Man konnte ganz deutlich sehen, wie er sich von seiner freidenkerischen humanistischen Philosophie löste und die in Christus geoffenbarte Wahrheit annahm. Das Ergebnis war, daß er sich unter die Herrschaft Christi stellte.

Dieser Weg, jemanden anhaltend mit der Heiligen Schrift zu konfrontieren, wurde für mich zu einem Arbeitsmuster. Ich fand bald heraus, daß ich hier in Brasilien Menschen zu Christus führen konnte, die ich in den USA als gleichgültig und unerreichbar abgeschrieben hätte. Ich merkte auch, daß diese neuen Christen, die sich nach längerer Beschäftigung mit der Bibel bekehrten, weniger geistliche Schwierigkeiten hatten. Die geistliche Verlustrate war sehr gering. „Und etliches fiel auf gutes Land und ging auf und wuchs und brachte Frucht und trug dreißigfältig, sechzigfältig und hundertfältig" (Mk. 4,8).

Ich lernte einige dringend notwendige Lektionen über das Wesen der Kommunikation und erweiterte mein Verständnis vom Evangelisieren. Ich begriff, daß Evangelisieren ein langwieriger Prozeß ist, der auch das Pflanzen, Bewässern und Bearbeiten sowie das Ernten einschloß.

Wenn wir jemand nach einem oder zwei Gesprächen zu einer Entscheidung für Christus bringen, dann können wir sicher sein, daß in einem solchen Menschen schon vor uns durch jemand anders eine Vorbereitungsarbeit getan wurde. Das meint Jesus wohl, wenn er zu den Jüngern in Johannes 4,36-38 sagt: „Der da erntet, empfängt Lohn und sammelt Frucht zum ewigen Leben, damit beide, der da sät und der da erntet, sich zugleich freuen. Denn hierin ist der Spruch wahr: Ein anderer ist es, der da sät, und ein anderer, der da erntet. Ich habe euch gesandt zu ernten, woran ihr nicht gearbeitet habt; andere haben gearbeitet, und ihr seid in ihre Arbeit getreten" (Elberf. Übers.).

Gott benutzt verschiedene Dinge, um die notwendigen Vorbereitungen zu treffen: Menschen, Umstände und Ereignisse.

Einige der entscheidenden Schritte auf diesem Weg kann nur Gott tun. Dazu gehört die Gotteserkenntnis, die ins Herz jedes Menschen gepflanzt wird (s. Röm. 1,20). Gott hat außerdem sein Gesetz in die Herzen der Menschen geschrieben und sie gleichzeitig mit einem Gewissen und einem Gefühl für Schuld ausgestattet (s. Röm. 2,14-15).

Gelegentlich bedient er sich politischer Ereignisse. Während der Herrschaft des Königs Josia wurde das göttliche Gesetzbuch im Tempel wiedergefunden, und als man öffentlich daraus vorlas, kam es im Volk zu einer Erweckung. Wirtschaftliche Unsicherheit, politische Umwälzungen, Revolutionen, die die Gewohnheiten und Werte des normalen Lebens umwerfen – alle diese Ereignisse können dazu dienen, daß Menschen aus dem Reich der Finsternis in das Reich des Lichtes versetzt werden.

Sogar zufällige Bemerkungen können hier eine entscheidende Rolle spielen. Einer meiner Freunde, der vorher Buddhist gewesen war, erzählt von seiner Bekehrung zu Christus und erinnert sich in diesem Zusammenhang an eine Bemerkung seiner Mutter, die sie fallen ließ, als sie einen buddhistischen Tempel besuchten. Diese Bemerkung wurde zum auslösenden Moment und bewirkte, daß er suchend wurde und schließlich zu Christus fand. Seine Mutter hatte sich laut gefragt, warum der „wahre Gott" als letzter und nicht als erster auf dem Regal der verschiedenen Götter im Tempel stand. Die Frage seiner Mutter hatte er nie vergessen. Ihre Bemerkung bereitete ihn vor, sich für die biblische Botschaft zu öffnen.

Gott bedient sich einer unendlichen Vielfalt von Wegen und Mitteln, um den Samen der Evangeliumsbotschaft auszusäen und uns von Unwissenheit und Auflehnung zum Glauben hinzuführen. Das augenfälligste und weitaus wirksamste Mittel ist eine stabile, gläubige Familie – dort aufzuwachsen, wo die Wahrheit der Bibel zu Hause ist und in der Gemeinde gelehrt und ausgelebt wird. Wo eine solche Erziehung genossen wird, ist das Herz reif zur Ernte. Menschen mit einem christlichen Erbe gibt es immer noch in großer Zahl an vielen Orten der Welt. Bei solchen Verhältnissen kann man beim Ernten ermutigende Resultate erhalten. Aber das kann uns auch zu der irrigen Meinung verleiten, daß die ganze Welt im gleichen Maße vorbereitet ist. Wir vergessen dabei leicht, daß das Evangelisieren in Wirklichkeit ein Prozeß ist.

Gegensatz zum vorherigen Verständnis

Meine ersten Bemühungen, Menschen für Christus zu beeinflussen, beruhten auf dem falschen Verständnis, Evangelisation sei eine Aktivität, ein Geschehen. Als junger Christ hatte ich es mir zur Gewohnheit gemacht, ziemlich viel Zeit dafür zu verwenden, die Bibel zu studieren und über das Gelesene nachzudenken. Das wirkte sich offensichtlich auf mein Leben sehr positiv aus, und ich konnte nur darüber staunen, was an mir geschah. Aber mit der Zeit wurde ich innerlich immer unruhiger, denn ich wußte, daß von jedem Christen, der Jesus wirklich gehorchen will, erwartet wird, daß er Zeugnis von ihm ablegt. Doch nur schon der Gedanke, mit anderen über Christus zu reden, rief eine lähmende Furcht in mir hervor, und ich brachte es einfach nicht fertig, meinen Mund aufzumachen.

In meiner Vorstellung hatte sich bei mir das Bild von einem „guten Zeugen" eingenistet. Zum Teil wurde dieses Bild von der Vorstellung geprägt, die ich vom Apostel Paulus besaß: Er predigte auf dem Areopag, sprach auf dem von Menschen belebten Marktplatz oder redete mit einer römischen Wache. In unsere heutige Zeit übertragen, stellte ich mir unter einem guten Zeugen so eine Art guten Geschäftsmann vor – unerschrokken, unternehmungsfreudig und ohne Angst vor Fremden. Meine Welt aber war voller fremder Menschen, und ich hatte wirklich Angst vor ihnen. Ich kam zu dem Schluß, daß mir „diese Gabe nicht gegeben" war und versuchte, das Evangelisieren zu vergessen.

Doch das klappte auch nicht. Die innere Spannung war immer noch da. Ich *wollte* das Evangelium weitersagen. Mehrere Male ließ ich einfach alles stehen und liegen, was ich gerade tat, setzte mich ins Auto und fuhr auf den Campus der Universität von Minnesota. Ich war entschlossen, mit jemandem über Christus zu sprechen. Ich unternahm mehrere solcher Fahrten, ohne aber auch nur mit einem einzigen Menschen zu reden. Schließlich vertraute ich mich einem bewährten Christen an, von dem ich wußte, daß er treu und mit Erfolg Zeugnis ablegte, und erzählte ihm von meiner Frustration. Daraufhin nahm er mich mit und ließ mich den ganzen Nachmittag dabeisein und zusehen, wie er auf dem Campus Gespräche anknüpfte und sich auf diese Weise Gelegenheiten verschaffte, vom Evangelium zu reden. Aus meiner Frustration wurde Begeisterung, als ich entdeckte, daß persönliches Zeugnisgeben doch möglich ist. Diese Erfahrung brachte den entscheidenden Durchbruch bei mir.

In den darauffolgenden Monaten habe ich bei allen meinen Freunden Zeugnis abgelegt. Einige bekehrten sich, andere nicht. Während ich in die Leute drang und sie zur Entscheidung bringen wollte, wurden meine Beziehungen zu denen, die diesen Schritt nicht tun wollten, ziemlich gespannt. Bald hatte ich alle meine Freunde in zwei Lager aufgeteilt. Aber das machte mir nichts aus, denn ich hatte endlich meine Frustration überwunden. Ich dachte sogar, damit meine geistliche Integrität bewiesen zu haben!

Als keine Freunde mehr übriggeblieben waren, denen ich Zeugnis ablegen konnte, fing ich an, die Studentenwohnheime zu besuchen und ging dort von Tür zu Tür. Ich ging zu Veranstaltungen von Studentenverbindungen und suchte Militärkasernen auf. Dadurch kamen einige Leute zum Glauben, aber die „Sterberate" war beinahe so hoch wie die „Geburtsrate". Mit dem Gleichnis vom Säemann tröstete ich mich über diese schlechten Ergebnisse hinweg: ein schlechter Boden – das war ihre Schuld, nicht meine. Mit dieser falschen Einstellung sprach ich in Brasilien mit Osvaldo.

Verstehen die Menschen unsere Sprache?

Die gleichen falschen Vorstellungen über das, was Kommunikation und Evangelisation eigentlich ist, habe ich in so vielen Situationen angetroffen, daß ich glaube, es handelt sich hier um ein allgemeines Problem.

Mitte der siebziger Jahre gingen drei nordamerikanische Ehepaare zusammen als Missionsteam nach Caracas, Venezuela. Die drei Ehepaare waren im Missionsdienst erfahren. Sie hatten jahrelang an der Basis Evangelisation betrieben und in Universitäten und Gemeinden Jüngerschulungen durchgeführt.

Ihre erste Zielgruppe in Caracas waren die Studenten. Sie verbrachten die meiste Zeit auf dem Universitätsgelände, um dort jedem, der ihnen zuhören wollte, das Evangelium zu erklären. Sie machten Kontakte, leiteten Bibelgruppen und versuchten mit allen nur denkbaren Mitteln, eine Kerngruppe von Christen ins Leben zu rufen, die ihnen später bei ihrer Arbeit helfen sollte.

Venezuela ist in mehr als einer Beziehung einzigartig. Es besitzt reiche Ölvorkommen und zahlreiche öffentliche Sozialeinrichtungen. Die Währung ist stabil, und Arbeitsplätze gibt es relativ genug. Arbeitsuchende aus Europa, Nord- und Südamerika sind ins Land gekommen. Jeder kann zu Geld kommen, nur die Armen nicht. Caracas hat sich zu einer überbevölkerten Weltstadt entwickelt und besitzt keine Ausdehnungsmöglichkeiten mehr, da es mitten in den Anden liegt. In der Geschichte hat sich Caracas immer wieder den Christianisierungsversuchen von seiten der römisch-katholischen und der protestantischen Kirche widersetzt. Aus all dem ist eine eigentlich heidnische Gesellschaft entstanden, die fast ausschließlich für materielle Dinge lebt.

Nach einem Jahr harter Arbeit, die nur sehr wenig Frucht gebracht hatte, schrieb mir einer der Missionare: „Übereinstimmend stellen wir alle fest, daß wir hier ganz neu lernen, was Evangelisieren bedeutet. Oder vielleicht lernen wir es zum erstenmal richtig. In den Vereinigten Staaten war es keine Seltenheit, daß jemand ablehnend reagierte, sobald man Gott, die Bibel oder andere geistliche Dinge erwähnte. Das kommt hier nie vor! Hier sagen die Leute meistens: „Wie schade um dich!“ Mit anderen Worten, die Studenten in Caracas bedauern es, daß sich sonst ganz vernünftige Leute für solch eine verrückte Sache engagieren.“

In seinem Brief heißt es weiter: „Wir erleben es kaum, daß sich jemand von seiner Sünde überführt fühlt, und es ist auch kein geistliches Bedürfnis da... Es besteht überhaupt kein Interesse an der Bibel oder an dem, was sie zu sagen hat.“

Was war der Grund dafür? Warum stießen diese Ehepaare mit dem Evangelium nicht auf dieselbe Reaktion, wie sie es von einer typischen amerikanischen Stadt gewohnt waren? Weil die Hörer und die Redner durch ganze Welten voneinander getrennt waren. Dieses Problem geht aber nicht nur Missionare an! Jeder Mensch, der das Evangelium weitersagen will, stößt auf dieselbe Schwierigkeit.

Die Hörer

Das geistliche Erbe eines durchschnittlichen Nichtchristen in Caracas und eines durchschnittlichen Nichtchristen aus der westlichen Welt ist grundverschieden. Nicht jedes Volk auf der Erde ist in der gleichen Weise vorbereitet, das Evangelium aufzunehmen.

Zu diesem Thema hat der Apostel Paulus in seiner Rede auf dem Areopag einige bemerkenswerte Dinge gesagt. Er erklärte, daß es Gottes Idee war, die Welt in verschiedene Rassen, Sprachen, Kulturen und Nationen zu unterteilen.

Paulus sagte: „Der Gott, der die Welt gemacht hat und alles, was darin ist, er, der Herr des Himmels und der Erde, wohnt nicht in Tempeln, die mit Händen gemacht sind, noch wird er von Menschenhänden bedient, als wenn er noch etwas nötig hätte, da er selbst allen Leben und Odem und alles gibt. Und er hat aus Einem jede Nation der Menschen gemacht, daß sie auf dem ganzen Erdboden wohnen, indem er festgesetzte Zeiten und die Grenzen ihrer Wohnung bestimmt hat, daß sie Gott suchen, ob sie ihn wohl tastend fühlen und finden möchten, obgleich er nicht fern ist von jedem von uns" (Apg. 17,24-27 – Elberf. Übers.).

Da ich in meinem Leben viele Jahre mit kulturellen und sprachlichen Schranken zu kämpfen hatte, sah ich diese eher als etwas an, worauf diese Welt auch gut verzichten könnte. Daher war es für mich eine Entdeckung, daß Gott selbst diese Barrieren eingerichtet hatte und dabei die Versöhnung der Welt im Sinn hatte! Anscheinend sollen diese Schranken als Schutz dienen, die den schädlichen Einfluß dekadenter Kulturen auf die anderen Kulturen verhindern sollten (s. 1. Mo. 11,19).

In diesem Zusammenhang ist es wichtig zu sehen, daß nicht jede Nation oder jedes Volk in der gleichen Weise vorbereitet ist. Das wird sicher auch die Art unserer Kommunikation beeinflussen, zu der es kommen muß, und ebenso die Reaktion der Menschen. Die Leute in einer Stadt wie dem säkularisierten Caracas reagieren eben anders als in einer uns vertrauten typischen Stadt in Amerika.

Die Redner

Was geschieht, wenn jemand versucht, ein Gespräch mit einer Person weiterzuführen, obwohl diese nicht dieselbe Denkweise und dieselben emotionellen Prägungen hat wie er?

Kürzlich war ich Zeuge eines Gesprächs zwischen einem jungen Missionar und einem nichtchristlichen Studenten aus Lateinamerika. Jedesmal, wenn dieser Missionar versuchte, mit seinen nichtchristlichen Freunden über das Evangelium zu sprechen, hatte er die schmerzliche Erfahrung gemacht, daß sie ablehnend reagierten.

Diesmal hatte er sich mit einem Freund verabredet, mit dem er schon seit einigen Monaten regelmäßig Fußball spielte. Er bat mich, Zuhörer des Gesprächs zu sein, weil er hoffte, daß ein Außenstehender ihm helfen könnte, zu verstehen, was er falsch machte.

Sein Einstieg war gut. Er erklärte, warum er nach Brasilien gekommen war – nämlich um in einer christlichen Studentenbewegung mitzuarbeiten. Seine Absicht war, Menschen zu finden, die Interesse daran hätten, die Bibel zu studieren und darin Antwort auf die Fragen des Lebens zu suchen. Um effektiv vorgehen zu können, so fuhr er fort, müsse er zunächst einmal die Mentalität der Leute, die er beeinflussen wollte, verstehen. So weit, so gut.

Dann stellte er seinem Freund einige Fragen. Diese wurden zuerst gut aufgenommen, aber dann landete das Gespräch bald in einer Sackgasse.

Bei den Fragen ging es zuerst um grundlegende christliche Glaubensdinge: Welche Vorstellung hat er von Gott? Wer war Jesus Christus? Was versteht er unter Errettung? Bereitwillig gab sein Freund auf alle diese Fragen Antwort – aber Antworten aus dem Katechismus!

Da mein Freund diese Antworten für bare Münze nahm, war er der Meinung, es mit jemand zu tun zu haben, der seine eigenen Vorstellungen und Auffassungen teilte. Das war sein erster Fehler. Der zweite ließ nicht lange auf sich warten.

Der Student fragte meinen Freund, wie er denn dieselben Fragen beantwortet hätte. Dieser hätte damals besser geschwiegen; aber er mißverstand die Frage als eine Gelegenheit zum Zeugnis und ergriff sie. Seine Antwort war nach seiner Meinung eine klare Beschreibung der Evangeliumsbotschaft: Jesus war Gottes Sohn; er starb für unsere Sünden; aus Gnade können wir durch den Glauben mit Gott versöhnt werden und so weiter.

Während mein Freund sprach, beobachtete ich den Studenten. Sein Gesichtsausdruck verriet Enttäuschung. Der Katechismus, aus dem er soeben zitiert hatte, war von ihm offensichtlich nie richtig akzeptiert worden. Tatsächlich hatte er die Religion seit langem aufgegeben. Seine Antworten waren wie Versuchsballons. Ihm war dieser Amerikaner sympathisch, und er hoffte, daß er ihm etwas anzubieten hätte, das irgendwie neu war. Aber die feinen Unterschiede zwischen seinem Katechismus und den Ausführungen dieses Amerikaners waren für ihn nicht erkennbar. Beide, der Redende und der Hörende, redeten – ohne es zu wollen – in verschiedenen Sprachen miteinander. Sie benutzten dieselben Ausdrücke, sie merkten aber nicht, daß jeder unter diesen Begriffen etwas ganz anderes verstand. Durch das Gehörte wurde der Student in seiner ablehnenden Haltung gegenüber der Religion nur noch bestärkt.

Ohne daß der Missionar es merkte, hatte er sich selbst ins Abseits manövriert! Anstatt seine Glaubensansichten direkt auszusprechen, hätte er noch mehr Fragen stellen sollen, um sich zu vergewissern, daß er wirklich verstand, was sein Freund dachte und glaubte. Er hätte erst dann reden sollen, als er genau wußte, daß sein Freund wirklich bereit war, ihm zuzuhören.

Wenn Menschen wie diese beiden von so unterschiedlichen Voraussetzungen ausgehen, ist das Resultat nicht selten eine Entfremdung. Und weitere Verständigungsversuche führen dazu, daß man sich noch mehr voneinander entfernt, anstatt sich näherzukommen. Beide Seiten erkennen vielleicht nicht einmal die Unterschiede und geben sich der Illusion hin, sich zu verstehen. Wir denken, wir hätten die Wahrheit vermittelt, in Wirklichkeit aber werden unsere Worte entsprechend der Lebensauffassung unseres Zuhörers umgedeutet. Die Folge ist, daß unser Evangeliumszeugnis, anstatt Einfluß zu haben und eine Veränderung zu bewirken, von unserem Zuhörer einfach nur an seine persönliche Philosophie angegliedert, nicht aber integriert wird. Er hat die Botschaft in Wirklichkeit gar nicht gehört.

Man könnte also sagen, daß die Hauptaufgabe dieses Missionsteams in Lateinamerika darin besteht, durch eine richtige Verständigung die Kluft zwischen den Rednern und ihrer Zuhörerschaft zu überwinden. Das erfordert zweierlei: das Verstehen der Denkmuster der Zuhörer und das Übersetzen der Evangeliumsbotschaft in deren Alltagssprache. Die Botschaft der Missionare muß aus der landesüblichen protestantischen Terminologie und Verständigungsform übertragen werden in eine Form, die von südamerikanischen Studenten verstanden werden kann.

Dieses Verständigungsproblem ist nicht nur dort anzutreffen, wo wir größere kulturelle Grenzen überschreiten. Es ist jedesmal dann aktuell, wenn wir außerhalb unserer eigenen Subkultur die Verständigung suchen mit Menschen, die andere Auffassungen als wir haben und mit unserer Ausdrucksweise nicht vertraut sind. Manchmal ist dieses Problem nicht weiter von uns entfernt als die Tür unseres Nachbarn.

Jetzt fragen Sie sich vielleicht: „Wie sieht all das im Vergleich zum Neuen Testament aus? Wie können wir das mit dem einzigartigen Erfolg verbinden, den die Urgemeinde in der Apostelgeschichte verzeichnete?" Genau damit werden wir uns im folgenden Kapitel befassen.

Teil II

Zwei Aspekte der Evangelisation

7. Verkündigung des Evangeliums

Biblisch, am Wesentlichen orientiert, wirksam

Wie vorher schon erwähnt, kennt das Neue Testament hauptsächlich zwei Aspekte der Evangelisation. Der erste ist die *Verkündigung* des Evangeliums. Hierbei geht es um ein *konkretes Tun,* durch das der Nichtchrist die Hauptaussage der Botschaft deutlich dargelegt bekommt. Dies geschieht meistens zu einem bestimmten Zeitpunkt – zum Beispiel während einer Großevangelisation oder wenn wir jemandem die Botschaft persönlich weitersagen. Wir sprechen von Verkündigung immer dann, wenn wir jemand mit den Bedingungen für die Versöhnung des Menschen mit Gott bekannt machen.

Die Bibel gibt uns den klaren Auftrag, der ganzen Welt das Evangelium zu verkündigen, so daß es müßig ist, darüber zu diskutieren, ob wir darauf eingehen sollen oder nicht. Die Verkündigung muß jedoch weise eingesetzt werden, wenn wir wollen, daß die Botschaft alle Arten von Menschen erreicht. Verkündigung ist vor allem bei bestimmten Menschen erfolgreich – bei denen, die vorbereitet sind.

Wenn wir eine größere Anzahl von Menschen in der Welt, die keinen christlichen Hintergrund aufweisen, erreichen wollen, ist eine andere Art von Evangelisation notwendig. Ich nenne diesen zweiten Aspekt der Evangelisation *Bekräftigung* durch das gelebte Evangelium.

Was ist darunter zu verstehen? Es handelt sich dabei um einen Prozeß, bei dem die biblische Botschaft praktisch ausgelebt wird. Diese Art der Evangelisation ist besonders bei Menschen wirksam, die unvorbereitet sind, das heißt bei solchen, die keinen christlichen Hintergrund haben oder bei solchen, für die das Christentum als glaubwürdige Lebensgrundlage nicht in Frage kommt. Meistens besteht bei diesen eine Abhängigkeit von irgendwelchen Ideologien – Humanismus, Materialismus, Existentialismus, Sozialismus oder Kapitalismus –, die ihnen Sinnerfüllung versprechen. Abgesehen von wenigen Ausnahmen brauchen solche unvorbereiteten Menschen weit mehr als eine summarische Darstellung des Evangeliums, um den Weg in das Reich Gottes zu finden.

Beide Arten des Evangelisierens – Verkündigung und Bekräftigung – sind von entscheidender Bedeutung, wenn wir sowohl Menschen aus einem nichtchristlichen Milieu als auch christlich vorgeprägte Menschen ansprechen wollen. Man kann nicht sagen, daß die eine Form besser und wichtiger ist als die andere. Das neutestamentliche Muster legt eher nahe, daß stets beide Formen ineinander wirken sollen. Für uns ist vor allem wichtig zu wissen, wann wir was tun! Wenn wir da, wo Verkündigung genügen würde, auf die Bekräftigung durch das gelebte Zeugnis beharren, dann verschwenden wir nur Kraft und Zeit. Aber wenn wir da nur verkündigen, wo mehr als das notwendig ist, werden wir keinen Erfolg haben.

Die Verkündigung des Evangeliums

Das griechische Wort für „Verkündigung" ist *kerusso* und bedeutet soviel wie „bekanntmachen, verkündigen, herolden". Eine solche Funktion üben zum Beispiel unsere Tageszeitungen und die Nachrichtensendungen aus. Sie geben bekannt, was in der Welt geschieht. Bei den Römern beschrieb dieses Wort die Tätigkeit des Ansagers bei öffentlichen Wettspielen. Es wäre jedoch zu wenig, die Bedeutung des Wortes „verkündigen" nur auf das öffentliche Predigen zu begrenzen. Die Verkündigung kann viele Formen annehmen und schließt auch das persönliche, missionarische Gespräch von Mensch zu Mensch ein.

In allen vier Evangelien wird uns der Auftrag erteilt, das Evangelium zu verkündigen. In Matthäus 24,14 sagt Jesus: „Und dieses Evangelium des Reiches wird gepredigt werden *(kerusso)* auf dem ganzen Erdkreis." Das Evangelium zu predigen ist nicht nur an einigen bestimmten Orten der Welt möglich, sondern wir sollen es in der ganzen Welt tun. Markus 16,15 sagt es noch konkreter: „Geht hin in die ganze Welt und predigt *(kerusso)* das Evangelium der ganzen Schöpfung." In Lukas 24,47 wird dasselbe Wort gebraucht und auch der Inhalt unserer Verkündigung genannt: „Buße und Vergebung der Sünden ... allen Nationen."

Denken wir einmal einen Augenblick darüber nach, was wir gewöhnlich von der Verkündigung erwarten. Nehmen wir an, Sie wollen einem vierundzwanzigjährigen Mann das Evangelium bezeugen. Dieser junge Mann hat Zeit seines Lebens so gelebt, wie es ihm paßte, er hat bestimmte Gewohnheiten entwickelt und sich ein eigenes Wertsystem zugelegt.

Fast alles, womit er sich geistig beschäftigt hat, steht in direktem Gegensatz zum Worte Gottes. Wir würden uns nun eine Stunde lang mit ihm unterhalten und ihm erklären, was der christliche Glaube ist. Was erwarten wir jetzt? Wir erwarten, daß er einsieht, daß er in seinem bisherigen Leben eine falsche Richtung eingeschlagen hat. Wir erwarten, daß er sagt: „Ich habe mich mein ganzes Leben lang geirrt. Sie haben mir im Verlaufe dieser einen Stunde gezeigt, wie ich eine Kehrtwendung vollziehen und meinem Leben eine andere Richtung geben kann."

Erwarten wir hier nicht das Unmögliche? Tatsächlich; und doch werden tagtäglich auf der ganzen Welt ganz ähnliche Gespräche geführt. Immerhin kommt es dabei oft zu Ergebnissen. Weshalb? Es gibt dafür mehrere Gründe.

In Apostelgeschichte 11,21 berichtet Lukas, wie die Evangeliumsverkündigung Erfolg hatte, denn *„die Hand des Herrn war mit ihnen"*. Das ist das Entscheidende. Erst dadurch wird eine fruchtbare Verkündigung möglich. Wenn die Hand des Herrn nicht mit uns ist, vergeuden wir tatsächlich unsere Zeit. Doch die Bibel nennt noch andere Gründe, weshalb wir mit Ergebnissen bei der Verkündigung rechnen können.

In Apostelgeschichte 11,24 wird ein zweiter Grund angeführt: Der Verkündiger (Barnabas) war „ein guter Mann und voll Heiligen Geistes und Glaubens". Das ist ein kraftvolles Dreigespann: ein gottesfürchtiges Leben, der Heilige Geist und der Glaube. Die Verkündigung brachte Frucht, weil das geistliche Leben des Verkündigers eine hervorragende Qualität aufwies.

In Apostelgeschichte 13,48, wo von einer weiteren Evangeliumsverkündigung berichtet wird, erklärt Lukas, warum es auch hier Resultate gab: „Es glaubten, so viele zum ewigen Leben verordnet waren." Ich verstehe das so, daß Gott bestimmte Menschen vorbereitet hat, die dann zum Zeitpunkt unserer Begegnung mit ihnen offen sind für die Botschaft, die wir ihnen ausrichten. Wir können damit rechnen, fast überall, wo wir mit der Botschaft hingehen, wenigstens einige solcher Menschen zu finden.

Es gibt jedoch noch weitere Gründe dafür, warum wir erwarten dürfen, daß die Evangeliumsverkündigung nicht ohne Frucht bleibt. In Apostelgeschichte 14,1 schreibt Lukas: „Sie redeten so, daß eine große Menge, sowohl von Juden als auch von Griechen, glaubte." Apostelgeschichte 16,14 nennt noch einen Grund. Lukas schreibt von Lydia: „Deren Herz tat der Herr auf, daß sie achtgab auf das, was von Paulus geredet wurde."

So haben wir also eine Anzahl von Gründen, die uns Anlaß geben, mit

Resultaten zu rechnen, wenn wir das Evangelium verkündigen. Wenn wir Männer und Frauen sind, deren Leben von Glaube und Reinheit geprägt ist, können wir auch erwarten, daß die Hand des Herrn mit uns sein wird. Wir können erwarten, daß wir – wo immer wir hingehen – auf einige Menschen stoßen, deren Herzen vorbereitet sind. Wir können es lernen, wie man die Botschaft so weitergibt, daß es Wirkung zeigt. Und ebenso dürfen wir erwarten, daß der Herr Menschenherzen öffnet und sie das Evangelium annehmen.

Das religiöse Erbe
Voraussetzung für wirksame Verkündigung

Daß bestimmte Menschen positiv auf die Verkündigung reagieren, ist darauf zurückzuführen, daß sie früher darauf vorbereitet wurden. Vielleicht ist das der wichtigste Grund für ihre Offenheit.

Nach dem Bericht der Apostelgeschichte gab es zwei Gruppen von Menschen, die auf die Verkündigung des Evangeliums eingingen. Die erste Gruppe waren die Juden. Zur Zeit des Neuen Testamentes konnte ein Jude auf eine religiöse Tradition von sechzehn Jahrhunderten zurückblikken. Gott hatte dem Volk der Juden die heiligen Schriften – das Gesetz Moses und die Propheten – gegeben. Bis zur Zeit ihres Exils bildeten der jüdische Staat und die jüdische Religion ein untrennbares Ganzes.

Die Juden waren also sehr gut vorbereitet. Das Pfingstfest brachte jeweils „gottesfürchtige Juden aus allerlei Volk" nach Jerusalem (Apg. 2,5).

Die zweite Gruppe waren zum Judentum übergetretene Heiden. Sie waren unter der Bezeichnung „Proselyten" oder „Gottesfürchtige" bekannt.

Den Anfang seines göttlichen Wirkens unter den Heiden durch das Evangelium machte Gott bei Kornelius, einem römischen Offizier, den Lukas als „fromm und gottesfürchtig" beschreibt (Apg. 10,2).

Den nächsten Schritt bildete der Beginn der Missionsbewegung. Zu den fünf leitenden Männern der Gemeinde in Antiochia gehörten auch Paulus und Barnabas. Der Heilige Geist sonderte diese beiden aus, damit sie als Missionare auszogen.

Wo sie auch hinkamen, verfolgten sie eine bestimmte Taktik. Zuerst gingen sie in die Synagogen. Fast jeder, der in einer Synagoge anzutreffen war, brachte offensichtlich ein gewisses geistliches Interesse mit. Obwohl diese Menschen noch nichts von Christus gehört hatten, suchten sie

Gott, wie es ihrer religiösen Überlieferung entsprach. Sie hatten den Vorteil, ein religiöses Erbe zu besitzen. So kam es, daß viele von ihnen zum Glauben kamen, als Paulus und Barnabas ihnen das Evangelium predigten. Sowohl Juden als auch konvertierte Heiden wurden Christen.

Etwas Ungewöhnliches geschah, als sie in Philippi angekommen waren. Eine Synagoge gab es in dieser Stadt nicht. Anscheinend hatten Paulus und Barnabas vernommen, daß sich die Leute irgendwo am Fluß regelmäßig zum Gebet trafen. Also begaben sie sich dorthin und lernten Lydia kennen. Aber auch sie war bereits eine „gottesfürchtige Frau" (Apg. 17,16-34). Das bedeutete, daß sie wieder solchen das Evangelium brachten, die vorbereitet waren.

In Athen verhielt es sich anders (s. Apg. 17,16-34). Während Paulus dort auf seine Brüder wartete, „wurde sein Geist in ihm erregt, da er die Stadt voll von Götzenbildern sah. Er unterredete sich nun in der Synagoge mit den Juden und mit den Anbetern und auf dem Markt an jedem Tag mit denen, die gerade herzukamen" (Apg 17,16.17). Sogar mit den Philosophen – den Epikuräern und den Stoikern – fing er Diskussionen an.

Die Philosophen, neugierig geworden durch seine neue Lehre, nahmen ihn mit zum Areopag, damit er ihnen einen Vortrag halten sollte. Das ist die einzige schriftlich überlieferte Rede, die Paulus vor einer heidnischen Menge (vor Menschen ohne religiöses Erbe) gehalten hat. Beachten wir den inhaltlichen Unterschied in dieser Rede von Paulus. Er berief sich nicht auf das Alte Testament, sondern verfolgte eine philosophische Linie. Dabei zitierte er sogar die griechischen Dichter. Er benutzte für sein Zeugnis einen anderen Einstieg – er setzte bei der Person Gottes an. Dann redete er von Jesus und von der Auferstehung. Das Resultat war mager. „Einige Männer aber schlossen sich ihm an und glaubten" (Apg. 17,34).

Vergleichen wir einmal das Echo auf die Botschaft des Paulus mit dem Resultat, das Petrus mit seiner Pfingstpredigt erzielte (Apg. 2,37-41). Worin lag der Unterschied? Besaß Petrus eine größere Geistesfülle? Verstand er es vielleicht besser, die Botschaft weiterzugeben? Nein; der Unterschied lag allein in dem religiösen Erbe des Judentums, durch das die Menschen vorbereitet waren, das Evangelium so bereitwillig aufzunehmen.

Damit die Verkündigung wirkliche Früchte bringt, müssen die Menschen vorher vorbereitet werden; jemand muß zuvor gepflanzt und bewässert haben. Und doch lautet unser Auftrag, das Evangelium der ganzen Welt zu verkündigen. Warum wohl? Weil wir voraussetzen dürfen, daß Gott überall am Wirken ist und Menschen vorbereitet. *Aber nie ist es seine Absicht gewesen, daß wir unseren Zeugendienst allein auf die Verkündigung beschränken.*

Die Reichweite der Verkündigung Grenzen ihrer Wirksamkeit

Die Verkündigung ist ein Befehl

Sie erweist ihre Wirksamkeit auf der ganzen Welt, sie hat aber auch ihre Grenzen. Diese Grenzen gelten für die Zuhörerschaft, die durch die Verkündigung erreicht wird, als auch für das Ziel, das man mit der Verkündigung verfolgt.

Paulus erkannte dies, und darum erlegte er sich Beschränkungen auf, indem er sich bei seiner Missionsarbeit an ganz bestimmten Richtlinien orientierte. Diese Haltung war entscheidend für seinen Erfolg. Er versuchte nicht, alles zu tun. Er war vor allem Verkündiger. Er durchzog die damalige Welt und verkündigte ihr das Evangelium, bis er in seinem Brief an die Römer die erstaunliche Aussage machen konnte: „... so daß ich von Jerusalem und ringsumher bis nach Illyrien das Evangelium des Christus völlig verkündigt habe ... Nun aber, da ich in diesen Gegenden keinen Raum mehr habe und seit vielen Jahren ein großes Verlangen, zu euch zu kommen, falls ich nach Spanien reise ...“ (Röm. 15,19,23-24).

Was meinte Paulus mit seiner Aussage, daß er seine Arbeit vollendet habe? Wollte er damit behaupten, er habe jedem einzelnen Menschen von Jerusalem bis Illyrien das Evangelium bezeugt? Das scheint kaum möglich. Seine Arbeitsweise bestand darin, daß er in eine Stadt ging, dort diejenigen zum Glauben führte, die vorbereitet waren, sie im Glauben befestigte und dann weiterzog. Wie viele Menschen hatten in jenen Städten, die Paulus auf seinen Missionsreisen besuchte, je eine jüdische Synagoge von innen gesehen? Doch wohl nur ein geringer Prozentsatz der Bevölkerung. Das wird auch in Korinth, einer Hochburg der Sünde im römischen Reich, nicht viel anders gewesen sein. Dennoch beschränkte Paulus in vielen Städten seine missionarische Arbeit auf die Synagogen. Mit welchem Recht konnte er dann behaupten, daß er an allen diesen Orten seine Aufgabe völlig ausgeführt hätte?

An die Korinther schrieb Paulus: „Wir aber wollen uns nicht ins Maßlose rühmen, sondern nach dem Maße des Wirkungskreises, den uns

Gott als Maß zugeteilt hat, nämlich auch bis zu euch zu gelangen ... dabei rühmen wir uns nicht ins Maßlose mit fremden Arbeitsleistungen, haben vielmehr die Hoffnung, wenn euer Glaube wächst, unter euch noch ungleich größer zu werden entsprechend unserem Wirkungskreis" (2.Kor. 10,13-15). Paulus wollte damit sagen, daß er sich in seinem Wirkungskreis darauf beschränkte, Menschen zur Bekehrung zu führen, damit diese gewissermaßen als Brückenköpfe für weitere missionarische Vorstöße dienten. Diesem ausschließlichen Ziel galt all sein Bemühen. Er wollte nicht die ganze Arbeit selber machen; vielmehr zählte er darauf, daß seine „geistlichen Kinder" im Glauben Fortschritte machten und sich dann selber für die Ausbreitung des Evangeliums einsetzten.

Nicht selten wurde Paulus durch Verfolgung gezwungen, weiterzuziehen. Aber selbst, wenn er nicht verfolgt wurde, blieb er nicht lange an einem Ort. Er zog dann weiter, wenn diejenigen, welche vorbereitet waren, sich bekehrt hatten und durch ihn über die Grundlagen des Glaubens unterrichtet worden waren. (Ephesus bildete eine Ausnahme; hier blieb er drei Jahre.)

Wir wollen heute in unserer evangelistischen Arbeit gerne dem Beispiel des Paulus folgen. Aber es gelingt uns nicht, uns ein vollständiges Bild seiner missionarischen Tätigkeit zu machen. Wir gestalten unsere Arbeit so, als ob das Evangelium, wenn es erst einmal der Welt verkündigt worden ist, bereits sein ganzes Werk getan hat. Wir meinen, unsere Aufgabe schon erfüllt zu haben, wenn wir jedem Menschen unserer Generation das Evangelium *einmal* gebracht haben.

Unsere Umgebung ist ein Beispiel dafür, was ich meine. Überlegen Sie nur einen Augenblick. Wie viele Ihrer Freunde und Bekannten sind nicht fern vom Reiche Gottes? Wie viele von ihnen würden bereitwillig ihr Leben Christus übergeben, wenn ihnen jemand das Evangelium erklären würde? Was ist mit den anderen? Sind sie hoffnungslose Fälle? Wenn nicht, wie könnte man sie ansprechen? Und wer wird das tun?

Wir leben in einer Welt, auf die wir mit der Evangeliumsverkündigung bisher kaum einen Einfluß ausüben konnten. Zum Teil liegt das daran, daß wir eine begrenzte Sicht dessen haben, was Evangelisation wirklich ist. Wir betrachten sie lediglich unter dem Aspekt des Weitersagens des Evangeliums. Aber nicht jeden Menschen kann man auf diese Weise zum Glauben führen. Wenn wir jedoch erst einmal verstehen, daß Evangelisation mehr beinhaltet als bloße Verkündigung, dann öffnet sich für uns der Weg, das Evangelium in einer Form weiterzugeben, die für alle verständlich ist. Die Folge davon ist, daß wir viel mehr Menschen erreichen können.

Betrachtet man die Evangelisation lediglich im Sinne der Verkündigung, schränkt man die Möglichkeiten des Evangeliums auf zweifache Weise ein. Zum einen wird dadurch der Kreis von Menschen, die dadurch erreicht werden, auf diejenigen begrenzt, die dafür vorbereitet sind, und zum andern wird er begrenzt durch die geringe Anzahl derer, die verkündigen können. Geschäftsleute mittleren Alters oder Hausfrauen werden sich wohl kaum der Verkündigung als Evangelisationsmethode in ihrer normalen, alltäglichen Umgebung bedienen können. Ständige Verkündigung setzt voraus, daß man immer neue Zuhörergruppen hat. Jesus sandte die zwölf Jünger zu zweit aus; doch weder sie selbst noch diejenigen, die nach ihnen kamen, haben sich damit aufgehalten, ähnliche Methoden anzuwenden.

Kann unsere evangelistische Auffassung wirklich als umfassend genug angesehen werden, wenn sie dem Durchschnittschristen nicht erlaubt, sich mit seinem ganzen Leben für das Evangelium einzusetzen und Frucht zu bringen? Das aber ist schwierig, wenn man die Verkündigung und das Einbringen der Frucht, die sie bewirkt, als die vollständige Summe des Evangelisierens betrachtet. Die Folge davon ist, daß viele Christen frustriert und enttäuscht sind.

Die Ernte-Mentalität
Sind wir zu sehr erfolgsorientiert?

Vor etlichen Jahren besuchte uns ein guter Freund in Curitiba, Brasilien. Er war Missionar und besaß eine zehnjährige Erfahrung im Organisieren von Evangelisationsfeldzügen in größeren Städten. Zusammen mit seinem Team ging er gewöhnlich in eine Stadt, brachte alle Pastoren zusammen und schulte während drei bis sechs Monaten Seelsorgehelfer, organisierte die Nacharbeit und traf andere Vorbereitungen, die für solche Großanlässe notwendig waren.

Wir saßen in seinem VW-Bus auf einem Parkplatz vor dem Postamt, als er mir folgendes erzählte: „Ich werde es noch ein einziges Mal versuchen. Ich mache diese Arbeit schon seit zehn Jahren und habe trotzdem keine bleibenden Resultate bei meinen Bemühungen gesehen. Wir organisieren einen Evangeliumsfeldzug, und es entscheiden sich ganze Scharen von Menschen. Die Pastoren der örtlichen Gemeinden legen begeistert Zeugnis davon ab, wie ihre Gemeinden verwandelt wurden. Aber dann ist alles wieder vorbei. Wenn wir drei Monate später noch einmal zurückkommen, dann ist keine Spur mehr davon zu sehen, daß wir überhaupt einmal dort waren. Wenn es auch bei diesem Versuch nicht anders ist, gebe ich auf, gehe in die Vereinigten Staaten zurück und trete ins Geschäftsleben ein."

Und genau das tat er dann auch! Solche Frustrationen und Enttäuschungen kommen daher, wenn man versucht, dort zu ernten, wo unter den Menschen fast keine Vorbereitung stattgefunden hat. Lassen Sie mich mit ein paar Beispielen zeigen, welche Grenzen diese Ernte-Mentalität bei der Evangelisation hat.

Vor ein paar Jahren kam die Idee der „Durchdringungs-Evangelisation" auf. In seinem Buch „Frontiers in Missionary Strategy" (Grenzen der Missionsstrategie) beschreibt Peter Wagner das Ziel dieser Form von Evangelisation so: „Das Evangelium in mündlicher und schriftlicher Form allen Menschen eines Landes, jeder Gesellschaftsschicht, in jedes Haus und jedem einzelnen Menschen bringen ... Die Durchdringungs-Evangelisation will jeden Gläubigen motivieren und ihn schulen, damit er ein aktiver und wirksamer Zeuge für Christus wird."[1]

Das sind begeisternde Ziele. Ich würde ohne weiteres mein Leben dafür einsetzen, wenn sie nur realistisch wären!

Solche Feldzüge mit dem Ziel völliger Durchdringung sind in größerer Anzahl in Lateinamerika und anderen Ländern durchgeführt worden. Aber Untersuchungen von verschiedenen Missionswissenschaftlern über die Auswirkungen dieser Großevangelisationen haben gezeigt, daß sie nur wenige oder überhaupt keine Resultate hervorbrachten. Wagner zitiert Dr.George Peters vom Dallas Theological Seminary, der zu folgendem Schluß gelangte: „Aufgrund der Berichte und Statistiken ist es in den Jahren nach solchen Evangeliumsfeldzügen in den meisten Kirchen zu keinem nennenswerten, meßbaren Gemeindewachstum gekommen."

Wagner zeigt auf, daß die Gemeinden *vor* diesen „gründlichen" Bemühungen in Wirklichkeit mehr Gemeindewachstum zu verzeichnen hatten. Er bringt ein Beispiel aus Bolivien und sagt: „Der Prozentsatz des jährlichen Wachstums der sieben zusammenarbeitenden Denominationen ... war in dem Jahr vor der Großevangelisation größer als in den zwei darauffolgenden Jahren."[2]

In verschiedensten Ländern waren für diese Großevangelisationen alle Kräfte wirklich mobilisiert worden, aber am Ende all dieser Bemühungen blieb fast nichts davon übrig. Der Grund dafür? „Zum einen", so Wagner, „waren die meisten Leute, die mitgemacht haben, am Ende total erschöpft. Der Einsatz, den das Veranstaltungsprogramm den Mitbeteiligten abverlangte, zehrte enorm an ihren Kraftreserven. Einige konnten nicht einmal mehr ihrer gewohnten Beschäftigung nachgehen ... und anschließend mußten sie einen Berg von liegengebliebener Arbeit nachträglich bewältigen. Manche haben ihre Ferien aufgeschoben und dann gemerkt, daß sie doppelt soviel Ferien nötig hatten ... Etliche Leiter zogen sich eine ziemlich schlimme „evangelistische Verstopfung“ zu, und es ging ein ganzes Jahr, bis sie sich davon erholten.“[3]

Dr. Win Arn, Präsident des *Institute for American Church Growth* (Institut für amerikanisches Gemeindewachstum), untersuchte die Statistiken einer kürzlich durchgeführten, großangelegten Evangelisationskampagne und veröffentlichte das Ergebnis in der Zeitschrift *Church Growth: America.*

Die Berichterstattung darüber war typisch: 140 Verantwortliche geschult; 7200 getätigte Telefonanrufe; Material an 1987 Personen verteilt; 525 Entscheidungen für Christus; 72 an einem Bibelstudium interessiert (20 davon ließen sich in einer Gemeinde aufnehmen; von diesen hatten 16 schon vorher Kontakt zur Gemeinde).[4]

Dieser Bericht stammt aus einer nordamerikanischen Stadt des sogenannten „Bibel-Gürtels“ im Mittleren Westen, also einer „christlichen“ Gegend. In Gegenden mit weniger vorbereiteten Leuten würde ich noch schlechtere Resultate erwarten. Natürlich kann man nicht nur die Gemeindezugehörigkeit als Bewertungsmaßstab für den Erfolg nehmen, und ich stelle auch nicht den Wert solcher Bemühungen in Frage; immerhin gab es einen gewissen Erfolg.

Diese Form von evangelistischen Programmen erfordert einen enormen Aufwand und eine gewaltige Organisation, und dennoch bringen sie nur enttäuschende Ergebnisse! Etwas anderes ist auch kaum zu erwarten, wenn wir beim Evangelisieren unter nicht vorbereiteten Menschen unbedingt an unserer Ernte-Mentalität festhalten wollen.

Die aufwendigen evangelistischen Großeinsätze der meisten Ortsgemeinden führen in der Regel zu enttäuschenden Resultaten, wenn man davon ausgeht, wie wenig dadurch die Gesellschaft mit dem Evangelium erreicht wird. Eine sehr erfolgreiche Gemeinde in Minneapolis hat vor kurzem ein Marktforschungsinstitut damit beauftragt, eine Meinungsumfrage unter den 200 000 Einwohnern im engeren Umkreis der Gemeinde durchzuführen. 86 Prozent wußten gar nicht, daß es diese Gemeinde überhaupt gab, obwohl sie in gut sichtbarer Lage an einer Hauptverkehrsader liegt. Nur 7 Prozent dachten an die Möglichkeit, irgendwann einmal in einen Gottesdienst dieser Gemeinde zu gehen.

Ein anderer Pastor faßte die Ergebnisse seines sechsjährigen Dienstes in einer evangelikalen Gemeinde von 350 Mitgliedern wie folgt zusammen: Während dieser Zeit waren von den 159 neuen Mitgliedern 117 aus anderen Gemeinden übergetreten. 36 der neuen Mitglieder waren Kinder von

Gemeindegliedern, und es blieben nur sechs übrig, die aus der Welt gekommen waren und sich bekehrt hatten.

Das gleiche Problem gibt es auch bei den Evangelisationen kleineren Stils und sogar bei der persönlichen Evangelisation von Mensch zu Mensch. Ich könnte dieses Buch mit Berichten aus meiner eigenen Erfahrung füllen und mit denen anderer Leute, die ich beobachtet habe, und alle zeigen das eine: Wo man sich ausschließlich auf die Verkündigung verlassen hat, ist es nur zu sehr bescheidenen und teilweise flüchtigen Resultaten gekommen.

Es liegt mir fern, hier nur zu kritisieren. Wir sollten dafür dankbar sein, wenn immer das Evangelium in irgendeiner Form weitergegeben wird. Ich möchte hiermit nur sagen, daß wir anders vorgehen müssen, wenn wir die unerreichten Gruppen unserer Bevölkerung mit guten Resultaten erreichen wollen.

Grenzen der Verständigung

Dr.Ralph Winter, Direktor des *Center for World Mission* in den USA, hat einmal gesagt: „In der zweiten Generation tauchen automatisch Namenschristen auf, die sich überall wie ein „Hefekranz" um die christliche Gemeinde zu legen scheinen, der dann die engagierten Christen daran hindert, die nichtchristliche Welt jenseits dieses Hefekranzes zu erreichen."[5] Mit anderen Worten: Er behauptet, daß wir unsere evangelistischen Energien auf unseren engen Kreis verschwenden – auf die Namenschristen um uns her. Könnte das stimmen?

Vor etlichen Jahren kamen mir Zweifel, was die Wirksamkeit unserer Kommunikation mit den Verlorenen betrifft. Ich versuchte, eine Antwort auf die Frage zu finden: „Wen erreichen wir eigentlich mit unseren evangelistischen Anstrengungen?" Ich fand bald heraus, daß sich eine solche Frage nur schwer beantworten läßt. Einerseits sind wir nicht daran gewöhnt, in solchen Kategorien zu denken, und andererseits ist es schwierig, genaues Zahlenmaterial über den Stand des Christentums zu erhalten. Deshalb habe ich mir einen einfachen Test ausgedacht, der wenigstens zeigen würde, welche Ergebnisse mein Mitarbeiterkreis auf diesem Gebiet erzielt hat.

Nach meinen Schätzungen betrachtet ungefähr die Hälfte der Bevölkerung Amerikas das Christentum nicht als Grundlage für ihre persönliche Lebensanschauung. Vor die Wahl gestellt, würden sie sich wahrscheinlich für das Christentum entscheiden. Aber für ihr praktisches Leben ist das ohne Bedeutung. Wenn wir diese unerreichte Hälfte unserer Bevölkerung wirkungsvoll erreichen würden, dann müßten diejenigen, die sich bekehren, meiner Meinung nach doch irgendwo im Leib Christi, das heißt in der Gemeinde, auftauchen. Deshalb habe ich eine Frage formuliert, die ich während Jahren und bei jeder Gelegenheit meinen gläubigen Zuhörern gestellt habe.

Ich habe diese Frage in Gemeinden, Bibelschulen, Konferenzen und Studentengruppen gestellt. Mein besonderes Interesse galt dabei den Studentengruppen, denn hier bekommt man die besten Allgemeineindrücke.

Meine eigene Organisation, die Navigatoren, hat sich zum Ziel gesetzt, selber Jünger heranzuziehen, indem sie die Verlorenen für Jesus zu gewinnen sucht und dann die Bekehrten in der Jüngerschaft schult. Aus diesem Grund beginnt überall jede Navigatorenarbeit immer mit Evangelisieren. Aus verständlichen Gründen war ich daran interessiert, solche Veranstaltungen gut im Auge zu behalten, weil man dort gewöhnlich jene Neubekehrten antrifft, die durch persönliche Evangelisation gewonnen wurden. Ich wollte herausfinden, woher sie kamen. Hatten sie einen kirchlichen Hintergrund, oder kamen sie direkt aus der Welt? War jemand von diesen Neubekehrten in einem säkularisierten Milieu für Christus gewonnen worden?

Die Frage, die ich stelle, lautet: „Wie viele von euch kommen nicht aus christlichen Verhältnissen? Das heißt, wie viele von euch sind seit einem bestimmten Zeitpunkt ihrer Jugend nicht mehr regelmäßig zum Gottesdienst gegangen?“

Meine Überlegung war, daß ihre Antworten die Zuhörerschaft rasch in zwei Kategorien teilen würden, die aus einem christlichen Milieu und diejenigen ohne ein solches. Durch einen Vergleich dieser Antworten mit meinen Schätzungen des nationalen Durchschnitts (die eine Hälfte aus christlichen Verhältnissen, die andere Hälfte mit einem anderen Hintergrund) würden wir uns einen Begriff davon machen können, wie wirkungsvoll unsere Arbeit unter den beiden Gruppen ist.

Bis auf ganz wenige Ausnahmen stellte ich fest, daß ungefähr neunzig Prozent der Menschen in unseren christlichen Kreisen auf ein religiöses Erbe zurückblicken können. Selten habe ich eine Gruppe gefunden, in der mehr als einer von zehn aus einem anderen Milieu stammte. Mit anderen Worten: Etwa 90 Prozent der aktiven Christen an den Universitäten sind aus dieser einen Hälfte der Bevölkerung hervorgegangen, die schon vorher einem religiösen Einfluß ausgesetzt gewesen ist, während nur ungefähr zehn Prozent aus der anderen Hälfte kam.

Evangeliumsfeldzüge

Vor ein paar Jahren hatte ich Gelegenheit, dieses Thema mit Charlie Riggs vom Billy Graham Evangelisationsteam zu besprechen. Riggs hatte schon mehr als dreißig Jahre im Billy Graham Team mitgearbeitet und war für die Nacharbeit verantwortlich.

Ich wollte von ihm wissen, was für eine Art von Leuten in der ersten Zeit zu Christus gekommen waren. Woher kamen sie? Dann fragte ich ihn, was für Leute denn heute zum Glauben kommen. Er erklärte mir, daß die Menschen, die sich damals für Christus entschieden, aus den „liberalen Kirchen kamen, wo sie das Evangelium nicht hörten." Heute dagegen, so sagte er, kommen neunzig Prozent der Neubekehrten aus „unseren evangelikalen Gemeinden".

Ich wollte weiter von ihm wissen, wann es denn zu diesem Umschwung gekommen sei und wie er diese Verschiebung interpretieren würde. Er antwortete, daß diese Verschiebung Mitte der sechziger Jahre stattgefunden habe. Er glaube, „der Baum ist abgeerntet". Das heißt, jene Fernstehenden, die für das Evangelium offen waren, hätten inzwischen Christus angenommen!

Die Tatsache, daß Menschen mit dem Evangelium erreicht wurden, soll nicht geschmälert werden. Aber wir können es uns nicht erlauben, zu denken, daß unsere gesamte westliche Welt das Evangelium wirklich gehört hat. Kommunikation erfordert immer zweierlei: einen Redner und einen Hörer. Die Leute sind sehr wählerisch in bezug auf das, was sie hören und wem sie ihre Aufmerksamkeit schenken. Deshalb müssen diejenigen unter uns, die das Evangelium weitersagen, die Art und Weise, wie sie es tun, verbessern.

Schlußfolgerungen

Ich gebe offen zu, daß ich hier nicht sehr wissenschaftlich vorgehe und meine Ergebnisse viele Ausnahmen zulassen. Doch ich muß es jemand anderem überlassen, der auf diesem Gebiet der Forschung qualifizierter ist als ich, diesem Thema genauer nachzugehen. Da meine Zahlen eher von Eindrücken herrühren, als daß sie in allem genau sind, wollen Sie vielleicht selber prüfen, inwieweit Sie diese Angaben auf Ihre Situation übertragen können. Das sollte nicht allzu schwierig sein. Vergleichen Sie einfach das religiöse Profil Ihrer Stadt oder Ihrer Umgebung mit jenem Ihrer eigenen örtlichen Gemeinde. In welchem Ausmaß erreicht Ihre Gemeinde die Menschen im Einzugsgebiet Ihrer Gemeinde?

Welche Lehren können wir aus all dem ziehen? Wenn neunzig Prozent unserer Neubekehrten aus der Bevölkerungshälfte kommen, die bis zu einem gewissen Grad sowieso schon Kontakt mit uns hatte, dann stehen wir vor einem tatsächlichen Kommunikationsproblem mit der anderen Hälfte. Das bedeutet, daß wir die Schranken unterschiedlicher Denkweisen überwinden müssen, um diejenigen mit dem Evangelium zu erreichen, die nicht aus christlichen Verhältnissen stammen.

Wir sollten nicht der Selbsttäuschung verfallen, daß wir unseren Auftrag, das Evangelium zu verbreiten, schon zur Genüge erfüllt hätten. Wir sollten auch nicht glauben, daß wir unsere Welt bestimmt erreichen werden, wenn wir unsere Anstrengungen verdoppeln, gleichzeitig aber in derselben Weise vorgehen wie bisher. Das erfordert viel mehr. Wir müssen unsere Evangelisationsmodelle und –methoden ändern!

Als das Billy Graham Evangelisationsteam die Vorbereitungen für einen Kongreß über Evangelisation zu Beginn der siebziger Jahre traf, gaben sie eine Erklärung heraus, in der das Ziel des Kongresses vorgestellt wurde. *Church Growth Bulletin* veröffentlichte diese Erklärung unter dem Titel: „Billy Grahams neue Sicht für die Zukunft." Der Artikel nennt Projekte, welche vorsehen,

„... daß zuerst einmal ein früher übersehenes, schwieriges Problem in Angriff genommen werden soll: die meisten der unerreichten Völker der Welt (mindestens eine Milliarde Menschen) leben nicht in dem normalen Umfeld irgendeiner Kirche. Diese Tatsache ist überraschend, da wir wissen, daß es heute in jedem Land der Welt christliche Kirchen gibt. Das Problem liegt darin, daß herkömmliche evangelistische Einsätze einfach nicht wirksam genug sind angesichts der unüberbrückbaren Schranken, die durch ethnische, kulturelle und soziale Unterschiede bedingt sind. Es ist eine schlimme Tatsache, daß die Kirchen der USA und der ganzen Welt, die geographisch diesen noch nicht mit dem Evangelium erreichten Menschen oder ethnischen Gruppen am nächsten stehen, oft kulturell oder emotional am weitesten von ihnen entfernt sind ... Diese erstaunliche neue Sicht hat die Illusion vieler Christen zerstört, daß die Welt gewonnen werden kann, wenn sich die weltweite Gemeinde nur darum bemüht, den Menschen, mit denen sie normalerweise in Berührung kommt, das Evangelium weiterzusagen."

Was mich am meisten in Verbindung mit dieser Erklärung beunruhigte, war das Erstaunen des Artikelverfassers über das alles!

Schlußbemerkung

Unsere begrenzte Fähigkeit, das Evangelium weiterzusagen, hat auch eine direkte Auswirkung auf die Effektivität unserer Weltmission. In einer kürzlich von einer christlichen Missionsgesellschaft, die in mehr als dreißig Ländern arbeitet, weltweit durchgeführten Untersuchung kam man zu dem Ergebnis, daß 87 Prozent der durch sie erreichten Menschen aus protestantischen Verhältnissen stammten!

Vielleicht müssen wir es erst einmal ganz neu lernen, uns den säkularisierten Menschen unserer eigenen Kultur verständlich zu machen, bevor wir in anderen Kulturkreisen mit wirklichem Erfolg arbeiten können. Schicken wir Menschen in die Missionsgebiete, die nur unter denen arbeiten können, welche dieselben evangelikalen Voraussetzungen haben wie wir?

Wo sind die Heiden-Apostel für unsere Generation?

Anmerkungen

1 C. Peter Wagner, „Frontiers in Missionary Strategy“, Chicago, Moody Press, 1971, S. 135.
2 Wagner, S. 143
3 Wagner, S. 159-160
4 Win Arn, „A Church Growth Look at ‚Here’s Life Americal’“, Church Groth: America, Januar-Februar 1977, S. 7
5 Ralph Winter, „Who are the tree Billion?“ (Juli 1977), S. 139-144

8. Gelebtes Evangelium

Ein häufig fehlender Faktor

Die rätselhaften Apostelbriefe
Wo sind die Aufforderungen zum Zeugnisgeben?

Bevor Sie sich diesem Kapitel zuwenden, sollten Sie die neutestamentlichen Briefe lesen und sich die Stellen merken, die eine Aufforderung zum Zeugnisgeben enthalten.

Wie wir schon vorher festgestellt haben, hat sich Paulus in seiner Missionsarbeit auf das Errichten von Brückenköpfen (Bildung von Kerngruppen aus Neubekehrten) beschränkt und sich dabei in der Regel auf strategisch wichtige Orte konzentriert. Wohl war sein Wirkungskreis begrenzt, nicht aber seine Vision, wie die Arbeit weitergehen sollte. Damit die Früchte seiner Arbeit erhalten blieben, war er abhängig vom ständigen Wachstum dieser kleinen Gemeinden von Gläubigen. Diese sollten dann das Evangelium weiter in die Welt hineintragen. Wenn dies nicht geschehe, so stellte Paulus sogar fest, würde seine ganze Arbeit letzten Endes umsonst gewesen sein (s. Phil. 2,16).

Wenn aber soviel vom Einsatz dieser kleinen Gemeinden abhing, würde man dann nicht erwarten, daß Paulus sie in seinen Briefen immer wieder dazu aufforderte, hinauszugehen, Zeugnis abzulegen und weiterzuführen, was er angefangen hatte, nämlich allen Menschen das Evangelium weiterzusagen? Aber solche Aufforderungen finden wir nirgends in seinen Briefen. Was mag der Grund dafür sein? Vielleicht war sich Paulus bewußt, *daß noch mehr Verkündigung auch das Gegenteil bewirken könnte.* Er war gekommen und hatte geerntet. Um die übrigen Menschen dieser heidnischen Regionen für Christus gewinnen zu können, bedurfte es jetzt mehr als nur Worte. Vor einem erneuten Ernten mußte noch mehr gepflanzt und bewässert werden.

Das kommt auch in dem zum Ausdruck, was Paulus in seinen Briefen über das Gewinnen von Verlorenen schreibt. Zum Beispiel fordert er Titus auf: „Den alten Frauen gebiete, daß sie sich halten, wie den Heiligen geziemt ... daß sie die jungen Frauen lehren züchtig sein, ihre Männer lieben, Kinder lieben, sittig sein, keusch, häuslich, gütig, ihren Männern sich unterordnen, *damit nicht das Wort Gottes verlästert werde*" (Tit. 2,3-5).

Er fordert Titus außerdem auf, „die jungen Männer zu ermahnen, daß sie sich in Zucht halten. Allenthalben aber stelle dich selbst zum Vorbild guter Werke, mit unverfälschter Lehre, mit Ehrbarkeit, mit gesundem und untadeligem Wort, *damit der Widersacher beschämt werde* und nichts habe, daß er von uns könne Böses sagen" (Tit. 2,6-8).

Diese Aussagen des Paulus über Ursache und Wirkung zeigen, daß er deutlich erkannte, wie entscheidend wichtig es ist, daß das Volk Gottes das Wesen Gottes ganz praktisch und beispielhaft vorlebt, bevor den anderen Menschen das Evangelium gepredigt wird. Fast jedes Mal, wenn Paulus das Problem der verlorenen Welt anspricht, legt er den Nachdruck auf das, „was wir sind". Hier – in unserem „Leben" – liegt der entscheidende Schlüssel für ein wirksames Zeugnis.

„Wandelt nur würdig des Evangeliums Christi, auf daß, ob ich komme und euch sehe oder abwesend von euch höre, ihr stehet in einem Geist und kämpfet mit uns einmütig für den Glauben des Evangeliums" (Phil. 1,27).

Das Beispiel von Sergio

Sergio gehörte zu den ersten, die durch unsere Arbeit unter den Studenten in Brasilien zum Glauben gekommen waren. Er stammte aus einer Industriellenfamilie, die in dem Ruf stand, es mit der Ehrlichkeit und Rechtschaffenheit nicht so genau zu nehmen. Sergio studierte Rechtswissenschaft und Volkswirtschaft und bereitete sich mit seinem Studium darauf vor, einmal die Verantwortung für die juristische Seite der Unternehmen seiner Familie zu übernehmen.

Im Alter von vier Jahren hatte Sergio Kinderlähmung gehabt. Er konnte nur mit Hilfe eines Korsetts und von Krücken laufen. Er besaß einen unglaublich starken Willen – die Folge seines jahrelangen Ankämpfens gegen die Behinderungen seines gelähmten Körpers.

Bei unserer ersten Begegnung machte er den Eindruck eines kalten, harten Menschen. Ein- oder zweimal in der Woche fuhren wir zusammen zu einem beliebten Aussichtspunkt, von dem aus man die ganze

Stadt überblicken konnte, und betrieben dort ein Bibelstudium. Als Sergio Jesus Christus als Herrn und Heiland annahm, begann er sich zu verändern. Bis zum Abschluß seines Bibelstudiums war aus ihm ein reifer Christ geworden. Die Veränderungen in seiner Persönlichkeit waren für alle, die ihn kannten, deutlich erkennbar.

Allerdings gab es für ihn noch ein Problem. Wie sollte seine Zukunft aussehen? Seine Familie hatte ihn in der Erwartung studieren lassen, daß er anschließend für sie arbeiten würde. Aber mußte er sich dabei nicht kompromittieren? Gehörte es nicht zur Aufgabe eines Rechtsanwaltes, einem Geschäftsmann dabei zu helfen, trotz all seiner fragwürdigen Manipulationen möglichst ungeschoren davonzukommen? Ich konnte sehen, daß sich Sergio deswegen Sorgen machte. Aber wie konnte ich ihm helfen?

Im selben Jahr, als Sergio sein Abschlußexamen an der Universität machte, ging Brasilien durch eine schwere wirtschaftliche Krise. Viele Firmen machten bankrott, unter ihnen auch jene von Sergios Familie. Jetzt war er auf einmal frei von seiner Verpflichtung, für seine Familie arbeiten zu müssen. Er stand nun auf eigenen Füßen.

In der Woche, als er graduierte, kam er zu mir und teilte mir mit, er habe zwei Entschlüsse gefaßt. Erstens wolle er von nun an Gott in seinem Leben an die erste Stelle setzen, und zweitens wolle er immer ehrlich sein. Mit diesen Vorsätzen kehrte er in seine Heimatstadt zurück. Dort mietete er ein Büro und eröffnete eine eigene Anwaltspraxis.

Ein paar Monate später drohte einem Bauern aus der Gegend der Verlust von Haus und Hof. Er hatte seine Steuern nicht mehr zahlen können. Es kam zur öffentlichen Versteigerung. Es war Sergio, der das Anwesen kaufte. Gerüchte begannen die Runde in der Stadt zu machen: dieser Kauf sei wieder einmal typisch für das profitgierige Verhalten von Sergios Familie. Aber was Sergio dann tat, versetzte die ganze Stadt in Erstaunen. Er ging nämlich zu dem Bauern, händigte ihm die Grundstücksurkunde wieder aus und gestattete ihm, die Schulden so zurückzuzahlen, wie er es vermochte.

Sergio war nicht verpflichtet gewesen, so zu handeln. Es wäre sein Recht gewesen, den Hof zu behalten. Aber er ließ Gnade vor Recht ergehen – so wie Gott sich uns gegenüber verhält.

Sergio hat aller Voraussicht nach noch fünfunddreißig Jahre Berufstätigkeit vor sich. Wenn er auf dem eingeschlagenen Weg weitergeht, wird er mit seinem Leben einen solchen Einfluß ausüben, daß der geistliche Boden in seinem Heimattal für das Evangelium aufgebrochen wird.

Ich habe eine Menge dadurch gelernt, wie Sergio sich in seinem Berufsleben als Christ und Jünger Jesu bewährte. Sein zweifacher Entschluß, Gott an die erste Stelle zu setzen und immer ehrlich zu sein, waren von entscheidender Bedeutung gewesen! Ohne die damalige Entscheidung hätte er weder den Freiraum für sein Zeugnisgeben noch eine Botschaft gehabt, hinter der er mit seinem ganzen Leben als Christ stand.

Jesus hat gesagt: „Ihr werdet die Kraft des Heiligen Geistes empfangen, welcher auf euch kommen wird, und werdet meine Zeugen sein" (Apg. 1,8). Ich glaube, dieser Satz faßt alles zusammen, was in diesem Kapitel gesagt wurde. Der Auftrag lautet nicht, Zeugnis zu *geben,* sondern Christi Zeugen zu *sein.* Evangelisieren ist nicht bloß etwas, das wir tun, sondern es ist ein Lebensstil. Wenn wir das aus den Augen verlieren und das Hauptgewicht auf das Verkündigen legen, dann werden sie es nicht lernen, wie man durch sein Leben andere zu Christus führt. Wir müssen dem Befehl Christi gehorchen und Jünger heranbilden, indem wir sie „lehren, alles zu halten, was ich euch befohlen habe" (Mt. 28,20). Andernfalls werden diese Neubekehrten nie hingehen und selber Frucht bringen können, und damit würde es auch keine zweite Ernte geben. Die Ernte würde sich auf den ersten Ertrag beschränken. Aber wo es uns in erster Linie um das *Sein* geht, werden wir immer wieder ernten können.

In Anbetracht all dessen hoffe ich, daß Sie sich Zeit nehmen, noch einmal die neutestamentlichen Briefe daraufhin durchzulesen und sich alles aufzuschreiben, was sie über unser Zeugnis in der Welt sagen.

Israel – ein lebendiges Zeugnis
Das auserwählte Volk Gottes

Hinter allem, was Gott in Zusammenhang mit den Menschen tut, steht ein bestimmtes Ziel. Dies läßt sich in einem einzigen Wort zusammenfassen: Versöhnung. „Denn Gott versöhnte in Christus die Welt mit ihm selber und hat unter uns aufgerichtet das Wort von der Versöhnung" (2.Kor. 5,19).

Er gab den Menschen den Auftrag, die „Botschaft der Versöhnung" zu predigen. Wie bereits festgestellt, hat Gott sogar die Welt in verschiedene Völker und Kulturen aufgeteilt und dabei ihre Versöhnung im Auge gehabt.

Das Volk Gottes hat bei der Verwirklichung seiner Ziele immer eine wesentliche Rolle gespielt. Solange wir das nicht begriffen haben, werden wir nie richtig verstehen, was Evangelisation oder was das Glaubensleben ist.

Israel: kein Volk war ungeeigneter

Als Nation hatte Israel einen wenig verheißungsvollen Beginn. Als Volk besaß es nur geringe Überlebenschancen. Alles begann mit einem Mann und einer Verheißung. Abraham war fünfundsiebzig und Sara sechsundsechzig Jahre alt, als sie Haran verließen, um die Erfüllung der göttlichen Verheißung zu empfangen. Nach elf Jahren eines Nomadenlebens in der Wüste – Abraham war inzwischen sechsundachzig und Sara siebenundsiebzig geworden – verloren sie die Geduld. Das Ergebnis war Ismael. Aber dieser zählte nicht im göttlichen Heilsplan; und Abraham und Sara gerieten nur in eine noch größere innere Bedrängnis.

Sie mußten noch weitere vierzehn Jahre warten, bis Isaak, der Sohn der Verheißung, geboren wurde. Zu dieser Zeit war Abraham hundert und Sara einundneunzig Jahre alt. Vierzig Jahre später heiratete Isaak Rebekka. Zu diesem Zeitpunkt war seine Mutter schon tot. Isaak und Rebekka mußten zwanzig Jahre warten, bis ihre Zwillinge Jakob und Esau auf die Welt kamen. Doch nur der eine der Zwillinge, Jakob, sollte an der Verheißung teilhaben. So bestand das Volk Israel also nach fünfundachzig Jahren – angefangen bei der göttlichen Berufung Abrahams in Haran bis hin zur Geburt Jakobs – lediglich aus drei Personen: Jakob und seinen Eltern.

Weder Jakob noch seine Mutter waren Musterbeispiele der Rechtschaffenheit. Jakob hinterging seinen Vater, log seinen Bruder an und hatte Auseinandersetzungen mit seinem Onkel. Seine Frauen dienten anderen Göttern. Bei alledem wuchs Jakobs Familie auf siebzig Leute an; aus ihnen wurde ein Nomadenstamm mit zweifelhaften moralischen Maßstäben.

Nach 225 Jahren (in dieser Zeit zogen sie von Haran nach Ägypten) bestand dieses Volk also aus einer einzigen Familie mit siebzig Personen.

Es schlossen sich 430 Jahre in der Sklaverei Ägyptens an. Es waren Jahre, in denen Gott schwieg: keine Wunder, keine Zeichen, keine Erneuerung der Verheißungen. Nichts als Schweigen Gottes. In all diesen Jahren mußte Israel sich mit der Erinnerung an einen Gott bescheiden, der sich früher einmal ihren Vorfahren Abraham, Isaak und Jakob offenbart hatte. Jetzt aber, als Israel in der Sklaverei leben mußte, schien er so weit weg. Und die Sklaverei war nicht gerade eine Umgebung, die einer kulturellen Entwicklung förderlich war.

Schließlich entkam Israel unter Moses Führung aus Ägypten. Inzwischen waren sie ein Volk von ungefähr einer Million Menschen geworden. Während der Wüstenwanderung entwickelten die Kinder Israel eine

Kultur, die so fortschrittlich und vielgestaltig war, daß sie ihrer Zeit und den benachbarten Völkern weit voraus waren. Gott gab dem Volk Richtlinien für die Bereiche der Medizin, der Hygiene, der Wirtschaft, der Landwirtschaft, der Ethik, der Politik, der Rechtsprechung und der Religion.

Zwischen dem Aufbruch aus Haran und dem Auszug aus Ägypten lagen 655 Jahre – eine sehr lange Zeit! Übertragen auf unseren zeitlichen Standort wäre das etwa so, wie wenn Abraham im Mittelalter gelebt hätte. Warum hat Gott das so gemacht? Das 5. Buch Mose gibt uns etwas Aufschluß. Gott dachte dabei nicht nur an Israel, sondern an die ganze Welt.

Mose forderte das Volk heraus, an diesen umfassenderen Plan Gottes zu denken und sagte zu ihnen: „Siehe, ich habe euch Ordnungen und Rechte gelehrt ... damit ihr danach handelt mitten in dem Land, in das ihr kommt ... So bewahrt und tut sie! Denn das ist eure Weisheit und eure Einsicht in den Augen der Völker, die alle diese Ordnungen hören. Und sie werden sagen: Ein wahrhaft weises und verständiges Volk ist diese große Nation! Denn wo gibt es eine große Nation, die Götter hätte, die ihr so nahe wären wie der Herr, unser Gott, in allem, worin wir zu ihm rufen? Und wo gibt es eine große Nation, die so gerechte Ordnungen und Rechte hätte wie dieses ganze Gesetz, das ich euch heute vorlege?“ (5.Mo. 4,5-8 – Elberfelder Übers.)

Gott erwählte Israel nicht, weil sie die Besten oder die Größten gewesen wären, sondern weil sie so schwach und ungeeignet waren. Wenn etwas aus ihnen werden sollte, so mußte ganz eindeutig Gott dabei seine Hand im Spiel haben. „So erkenne denn, daß nicht wegen deiner Gerechtigkeit der Herr, dein Gott, dir dieses gute Land gibt, es in Besitz zu nehmen! Denn ein halsstarriges Volk bist du ... Vergiß nicht, wie du den Herrn, deinen Gott, in der Wüste erzürnt hast. Von dem Tag an, als du aus dem Land Ägypten herausgezogen bist, bis ihr an diesen Ort kamt, seid ihr widerspenstig gegen den Herrn gewesen“ (5.Mo. 9,6-7 – Elberfelder Übers.).

Israel war Gottes Sprachrohr für die Welt. Angesichts der Geschichte Israels sollte die Welt erkennen, daß der lebendige Gott sich dieses Volkes angenommen hatte. Darum ging es. Und so geschah es auch. Als Salomo König geworden war, „war er größer an Reichtum und Weisheit als alle Könige auf Erden. Und alle Welt begehrte Salomo zu sehen, damit sie seine Weisheit hörten, die ihm Gott in sein Herz gegeben hatte“ (1.Kö. 10,23-24).

Gott schloß mit Israel einen Bund. Er identifizierte sich selber so sehr mit diesem Volk, daß er in der Welt als der „Gott Israels“ bekannt wurde. Und wie sehr gedieh Israel aufgrund dieser Beziehung zu Gott! Israel wurde ein angesehenes Volk, denn es spiegelte das Wesen Gottes wider. Die Fürsten der Völker pilgerten nur so nach Israel.

Alles ging so lange gut, wie Israel den Geboten Gottes gehorchte. Aber Gott hatte sich durch diesen Bund selber verwundbar gemacht. Israel besaß die Macht, die ganze Welt auf einen verkehrten Weg zu führen! Es brauchte nur Gott ungehorsam zu sein oder die Götter seiner Nachbarn anzubeten, und schon würde die Welt ein falsches Bild von Gott haben und falsche Schlüsse über sein Wesen ziehen. Und so geschah es dann auch.

Das erklärt, weshalb Gott bei ihnen keinen Götzendienst dulden konnte und weshalb er Israel seinen Namen und seine Gegenwart auf dieselbe dramatische Weise entzog, wie er sie ihnen gegeben hatte. Mose hatte die Israeliten gewarnt, daß Gottes Gericht über sie kommen würde, wenn sie gegen Gott rebellieren würden. „Es werden alle Völker sagen: Warum hat der Herr an diesem Lande so gehandelt? Was ist das für ein großer grimmiger Zorn? Dann wird man sagen: Darum, weil sie den Bund des Herrn, des Gottes ihrer Väter, verlassen haben ... “ (5.Mo. 29,23-24).

Gott mußte es vor der Welt klarmachen, daß er sich nicht mit Israels Ungerechtigkeiten und Ausschweifungen identifizierte. Durch den Propheten Hesekiel sagte Gott: „Darum sollen sie erfahren, daß ich der Herr bin, wenn ich sie unter die Heiden verstoße und in die Länder zerstreue. Aber ich will ihnen einige wenige übriglassen vor dem Schwert, dem Hunger und der Pest. Die sollen von all ihren Greueltaten erzählen unter den Heiden, zu denen sie kommen werden; und sie sollen erfahren, daß ich der Herr bin“ (Hes. 12,15-16).

Wenn Israel Gott gehorsam war, verherrlichte es Gott. Das heißt, die Welt konnte an ihm das Wesen Gottes erkennen. Die Israeliten verkörperten die Eigenschaften Gottes. Israel war ein Gebilde aus Fleisch und Blut, für alle sichtbar. Weil es Israel gab, konnte sich die Welt nicht länger damit entschuldigen, Gott und seine Wege nicht zu kennen.

Das Zeugnis der Gemeinde Jesu
Ein einzigartiges Volk

„Wenn aber nun etliche von den Zweigen ausgebrochen sind und du, der du ein wilder Ölbaum warst, bist unter sie gepfropft und teilhaftig geworden der Wurzel und des Saftes im Ölbaum“ (Röm. 11,17). Hier ist von der Gemeinde Jesu, dem neuen Volk Gottes, die Rede. Sie gründet auf den gleichen Verheißungen und soll denselben Zweck erfüllen wie einst das alte Israel.

Israel versagte und taugte nicht länger als Gottes Sprachrohr in der Welt

Nach dem glaubensmäßigen Niedergang schlugen die meisten Israeliten eine von zwei Richtungen ein. Sie mißbrauchten die Vorzüge und den Reichtum, mit denen Gott das Volk ausgestattet hatte, um ihren Lüsten und Neigungen in einem Maße nachzugehen, daß Sittenverfall, Ungerechtigkeit und Korruption geradezu zu vorherrschenden Merkmalen des Volkes wurden (s. Hes. 16).

Die anderen, die frommen Juden, entsetzten sich über die Preisgabe der alten Werte. Sie, die sich als den tapferen Rest betrachteten, waren entschlossen, den Glauben zu bewahren. Sie erweiterten die fünf Bücher Moses um einen siebzig Bände umfassenden Kommentar und behielten die Verwaltungsstruktur der siebzig Ältesten, die Mose mit den siebzig Ältesten eingeführt hatte (s. 2.Mo. 18). Fest entschlossen, die alten Wertmaßstäbe zu bewahren, verfielen sie in eine tote Werkgerechtigkeit (s. Mal. 1-2). So entstand die Sekte der Pharisäer.

Es ist erstaunlich zu sehen, wie aus einem so gesegneten Volk ein abgefallenes Volk werden konnte. Es ist schwer zu sagen, wer von beiden abstoßender ist, der Gesetzesverächter oder der überfromme Gesetzesmensch. Beide hatten einen negativen Einfluß auf die Welt (s. Röm. 2,24).

Aber Gott hielt an seinem Plan fest. Er schuf sich durch seinen Sohn ein neues Volk, das in dieselbe Wurzel eingepflanzt wurde, aus der auch Israel gewachsen war.

Die Anfänge wiesen Parallelen auf: zwölf Söhne Jakobs, zwölf Apostel. Aber die Zeitspanne war unterschiedlich. Was bei Israel 225 Jahre gedauert hatte, brachte Jesus Christus in kaum mehr als drei Jahren zustande. Jakob hinterließ eine siebzigköpfige Sippe in Ägypten, während Jesus in einem Saal in Jerusalem hundertzwanzig Menschen zurückließ. Gott hatte Israel mit einer einzigartigen Kultur ausgezeichnet; Jesus tat dasselbe mit seiner Gemeinde. Hier sehen wir jedoch einen auffallenden Unterschied: Israels Kultur besaß von ihrem Wesen her eine gesellschaftspolitische Prägung; dieses neue Gottesvolk dagegen war von einem geistlichen Charakter gekennzeichnet.

Jesus kam und predigte das Reich Gottes. Das war von Anfang bis zum Ende seines Wirkens auf der Erde das Thema seiner Verkündigung. Obgleich dies sein Hauptthema war, verstanden nur ganz wenige die Bedeutung dessen, was er meinte. Wir können es ihnen auch kaum verdenken, sind doch seine Worte vom Reich Gottes auch heute noch dunkel und oft rätselhaft.

Er beschrieb das Reich Gottes als etwas Gegenwärtiges und zugleich Zukünftiges; als etwas Geoffenbartes und zugleich Geheimnisvolles; als etwas, das mitten unter uns und doch nicht von dieser Welt ist; als etwas, das klein ist wie ein Samenkorn, und doch alles durchdringt. Er verglich das Reich Gottes auch mit einem Netz voller Fische, mit zehn Jungfrauen, mit einem im Acker vergrabenen Schatz und mit einem Kaufmann, der eine kostbare Perle fand.

Bei ihrem letzten Gespräch mit Jesus, unmittelbar vor seiner Himmelfahrt, zeigte sich, daß die Apostel nicht voll verstanden hatten, um was es beim Reich Gottes ging. Sie wollten von Jesus wissen, ob er jetzt ihre Erwartungen erfüllen und das politische Reich Israel wiederherstellen würde. Sie hatten die wirkliche Bedeutung und die universelle Dimension des Reiches Gottes nicht erfaßt. Es war ihnen nicht bewußt geworden, daß Jesus mit seiner Lehre eine völlig andere Lebensordnung einsetzte, einen neuen Lebensstil mit neuen Werten, neuen Einstellungen und neuen Beziehungen – kurz, eine neue Lebensweise: die Lebensweise des Reiches Gottes.

Sobald wir verstanden haben, was Jesus über die Zugehörigkeit zum Reiche Gottes lehrt, können wir die gänzliche Einzigartigkeit des Lebens aus und mit Christus erahnen. Die Worte Jesu sind für uns das, was das 4. Buch Moses für Israel war. Jesus möchte, daß sein Volk, die Gemeinde, das „Reichsgottes-Leben" praktisch darstellt.

E. Stanley Jones weist darauf hin, daß das Reich Gottes eigentlich ein totalitäres Reich ist. Es ist nicht wie eine menschliche Gesellschaftsordnung, die sich mit einer rein äußerlichen Übereinstimmung begnügen muß. Das Reich Gottes reicht bis in unsere Gedankenwelt hinein. Jeder Gedanke wird an den Wertmaßstäben des Reiches Gottes gemessen. Das gleiche gilt für unsere Beziehungen zu anderen Menschen. Das sieht nach Sklaverei aus! Aber die Wirkung ist genau umgekehrt als in autoritären Systemen. Es bedeutet Befreiung und nicht Sklaverei für die Menschen, welche die Kultur und die Lebensart des Reiches Gottes bejahen und annehmen.

Die Worte Jesu erscheinen vielleicht gerade deshalb schwer verständlich, weil sie im Gegensatz zum Wertsystem der Welt stehen. Wir lesen, was Jesus gelehrt hat, und verstehen die Sätze, die er gesprochen hat, aber irgendwie gelangen wir zu dem Schluß, daß er wohl kaum alles so gemeint haben kann.

Wichtig ist in diesem Zusammenhang, zu erkennen, daß Gott uns denselben Auftrag gegeben hat wie einst dem Volke Israel: wir sollen sein Sprachrohr in der Welt sein. Petrus wiederholte, was den Israeliten Jahrhunderte vorher verheißen worden war: „Ihr seid das auserwählte Geschlecht, das königliche Priestertum, das heilige Volk, das Volk des Eigentums, daß ihr verkündigen sollt die Wohltaten des, der euch berufen hat von der Finsternis zu seinem wunderbaren Licht . . . Und führet einen guten Wandel unter den Heiden, damit . . . sie eure guten Werke sehen und Gott preisen, wenn er alles ans Licht bringt“ (1.Petr. 2,9.12).

Zusammenfassung

Die Bedeutung, die Paulus unserem „Sein“ beimißt, wird in der Heiligen Schrift immer wieder unterstrichen. Die Existenz eines einzigartigen Volkes, dessen Leben von Gott selbst geprägt ist, gehört ganz zentral zu seinem Versöhnungsprogramm mit der Welt. Sein Volk verkörpert seinen Charakter; es ist gewissermaßen eine audio-visuelle Darstellung eines Lebens unter seiner ewigen Herrschaft.

Wie sich das ganz praktisch und real verwirklichen läßt, ist schon immer eines der schwierigsten Probleme gewesen, mit denen die Gemeinde Jesu zu kämpfen gehabt hat. Seit zweitausend Jahren schwankt die Gemeinde zwischen zwei Extremen: der Isolation und dem Kompromiß.

Keines von beiden ist annehmbar. Wo der Kompromiß herrscht, geht der echte Sinn des Evangeliums verloren und damit auch seine Kraft. Wo es zur Isolation kommt, kann das Licht des Evangeliums gerade unter denen nicht leuchten, die es am meisten brauchen.

Teil III

Der Botschafter und sein Leben

9. Die Dunkelheit erhellen

Das Wesen des Lichts

Wir sind der erste Bericht, den die meisten Menschen je lesen werden. Nachdem sie uns gelesen haben, werden sie mehr darüber wissen wollen, oder aber sie werden zu dem Schluß kommen, daß das Ganze nichts für sie ist.

Die ersten beiden Kapitel dieses Buches beschreiben, wie sich das geistliche Klima der westlichen Welt verändert hat und welches die Folgen dieser Veränderung für den einzelnen sind. Am Ende des zweiten Kapitels stellten wir zwei Fragen: Wie kann man das Interesse eines Menschen wecken und ihn dazu bewegen, die biblische Botschaft von neuem ernsthaft zu prüfen, nachdem er sie als unwichtiges Überbleibsel der Vergangenheit bereits abgetan hatte? Welcher Hoffnungsstrahl könnte die Desillusionierung, die im Laufe der Zeit eingetreten ist, durchbrechen?

In Kapitel drei beschäftigten wir uns damit, wie Jesus mit den Menschen seiner Zeit umging. Wir sahen, wie er immer wieder dieses eine Thema zu vermitteln suchte: daß er, der eine sehr kurze Zeit in der Geschichte der Menschheit als Mensch mitten unter uns lebte, auch Gott der Schöpfer war. In dieser Eigenschaft ließ er sein Licht in eine Welt hineinscheinen, in welcher die Lichter ausgegangen waren und sich die Finsternis verbreitet hatte. Jesus sagte: „Ich bin das Licht der Welt. Wer mir nachfolgt, der wird nicht wandeln in der Finsternis, sondern wird das Licht des Lebens haben“ (Joh. 8,12). Menschen, die an Jesus glauben, tappen nicht mehr in der Dunkelheit umher, sondern im Gegenteil: sie können sehen, wohin sie gehen.

Jesus reichte die Fackel an seine Nachfolger weiter. Er sagte: „Ihr seid das Licht der Welt ... So soll euer Licht leuchten vor den Menschen“ (Mt. 5,14.16). Diese Aussage legt eine sehr große Verantwortung auf uns. Jesus ging fort, und wir traten in seine Fußstapfen. Genau wie sein Lebensstil und sein Reden den Weg aus der Dunkelheit in eine Beziehung mit dem Vater wiesen, so sollen auch wir durch unseren Lebensstil und unser Reden die gleiche Distanz für die Menschen überbrücken, welche noch in der Finsternis leben.

„Denn ihr waret vormals Finsternis; nun aber seid ihr Licht in dem Herrn“ (Eph. 5,8). Das Licht zieht automatisch die Blicke auf sich. Werbeleute wetteifern miteinander durch geschickte Leuchtreklame und gute Werbeslogans um die Aufmerksamkeit der Käufer. Der Widerschein der Sonne in einem einzigen Spiegel im Walde wird augenblicklich gesehen. Wenn wir Licht sind, werden auch wir nicht unbemerkt bleiben.

Glaube, Hoffnung und Liebe

Was ist das Besondere an Christen? Leider fallen etliche von uns im negativen Sinne auf. Unser Anderssein verkümmert zu einem Festhalten an bestimmten Skrupeln, die uns unsere Verhaltensmuster auferlegen. Allerdings gibt es auch solche, die im positiven Sinne auffallen.

In Afrika besuchte ich einmal zusammen mit anderen Teilnehmern aus verschiedenen afrikanischen Ländern eine Konferenz. Unter ihnen war auch ein junger Mann, der ein paar Monate vorher seinen ältesten Bruder verloren hatte. Dieser hatte sich vor einigen muslimischen Freunden zu Jesus bekannt. Eines Tages wurde er erwürgt in seinem Zimmer aufgefunden. Der ermordete Bruder war das älteste von acht Kindern gewesen. Der Vater war früh gestorben, und so hatte er die Rolle des Familienoberhauptes übernommen. Der Schmerz und das Gefühl des Verlustes saßen immer noch tief in der Seele dieses Bruders, der an der Konferenz teilnahm.

Viele schwarzafrikanische Länder weisen einen bedeutenden Prozentsatz von Moslems auf. Aus diesem Grund war Fouad Accad, ein libanesischer Christ, der sich intensiv mit der muslimischen Denkweise befaßt hatte, eingeladen worden, um auf dieser Konferenz eine Reihe von Vorträgen zu halten. Wenn man sich in der Nähe dieses Mannes aufhält, erkennt man rasch, daß ihn nur eine Leidenschaft und nur ein Gedanke beseelt: die eine Milliarde Moslems in der Welt zu erreichen. Er strahlt die Liebe für die Moslems spürbar aus. Wenn man ihn reden hört, könnte man glauben, daß die Moslems das wunderbarste Volk auf Erden seien.

Während Fouad Accad seine Vorträge hielt, hatte der junge Afrikaner, der seinen Bruder verloren hatte, schwer mit dem zu kämpfen, was er hörte. Er mußte immer wieder denken: „Wer noch nie durch schweres Leid gegangen ist, hat gut reden.“ Fouad Accad spürte, was den Afrikaner beschäftigte, und erzählte einige Beispiele von dem, was er durchgemacht hatte. Er schilderte, wie die Moslems sein Haus geplündert, die Aussteuer seiner Frau sowie andere Dinge geraubt hatten, mit denen viele wertvolle Erinnerungen verbunden gewesen waren. Er erzählte weiter, daß zwei seiner treusten Mitarbeiter ermordet worden waren. Was Faoud berichtete, bedeutete nicht nur für den jungen Afrikaner, sondern für uns alle eine Hilfe. Es war eine echte Botschaft an uns. Fouad Accad lebt nach anderen Maßstäben. Deshalb kann er Menschen lieben, die er sonst hassen würde. An ihm wurde deutlich, was es heißt, ein Licht zu sein.

Ganz einfach ausgedrückt: Der Unterschied zwischen dem Christen und dem Nichtchristen liegt in der Tatsache, daß beide aufgrund von verschiedenen Wertsystemen handeln. Paulus schreibt: „Nun aber bleibt Glaube, Hoffnung, Liebe, diese drei" (1.Kor. 13,13). Diese drei Qualitäten sind die Grundsteine des christlichen Wertsystems. Wir sind in dem Maße Licht, wie wir unser Leben auf diese drei Grundsteine aufbauen.

Vielleicht denken Sie jetzt: „So sieht es in *meinem* Leben ja nicht gerade aus! Wo und wie kann man denn diesen Glauben, diese Hoffnung und diese Liebe bekommen?" Interessanterweise haben alle drei ihren Ursprung in einer einzigen Quelle: Jesus Christus.

Glaube

Das Neue Testament bringt immer wieder zum Ausdruck, daß die Grundlage unseres Glaubens in der Person Jesu Christi liegt. „Lasset uns aufsehen auf Jesus, den Anfänger und Vollender unseres Glaubens" (Hebr. 12,2). Wir „leben im Glauben an den Sohn Gottes" (Gal. 2,20). Unser Glaube gründet auf der Überzeugung, daß Jesus wirklich ist, der er zu sein behauptete, und daß er hält, was er verheißen hat.

Hoffnung

Unsere Hoffnung wurzelt in drei Tatsachen. Erste Tatsache: Jesus Christus ist von den Toten *auferstanden.* „Gott hat uns nach seiner großen Barmherzigkeit wiedergeboren zu einer lebendigen Hoffnung, durch die Auferstehung Jesu Christi von den Toten" (1.Petr. 1,3). Zweite Tatsache: Jesus ist zum Vater *aufgefahren,* wo er ständig für uns eintritt. „So sollten wir einen starken Trost haben, die wir unsere Zuflucht dazu genommen haben, festzuhalten an der angebotenen Hoffnung. An ihr haben wir einen sicheren und festen Anker unsrer Seele, der hineinreicht bis in das Innere hinter dem Vorhang. Dahin ist als Vorläufer für uns eingegangen

Jesus" (Hebr. 6,18-20). Dritte Tatsache: Wir haben die Hoffnung, daß Jesus *wiederkommen* wird. „Wir warten auf die selige Hoffnung und Erscheinung der Herrlichkeit des großen Gottes und unsres Heilandes Christus Jesus" (Tit. 2,13).

Liebe

„Daran haben wir erkannt die Liebe, daß er sein Leben für uns gelassen hat" (1.Joh. 3,16). „Darin steht die Liebe: nicht, daß wir Gott geliebt haben, sondern daß er uns geliebt hat und gesandt seinen Sohn zur Versöhnung für unsre Sünden" (1.Joh. 4,10). Die biblische Liebe hat also ihren Ursprung in der Tatsache, daß Jesus Christus für uns den Tod erlitt.

Ohne Zweifel sind wir uns unseres Zukurzkommens auf dem Gebiet des Glaubens, der Hoffnung und der Liebe schmerzlich bewußt. Es stellt sich die Frage: Wie können wir darin wachsen? Ich weiß keinen praktischeren Rat als diesen: Machen Sie es sich Ihr Leben lang zur Gewohnheit, über die Bedeutung dessen, was Gott für uns in Jesus Christus getan hat, immer wieder nachzudenken. Jeder, der wirklich von diesen großen Wahrheiten ergriffen ist, wird durch sie verändert werden (2.Kor. 3,18).

Die Auswirkungen, die der Glaube, die Hoffnung und die Liebe nach sich ziehen, sind deutlich erkennbar. Jedes von ihnen wird seine eigene Frucht in Ihrem Leben hervorbringen. Der Glaube zum Beispiel wird sowohl Freiheit (Röm. 14,2) als auch Gehorsam (Röm. 1,5) bewirken. Die Liebe wird Sie zum Dienen veranlassen (Gal. 5,13) und Ihnen Geduld verleihen (Eph. 4,2).

Auch die Hoffnung wird Frucht bringen. Anscheinend schafft Hoffnung die eindeutigsten Veränderungen in einem Menschen. Nach Epheser 2,12 unterscheidet sich der Christ vom Nichtchristen vor allem durch die Hoffnung: „Ohne Hoffnung und ohne Gott habt ihr in dieser Welt gelebt." Petrus gab den Menschen den Rat: „Seid aber jederzeit bereit zur Verantwortung jedermann gegenüber, der Rechenschaft von euch über die Hoffnung in euch fordert" (1.Petr. 3,15 – Elberfelder Übers.).

Hoffnung ist anziehend. Sie bewirkt Freude und Frieden (Röm. 15,13), Reinheit (1.Joh. 3,2-3), Selbstbeherrschung (Tit. 2,11-13) und Ausdauer (1.Thes. 1,3). Diese Liste ließe sich beliebig verlängern.

Halten Sie doch einen Augenblick inne und denken Sie nach: Wonach sucht denn eigentlich jeder Mensch? Sie können irgend jemanden fragen. Die Leute werden sagen, sie wünschen sich Glück, Frieden, Freiheit, ein reines Gewissen, Stabilität und Sicherheit. Aber all das, was sie sich vom Leben ersehnen, ist in der Hoffnung zu finden, die Jesus Christus schenkt. Wenn ein Christ auch nur ein Minimum dieser Eigenschaften in seiner Lebensführung aufweist, so kann es gar nicht ausbleiben, daß er als Licht in der Dunkelheit scheint (Eph. 5,8).

Unsere *Hoffnung* wirkt also anziehend auf die Menschen. Wenn sie uns dann mit der Zeit besser kennenlernen, wirkt unsere *Liebe* entwaffnend auf sie. Auf diese Weise werden vermeintliche Barrieren sowie Vorurteile weggeräumt. Die Liebe, die alles erträgt, alles glaubt und alles erduldet, macht es möglich, daß eine vertrauensvolle Beziehung entsteht. Wenn wir dann den Menschen unter solchen Voraussetzungen den Grund für unsere Hoffnung erklären und die Liebe, die Christus uns ins Herz gegeben hat, in die Tat umsetzen, können sie viel eher zum *Glauben* kommen.

Vor Jahren hörte ich Dr.Bob Smith, einen tiefgläubigen und angesehenen Professor am Bethel College in St. Paul, Minnesota, eine eher zufällige Bemerkung machen, die mich nicht mehr losgelassen hat. Er war gerade von einer zweijährigen Lehrtätigkeit im Nahen Osten zurückgekehrt und in Gedanken immer noch mit den Erfahrungen beschäftigt, die er in der Begegnung mit Moslems gesammelt hatte. Er beschrieb, wie sich die Menschen dort an jedes kleinste Anzeichen von persönlichem Interesse oder Freundlichkeit klammern. Und dann sagte er: „Wißt ihr, neunzig Prozent des Evangelisierens ist Liebe."

Das wußte ich noch nicht! Zu jener Zeit, als ich ein junger Christ war und nach Erfolgen hungerte, betrachtete ich das Evangelisieren vor allem als ein persönliches, intensives Engagement. Ich sah in den Menschen eher Missionsobjekte, die gerettet werden mußten, als wirkliche Personen. Ich wollte Ergebnisse erzielen und keine Zeit damit verlieren, irgend jemandem Liebe entgegenzubringen.

Aber Dr. Smith hatte recht. Der Apostel Paulus sagte: „Denn die Liebe Christi dringt uns, da wir dafür halten, daß, wenn einer für alle gestorben ist . . ." (2.Kor. 5,14). Beachten wir, woher die Liebe kam, die Paulus motivierte. Es war die Liebe Christi. Und Christi Liebe spiegelt die Liebe des Vaters wider. Gott hat den Anfang damit gemacht: „Lasset uns ihn lieben, denn er hat uns zuerst geliebt" (1.Joh. 4,19). Hier wird die Liebe mit dem ganzen Leben bezeugt.

Ich muß bekennen, daß ich erst dann Frucht bei meinen Evangelisationsbemühungen sah, als ich anfing, die Bedeutsamkeit dieser Tatsache zu verstehen und sie in die Tat umsetzte.

Jesus „wurde Fleisch und wohnte unter uns, und wir sahen seine Herrlichkeit . . . voller Gnade und Wahrheit" (Joh. 1,14). Wir Christen sind dazu berufen, wie Christus zu sein und Gnade und Wahrheit in uns

Gestalt gewinnen zu lassen. Wie er, so sollen auch wir bei all unseren Beziehungen die Erlösung der Menschen im Auge haben. Das ist die wahre Bedeutung von „ein *Licht* sein“.

10. Die Übereinstimmung von Leben und Glaube

Die gestaltgewinnende Gnade Gottes

Wie wir festgestellt haben, übt ein Christ, der ein gutes Zeugnis hat, einen heilsamen Einfluß aus. Der Grund dafür: sein Leben ist von Glaube, Hoffnung und Liebe geprägt. Wo immer er hingeht, sät er Leben und Hoffnung statt Verzweiflung, Unruhe oder Tod. Ein solcher Mensch ist von größter Bedeutung für unsere Gesellschaft. Jesus nennt ihn das Salz und das Licht der Welt sowie den guten Samen. Er stellt in einer Welt, die jegliche Orientierung verloren hat, eine einzigartige Ausnahme dar.

Eines Tages – der Watergateskandal war gerade aufgedeckt worden – befand ich mich unterwegs im Flugzeug nach Washington. Ich war so vertieft in ein Buch über Politik, daß ich dem neben mir sitzenden Passagier keine Beachtung schenkte. Offensichtlich schien meine Lektüre sein Interesse zu wecken, denn er fing ein Gespräch mit mir darüber an. Ich erfuhr, daß er von Beruf Anwalt für arbeitsrechtliche Fragen war. Dann kamen wir auch auf die Watergateaffäre zu sprechen. Ich fragte ihn, was seiner Meinung nach die eigentliche Ursache dafür war. Er erwiderte, die ganze Sache würde „die Führungsschwäche und die Wirklichkeitsentfremdung der Führungsspitze" widerspiegeln.

Ich entgegnete darauf, daß es in meinen Augen wenigstens noch einen anderen Grund gäbe, nämlich das Fehlen von absoluten moralischen Wertmaßstäben. Da er nicht verstand, was ich damit meinte, erklärte ich es ihm mit Hilfe eines Beispiels.

Anfang der sechziger Jahre hatten etliche Restaurantbesitzer in Kalifornien damit angefangen, Oben-ohne-Kellnerinnen zu beschäftigen. Die Bewohner jener Gegend strengten einen Prozeß wegen unmoralischen Verhaltens gegen sie an. Nachdem sie ihn vor verschiedenen Instanzen gewonnen hatten, legten die Beklagten beim Obersten Amerikanischen

Gerichtshof Berufung ein. Das ursprüngliche Gerichtsurteil wurde widerrufen, und damit erhielten die Restaurantbesitzer die gesetzliche Genehmigung, weiterhin Oben-ohne-Kellnerinnen zu beschäftigen.

Ich wies meinen Gesprächspartner darauf hin, daß das Beunruhigende an der ganzen Angelegenheit die Begründung des Freispruchs der Restaurantinhaber war. Die vom Obersten US-Gerichtshof gefällte Entscheidung (zusammen mit einigen ähnlich gelagerten Fällen) schuf im amerikanischen Recht einen Präzedenzfall, der ein weiteres Mal das gesamte Gesellschaftssystem untergrub. Die siegreiche Prozeßpartei gewann die gerichtliche Auseinandersetzung mit folgendem Argument: Etliche der maßgeblichen Persönlichkeiten der Stadt pflegten solche Restaurants zu besuchen. Da man davon ausgehen kann, daß diese Persönlichkeiten die moralischen Wertmaßstäbe der Stadt widerspiegeln und es die Bürger einer Stadt sind, welche über die Wertmaßstäbe entscheiden, ist es rechtmäßig, was in jenen Restaurants vor sich geht.

Ich versuchte meinem Nachbarn zu erklären, daß wir uns einem totalen Relativismus auslieferten, wenn es Sache der Bürger sei, darüber zu entscheiden, was recht oder unrecht ist. Überspitzt ausgedrückt, könnten die führenden Bürger eines Ortes auch entscheiden, daß sie keine spanisch sprechenden Leute oder sonst eine Volksgruppe mögen und damit eine Rechtfertigung hätten, sie zu töten!

Wem das übertrieben scheint, der denke nur einen Moment daran zurück, welche Entscheidungen die russischen Führer 1920, die deutschen in den dreißiger Jahren oder die argentinischen im letzten Jahrzehnt getroffen haben. Genau aufgrund solcher Argumente erlitten Abermillionen einen gewaltsamen Tod. Paul Johnson, ein zeitgenössischer Historiker, legt dar, wie führende Persönlichkeiten im Namen der „Klasse", der „Rasse" oder der „nationalen Sicherheit" die Idee einer absoluten Moralität über Bord warfen. Er spricht von „einer Welt, die steuerlos in einem relativistischen Universum dahintreibt".

Ich erinnerte meinen Gesprächspartner daran, wie sich die Angeklagten im Watergateprozeß immer wieder darauf beriefen, sie hätten nur getan, was sie für richtig hielten, um ihr Ziel zu erreichen: Präsident Nixon im Amt zu halten. Wenn es erst einmal dahin kommt, daß als „Recht" bezeichnet wird, was zur Erlangung eines Zieles zweckdienlich ist, dann führt das letzten Endes zur Auflösung von Recht und Ordnung. Mein Nachbar verstand, was ich meinte, und gab mir recht. Eine Weile saßen wir schweigend da und machten uns besorgt Gedanken über eine solche Entwicklung, die den Lebensnerv einer Gesellschaft aufs Empfindlichste trifft.

Schließlich stellte er die Frage, die zwangsläufig kommen mußte: „Welche absoluten Werte würden Sie denn vorschlagen?"

„Ich bin Christ", antwortete ich.

Da er nicht verstand, was das mit dem Thema zu tun hatte, ging ich näher darauf ein. „Nehmen wir an, Sie und ich, wir wären Christen. Das hieße, wir würden beide an Gott glauben. Und das hieße wiederum, daß er für uns ein Absolutum wäre, nicht wahr?"

Er stimmte mir zu.

Ich fuhr fort: „Aber selbst wenn es Gott gibt, würde uns das nicht viel nützen, es sei denn, daß er uns sagt, warum wir überhaupt leben."

Wieder stimmte er zu.

„Und genau das sagt uns Gott in der Bibel. Sie ist sein Wort und zeigt uns, worin der Sinn des Lebens besteht. So hätten wir, Sie und ich, als Christen also zwei absolute Werte: Gott und sein Wort. Sind Sie nicht auch der Meinung, daß dies eine echte Grundlage für unser Handeln wäre?" Es schloß sich ein interessantes und lebhaftes Gespräch über Jesus Christus an.

Es entspricht einer Tatsache, daß der Mensch auf der gesellschaftlichen Ebene nicht ohne moralische Grundwerte auskommt. Ebenso wahr, wenn auch weniger augenfällig, ist dies auf der individuellen Ebene.

Während eines kürzeren Aufenthaltes in den Vereinigten Staaten zogen wir als Familie in eine uns fremde Stadt. Zu den ersten Bekanntschaften, die wir schlossen, gehörte ein junges Ehepaar, das ein paar Häuser weiter auf der anderen Straßenseite wohnte. Bei einem gemeinsamen Abendessen in einem Restaurant erzählten meine Frau und ich ihnen, daß wir vorhatten, einige unserer Nachbarn einzuladen. Wir wollten uns mit ihnen über Ehe-, Familien- und ähnliche Probleme unterhalten und uns fragen, was die Bibel dazu zu sagen hat. Sie waren von dieser Idee ganz begeistert. Der Mann sagte: „Ich glaube, in unserer Nachbarschaft würden sich viele dafür interessieren; denn wir kennen keine einzige Ehe, die man als wirklich glücklich bezeichnen kann."

Wir leben tatsächlich in einer neurotischen Gesellschaft. Überall in der Gesellschaft gibt es Probleme und Spannungen, und der einzelne stellt sich Fragen wie: „Wie werde ich mit dem Gefühl von Sinnlosigkeit und Unsicherheit fertig? Wie soll ich nur mit einer solchen Frau weiter zusammenleben können? Was sollen wir mit unseren Kindern machen?"

Antworten auf solche existentiellen Fragen sind weder von unseren Soziologen noch von unseren Philosophen zu erwarten. Frankreichs „neue Philosophen" – ein Spiegelbild unserer Zeit – sagen uns, alle Ideologien seien gefährliche Illusionen. Sie und andere mit ihnen sind zu dem

Schluß gekommen, daß es auf die entscheidenden Lebensfragen des Menschen keine echten Antworten gibt. Mit dieser Auffassung kommen sie der Wahrheit so nahe, wie es für einen Nichtchristen überhaupt möglich ist!

Gott hat vorausgesagt, wohin es führt, wenn der Mensch seinen eigenen Weg geht. In Jesaja 50,11 heißt es: „Siehe, ihr alle, die ihr ein Feuer anzündet und die Brandpfeile zurüstet, geht hin in die Glut eures Feuers und in die Brandpfeile, die ihr angezündet habt! Das widerfährt euch von meiner Hand; in Schmerzen sollt ihr liegen."

Als Jesus sagte: „Ich bin die Wahrheit", war das wirklich eine gute Nachricht. Er ist die Mitte unseres Lebens. Durch ihn vermag der Christ an den trügerischen Fassaden menschlicher Philosophien vorbei einen geraden Kurs zu verfolgen. Wenn er in dem Licht und in der Wahrheit wandelt, die Christus selber ist, dann will Gott durch ihn der Welt klarmachen, daß es tatsächlich keine echte Alternative gibt.

Das Wertsystem der Christen

„Denn ihr waret vormals Finsternis; nun aber seid ihr Licht in dem Herrn. Wandelt wie die Kinder des Lichts" (Eph. 5,8). „Licht sein" erfordert Übereinstimmung: eine Harmonie zwischen den Wegen Gottes und unseren eigenen. Diese Harmonie wird jedoch von den ständigen, unterschwelligen, oft kaum zu erfassenden Einflüssen bedroht, denen wir in der Gesellschaft ausgesetzt sind.

Jesus wies in seinen Ausführungen über den Sauerteig auf diese Gefahr hin. Er warnte seine Jünger: „Hütet euch vor dem Sauerteig der Pharisäer und Sadduzäer" (Mt. 16,6) und: „Sehet euch vor dem Sauerteig des Herodes vor" (Mk. 8,15). Der Sauerteig ist ein Bild für die menschliche Unvollkommenheit (s. 2.Mo. 12,15-20; 13,3-8; 3.Mo. 2,11; 1.Kor. 5,6-8). Jesus warnt uns davor, unvollkommene menschliche Ideen mit Gottes Wahrheit zu vermischen. Die Pharisäer hatten ihre eigenen religiösen Traditionen mit dem vermischt, was die Heilige Schrift sagt. Die Sadduzäer waren die Philosophen der jüdischen Gesellschaft, und Herodes repräsentierte das weltliche System. Diese drei Einflüsse – Tradition, Philosophie und Gesellschaft – scheinen sich fast unaufhaltsam ihren Weg in das Wertsystem einer jeden christlichen Gemeinschaft zu bahnen. Das geschieht auf eine Weise und in einem Ausmaß, daß ein Christ *es nicht einmal merken muß,* wenn er nach heidnischen Wertmaßstäben lebt.

Das wurde mir klar, als wir nach Brasilien gingen und dort mit einem völlig anderen Kulturkreis in Berührung kamen. Kulturelle Unterschiede werden uns erst dann richtig bewußt, wenn wir unseren eigenen Kulturkreis hinter uns lassen. Ein Fisch bemerkt nichts vom Wasser, in dem er schwimmt. Genausowenig sind wir uns unserer eigenen Kultur und des Einflusses bewußt, den sie auf unsere Gedanken und unser Verhalten ausübt. Oft müssen wir erst einmal aus unserem vertrauten Kulturkreis heraustreten, um ihn zu verstehen – und uns selbst!

Mit der Zeit habe ich gemerkt, daß jeder, der kulturelle Grenzen überschreitet, eine ähnliche Erfahrung macht. Einer meiner Bekannten, Bob Malcolm, langjähriger Missionar auf den Philippinen, sagte mir einmal: „Die meiste Zeit auf den Philippinen habe ich damit verbracht, herauszufinden, was an meinem Glauben amerikanisch, philippinisch oder wirklich biblisch geprägt war. Ich kam zu dem Schluß, daß ein großer Teil dessen, was ich glaubte, zu den beiden ersten Kategorien gehörte."

Je mehr wir mit der brasilianischen Kultur vertraut wurden, desto bewußter wurde uns der Ursprung unseres eigenen Wertsystems. Es bereitete mir nicht wenig Kummer, als ich entdeckte, daß mein vermeintliches „biblisches Christentum" keineswegs so eindeutig in der Bibel wurzelte. Meine Einstellung zur Arbeit und zu materiellen Dingen entstammte einer kulturellen Verzerrung der puritanischen Arbeitsmoral. Meine Denkweise und meine Art, Probleme zu lösen, waren von der Computerrevolution geprägt. Die Marktwirtschaft und das Konsumdenken hatten einen Einfluß darauf, was in meinen Augen Fortschritt war und woran ich ihn maß. Werbung und Fernsehen hatten dazu beigetragen, mir eine Vorstellung von jenem Lebensstandard zu machen, den ich erreichen wollte. Ich stellte fest, daß ich einen größeren Hang zur Gewalt hatte als die Menschen, unter denen wir evangelisierten. Meine Vorstellungen von Kindererziehung waren vom Humanismus beeinflußt. Sogar die Frauenbewegung und die Beatles hatten einen Einfluß auf mich gehabt. Welch ein Schock, als ich erkannte, von welchen Einflüssen mein sogenanntes biblisches Christentum in Wirklichkeit bestimmt wurde! Ich war ein von einer christlichen Subkultur geprägter Christ!

Als mir das bewußt wurde, fragte ich mich: „Will ich meinen brasilianischen Freunden eine Botschaft bringen, die den Stempel meiner Subkultur trägt?" Ich hatte geglaubt, ich müßte mein Christentum „brasilianisieren". Aber bald sah ich ein, daß das nur wieder eine weitere christliche Subkultur hervorbringen würde; denn alle menschlichen Systeme sind unvollkommen.

Damals wurde ich bei meinen Überlegungen auf den Begriff „Reich Gottes" aufmerksam. Bis dahin hatte dieser Begriff zu jenen Dingen gehört, über die ich beim Bibelstudium hinweglas. Für mich zählte er zu den eher abstrakten biblischen Wahrheiten. Ich weiß eigentlich nicht weshalb, doch irgendwie fing ich jetzt an, jede Bibelstelle zu unterstreichen, die das Wort „Reich" enthielt. Das machte ich zwei Jahre lang, ohne eigentlich zu wissen, warum. Es gelang mir damals nie richtig, jemandem zu erklären, was ich zu diesem Thema lernte – ein sicheres Zeichen, daß ich die Zusammenhänge noch nicht richtig erkannt hatte. Ich betete zu Gott, mir doch Klarheit in diesem Punkt zu schenken, denn ich stieß fast auf jeder Seite der Bibel auf diesen Begriff. Wenn ein solches Thema immer wieder auftauchte, dann mußte es doch von großer Bedeutung sein!

Dann ging mir auf, daß dies die dritte Alternative war: weder ein amerikanisiertes noch ein brasilianisiertes Christentum, sondern ein Christentum, das durch die Kultur des Reiches Gottes hervorgebracht wird – eine *Reichgotteskultur!* Nicht eine provinziale, unvollkommene, menschliche Ordnung, sondern Gottes vollkommene, weltweite Herrschaft – einen völlig neuen Lebensstil. Und diesen Lebensstil hatte Gott auf wunderbare Weise für sein Volk bereitgestellt. Wenn wir dieser einzigartigen Reichgotteskultur unsere volle Aufmerksamkeit widmen, dann kommen auch die Ungereimtheiten und alle Lebensbereiche, die bis dahin vom befreienden Umwandlungsprozeß nicht erfaßt worden waren, zum Vorschein. Keine anderen biblischen Wahrheiten führen uns die radikale Besonderheit des Glaubenslebens so vor Augen wie die Lehre vom Reich Gottes.

In Zusammenhang mit dem Reich Gottes sprach Jesus auch von den Gefahren des Sauerteigs. Wie entsteht dieser Sauerteig? In Markus 7,6-13 beschreibt Jesus die einzelnen Stadien. Er zeigt uns, daß am Anfang dieses Prozesses eine gute Idee steht. Diese Idee ist sogar so gut, daß wir bereit sind, sie zur Norm, zur Regel zu erheben. Die Folge davon ist, daß eine menschliche Idee ebensoviel Gewicht wie das Wort Gottes erhält.

Im nächsten Stadium wird das Wort Gottes vernachlässigt, während an der guten Idee festgehalten wird. Mittlerweile hat sich aus der guten Idee eine Tradition entwickelt. Es dauert nicht lange, und die Tradition gefällt uns besser als das Wortes Gottes; also schieben wir das Wort Gottes beiseite. Und endlich schließt sich der Kreis: An die Stelle des Wortes Gottes tritt die Tradition. Jesus sagte: „Und ihr hebt so Gottes Wort auf durch eure Satzungen (Traditionen), die ihr aufgestellt habt" (Mk. 7,13). Das geschieht immer dann, wenn wir unsere eigene Tradition pflegen, anstatt den Willen Gottes zu tun.

Um das an einem Beispiel zu verdeutlichen, wollen wir eine der bewährtesten Einrichtungen unserer (amerikanischen) Kirchen betrachten: die Sonntagsschule. Am Anfang war die Sonntagsschule eine vorzügliche Idee. Ursprünglich war sie ins Leben gerufen worden, um Kindern, die ungläubige Eltern hatten, biblischen Unterricht zu erteilen. In der ersten Zeit schickten christliche Eltern, die etwas auf sich hielten, ihre Kinder nie zur Sonntagsschule, wäre dies doch einem Eingeständnis gleichgekommen, als gläubige Eltern versagt zu haben. Sie wären als Eltern angesehen worden, die ihrer Verantwortung, ihre Kinder im Sinne von 5.Mose 6,6-7 zu unterweisen, nicht nachgekommen sind. Dort heißt es: „Diese Worte, die ich dir heute gebiete, sollst du zu Herzen nehmen und sollst sie deinen Kindern einschärfen und davon reden, wenn du in deinem Hause sitzt oder unterwegs bist, wenn du dich niederlegst oder aufstehst." Doch der geistliche Nutzen der Sonntagsschule war so offensichtlich, daß die christlichen Eltern ihre Einstellung änderten. Jetzt legten dieselben Leute, die etwas auf sich hielten, Wert darauf, ihre Kinder zur Sonntagsschule zu schicken.

Der nächste Schritt war voraussehbar. Der Vater vernachlässigte seine biblische Verantwortung, seine Kinder im Worte Gottes zu unterweisen, und schob sie auf die Gemeinde ab. Diese aber kann sie nicht übernehmen, einfach deshalb nicht, weil die Unterweisung der Kinder im Worte Gottes Aufgabe der Eltern ist. Die Sonntagsschule kann wohl einen Beitrag leisten, nie aber die Verantwortung übernehmen, die allein der Vater trägt.

Diese stufenweise Entwicklung ist ein Beispiel dafür, was Jesus in Markus 7 sagen will. Wenn der Vater seine Verantwortung nicht wahrnimmt, rennt er oft in sein eigenes Unglück! Mit der Zeit flacht sich bei ihm der Wunsch ab, ein Leben zur Ehre Gottes zu führen und seine Bibelkenntnisse zu vertiefen. Damit schwindet auch seine Fähigkeit, seine Kinder zu lehren. Wenn der Vater die geistliche Verantwortung für seine Familie abgibt, läuft er Gefahr, vom Glaubensweg abzukommen.

Wenn es etwas gibt, das mich anspornt, meine geistige und geistliche Selbstdisziplin nicht zu vernachlässigen, dann ist es das Bewußtsein, daß meine Kinder und Kindeskinder die Früchte meiner Einstellung ernten werden. So betrachtet, kommt der Heiligung ein besonderer Sinn zu (s. 5.Mo. 4,39-40).

Wie kommt es also, daß sich Ungereimtheiten wie Sauerteig in unser Leben als Christen einschleichen? Um es nochmals zusammenzufassen: „Die Gute Nachricht wird in Verhalten umgesetzt und das Verhalten in Gewohnheit. Die Gewohnheit kann zur bloßen Sitte werden und dadurch zur Form ohne wirklichen Inhalt. Ebenso besteht die Tendenz, daß der *Glaube* zum bloßen *Glaubensbekenntnis* wird, und aus dem Glaubensbekenntnis wird schließlich ein bloßes Dahersagen."

Was hat nun dieses ganze Thema der Übereinstimmung – der Harmonie mit den Wegen Gottes – mit dem Erreichen Fernstehender zu tun? Sehr viel sogar. Ein Leben, in dem Leben und Glaube übereinstimmen, ist der Schlüssel zu einer "natürlichen Kommunikation". Und diese Natürlichkeit ist das Geheimnis, warum unser Zeugnis Eindruck macht statt abzustoßen. Wenn es aber in unserem Glaubensleben Ungereimtheiten gibt, müssen wir uns verstellen oder irgendwelche Tricks anwenden, um unsere Botschaft an den Mann zu bringen.

Die Frage bleibt uns nicht erspart: Woher beziehe ich meine Ansichten über Dinge wie Geld, Erfolg, Ehe, Kindererziehung, Berufsleben, Zeiteinteilung, Sexualität, Menschen, Vergnügen, Bildung, Fortschritt, Gesellschaft, Sport, Politik, Verbände und Religion? Habe ich überhaupt Überzeugungen, die wirklich biblisch begründet sind? Es geht nicht an, daß der Christ seine Wertmaßstäbe von der Welt entleiht. In „Hoffnung für alle", einer modernen Wiedergabe des Neuen Testaments, wird Römer 12,2 wie folgt formuliert: „Nehmt die Forderungen dieser Welt nicht zum Maßstab, sondern ändert euch, indem ihr euch an Gottes Maßstäben orientiert."

Wenn wir unsere Wertmaßstäbe wirklich dem Worte Gottes entnommen haben, dann wird es für uns unendlich leichter sein, unseren Glauben an andere weiterzugeben. Wenn wir über ein Thema – egal welches – nicht nur oberflächlich diskutieren, werden wir immer auf das Evangelium zu reden kommen. Wir müssen stets bereit sein, anderen zu erklären, weshalb wir gerade so sind, wie wir sind (vgl. 1.Petr. 3,15).

Zu Beginn meines Glaubenslebens versuchte ich meinen Freunden Zeugnis von Jesus zu geben, hatte aber immer Schwierigkeiten, den richtigen Einstieg ins Gespräch zu bekommen. Ich wußte fast nie, was ich sagen sollte. Ich fing an, mir mögliche „Einstiegsfragen" in einem Notizheft aufzuschreiben. Diese Fragen wollte ich stellen, um zum Thema zu kommen. Es waren Fragen darunter wie: „Hat es eine Zeit in Ihrem Leben gegeben, wo Sie sich ernsthaft mit dem Gedanken beschäftigt haben, Christ zu werden? Was halten Sie von der Predigt? Interessieren Sie sich für Glaubensfragen?"

Fragen dieser Art können tatsächlich eine Hilfe sein, aber häufig ging bei mir „der Schuß nach hinten los". Oft flocht ich solche Fragen in ein ganz gewöhnliches Gespräch wie „zufällig" ein. Von diesem Moment an war es mit der Natürlichkeit vorbei. Mein Opfer verkrampfte sich und wurde beinahe ebenso nervös wie ich selbst. Unter einer solchen ungünstigen Voraussetzung begann ich vom Glauben zu reden. Das ganze Gespräch war dann so unnatürlich wie meine Einstiegsfrage. Mit großer Hartnäckigkeit konfrontierte ich mein Gegenüber mit dem Angebot des ewigen Lebens und erzählte ihm ziemlich vage etwas von einem echten Glück schon hier auf Erden. Fehlt bei uns die Übereinstimmung zwischen Leben und Glaube, dann haben wir tatsächlich kaum mehr als das anzubieten. Das, wovon wir reden, unterscheidet sich gar nicht wesentlich davon, was er schon hat. Selbst das Angebot des ewigen Lebens besitzt wenig Verlockendes für ihn. Er hat schon jetzt eine zwiespältige Einstellung zum Leben: er liebt es und haßt es zugleich und findet es nicht attraktiv genug, um es ewig fortzusetzen.

Vor einigen Jahren war ich während einer ziemlich langen Zeit von zu Hause fort. Ständig hatte ich mit Leuten zu tun gehabt. Deshalb empfand ich ein starkes Bedürfnis, eine Weile allein zu sein. Als ich ins Flugzeug stieg, suchte ich mir einen Platz am Gang. Der mittlere Sitz war nicht besetzt, und auf dem Fensterplatz saß eine junge Frau. Um meine Ruhe zu haben, holte ich ein Buch hervor und vertiefte mich darin. Aber die junge Frau war zum Reden aufgelegt. Sie fragte: „Was lesen Sie denn?"

„Ein Buch", erwiderte ich.

„Und wie heißt es?"

„*Psycho-Kybernetik* von Maxwell Maltz", antwortete ich.

„Studieren Sie Psychologie?"

„Nein."

Ein einsilbiger Wortwechsel soweit. Unterdessen liefen die Motoren, und die Maschine raste über die Startbahn. Meine Nachbarin war hartnäckig. Ich hatte eine Erkältung und konnte sowieso fast nichts verstehen. Schließlich klappte ich das Buch zu und setzte mich auf den freien Platz neben sie, und wir fingen an, uns zu unterhalten.

Ich merkte bald, daß sie eigentlich nur männliche Gesellschaft suchte. Ohne Umschweife sagte ich: „Ich bin viel auf Reisen, und oft fühle ich mich dabei einsam. Ich bin vielen Versuchungen ausgesetzt, meiner Frau untreu zu werden. Aber ich bin zu dem Schluß gekommen, daß es sich nicht lohnt. Ich weiß, daß ich sie betrügen könnte. Aber unsere Beziehung ist auf gegenseitige Liebe und auf Vertrauen aufgebaut. Sie vertraut mir, und ich vertraue ihr. Ich bin alt genug, um zu wissen, daß der Sinn des Lebens weder in Heimlichkeiten noch in größeren Leistungen, weder in einer beruflichen Position noch in einem Freizeithobby liegt. Ich habe entdeckt, daß erst menschliche Beziehungen Sinnerfüllung schenken. Aus diesem Grund will ich auch nicht die beste Beziehung, die ich zu einem Menschen habe, aufs Spiel setzen. Selbst wenn meine Frau nicht bemerken würde, daß ich ihr untreu gewesen bin und es mir gelingen würde, es vor ihr zu verbergen, dann würde *ich* es doch immer noch wissen. Sie würde mir mit blindem Vertrauen begegnen, während ich ihr gegenüber meine Befangenheit verstecken müßte. Zwischen uns würde sich eine Trennwand schieben, und sie würde niemals wissen, warum. Bald würden wir wie Fremde unter einem Dach leben. Den höchsten Preis dafür würden meine Frau und meine Kinder zahlen müssen. Und das wäre tatsächlich der Gipfel an Egoismus."

Die junge Frau neben mir war zuerst wie vom Donner gerührt! Doch dann begann sie sich zu öffnen und erzählte von sich selber: „Ich bin vierundzwanzig. Eigentlich sollte ich ans Heiraten denken; aber alle meine verheirateten Freunde haben außereheliche Beziehungen. Wenn die Ehe so aussieht, verzichte ich lieber darauf. Wenn meine Freundinnen am Wochenende verreisen, geht es nicht lange und ihre Ehemänner klopfen an meine Tür. Sie sind wie kleine Jungens. Ich glaube, ich könnte es nicht ertragen, wenn mein Mann auch so wäre."

Dann setzte sie hinzu: „So etwas, wie Sie sagen, habe ich noch nie gehört. Woher haben Sie diese Gedanken?"

„Sie werden lachen, wenn ich es Ihnen sagen würde."

„Nein, das werde ich nicht", entgegnete sie.

„Ich habe sie aus der Bibel", sagte ich und versuchte dann, ihr zu erklären, worum es beim Evangelium geht und wie es einen Menschen verändern kann. Doch da setzte das Flugzeug schon zur Landung an. Wie schade – waren wir doch mitten in der Erklärung! Sie war höchst interessiert an allem, was ich sagte, aber wir mußten uns trennen.

Kurz darauf sah ich sie im Flughafengebäude, umringt von einem knappen Dutzend ihrer Freunde, die sie abholten. Wahrscheinlich waren es dieselben, von denen sie mir im Flugzeug erzählt hatte. Sie winkte mich herbei und stellte mich ihren Freunden vor. Ich stand wenigstens zehn Minuten bei ihnen, während sie den anderen von unserem Gespräch erzählte. Im stillen dachte ich: *Wenn ich doch nur einige Tage mit diesen Leuten zusammensein könnte! Vielleicht hätte ich ihnen helfen können, ihre Dunkelheit in Licht zu verwandeln.* Irgendwie fühlte ich mich in dieser Situation unersetzlich, aber ich mußte meine Reise fortsetzen.

Doch Gott bereitete mich auf eine noch größere Lektion vor. Nicht wir, sondern Gott ist es, der die Versöhnung zwischen sich und den Menschen bewirkt. Etwa ein Jahr später hatte ich wieder in derselben Stadt zu tun. Weil es Sonntagmorgen war, ging ich in einen Gottesdienst. Da sah ich eine Frau hereinkommen, und ich erkannte sofort, daß es dieselbe

Frau war, mit der ich mich im Flugzeug unterhalten hatte. Sie nahm genau vor mir Platz. Nach dem Gottesdienst ging ich zu ihr und wollte mich vorstellen. Das war nicht nötig, rief sie doch sofort aus: „Ja, natürlich erinnere ich mich an Sie! Ich werde unser Gespräch nie vergessen. Es hat mein ganzes Leben verändert!"

Diese Begebenheit ist ein Beispiel dafür, wie wir fast jede Unterhaltung in ein Gespräch über das Evangelium verwandeln können, wenn unsere Wertmaßstäbe ihre Wurzeln in der Bibel haben.

Aber ich muß bekennen, daß ich auch heute noch eine gewisse Furcht überwinden muß, wenn ich neue Nachbarn einziehen sehe, wenn wir in eine andere Stadt umziehen oder wenn ich Leuten begegne, die ich nicht kenne. Im ersten Augenblick reagiere ich oft ängstlich. Wie komme ich an diesen Menschen heran? Er scheint nicht besonders zugänglich zu sein. In solchen Momenten muß ich mich selbst daran erinnern, daß die Barrieren gewöhnlich verschwinden, sobald man sich näher kennengelernt hat. Ein Gespräch beim Essen oder eine gemeinsam verbrachte Freizeit führt früher oder später zu einer Gelegenheit, über geistliche Dinge zu reden. Über irgend etwas spricht man ja sowieso, und jede Unterhaltung gelangt schließlich auch beim Thema Jesus Christus an.

Melker, ein Priester aus dem 1. Jahrhundert, beschreibt, wie es sein sollte: „Das Reich Gottes muß in uns beginnen, in unserem Herzen und dort regieren; dann werden aus dem Innern heraus auch die Handlungen fließen in Übereinstimmung mit den offenbarten und niedergeschriebenen Lehren und Geboten Gottes ... bis das Äußere dem Inneren entspricht; und so geht es weiter vom einzelnen bis hin zu den Völkern."[1]

Ein gutes Zeugnis
Oft nur eine Karikatur

Als mein Sohn Todd dreizehn war, fragte er mich eines Tages: „Papa, wie kann ich ein gutes Zeugnis sein? Ich bin nicht ein so guter Christ wie Michelle (seine ältere Schwester). Sie redet mit ihren Freundinnen immer von Christus."

Ich dachte an die Zeit zurück, als ich so alt gewesen war. Ich erinnerte mich, wie ich zwischen zwei gegensätzlichen Wünschen hin und hergerissen wurde. Einerseits wollte ich meinen Freunden von meinem Glauben erzählen, denn das schienen auch meine Eltern von mir zu erwarten. Gleichzeitig aber wollte ich auch die Anerkennung meiner Kameraden gewinnen. Ich erinnere mich noch an die Schuldgefühle und die innere Spannung, die dieser Konflikt bei mir auslöste. Wie konnte ich jetzt meinem eigenen Sohn helfen und ihn vor demselben Problem bewahren?

Schließlich sagte ich: „Todd, mach dir keine Sorgen, was du sagen sollst. Laß dir nur eines wichtig sein: sei ein Friedensstifter." Ich erklärte ihm, daß es dem Willen Gottes entspricht, wenn wir dem anderen wirklich Beachtung schenken und von uns aus die Initiative bei der Lösung von Konflikten ergreifen. Dieser Ratschlag war etwas, mit dem mein dreizehnjähriger Sohn sicher etwas anfangen konnte.

Einige Wochen darauf hatte Todd einen heftigen Streit mit Eduardo, dem Sohn unseres Nachbarn, und ihre Freundschaft ging in die Brüche. Als Todd und ich die Angelegenheit besprachen, kamen wir noch einmal auf meinen damaligen Ratschlag zurück. Dabei lasen wir zusammen Römer 12,17: „Vergeltet niemand Böses mit Bösem. Befleißigt euch der Ehrbarkeit gegen jedermann. Ist es möglich, soviel an euch ist, so habt mit allen Menschen Frieden." Todd entschloß sich, den ersten Schritt zu machen, besuchte Eduardo, und die beiden versöhnten sich wieder.

Bald darauf lud Eduardos Mutter meine Frau zu einem Gespräch zu sich ein. Sie erzählte, daß ihre Familie Todds Freundschaft mit Eduardo aufmerksam verfolgt hatte, und sie schloß: „Wir glauben, Sie haben etwas, was wir auch dringend brauchen." Das Beispiel eines Dreizehnjährigen hatte die Tür zu einer ganzen Familie geöffnet.

Das Leben zeugnishaft für sich sprechen lassen! Darum ging es Gott schon im alten Israel und in der Lehre der Apostel. „Denn unsere Predigt des Evangeliums kam zu euch nicht allein im Wort, sondern auch in der Kraft und in dem Heiligen Geist und in großer Gewißheit. Ihr wißt ja, wie wir uns unter euch gehalten haben um euretwillen" (1.Thes. 1,5).

Man hat diese große Wahrheit auf die unzureichende Phrase reduziert: „Ein gutes Zeugnis haben." Das kann so weit gehen, daß unser christliches Zeugnis in der Praxis zu einer Karikatur wird und Christen wie Nichtchristen ein falsches Bild davon bekommen, wie ein „guter Christ" in Wirklichkeit aussieht. Diese Karikatur besteht häufig aus unbiblischen Einengungen und ist immer wieder in christlichen Gruppen anzutreffen. Wenn wir diesem erwarteten christlichen Image nicht entsprechen, befürchten wir, für Christen und Nichtchristen ein Stein des Anstoßes zu sein. Aber dadurch wird diese Karikatur nur genährt. Der Nichtchrist, der den Christen sehr gut beobachtet, wird die erste beste Gelegenheit benutzen und ihn darin erinnern, doch nach seinen eigenen frommen Maßstäben zu leben.

Das reicht aus, um diese Karikatur, wie sich ein Christ zu verhalten hat, zum Normbild eines Christen werden zu lassen. Die traurige Folge davon ist, daß wir anderen Leuten, die sonst eigentlich offen wären, den Zugang zum Evangelium versperren.

„Was muß ich aufgeben?“ fragte ein junger Mann. „Zuerst einmal bunte Kleidung. Alles, was in deinem Kleiderschrank nicht weiß ist, wirf weg. Du darfst nicht mehr auf einem weichen Kissen schlafen. Du mußt deine Musikinstrumente verkaufen und darfst kein Weißbrot mehr essen. Wenn du Christus wirklich gehorchen willst, dann darfst du kein warmes Bad mehr nehmen oder deinen Bart nicht mehr rasieren. Wenn man sich rasiert, lehnt man sich gegen den auf, der uns geschaffen hat, weil man dann nämlich versucht, sein Werk noch zu verbessern.“[2]

Seltsam, dieses Beispiel nichtbiblischer, moralischer Bedenken, nicht wahr? Vielleicht amüsieren wir uns darüber. Aber solche Listen – die oben zitierte entstand vor 1800 Jahren! – werden immer wieder neu aufgestellt. Auch in meiner Generation hat es das gegeben. Die Liste ändert sich je nachdem, wer du bist und wo du lebst auf der Welt. Doch trotz des relativen Charakters unserer Verhaltensnormen als Christen neigen wir immer wieder dazu, sie sehr ernst zu nehmen. Es scheint fast unvermeidlich, daß sich der Moralismus mit seinen zur Norm erhobenen starren Maßstäben immer wieder gegen jeglichen lebendigen Ausdruck innerhalb des Leibes Christi durchsetzen will. Es ließe sich eine ganze Reihe von Gründen dafür aufzählen, warum das so ist, aber wir wollen hier nicht darauf eingehen. Wichtig ist für uns jedoch die Tatsache, daß überspitzte Moralvorstellungen die Verbreitung des Evangeliums in der Welt behindern. Jesus warf den Pharisäern vor, durch ihre Lehre „den Menschen das Himmelreich zuzuschließen“ (Mt. 23,13). Wenn immer der Nachdruck darauf gelegt wird, was Christen *tun* müssen, anstatt was sie *sind,* wird es mehr oder weniger zu ähnlichen Auswirkungen kommen.

Jesus sprach dieses Thema auch in der Bergpredigt an. Er sagte: „So soll euer Licht leuchten vor den Leuten, daß sie eure guten Werke sehen und euren Vater im Himmel preisen“ (Mt. 5,16). Etwas später schien er sich zu widersprechen, wenn er sagte: „Habt acht auf eure Frömmigkeit, daß ihr sie nicht übt vor den Leuten, damit ihr von ihnen gesehen werdet“ (Mt. 6,1). Worin besteht der Unterschied zwischen diesen beiden Aussagen? Der Textzusammenhang macht ihn deutlich.

In der ersten Aussage drückt Jesus den Gedanken aus, daß wir so leben sollen, daß die Menschen Gott in uns erkennen können. Hier betont Jesus *die einzigartige Besonderheit unserer Beziehungen zu Menschen und Situationen.*

Der textliche Zusammenhang der zweiten Aussage Jesu hat mit Aktivitäten zu tun: geben, beten und fasten. Jesus hat nicht gesagt, daß wir diese

Dinge nicht tun sollen. Er befiehlt sie uns sogar. Was er sagen wollte, war, daß wir sie nicht an die große Glocke hängen sollen. Und weshalb nicht? Es geht dabei um die Motive unseres Herzens. Wenn das, was ich als Christ tue, das sichtbarste Element meines christlichen Glaubens ist, dann ist es naheliegend, daß ich mich des Eigenruhms schuldig mache. Und damit vermittle ich zwangsläufig ein falsches Gottesbild. Die Folge davon ist, daß Außenstehende niemals Lust bekommen werden, auch Christen zu werden. Wer verzichtet denn schon gerne aufs Essen, gibt gerne sein Geld weg und verbringt gerne seine ganze Zeit auf den Knien im Gebet, und das alles, um in den Himmel zu kommen, der einem vielleicht gar nicht gefallen wird?

Wir fügen dem Evangelium großes Unrecht zu, wenn wir versuchen, unseren Glauben dadurch zu bezeugen, daß wir unsere moralischen Forderungen öffentlich verkündigen, unsere kirchlichen Aktivitäten jedermann vorzeigen oder unser geistliches Leben den anderen vor Augen führen. Wenn sich jetzt noch jemand finden sollte, der von dieser Vorstellung beeindruckt wäre, würde er wahrscheinlich denken: *Vielleicht sollte ich auch Christ werden, aber woher würde ich die Zeit dafür nehmen?*

Von Gnade und Wahrheit erfüllt sein

Was ist denn nun ein gutes Zeugnis? Ein Mensch mit einem guten Zeugnis ist jemand, der den Charakter Gottes verkörpert. „Wir haben seine Herrlichkeit gesehen voller Gnade und Wahrheit" (Joh. 1,14). Welch eine anziehende, unwiderstehliche Person war doch Jesus! Keine gesetzliche Karikatur, sondern das Abbild der Person Gottes selber. Das ist es, glaube ich, was Verherrlichung Gottes bedeutet: mit seinem ganzen Leben die Person Gottes offenbaren.

Gnade und Wahrheit, Barmherzigkeit und Gerechtigkeit – das sind untrennbare Merkmale der Person Gottes. In Epheser 4,15 wird uns gesagt, „die Wahrheit in Liebe zu bekennen" (Elberfelder Übers.) – auch dies ein ähnliches Begriffspaar. Wahrheit ohne Liebe zerstört, Liebe ohne Wahrheit betrügt.

Sich als Söhne der Wahrheit verhalten

Selbst die Widersacher Jesu mußten anerkennen, daß er sich der Wahrheit verschrieben hatte. Als sie ihm eines Tages eine Falle stellen wollten, sagten sie zuerst zu ihm: „Meister, wir wissen, daß du wahrhaftig bist und lehrst den Weg Gottes recht und fragst nach niemand: denn du achtest nicht das Ansehen der Menschen" (Mt. 22,16). Wir als Glieder seines Leibes sind dazu berufen, Christus nachzuahmen und auch wahrhaftig zu sein. Wie Petrus über Jesus schrieb: „... ist auch kein Betrug in seinem Munde erfunden" (1.Petr. 2,22).

Warum sollte einer, der ein gutes Zeugnis hat, unbedingt auch wahrhaftig sein? Zum einen, weil beinahe alle unsere gesellschaftlichen Probleme, angefangen bei zerrütteten Ehen bis hin zur Armut, ihren Ursprung im Egoismus und in der Habgier haben. Die Probleme beginnen im Herzen des Menschen, darum muß die Lösung der Probleme auch hier beginnen. Das Gegenteil von Egoismus besteht darin, das Richtige zu tun, selbst wenn es uns Nachteile bringt (s. Ps. 15). Das heißt, integer sein, in der Wahrheit leben. Was diese Welt in erster Linie braucht, sind wahrhaftige Männer und Frauen. Und wenn diese Wahrhaftigkeit nicht im Volk Gottes zu finden ist, wo sonst sollte man sie denn finden?

Wenn der Christ vorlebt, was Wahrhaftigkeit ist, beweist er damit der Welt, daß man das Leben auch auf eine andere, bessere Art und Weise gestalten kann.

Gnade

Wir können die Gnade Gottes nur in unseren Beziehungen zu anderen ausleben. Ist Ihnen schon einmal aufgefallen, wieviel Wert Jesus auf die Qualität unserer Beziehungen zu anderen Menschen legt? Nach dem größten Gebot gefragt, antwortete Jesus, daß sich das ganze Gesetz in zwei Sätzen zusammenfassen läßt, und beide haben mit Beziehungen zu tun: „Du sollst den Herrn, deinen Gott, lieben mit deinem ganzem Herzen und mit deiner ganzen Seele und mit deinem ganzen Denken ... Du sollst deinen Nächsten lieben wie dich selbst" (Mt. 22,37-39 – Zürcher Bibel).

Vieles, was Jesus in seiner Bergpredigt sagte, ist nichts anderes als ein Aufruf an uns, heilsame, aufbauende Beziehungen zu anderen Menschen zu pflegen. Schauen wir uns einmal die folgende Umschreibung von Matthäus 5,21-48 an:

> „Euch wurde gesagt: Ihr sollt nicht töten. Ich aber sage euch: Seid nicht zornig auf euren Bruder.
> Euch wurde gesagt: Verachtet euren Nächsten nicht. Ich aber sage euch: Setzt euch nicht gegenseitig herab.
> Versöhnt euch mit eurem Bruder, bevor ihr die Gemeinschaft mit Gott sucht.

Regelt eure Konflikte mit euren Gegnern schnell und geht damit nicht vor Gericht.
Wer eine Frau mit Begehr ansieht, der hat mit ihr in seinem Herzen schon die Ehe gebrochen.
Ihr habt gehört, daß es heißt: Auge um Auge, Zahn um Zahn. Ich aber sage euch: Ihr sollt euch überhaupt nicht gegen eine böse Person wehren.
Wenn einer dich um etwas bittet, dann gib es ihm; und leih dem, der von dir etwas borgen möchte.
Ihr wißt auch, daß es heißt: Liebe deine Freunde, hasse deine Feinde. Ich aber sage euch: Liebt eure Feinde und betet für die, die euch verfolgen. So erweist ihr euch als Kinder eures Vaters im Himmel. Ihr sollt vollkommen sein, weil euer Vater im Himmel vollkommen ist" (Vgl. Mt. 5,17-48).

Das sind schwer zu verdauende Aussagen, und es scheint, daß man sie fast unmöglich in die Praxis umsetzen kann. Aber so erscheint die Gnade immer – als absolut unmöglich, genau entgegengesetzt von dem, was wir instinktiv als richtig „erkannt" haben, sei es da, wo der Glaube gegen die Werkgerechtigkeit steht, oder da, wo im Alltagsleben die Unfairness gegen die Gerechtigkeit steht.

Gnade ist ihrem Wesen nach das, was der Mensch am wenigsten verdient. Aber auf dieser Grundlage beruht Gottes Beziehung zu uns, und er will, daß auch wir in unseren Beziehungen zu anderen „Gnade walten" lassen. Die Einsicht in diese Wahrheit der Gnade Gottes – so wie wir sie empfangen und weitergeben – könnte man als Ausgangspunkt des ganzen geistlichen Wachstumsprozesses bezeichnen. So wie Paulus es ausdrückte: „Überall breitet diese gute Nachricht sich aus und bringt Frucht. Sie tut es auch bei euch, seit dem Tag, da ihr von Gottes Erbarmen gehört habt und von der Wahrheit dieser Botschaft überzeugt worden seid" (Kol. 1,6 – Die Gute Nachricht).

Alle unseren natürlichen Neigungen widersetzen sich dieser großen Wahrheit. Der Schweizer Psychiater und Autor Paul Tournier hat festgestellt, daß wir uns selbst gegenüber nachsichtig sind oder großzügig mit unseren eigenen Schwächen umgehen („Ich habe Übergewicht, weil das bei uns in der Familie liegt"), während wir so etwas bei anderen bemängeln („Warum kann er sich nicht beim Essen beherrschen?")[3] Unsere Haltung in solchen Dingen sollte eine Änderung erfahren.

Vielleicht ist im Begriff „Bekehrung" wenigstens zum Teil eine solche Kehrtwendung eingeschlossen. Dazu gehört, daß wir versuchen zu verstehen, *warum* ein anderer Mensch so und nicht anders ist, und daß wir dann entsprechend nachsichtig und gnädig sind, während wir gleichzeitig nicht versäumen, uns selber für unser eigenes Verhalten zur Rechenschaft zu ziehen. Dies ist die Botschaft von Matthäus 18, dem „Kapitel der Vergebung". „Hättest du da dich nicht auch erbarmen sollen über deinen Mitknecht, wie ich mich über dich erbarmt habe?" (Mt. 18,33). Der Schluß des Kapitels enthält eine ernste Warnung an uns: „Und sein Herr wurde zornig und überantwortete ihn den Peinigern, bis er bezahlt hätte alles, was er ihm schuldig war. So wird euch mein himmlischer Vater auch tun, wenn ihr nicht vergebt von Herzen, ein jeglicher seinem Bruder" (Mt. 18,34-35).

Unnachsichtige Worte zum Thema Vergebung! Wie ist das möglich? Ich frage mich, ob Jesus nicht damit sagen will: „Wenn ihr nicht vergebt, wenn ihr in euren Beziehungen zu euren Mitmenschen nicht Gnade walten laßt, ist das ein sicheres Zeichen dafür, daß ihr die Bedeutung des Kreuzes niemals verstanden habt!"

Selber zu erfahren, wie jemand uns gegenüber Gnade walten läßt, das verschafft uns ein Gefühl der Erlösung. Sind Sie jemals akzeptiert und verstanden worden, als Sie das genaue Gegenteil erwartet und verdient hatten? Das ist eine überwältigende Erfahrung. Aber noch besser ist, selber mit einem anderen so gnädig umzugehen.

Abschließend können wir also sagen, daß ein „gutes Zeugnis" der Mensch ist, dessen Lebensqualität ihn als Kind seines himmlischen Vaters, voller Gnade und Wahrheit, ausweist. Wie sein Vater übt er einen heilsamen, wohltuenden Einfluß auf seine Umgebung aus, angefangen beim engeren Kreis der eigenen Familie bis hin zu den Menschen am Rande, zu seinen Feinden.

Anmerkungen

1 Brief von Melker, einem Priester aus dem l. Jahrhundert der Synagoge von Bethlehem, an den Hohen Rat der Juden in Jerusalem. *The Archko Volume,* New Canaan, Connecticut, Keats Publishing Inc., 1975, S. 71-72.

2 E. Elliot, *The Liberty of Obedience,* Waco, Texas, Word Books, 1968, S. 45-46.

3 P. Tournier, *The Person Reborn,* New York, Harper and Row, 1966, S. 128-129.

11. Die Botschaft nicht verdunkeln

Wahrheit – von der Tradition verdeckt

„Man zündet auch nicht ein Licht an und setzt es unter einen Scheffel" (Mt. 5,15). Mit diesen Worten warnt uns Jesus vor der sehr realen Möglichkeit, daß wir das Werk, das er an uns getan hat, unter einen Scheffel stellen und damit verdunkeln könnten. Auf diese Weise würden wir die Absichten, die er durch uns verwirklichen möchte, durchkreuzen.

Wenn wir davon sprechen, daß das Licht verdunkelt wird, dann ist wohl das erste, was uns dabei in den Sinn kommt, die Sünde. „Wenn wir sagen, daß wir Gemeinschaft mit ihm [Gott] haben, und wandeln in der Finsternis, so lügen wir" (1.Joh. 1,6). Es ist sicher wahr, daß ein Christ, der weiter in Sünde lebt, nicht viel Licht ausstrahlt. Doch es gibt noch viele andere, subtilere Möglichkeiten, unser Licht unter einen Scheffel zu stellen. Das kann leicht geschehen, ohne daß wir uns dessen bewußt sind. Unser Umgang, unsere Erwartungen, unsere Ausdrucksweise oder unser Verhalten – das alles kann unser Licht verdunkeln.

Bewertungen

Welchen Eindruck haben die Menschen, die ich zu gewinnen suche, von mir? Wenn sich zwei Menschen zum ersten Mal begegnen, so versucht jede Seite sofort, den anderen irgendwo einzuordnen. Beide sind eifrig bemüht, den anderen so zu identifizieren, daß er ihn der richtigen Kategorie zuordnen kann. Das ist unfair, aber wir verhalten uns alle so.

„Welche berufliche Tätigkeit üben Sie aus?" frage ich Sie zum Beispiel. (Die Antwort, die ich darauf erhalte, gibt mir bereits einige Anhaltspunkte. Ich kann jetzt Mutmaßungen über Ihren gesellschaftlichen Status, über Ihre finanzielle Situation und über Ihre Schulbildung anstellen.)

„Wo wohnen Sie?" (Eine weitere Frage, die mir ebenfalls irreführende

Informationen einbringen kann. Die Stadt oder der Stadtteil hilft mir, das Bild, das ich mir von der betreffenden Person mache, abzuändern oder auszumalen.)

„Wo gingen Sie zur Schule?"

„Was haben Sie studiert?"

„Oh, kennen Sie vielleicht Hans? Wie haben Sie ihn kennengelernt?" (Volltreffer! Wir haben also einen gemeinsamen Bekannten. Und da Hans von mir schon in eine bestimmte Kategorie eingeordnet ist, ist meine Untersuchung beinahe abgeschlossen. Man kann ja Leute nach den Menschen, mit denen sie verkehren, beurteilen.)

Wenn wir anderen die frohe Botschaft weitersagen, spielt sich derselbe Vorgang ab. Sie fragen sich im stillen: *Zu welcher Gemeinde gehört er wohl? Vielleicht sogar zu einer Sekte? In welche Sache will er mich da hineinziehen?*

Es ist eine sehr heikle Angelegenheit, jemanden aufgrund von Rückschlüssen zu klassifizieren. Wenn wir mit anderen über das Evangelium reden, so wird daraus geschlossen: „Wenn Sie diese Botschaft annehmen, werden Sie wie ich." Und wenn unser Christentum gänzlich und ausschließlich mit einer bestimmten Denomination, Kirche oder Organisation gleichgesetzt wird, dann werden wir von anderen abgelehnt, bevor wir überhaupt wissen, was geschehen ist. Besonders der säkularisierte Mensch ist nun einmal nicht darauf erpicht, sich irgendwo fest anzuschließen. Er lehnt sehr schnell jede Identitätsveränderung ab, die er nicht für absolut notwendig hält.

Vor einigen Jahren organisierten etliche meiner Freunde eine evangelistische Aktion, durch die sie die Studenten in ihrem Land erreichen wollten. Sie stellten einen Aktionsplan auf, ließen Material drucken, und dann begannen sie, systematisch Studenten in ihren Wohnheimen zu befragen. Ihr Ziel war es, Interesse an einigen evangelistisch ausgerichteten Bibelkreisen zu wecken und dafür einzuladen.

Meine Freunde kontaktierten insgesamt achthundert Studenten, aber sie waren schon zum Scheitern verurteilt, ehe sie überhaupt begonnen hatten. Sie merkten es nur nicht. Ihr Verteilmaterial trug die Überschrift: „[Der Name ihrer Organisation] lädt Sie ein . . . " Sie meinten, sie würden die Studenten zu Christus lenken. Aber die Studenten sahen in ihnen Leute, die sie einluden, sich ihrer Organisation anzuschließen! Nur drei von den achthundert zeigten ein gewisses Interesse, und das ganze Unternehmen brachte praktisch nichts ein. Appelle von Organisationen und Programme, die Menschen zur Kirche einladen, rufen bei säkularisierten Menschen nur selten positive Reaktionen hervor.

Es dürfte klar sein, daß kein Christ bewußt möchte, daß sein Name oder seine Identität mit dem Namen oder der Identität Jesu Christi konkurriert. Wir wären schockiert und betrübt, wenn wir eine solche Verdrehung entdecken würden. Das Problem liegt darum nicht darin, wie wir uns selbst sehen, sondern wie wir von den anderen beurteilt werden. Eine gute Frage, die wir uns immer wieder stellen sollten, ist: „Wie beurteilen mich die Menschen, die ich zu gewinnen versuche?"

Unsere Erwartungen

Dieser zweite „Scheffel", unter dem wir manchmal unser Licht verstekken, hat mit dem ersten zu tun. Ein übertriebenes Engagement für unsere religiöse Identität geht häufig Hand in Hand mit einer ähnlich übertriebenen Sorge für das Wachstum und den Erfolg unserer Gruppe. Der Erfolg einer Gemeinde wird gewöhnlich an ihrer Mitgliederzahl gemessen. Man erstellt Statistiken über die zahlenmäßige Beteiligung an den verschiedenen Gemeindeveranstaltungen und bewertet danach Erfolg und Mißerfolg. Indem wir aber das Gemeindewachstum und den Besuch der Gemeindeveranstaltungen als Erfolgsmaßstab betrachten, kommen wir unweigerlich in die Versuchung, einen Nichtchristen zum Besuch unserer Veranstaltungen zu bewegen, ohne uns darüber Gedanken zu machen, ob er wirklich für all das bereit ist, was wir ihm anbieten oder ob es seinen Bedürfnissen entspricht.

Statt dessen erwarten wir, daß Neubekehrten das gefällt, was wir ihnen anbieten, und daß sie sich uns anpassen. Wir erwarten, daß sie sich in unsere Strukturen einfügen, sich unseren religiösen Formen anpassen, sich an unseren Aktivitäten beteiligen und unsere Verhaltensmuster übernehmen. Es ist unglaublich, wie schnell ein Mensch, der sich für Christus öffnet, all das wahrnimmt. Manchmal akzeptiert er die für ihn neuen Verhaltensmuster und paßt sich an. Aber noch öfter kommt es vor, daß er negativ reagiert. Ich könnte auf meinen eigenen Dienst zurückblicken und Ihnen Namen von Menschen nennen, die ich durch diese Art von Manipulation eher abgestoßen anstatt gewonnen habe. Sie tauchten einfach nicht mehr auf und äußerten sich nie über den Grund, aber im Rückblick wird deutlich, was nicht richtig gelaufen war.

So können wir also durch unsere Erwartungen das Licht unter den Scheffel stellen. Wenn wir unsere eigenen Wünsche nach persönlichem Erfolg oder dem Erfolg unserer Gruppe in unsere Evangelisation einfließen lassen, dann setzen wir das eigentliche Ziel der Evangelisation aufs Spiel.

Unsere Ausdrucksweise

Eine gemeinsame Charakteristik einer jeden Gruppe ist ihre spezielle Ausdrucksweise. In Brasilien, wo ich seit vielen Jahren lebe, braucht man sich nur ein paar Minuten über geistliche Dinge zu unterhalten, und schon kann man allein anhand der Wortwahl des Gesprächspartners unterscheiden, ob er ein Katholik oder ein Protestant dieser oder jener Gruppe ist. Das ist kein Problem, solange jeder Angehörige einer Gruppe mit Gleichgesinnten zusammen ist. Aber unser Bestreben ist ja, vor allen Dingen zu jenen Menschen zu gehen, die nicht zu unserer Gruppe gehören. Ich habe immer wieder erlebt, wie unsere fromme Sprache auf Menschen abstoßend gewirkt hat. Auch unsere religiöse Ausdrucksweise kann ein Scheffel sein, der das Licht verbirgt.

Als immer mehr unserer Nachbarn begannen, unseren Bibelkreis zu besuchen, waren auch einige Nichtchristen darunter, die über keinerlei christlichen Hintergrund verfügten. Weil die meisten Teilnehmer gemeinsam im selben Krankenhaus arbeiteten, wurde unser Bibelstudium rasch bekannt.

Eines Tages erzählte mir einer der Teilnehmer, er habe einen Kollegen, der daran interessiert sei, in unseren Bibelkreis zu kommen. Ich war einverstanden, daß man ihn einlud. Als wir das nächste Mal zusammen kamen, erschien auch Marcos. Er erwies sich als ein feiner, reifer Christ. So war es nicht verwunderlich, daß seine Bibel ganz abgenutzt aussah – er schien sie fast auswendig zu kennen.

Als ich jedoch das Bibelgespräch leitete, erkannte ich bald, daß es Schwierigkeiten geben würde. Kaum hatte ich eine Frage gestellt, gab Marcos bereits die Antwort, bevor die anderen überhaupt nachdenken konnten. Ich wollte jedoch gar keine Antworten auf meine Fragen, denn die hatte ich schon selbst. Ich wollte nur die Gruppe zum Nachdenken anregen. Daß seine Antworten immer richtig waren, machte alles noch komplizierter, und das um so mehr, als sie für die anderen unverständlich waren. So gab es nichts mehr hinzufügen.

Darum versuchte ich es mit einer anderen Taktik. Ich stellte eine Frage und gab dann eine Parallelstelle an, in der die Antwort zu finden war. Aber auch das führte nicht zum gewünschten Resultat. Ehe die anderen überhaupt herausfinden konnten, ob die Stelle im Neuen oder im Alten Testament stand, hatte sie Marcos schon gefunden, vorgelesen und einen Kommentar darüber gegeben – alles natürlich in der Sprache Kanaans. So blieb mir nichts anderes übrig, als selber das Reden zu besorgen – nicht gerade die beste Kommunikationsmethode!

Eines Abends am Schluß des Bibelstudiums sagte eine der Frauen zu mir: „Ich weiß, ich kann mich nicht so gut ausdrücken wie Marcos. Aber ich brauche die Gelegenheit, mich auszudrücken, selbst wenn das, was ich sage, nicht so tiefschürfend ist. Aber immer, wenn ich den Mund auftun will, ist Marcos mir schon zuvorgekommen." Ich wußte nur zu gut, daß sie recht hatte. Am Tag darauf lud ich Marcos zu mir nach Hause ein. Ich erklärte ihm die Situation, und wir kamen überein, daß es besser wäre, wenn er nicht mehr zu uns in den Bibelkreis kommen würde. Das war ein schwerer Tag für mich.

Jeder biblische Begriff, der nicht zu unserer Alltagssprache gehört, bedarf der Übersetzung. Einige dieser Ausdrücke sind uns Christen sehr geläufig: Gnade, Sünde, Glaube, Rechtfertigung, Versöhnung, Wiedergeburt, Wandel im Geist und andere. Mit theologischen Fachausdrücken ist es dasselbe. Wenn wir von Dispensation, Ekklesiologie oder Eschatologie reden, klingt das jedenfalls in den Ohren vieler sehr geheimnisvoll. Dann gibt es noch die Begriffe für Insider. Man redet sich einander als „Bruder" und als „Schwester" an. Wir sprechen davon, „Christus anzunehmen", „zum Thron der Gnade zu kommen" und anderes mehr.

Auch unsere Gebete sind von bestimmten Formen und Formeln geprägt. Viele Christen scheinen eine besondere Stimme mit einem speziellen Tonfall zu haben, die sie nur bei religiösen Anlässen gebrauchen.

Wir müssen versuchen, uns selbst mit den Ohren derer zuzuhören, die wir erreichen wollen.

Unser Verhalten

Oft verdunkeln wir das Evangelium durch die Skrupel, die wir haben. Aus irgendeinem bedauerlichen Grunde sind wir Christen im allgemeinen bekannt für die Dinge, die wir nicht tun. Wenn unser Ruf darin bestehen würde, daß wir uns von unmoralischem Verhalten, Ungerechtigkeit und Unehrlichkeit enthalten, so wäre das wunderbar. Aber so nobel ist die Liste nicht. Sie besteht im wesentlichen darin, wie sich Christen verhalten sollten; das gilt insbesondere auf Gebieten, wo die Bibel keine besonderen Anweisungen gibt. Wir wollen hier Verhaltensvorschriften durchsetzen, obwohl die Bibel uns ausdrücklich auffordert, gerade hier keine Gesetze festzulegen. In Kolosser 2,20-21 heißt es dazu: „Wenn ihr denn nun abgestorben seid mit Christus den Elementen der Welt, was lasset ihr euch denn Satzungen auferlegen ...: Du sollst das nicht angreifen, du sollst dies nicht kosten, du sollst jenes nicht anrühren?"

Es war vor ein paar Jahren, als ein junges Ehepaar während eines mehrmonatigen Aufenthaltes in Mexiko zum Glauben an Christus kam. Bald danach kehrten sie wieder in ihr Heimatland zurück. Wir hatten wenig Hoffnung, daß sie geistlich wachsen würden, weil sie noch so jung im Glauben waren und wahrscheinlich von jeder weiteren Hilfe abgeschnitten sein würden. Doch kaum waren sie wieder zu Hause, begannen sie damit, das Wenige, das sie wußten, an ihre Freunde weiterzugeben. Bald gab es dort einen kleinen Kreis von sieben Ehepaaren, die von ihnen Hilfe für ihr geistliches Wachstum erwarteten.

Da dieses junge Ehepaar römisch-katholisch war, bat es einen Priester dort am Ort um Hilfe. Als sie bei diesem nichts erreichten, machten sie einen protestantischen Missionar ausfindig. Doch auch er beunruhigte sie mehr, als er ihnen helfen konnte. Schließlich nahmen sie die Kosten auf sich und reisten zu jener Person zurück, die ihnen anfänglich geholfen hatte, das Evangelium zu verstehen. Sie erklärten ihm: „Wir haben nicht eine Tradition hinter uns gelassen, um jetzt eine andere anzunehmen. Was wir brauchen, ist jemand, der uns nur die Bibel lehrt."

Dieses junge Paar erkannte genau die Probleme, die unsere engen christlichen Verhaltensnormen hervorrufen. Diese Verhaltensnormen gewähren einer zweiten Autorität Einlaß in unsere christliche Gemeinschaft: der Tradition. Die Folge solcher erdachten äußeren Normen ist, daß ein falsches Bild davon entsteht, was das Glaubensleben in Wirklichkeit ist. Das wiederum stößt solche ab, die vielleicht positiv auf das Evangelium reagiert hätten.

Unsere Bewertungen, Erwartungen, unsere Ausdrucksweise und unser Verhalten machen zusammen das Bild aus, das wir nach außen hin bieten. Wir müssen sorgfältig darauf achten, daß dieses Bild nicht die Botschaft verdunkelt!

12. Wer paßt sich wem an?

Sich auf den anderen einstellen

Wenn wir Menschen außerhalb unserer eigenen Kreise erreichen wollen, dann müssen wir es uns zu einem Hauptanliegen machen, die Verständigungslücke zwischen uns und den Nichtchristen unserer Gesellschaft zu schließen. In den vorhergehenden Kapiteln haben wir etliche Faktoren untersucht, die notwendig sind, um das zu erreichen. Wir sahen, daß die Übereinstimmung von Glaube und Leben dazu gehört, und wir befaßten uns damit, wie wir als Christen durch unsere Einordnungen, Erwartungen, Ausdrucksweisen oder Handlungen abstoßend auf die Menschen wirken können.

Aber damit ist das Problem der zwischen ihnen und uns bestehenden Distanz noch nicht gelöst. Es gehört mehr dazu – nämlich die Notwendigkeit, uns denen anzupassen, die wir zu gewinnen suchen. Ohne diese Anpassung entgeht auch der vorbildlichste Lebenswandel der Aufmerksamkeit derer, die es am meisten brauchen. Ohne eine solche Anpassung unsererseits ist es gar nicht möglich, daß die Leute uns über eine gewisse Zeit hinweg beobachten können.

Der Apostel Paulus befaßte sich in 1.Korinther 9 mit diesem Thema der Anpassung. Er schreibt:

> „Denn wiewohl ich frei bin von jedermann, habe ich doch mich selbst jedermann zum Knechte gemacht, auf daß ich ihrer viele gewinne. Den Juden bin ich geworden wie ein Jude, auf daß ich die Juden gewinne. Denen, die unter dem Gesetz sind, bin ich geworden wie einer unter dem Gesetz, wiewohl ich selbst nicht unter dem Gesetz bin, auf daß ich die, so unter dem Gesetz sind, gewinne. Denen, die ohne Gesetz sind, bin ich wie einer ohne Gesetz geworden ... auf daß ich die, so ohne Gesetz sind, gewinne. Den Schwachen bin ich geworden ein Schwacher, auf daß ich die Schwachen gewinne. Ich bin allen alles geworden,

> damit ich auf alle Weise etliche rette. Alles aber tue ich um des Evangeliums willen, auf daß ich seiner teilhaftig werde" (1. Kor. 9,19-23).

Damit sagt Paulus, daß er sich als Zeuge denjenigen anpassen muß, die das Evangelium noch nicht gehört haben. *Es ist Sache des Zeugen, sich auf die einzustellen, die er zu gewinnen trachtet, und nicht umgekehrt.* Paulus verteidigt seine Freiheit, allen Menschen alles zu sein, denn er wußte, daß diese Freiheit notwendig ist, um eine ausgewogene Haltung zwischen dem „in der Welt sein" und dem „von ihr abgesondert sein" einzunehmen. Um in der Welt zu sein, muß man die Freiheit besitzen, am Leben der Menschen teilzunehmen, mit denen wir zu tun haben. Abgesondert sein bedeutet, daß wir gleichzeitig keinen Kompromiß eingehen, was Gottes souveräne Herrschaft in unserem Herzen betrifft – mit anderen Worten, daß wir nicht sündigen.

„Allen alles sein" – was bedeutet das in der Praxis? Was bedeutete es für Paulus, wie ein Jude unter Juden zu leben und dann, wenn er unter Heiden war, sich völlig umzustellen und wie einer ohne Gesetz zu leben? Das hieß für ihn, die moralischen Bedenken und Traditionen derjenigen, mit denen er gerade zusammen war, zu respektieren und genügend flexibel zu sein, um seine eigene Kultur hintenan zu stellen.

Für viele war diese Vorstellung skandalös. Aber Paulus war bereit, den Preis für seine Überzeugung zu zahlen. Bis zu seinem Tode war er bei Christen wie bei Nichtchristen eine umstrittene Person. Man braucht Reife und Mut, um „zu den Heiden zu gehen".

Als ich einmal mit einem Südamerikaner darüber diskutierte, weshalb denn ein bestimmtes Missionsteam in seinem Lande so große Schwierigkeiten hatte, eine erfolgreiche Arbeit aufzubauen, sagte er zu mir: „Ihre Heiligung ist nordamerikanisch. Ich habe den Eindruck, daß sie Angst haben, sich an die Kultur anzupassen, weil sie sich mit der Welt beschmutzen könnten. Sie haben Angst, von der heidnischen Lebensweise angesteckt zu werden."

Sich umstellen und verändern zu müssen, ist tatsächlich schwer, besonders wenn es um andere Verhaltensweisen geht. Das „In-die-Welt-Gehen" macht aber Anpassungen notwendig. Es bedeutet, am Leben anderer teilzunehmen. Und das wiederum heißt, daß wir so denken und fühlen wie die, welche wir gewinnen wollen, und daß wir sie verstehen und ihre Wertmaßstäbe ernstnehmen.

Hier liefert uns die Menschwerdung Jesu das Vorbild. Er verließ seine himmlische Herrlichkeit, „er entäußerte sich selbst und nahm Knechtsgestalt an, wurde gleich wie ein anderer Mensch ... er erniedrigte sich selbst“ (Phil. 2,7-8). Darum „haben wir einen Hohenpriester, der versucht ist allenthalben gleichwie wir, doch ohne Sünde“ (Hebr. 4,15). Er kam in die Welt und führte hier ein Leben genau wie wir, doch ohne Sünde. Inwieweit könnten wir uns mit Gott identifizieren, wenn Jesus nie Mensch geworden wäre?

Paulus folgte dem gleichen Prinzip. Er ging zu den Nichtchristen, um sie zu Gott zu führen. Aber er wußte, daß ihr Weg zu Gott nur über sein Leben führte. Er erinnerte die Thessalonicher daran, daß sie „Zeugen sind, wie heilig und gerecht und unsträflich wir bei euch, die ihr gläubig waret, gewesen sind“ (1Thes 2,10).

So oder so vermittelt das Leben eines Christen, das er unter denen führt, die er gewinnen will, eine Vorstellung davon, wie das Leben eines Nichtchristen aussehen wird, wenn er das Evangelium annimmt. Er wird sich je nachdem, was er im Leben eines Christen sieht, für oder gegen das Christentum entscheiden. Die Entdeckung dieser ernüchternden Wahrheit kam auch für mich ziemlich überraschend.

Ein brasilianischer Freund, Mario, studierte mit mir vier Jahre lang die Bibel, bevor er sich bekehrte. Als Intellektueller hatte Mario fast alle bedeutenden westlichen Denker von Rousseau bis Kafka gelesen und sich seine eigene Weltanschauung zurechtgelegt. Diese war im Grunde genommen marxistisch und hatte Bertrand Russell zum Schutzpatron. Er betätigte sich politisch und war an zahlreichen marxistischen Aktivitäten beteiligt. Wieso er es durchhielt, mit mir vier Jahre lang die Bibel zu lesen, und warum ich so lange Geduld mit ihm hatte, kann sich heute keiner von uns beiden mehr erklären. Aber es war tatsächlich so.

Da er sich so intensiv mit der Philosophie beschäftigte, kamen wir bei unserem Bibelstudium immer wieder auf dieses Thema zu sprechen. Eines Tages – Mario war schon einige Jahre bekehrt – erinnerten wir uns an diese Zeit. Er fragte mich: „Weißt du eigentlich, was mich dazu bewogen hat, mich für Christus zu entscheiden?“ Natürlich dachte ich sofort an die vielen Stunden Bibelarbeit, aber ich antwortete: „Nein, was?“

Seine Antwort kam für mich völlig überraschend. Er sagte: „Erinnerst du dich daran, wie ich das erste Mal bei dir zu Hause war? Wir wollten irgendwo hingehen, und ich aß bei deiner Familie einen Teller Suppe. Während ich dabei dich, deine Frau und deine Kinder beobachtete und sah, wie ihr miteinander umgingt, fragte ich mich: Wann werde ich eine solche Beziehung zu meiner Verlobten haben? Als mir bewußt wurde, daß ich diese Frage nur mit „nie“ beantworten konnte, stand für mich fest, daß ich Christ werden mußte, um überhaupt zu überleben.“

Ich konnte mich daran erinnern, daß sich die Kinder an jenem Abend nicht besonders gut benommen hatten. Ich wußte auch noch, daß ich ziemlich frustriert gewesen war, weil ich sie in Marios Gegenwart zurechtgewiesen hatte.

Doch Mario sah, daß eine Familie, die Christus kennt, zusammengeschweißt wird. Im letzten Vers im Alten Testament steht die Verheißung: „Der soll das Herz der Väter bekehren zu den Söhnen und das Herz der Söhne zu ihren Vätern" (Mal. 3,24).

Unsere Familie ahnte gar nichts von ihrem Einfluß auf Mario. Gott arbeitete, ohne daß wir etwas davon gemerkt hatten. Die meisten Christen sind sich nicht bewußt, welche Veränderungen Gott im Verlaufe des Heiligungsprozesses in uns bewirkt.

Wir neigen dazu, die Schwächen und Unzulänglichkeiten in unserem Leben zu sehen und schrecken schon vor dem Gedanken zurück, Außenstehende so nahe an uns herankommen zu lassen, daß sie entdekken können, wie wir wirklich sind. Selbst wenn diese Ängste berechtigt sind, habe ich doch beobachtet, daß ein Christ, der aufrichtig seinen Weg mit Gott gehen will, trotz all seiner Fehler etwas von Christus widerspiegelt.

Es genügt also nicht, wenn wir nur gelegentlich einmal in der Welt eines anderen Menschen auftauchen, ihn anpredigen und dann wieder unsere Wege gehen. Irgendwie muß er auch Zugang zu unserem Leben bekommen. Ist das nicht der Fall, sieht er nur einen Teil der Wirklichkeit des Lebens mit Christus. Er könnte gar nicht sehen, wie sich die Gnade Gottes in unserem alltäglichen Leben auswirkt.

Aber diese Wechselseitigkeit der Beziehung wird erst dann möglich, wenn wir Christen lernen, „allen alles" zu sein und diese Anpassung in einer Weise vornehmen, daß auch mit Nichtchristen Freundschaften geknüpft und echte Beziehungen aufgebaut werden.

Durch Freundschaft der Botschaft den Weg ebnen

Bei einer Evangelisation, die unser ganzes Leben mit einschließt, ist die Botschaft untrennbar mit dem Botschafter verbunden. Das „Image" ist wirklich wichtig, denn „wir haben diesen Schatz in irdenen Gefäßen" (2.Kor. 4,7). Der Nichtchrist wird als erstes darauf reagieren, was er in uns sieht. Deshalb muß sich jeder von uns fragen: „Wenn ein Nichtchrist mich sieht, wen sieht er dann? Findet er meinen Lebensstil attraktiv?"

Wie Sie sehen, kann diese Art von Evangelisation nicht als eine Aktivität verstanden werden, für die man sich bei bestimmten Gelegenheiten besonders einsetzt. Es ist unser ganzes Leben gemeint. Das Leben selbst wird evangelistisch ausgerichtet. Wir lassen Nichtchristen an unserem Leben teilnehmen und treten in ihr Leben ein. In dem Maße, wie die Beziehung wächst, wird auch der Einfluß des Evangeliums wachsen. Joe Aldrich drückt es so aus: „Evangelisieren bedeutet, daß man ein sauberes, attraktives Leben führt und auf dieser Basis eine Beziehung zum Nichtchristen aufbaut."[1]

Der Prozeß beginnt mit der Entwicklung einer Freundschaft, die gewöhnlich einem vorhersehbaren Muster folgt. Damit sich zwischen zwei Menschen eine Freundschaft entwickelt, ergreift meist einer von ihnen die Initiative. Er unternimmt den Versuch, mit dem anderen Menschen ins Gespräch zu kommen. Wenn der andere auf diesen Annäherungsversuch eingeht, beginnt sich eine Beziehung zwischen den beiden zu entwickeln. Diese Beziehung wird durch Freundschaftsbeweise vertieft.

Lassen Sie uns nun diese vier Stufen des Aufbaus einer Freundschaft näher betrachten und dabei einige mögliche Aspekte einer jeden Phase aufführen.

1. Die Initiative ergreifen
   - Der erste sein, der den anderen begrüßt.
   - Freundlich sein.
   - Sich über Belangloses miteinander unterhalten.
   - Sich den Namen der anderen Person merken und sie oft damit anreden.
   - Echtes Interesse am anderen haben.

2. Eine Beziehung aufbauen
   Eine Beziehung setzt eine Haltung der gegenseitigen Annahme voraus.
   - Im Herzen denken: „Ich akzeptiere dich so, wie du bist."
   - Mit Interesse dem zuhören, was der andere sagt.
   - Anerkennung ausdrücken; Komplimente verteilen, wo sie angebracht sind.
   - Offene Augen haben für besondere Nöte und für Gelegenheiten zu dienen.
   - Nach einer Gelegenheit suchen, um den anderen einzuladen, an einer bestimmten Aktivität teilzunehmen.

3. Ein Freund sein

   Freundschaft kostet einen Preis. Das bedeutet, daß man Menschen die erste Priorität einräumt.

   - Zuhören; Gedanken und Gefühlen Beachtung schenken.
   - Den anderen bestätigen; zum Ausdruck bringen, was man an ihm schätzt.
   - Dem Freund gestatten, einem zu dienen und einen Gefallen zu tun.
   - Ihn so annehmen, wie er ist; nicht versuchen, ihn zu verändern.

4. Eine Beziehung vertiefen

   - Den anderen wissen lassen, was man denkt; ihm die Gelegenheit geben, in einen hineinschauen zu dürfen.
   - Seinen Rat suchen.
   - Persönliche Dinge mit ihm teilen: Geld, Fähigkeiten usw.
   - Sich Zeit für ihn nehmen.
   - Es nicht übertreiben; nicht versuchen, ihn zu beherrschen oder besitzergreifend zu sein.

Ich möchte keineswegs behaupten, daß die obenstehende Liste die Voraussetzung dafür ist, jemandem das Evangelium weiterzusagen. Evangelisation kann zu jedem Zeitpunkt geschehen , und oft ist sie auch schon in den Anfängen einer Beziehung wirksam. In den folgenden Kapiteln werden wir sehen, wie sich das in die Praxis umsetzen läßt.

Anmerkungen

1 Joseph Aldrich, aus einem Referat mit dem Titel Developing Vision for Disciplemaking

13. Das Zeugnis des Leibes Christi

Gegenseitige Ergänzung

Im Abschnitt über die Verkündigung sprachen wir von der Notwendigkeit des mündlichen Zeugnisses. Im Abschnitt über die Bekräftigung des Evangeliums sprachen wir vom Zeugnis des Lebens. Es besteht kein Zweifel, daß die Gemeinde Jesu beiden Aspekten der Evangelisation ihre Aufmerksamkeit widmen muß. Doch ebenso trifft es zu, daß das Bestehen einer Gruppe von Gläubigen, die echte Beziehungen untereinander pflegen, schon an sich ein Zeugnis ist. Wir haben gesehen, daß sich Gott von Anfang an der Welt vor allem durch ein Volk geoffenbart hat. Das erste Volk war Israel, die Nation, die sich innerhalb weniger Generationen von der Sklaverei zu unvergleichlichem Ansehen entwickelte. Dann rief Gott die Gemeinde ins Leben, indem er eine ratlose Gruppe von hundertzwanzig Jüngern, die sich in einem Saal in Jerusalem hinter verschlossenen Türen zurückgezogen hatten, in ein einzigartiges Volk umwandelte, dessen bloße Existenz der Welt zu denken geben sollte.

Gott hat immer ein Volk dazu benutzt, um seine Stimme in der Welt hörbar zu machen – und er wird es auch in Zukunft tun. Diese Tatsache ist von entscheidender Bedeutung für Theorie und Praxis unseres Zeugnisses.

Was bedeutet das konkret? Zwei Dinge sind zu nennen: Erstens das Zeugnis der Gemeinde; zweitens das Prinzip des Leibes Christi.

Das Zeugnis der Gemeinde

In seinem Buch „Die Gemeinde am Ende des 20. Jahrhunderts" schreibt Francis Schaeffer: „Die Gemeinde sollte in einer sterbenden Kultur eine von Liebe geprägte Gemeinde sein. Nach welchen Kriterien wird uns also die sterbende Kultur beurteilen? Jesus sagte: ‚Daran wird die Welt erkennen, daß ihr meine Jünger seid, so ihr Liebe untereinander habt' (Joh. 13,25). In einer sterbenden Kultur gibt Jesus der Welt das Recht zu beurteilen, ob du und ich wiedergeborene Christen sind, und zwar je nachdem, ob unsere Liebe zu allen Gläubigen erkennbar ist oder nicht."[1]

Jesus betete: „Auf daß sie alle eins seien, gleichwie du, Vater, in mir und ich in dir; daß auch sie eins seien, damit die Welt glaubt, du habest mich gesandt" (Joh. 17,21). Als Kommentar zu diesem Vers schreibt Schaeffer: „Hier sagt Jesus ... wir können von der Welt nicht erwarten, daß sie glaubt, daß der Vater den Sohn gesandt hat – daß sie glaubt, daß Jesu Behauptungen stimmen und daß das Christentum auf Wahrheit beruht, wenn die Welt nicht etwas von einer echten Einheit wahrer Christen sehen kann."[2]

Der Christ, der ohne die anderen versucht, Verlorene zu gewinnen, beraubt sich einer entscheidenden Kraftquelle. Selbst wenn in seinem Leben die Frucht des Geistes unübersehbar vorhanden ist, werden solche, die er zu gewinnen sucht, nicht die ganze Kraft seines Zeugnisses erleben, eben weil er allein ist. Es ist nicht schwer, eine einzelne Person abzutun oder sie mit der Bemerkung zu übergehen: „Er hat eine ungewöhnliche Vergangenheit" oder „Er ist ein komischer Kauz". Aber wenn sich der Nichtchrist einer ganzen Gruppe von Christen gegenübersieht, dann wird der gemeinsame Nenner – der Heilige Geist – bald für jedermann sichtbar sein. Dann ist ihr Zeugnis unwiderlegbar.

Manchmal läßt es sich nicht vermeiden, daß man alleine arbeitet. Zum Beispiel liegt es im Wesen der Arbeit eines Apostels, daß er in Orte oder zu Menschen geht, wo noch keine christliche Gemeinde existiert. Paulus sagte: „Dabei aber habe ich sonderlich meine Ehre darein gesetzt, das Evangelium zu predigen, wo Christi Name nicht bekannt war, auf daß ich nicht auf einen fremden Grund baute" (Röm. 15,20). Diese apostolische oder missionarische Aufgabe ist immer noch ein wesentliches Element der Gemeinde, weil die Welt noch voller Völker und Subkulturen ist, die keine christliche Grundlage haben. Ich selber habe einen großen Teil meines Lebens in einer solchen Subkultur verbracht.

Es ist außerordentlich mühsam, ganz bei Null anzufangen. Die ersten Kontakte kommen gewöhnlich sehr schwer zustande. Aber mit der Zeit findet man hier und da verstreut in der Stadt einzelne Menschen. Diese kennen sich jedoch nicht untereinander und haben auch keinen Sinn für Gemeinschaft. Doch nach einiger Zeit wollen sie gerne, daß ihre Freunde und Verwandten auch Christus kennenlernen. Oft ist dieser Wunsch sogar schon vorhanden, wenn sie sich gerade erst bekehrt haben. Ich frage mich, ob Gott es dem Neubekehrten nicht geradezu ins Herz gibt, damit er sich seiner Abhängigkeit von anderen Christen bewußt wird. Wenn jemand, der noch jung im Glauben ist, anfängt, mit anderen über das Evangelium zu reden, dann wird er merken, daß er lernen muß, wirksamer zu evangelisieren. Gerade weil er sich dieser Notwendigkeit bewußt ist, treibt es ihn zu anderen Christen hin und wird in ihm das Bedürfnis wach, Beziehungen zu reiferen Christen aufzunehmen.

Das war eine weitere Einsicht, die mir meine langjährige Erfahrung vermittelt hat. Erst später habe ich ihren biblischen Ursprung erkannt.

Vor einigen Jahren arbeiteten ein Mitarbeiter und ich mit einer Gruppe Neubekehrter, die gerne lernen wollten, wie man Freunden das Evangelium weitersagt. Leider besaßen sie dazu nicht das geistliche Rüstzeug. Bevor wir sie kennenlernten, hatten die meisten von ihnen nie eine Bibel zur Hand genommen. Wie konnten wir ihnen helfen, ihre Freunde im Sinne des Evangeliums zu beeinflussen?

Oft übernimmt in einer solchen Situation der Missionar selber die Aufgabe und spricht mit den Freunden der Neubekehrten. Aber auf diese Weise geht im allgemeinen eine Gelegenheit verloren, weil der Neubekehrte daraus rasch den Schluß zieht, daß das Evangelisieren nur etwas für vollzeitliche Mitarbeiter ist. Wenn der Missionar selber den Besuchsdienst übernimmt, begibt sich der Frischbekehrte auf die Zuschauerränge, wo er oft für den Rest seines Glaubenslebens sitzenbleibt.

Das galt es unbedingt zu vermeiden! Aber wie sollten wir eine Gruppe junger Christen anleiten, die so wenig vom wirksamen Evangelisieren wissen?

Auf der Suche nach einer Antwort kamen wir auf die Idee, eine „offene Bibelstudiengruppe" – wie wir es nannten – anzufangen. Dabei handelt es sich um eine Reihe von sechs wöchentlichen oder vierzehntägigen Bibelabenden, die auf Nichtchristen abgestimmt sind. Sie werden in einem neutralen und persönlichen Rahmen durchgeführt, meistens bei jemand zu Hause. Kaffee und verhaltene brasilianische Musik unterstreichen die entspannte Atmosphäre, die an diesen Abenden herrscht. Es wird eine kurze, herausfordernde Ansprache über ein bestimmtes biblisches Thema gehalten, wie zum Beispiel „Wer ist Jesus Christus?" oder „Was ist der Mensch?". Es schließt sich eine Diskussion an, an der sich jeder beteiligen kann und wo *jede* Frage erlaubt ist. Damit das Gespräch lebendig bleibt, achten wir darauf, daß sich die Gruppe zur Hälfte aus Nichtchristen und zur Hälfte aus Christen zusammensetzt.

Damit ein Neubekehrter bei diesen Bibelkreisen etwas lernt, nimmt ihn ein erfahrener Christ unter seine Fittiche und hilft ihm bei der Gesprächsleitung. Die Christen unter den Teilnehmern weisen wir an, möglichst alle Patentantworten zu vermeiden, die die Gläubigen oft so schnell zur Hand haben.

Diese offenen Bibelabende waren ein voller Erfolg, und zwar in einem Maße, daß Osvaldo eines Tages zu mir kam und sagte: „Ich habe mich entschlossen, keinen meiner Freunde mehr zu diesen Hauskreisen mitzubringen. Jeder, der kommt, bekehrt sich schließlich. Ich habe das Gefühl, daß diese Bibelstudien für mich zu einer Krücke werden. Ich komme einfach aus der Übung, wie ich selber jemandem das Evangelium weitersagen kann."

Ich wußte nicht, welche Antwort ich Osvaldo darauf geben sollte. Aber ich beobachtete aufmerksam, was an den Abenden vor sich ging. Worauf war ihr Erfolg zurückzuführen? Am Inhalt konnte es nicht liegen, denn die Kurzansprachen waren ziemlich schwach. Auch an den Gesprächen, die sich jeweils anschlossen, lag es nicht. Mein Mitarbeiter und ich hatten beschlossen, uns die meiste Zeit zurückzuhalten und zu schweigen. Oft mußten wir mit ansehen, wie die Nichtchristen unsere Zöglinge ziemlich „auseinandernahmen". Trotzdem hörte ich die Gäste wiederholt sagen: „Ich habe noch nie solche Leute gesehen. Sie sind ganz anders als die, mit denen ich bis jetzt zusammengewesen bin." Nach einiger Zeit fand ich das Erfolgsgeheimnis heraus. Die Nichtchristen reagierten nicht in erster Linie auf das, was sie *gehört* hatten, sondern auf das, was sie *gesehen* hatten. Sie hatten nie zuvor Christen in einer Gruppe erlebt.

Dann fielen mir noch andere Dinge auf. Woher hatte Osvaldo die Idee, daß er in der Lage sein sollte, im Alleingang seinen Freunden das Evangelium weiterzusagen? Offensichtlich hatte er diese Idee von mir. Und woher hatte ich sie?

Es war nie Gottes Absicht, daß ein einzelner evangelisieren soll. Die Bibel sieht vor, daß das Zeugnis des einzelnen in den Rahmen einer gemeinsamen Aktion eingebettet sein soll. Das Zeugnis einer Gruppe von Christen sagt den Menschen: „Schaut auf uns alle. Genauso könnt ihr eines Tages werden. Es gibt Hoffnung." Man kann immer Gründe finden, das Zeugnis eines einzelnen abzuwerten, aber ist unmöglich, das Zeugnis einer ganzen Gruppe zu widerlegen. Der Apostel Johannes schreibt dazu: „Niemand hat Gott jemals gesehen. Wenn wir uns untereinander lieben, so bleibt Gott in uns, und seine Liebe ist völlig in uns" (1.Joh. 4,12).

Das Prinzip des Leibes Christi

Evangelisieren kann zwei verschiedene Formen annehmen: einerseits die Form von Großveranstaltungen und andererseits die Form des persönlichen Zeugnisses. Beides ist gut, aber unzureichend, denn es passiert nur ein Bruchteil dessen, was eigentlich geschehen könnte. Bei beiden Evangelisationsmethoden können die meisten Christen nicht mitmachen. Verkündigung im großen Stil kann leicht dazu führen, daß der einzelne Christ seine Verantwortung, ein wirksamer Zeuge zu werden, nicht mehr wahrnimmt. Und in der persönlichen Evangelisation von Mensch zu Mensch ist der Christ gewöhnlich sich selbst überlassen. Hinzu kommt, daß sich viele Christen nicht dazu in der Lage fühlen, ihren Glauben persönlich zu bezeugen.

Beim Versuch, die Verlorenen zu erreichen, gehen wir oft folgendermaßen vor: Wir vermitteln das nötige geistliche Rüstzeug, wir starten eine kurzfristige, evangelistische Aktion, ermahnen zum Zeugnisgeben und lassen dann viele Christen zurück, die ein schlechtes Gewissen haben. Gibt es denn keinen Weg, um auch den normalen Gläubigen die Möglichkeit zu geben, aktiv beim Evangelisieren mitzumachen, und zwar in einer realistischeren Art und Weise und auf lange Sicht?

Die eine überragende Wahrheit im Neuen Testament in bezug auf die christliche Gemeinde ist die Tatsache, daß sie als Leib dargestellt wird, als ein lebendiger Organismus, dessen Glieder in ständiger Abhängigkeit voneinander leben müssen (vgl. 1.Kor. 12; Eph. 4 und Röm. 12). Wenn es einen Bereich gibt, wo diese Wahrheit Anwendung finden muß, dann ist das bei der Evangelisation der Fall.

Es ist viel darüber geschrieben und gelehrt worden, wie man seine geistlichen Gaben entdeckt und ausübt. Dabei ist die Frage: „Welche Gabe habe ich?“ gar nicht leicht zu beantworten. Auf welcher Grundlage basiert unsere Antwort? Es wäre wohl besser zu fragen: „Was kann ich *tun*?“ Diese Frage kann jeder beantworten. Wenn wir das tun, was wir tun können, werden wir auch die Frage nach unseren Gaben beantworten können. Wenn wir anfangen zu handeln, werden wir auch unsere Gaben entdecken!

Wie oft hat man Ihnen schon gesagt: „Evangelisieren ist nicht meine Gabe“? Von der Methode her gesehen besitzt niemand die Gabe des Evangelisierens. Es gibt jedoch Menschen, die bestimmte Gaben haben und die es ihnen leichter machen, mit Erfolg zu evangelisieren. In 1.Korinther 12,4-6 werden verschiedene Arten von Diensten *und* verschiedene Arten von Gaben beschrieben.

Wenn wir das Evangelisieren als gemeinsamen Dienst einer Gruppe verstehen, werden wir bald die Festellung machen, daß praktisch jede Geistesgabe, die den Leib auferbaut, auch bei der Evangelisation der Verlorenen ihren Platz hat. Aus diesem Grund können wir das Seelengewinnen nicht von der Auferbauung des Leibes trennen. Das eine kann nicht ohne das andere existieren. Evangelisation als Funktion des Leibes geschieht, wenn sich einige Christen zusammentun und ihre Fähigkeiten und Möglichkeiten vereinen, um mit der Botschaft die Welt zu erreichen. Auf diese Weise kann jede vorhandene Gabe gut eingesetzt werden. Alles, was Sie von Natur aus haben – Gastfreundschaft, Organisationstalent, Geselligkeit, Gebet, Kochen, Bibelkenntnis, Lehrbegabung – alles, was Sie tun können, kann beim Evangelisieren gebraucht werden. Ihre Gaben – Ihre Fähigkeiten, Stärken und Interessen – können den Leib Christ auferbauen und auch Brücken der Verständigung zu Nichtchristen schlagen. Fangen Sie mit dem an, was Sie haben. Wenn Sie voranschreiten, werden Sie Fähigkeiten entwickeln, die Sie vorher nicht besaßen.

Vor einigen Jahren haben fünf Ingenieure zur gleichen Zeit ihr Examen an der Universität Curitiba in Brasilien abgelegt. Sie waren alles junge Christen von unterschiedlicher geistlicher Reife. Gemeinsam beschlossen sie, nach Sao Paulo zu gehen, um sich dort für das Reich Gottes einzusetzen.

Sao Paulo ist eine Großstadt mit vierzehn Millionen Einwohnern. Christen gibt es nur wenige dort. Die Stadt gehört zu den ärmsten auf der Erde. Zu dem Zeitpunkt, als sie sich dort eine gemeinsame Wohnung suchten, hatte keiner der fünf eine Arbeit gefunden. Sie legten ihr Geld zusammen. Es ging ihnen bald aus. Schließlich, als sie buchstäblich hungerten, bekam einer von ihnen eine Stelle. Er war der jüngste Christ unter ihnen. Sechs Wochen vergingen. Die fünf mußten von seinem Gehalt leben. Es dauerte elf Monate, bis der letzte von ihnen, Evilasio, eine Stelle fand. Von allen war er am weitesten im Glauben. Er war auch der Initiant des gewagten Unternehmens gewesen.

Keiner dieser Männer hatte viel Ahnung vom Evangelisieren. Keiner hatte Leitungserfahrung oder eine spezielle Lehrbegabung. Aber wenn sie – so hatten sie gelernt – das Wenige, das sie hatten und konnten, zusammentaten, sollte es genügen. Sie säten unter ihren Bekannten und Arbeitskollegen den guten Samen des Evangeliums, und als Folge davon entstand eine neue Gruppe von Gläubigen.

Epheser 4,11-12 zeigt deutlich, daß die Aufgabe der Leiter (Apostel, Propheten, Evangelisten, Hirten und Lehrer) darin bestand, Gottes Volk zum Dienst zuzurüsten. Es ist wichtig zu verstehen, daß jeder gläubige Christ die Verantwortung hat zu dienen. Es darf keine Zuschauer geben, denn jede Gabe ist wichtig, wenn sie zusammen mit den anderen Gaben genutzt wird. Dann können Dinge geschehen, die sonst unmöglich waren. Das Evangelisieren ist nicht auf diejenigen beschränkt, die sich auf die Verkündigung des Evangeliums spezialisiert haben. Gemeinsam vermögen wir Dinge zu vollbringen, auf die wir niemals hoffen könnten, wenn wir allein arbeiten würden.

Vielleicht die einfachste und am besten zu praktizierende Anwendung des Gesagten ist der Hauskreis mit den Nachbarn. Was braucht man dazu? Man sollte ein aufmerksamer und rücksichtsvoller Nachbar sein. Wir müssen unsere Häuser öffnen, Leute einladen und ihre Interessen und Nöte kennen. Wir müssen bereit sein, ein Bibelgespräch zu leiten. Jemand muß sich für die Gruppe verantwortlich fühlen, um sie zusammenzuhalten und in Gang zu halten. Wenn die Gruppe zu groß wird, muß jemand da sein, der erkennt, daß es Zeit für eine Teilung und den Beginn eines neuen Hauskreises ist. Das ist alles, was nötig ist! Stellen Sie sich einmal vor, was geschehen würde, wenn wir alle uns in einer solchen Arbeit einsetzen würden!

Was wir gerade beschrieben haben, kommt jener Evangelisationsform nahe, die die Gemeinde Jesu während der ersten drei Jahrhunderte ihrer Geschichte zur Verfügung hatte. Den verfolgten Christen war die Möglichkeit verwehrt, in der Öffentlichkeit zu wirken. Es gab keine Gotteshäuser. Sie waren auf Privathäuser und ähnliches angewiesen (s. Röm. 15-16). Ich frage mich, ob die Gemeinde des Herrn nicht etwas Entscheidendes von ihrem Wesen verloren hat, als wir sie aus unseren Wohnstuben und Geschäften herausnahmen und anfingen, sie in speziell dafür konstruierten Gebäuden unterzubringen. Nun war es vorbei mit der ständigen Nachfrage nach verantwortlichen Leitern, die solch ein Netzwerk von Hauszellen hervorbrachte. Mit der zunehmenden Einrichtung von geistlichen Ämtern wurde der Durchschnittschrist vom Druck der Verantwortung enthoben. Doch wir brauchen diesen Druck. Die Gemeinde Jesu soll nicht eine uneinnehmbare Festung sein, sondern einer Guerillabewegung gleichen.

Schlußfolgerung

Ein jeder von uns ist vor Gott dafür verantwortlich, wie er seine Fähigkeiten und Kräfte nutzt, um Verlorene für Jesus zu gewinnen. Das bedeutet aber nicht, daß Evangelisation Sache des einzelnen ist. Sie ist in erster

Linie eine gemeinsame Aufgabe. Die wenigsten von uns können unseren Teil zu diesem Dienst beitragen, wenn wir uns nicht mit anderen zusammentun und unsere Kräfte und Möglichkeiten mit Gleichgesinnten zu teilen. Auf diese Weise können wir das gemeinsame Ziel verwirklichen, nämlich als eine Gemeinschaft von Gläubigen Zeugnis abzulegen, indem wir aktiv am Leben etlicher nichtchristlicher Freunde teilnehmen.

Anmerkungen

1 Zitat: Francis Schaeffer, „The Church at the End of the Twentieth Century" (Downors Grove, Illinois, Inter-Varsity Press, 1970), S. 136-137.
2 Schaeffer, ebenda, S. 138-139

14. Drei gleichzeitige Einflüsse

Leben, Gemeinschaft und gesprochenes Zeugnis

In Zusammenhang mit der Bekräftigung des Evangeliums durch das gelebte Zeugnis haben wir drei Dinge besonders hervorgehoben:

Das Zeugnis unseres Lebens

Dazu ist die Übereinstimmung zwischen Leben und Glauben nötig. Gemeint ist damit nicht ein fehlerloses Leben, sondern ein Leben, in welchem die Gnade Gottes sichtbare Veränderungen schafft. Das Evangelium gewinnt praktische Gestalt in uns, und auf diese Weise können wir in unseren Beziehungen einen heilsamen, aufbauenden Einfluß ausüben.

Das Zeugnis der Gemeinschaft

Wir haben bereits darüber gesprochen, welche Auswirkungen das gemeinsame Zeugnis einer Gruppe von Christen auf Nichtchristen haben kann. Allein die einfache Tatsache, daß es eine solche Gruppe von Menschen mit ihrer einzigartigen Liebe zueinander gibt, ist schon an sich eine eindrucksvolle Verkündigung an die Welt. Sie zeugt von der Realität der Botschaft: daß wir wirklich andere Menschen geworden sind, daß Jesus wirklich vom Vater in die Welt gesandt wurde und daß es für einen jeden Menschen Hoffnung gibt.

Aber wenn wir erwarten, daß unser Zeugnis Gehör und Beachtung findet, müssen wir als Glieder des Leibes Christi *in der Welt* und *zum Segen der Welt* leben. Das ist das Zeugnis der Gemeinde.

Das gesprochene Zeugnis

Wenn sich unser Zeugnis nur auf die beiden ersten Arten beschränkt, ist es allerdings unvollständig. „Wie sollen sie aber an den glauben, von dem sie nichts gehört haben? Wie sollen sie aber hören ohne Prediger? ... Wie lieblich sind die Füße derer, die gute Botschaft verkündigen" (Röm. 10,14-15).

Was Menschen sehen, muß mit Worten erklärt werden, damit es zu einer Verständigung kommt. „Wie kann ich verstehen, wenn mich niemand anleitet?" fragte der Kämmerer aus Äthiopien den Philippus (Apg. 8,31). Wir müssen von unserem Glauben auch sprechen.

Drei gleichzeitige Vorgänge

Es könnte jetzt leicht der Eindruck entstehen, daß ich meine, diese Dinge sollten nacheinander geschehen – daß man für den Aufbau einer persönlichen Freundschaft eine bestimmte Zeit einsetzen, später diese Person mit unseren gläubigen Freunden zusammenbringen und dann schließlich mit ihm über den Glauben reden müßte. Wenn dieser Eindruck bei Ihnen entstanden ist, würde er Sie auf eine falsche Fährte führen: in die Unwirksamkeit.

Wir dürfen erwarten, daß Gott uns auf alle drei Arten *gleichzeitig* brauchen wird. Darum sollten wir alle drei Einflußmöglichkeiten – unser Leben, die Gruppe, zu der wir gehören, und unser gesprochenes Zeugnis *so lange* benutzen, bis der Angesprochene Christus begegnet und anfängt, als Jünger zu leben.

Jeder dieser drei Vorgänge ist für sich genommen unvollständig. Die Schwächen eines stummen Zeugen liegen auf der Hand. Aber auch ein nur gesprochenes Zeugnis weist ernstliche Mängel auf. Es wirkt unpersönlich, auch wenn wir mit einzelnen persönlich sprechen. Paulus schreibt in 1.Thessalonicher 2,8: „So hatten wir Herzenslust an euch und waren willig, euch mitzuteilen nicht allein das Evangelium Gottes, sondern auch unser Leben, darum daß wir euch liebgewonnen hatten."

Die drei Einflüsse wirken zusammen. Womit wir zuerst anfangen, hängt von der jeweiligen Situation ab. Ich habe zwar die Erfahrung gemacht, daß ich schon ziemlich am Anfang einer Beziehung von meinem Glauben reden muß. Je länger ich damit warte, desto schwieriger wird es. Im Verlaufe einer Freundschaft bilden sich Verhaltensmuster heraus, die sich später nur schwer durchbrechen lassen. Wir brauchen am Anfang nicht besonders viel zu sagen; oft genügt es, einfach „Farbe zu bekennen".

Wenn das gesprochene Zeugnis zuerst kommt, müssen die anderen beiden Einflußmöglichkeiten so schnell wie möglich folgen.

Larry war ein säkularisierter Existentialist, der am Rande der Gesellschaft lebte. Wir waren gerade in eine andere Stadt umgezogen. Dort lernte ich ihn auf einer Party kennen.

Wir unterhielten uns, und im Verlaufe unseres Gesprächs erklärte ich ihm, ich wäre neu in der Stadt und würde kaum jemanden kennen. Ich erzählte, daß ich sonst mit Freunden zusammen die Bibel zu studieren pflegte, aber am neuen Wohnort noch keine Interessenten gefunden hätte. Da ich das jetzt vermissen würde, könnte er mir doch eigentlich dabei Gesellschaft leisten. Er antwortete, daß er zwar nicht an Gott glaube und nichts von der Bibel wüßte; aber wenn er mir damit helfen könne, würde er gern einmal kommen und es versuchen. Ich mochte ihn als Mensch und sagte ihm das auch. Und so vereinbarten wir ein Treffen.

Als wir mit dem Bibelstudium begannen, waren wir uns noch fremd. Doch bald entwickelte sich zwischen uns eine enge, ungezwungene Freundschaft. Wir spielten miteinander Tennis, liefen Ski und aßen gelegentlich zusammen. Unterdessen fand ich noch andere Bekannte und Freunde und lud sie zu unseren Zusammenkünften ein.

Larry hatten Schwierigkeiten mit dem Inhalt und den Ansprüchen des Evangeliums. Er hatte vor allem verstandesmäßige Probleme, aber auch die üblichen Kämpfe mit dem Willen. Wenn diese inneren Kämpfe beginnen, ist das Element der Liebe in einer Beziehung zu einem Nichtchristen von entscheidender Bedeutung. Die natürliche Reaktion des Nichtchristen zu diesem Zeitpunkt ist die Flucht vor der Botschaft – irgendwo hingehen, nur nicht mehr in die Nähe der Bibel! Aber Liebe füreinander und Freundschaften in einem kleinen Kreis sorgen dafür, daß der Nichtchrist sein Interesse am Glauben nicht verliert. Der Heilige Geist benutzt diese Einflüsse, um den Nichtchristen immer wieder mit der Schrift zu konfrontieren.

Das war auch bei Larry der Fall. Diese drei Einflüsse – das Zeugnis des Lebens, die Gemeinschaft und das gesprochene Zeugnis – haben offensichtlich zusammen bewirkt, daß er schließlich doch Christ wurde. In seinem Fall erfolgte der erste Kontakt durch ein gesprochenes Zeugnis.

Im folgenden und abschließenden Teil dieses Buches wollen wir uns mit den praktischen Aspekten der Evangelisation und seiner Bekräftigung durch das gelebte Zeugnis beschäftigen.

Teil IV

Praktische Anleitung zu einem evangelistischen Lebensstil

Einleitung

Geisteshaltung vor Methoden

Im Zusammenhang mit der Evangelisation wird vor allem diese eine Frage gestellt: Wie erweckt man das Interesse für das Evangelium? Wie können wir unter den Menschen, die die Mehrheit unserer Gesellschaft ausmachen, evangelisieren? Das Thema Religion gehört nicht zu jenen Dingen, für die sich säkularisierte Menschen am stärksten interessieren. Die Frage, wie man bei uninteressierten Menschen Interesse weckt, ist darum die vordringlichste Frage für die Evangelisationsarbeit!

Wenn wir uns dann tatsächlich im Leben unserer nichtchristlichen Freunde engagieren, tauchen schnell unzählige Fragen über das Wie auf. Wir entdecken, daß Methoden und Anleitungen, die einmal wirksam waren, heute nicht mehr richtig sein müssen. Es werden also ständig neue Methoden und Wege gebraucht, die der veränderten Mentalität der Gesellschaft angepaßt sind.

Es ist entscheidend wichtig, die richtigen Methoden zu haben, denn sie dienen uns als Werkzeug. Allerdings wäre es irreführend, den Eindruck zu erwecken, daß Erfolg und Frucht nur von der richtigen Taktik abhänge. Es gibt zwei andere Faktoren, die noch viel wichtiger sind:

1. Wir müssen unsere bestehenden Auffassungen ändern.
2. Wir müssen ganz von geistlichen Kräften abhängig sein und nicht von bestimmten Methoden.

Unsere bestehenden Auffassungen ändern

Gesellschaftliche Umwälzungen bewirken tiefgreifende Veränderungen von Weltanschauungen und Wertmaßstäben. Deshalb müssen wir lernen, da, wo wir wohnen, den kulturellen Gegebenheiten Rechnung zu tragen! Ob wir den Kontakt zu den Menschen finden, zu denen wir gehen, hängt davon ab, ob wir sie verstehen. Dieses Verstehen kommt dann zustande, wenn wir uns in die Lage versetzen, um das Leben aus ihrer Sicht zu sehen. Das verstehe ich darunter, wenn ich sage, daß wir unsere bestehenden Auffassungen ändern müssen. Es bedeutet, daß wir uns einer wirklichen Veränderung des eigenen Denkens unterziehen. Das führt uns dazu, daß wir die Wertmaßstäbe des anderen verstehen und uns in ihn einfühlen. Diese kulturbedingte Einsicht wird zu jener Ausgangslage, von der aus wir die Brücke überschreiten können, die die Distanz zwischen ihnen und Jesus Christus überspannt.

Uns auf geistliche Kräfte verlassen

Das gefährlichste an Methoden ist wohl, daß wir anfangen, uns auf sie zu verlassen, wenn sie sich als wirkungsvoll erwiesen haben. Wir experimentieren mit etwas, und weil es gelingt, machen wir es noch einmal so. Und wieder funktioniert es. Wenn wir dann Erfolg damit haben, beginnen wir zu glauben, daß bleibender Erfolg nur davon abhängt, diese Aktivität immer weiter fortzuführen. Wir glauben, daß wir unsere Ziele erreichen werden, wenn wir diese Aktivität nur lange und beständig genug wiederholen. Doch wenn wir unser Vertrauen auf solche erfolgversprechenden Methoden setzen, verlassen wir uns auch auf fleischliche Waffen.

Unsere wichtigsten geistlichen Kräfte sind jedoch der Geist Gottes und das Wort Gottes. Jeder echte Fortschritt, jeder echte geistliche Sieg wird durch diese beiden Kräfte erlangt.

Die Verwandlung vom Saulus zum Paulus

Die Erfahrung des Apostels Paulus, der seine Vergangenheit hinter sich ließ, um der erste Heidenapostel zu werden, ist ein gutes Beispiel dafür, wie man von geistlichen Kräften abhängig ist. Paulus mußte sich einer tiefgreifenden Umwandlung seiner Gesinnung unterziehen, alles Vertrauen auf sich selbst aufgeben und sich statt dessen auf den Geist Gottes und das Wort Gottes verlassen.

Paulus begann seinen Verkündigungsdienst sofort nach seiner Bekehrung. Er brachte alle Voraussetzungen für den Erfolg mit. Immerhin war er ja ein Pharisäer hohen Ranges und von Gamaliel ausgebildet. Wenn einer wirklich in der Lage war, eine gute Evangelisationsarbeit unter den

Juden zu tun, dann war es Paulus. In Damaskus, wo er sich bekehrt hatte, begann er unverzüglich damit, seine beeindruckenden Fähigkeiten innerhalb der jüdischen Gemeinde einzusetzen. „Saulus aber gewann immer mehr an Kraft und trieb die Juden in die Enge, die zu Damaskus wohnten, und bewies, daß dieser ist der Christus" (Apg. 9,22).

Paulus schien jedes Streitgespräch zu gewinnen. Doch anstatt seine Zuhörer zum Glauben zu inspirieren, rief er nur Haß bei ihnen hervor. Sie wollten ihn töten! Er entkam in einem Korb aus Damaskus.

Auch in Jerusalem erwies sich Paulus als unschlagbarer Debattierer, aber mit einem ähnlichen Resultat: „Da das die Brüder erfuhren, geleiteten sie ihn nach Cäsarea und schickten ihn weiter nach Tarsus" (Apg. 9,30-31). Vielleicht gab es einen Zusammenhang zwischen dem Weggang des Paulus und dem nachfolgenden Frieden für die Gemeinde!

Als Paulus nach Tarsus aufbrach, hätte er vielleicht seine Erfahrungen in Damaskus und Jerusalem als ein doppeltes Versagen ansehen können. Aber seiner Meinung nach gehörte dieses Versagen zu den wichtigsten Erfahrungen seines ausgefüllten Lebens (2. Kor. 11,30-33). Unser Versagen ist gewöhnlich ein sehr wirksamer Lehrer, besonders wenn wir es unter der Führung Gottes erleben.

In den darauffolgenden Jahren, die Paulus mit Gott, der Heiligen Schrift und seinen eigenen Gedanken allein verbrachte, erlebte er eine Umwandlung. Als er zurückkehrte, war er ein veränderter Mensch, der anscheinend völlig anders an die Evangelisation heranging. Unter Verzicht auf alle fleischlichen Mittel war der verwandelte Apostel entschlossen, seinen Dienst ausschließlich mit geistlichen Waffen zu verrichten (s. 2. Kor. 10,3-4).

Paulus beschreibt, wie er das Evangelium nach seiner Veränderung verkündigte: „Da ich zu euch kam, kam ich nicht mit *hohen Worten und hoher Weisheit* ... Denn ich hielt nicht dafür, daß ich etwas wüßte unter euch als allein Jesus Christus, den Gekreuzigten ... Mein Wort und meine Predigt geschah nicht mit *übermenschlicher Weisheit* ... auf daß euer Glaube nicht bestehe auf Menschenweisheit" (1. Kor. 2,1-5).

Worin bestanden nach Auffassung von Paulus die fleischlichen Waffen? In Redegewandtheit, außerordentlichem Wissen sowie klugen und überzeugenden Worten! Obwohl er diese drei Qualitäten, die er von Natur und Bildung aus mitbrachte und in seinem Dienst hätte einsetzen können, entschied er sich bewußt für einen Verzicht auf diese fleischlichen Waffen.

Anscheinend hatte Gott in der Zeit, als Paulus mit seinen Gedanken alleine war, ihm die Tatsache wichtig machen können, daß die Weisheit, die er besaß, und das hohe Ansehen, das er genoß, nicht das waren, was die Menschen von ihm brauchten. Wahrscheinlich hätte er sich sicherer gefühlt, wenn er weiterhin mit seinen natürlichen Stärken und Fähigkeiten hätte wirken können. Aber er legte sie alle beiseite und kam statt dessen mit Furcht und Zittern auf die Bedürfnisebene der Zuhörer.

Die besten Methoden sind Ihre eigenen

Es liegt im Wesen von Methoden, daß sie ihre Beschränkungen haben. Eine Methode wird normalerweise in dem Versuch geboren, ein bestimmtes Bedürfnis an einem bestimmten Ort unter Berücksichtigung bestimmter Umstände zu stillen. Das macht dann die Runde, und andere beginnen, ebenfalls die erprobte Methode anzuwenden. Aber wenn sie in anderen Situationen benutzt wird, ist ihre Wirksamkeit nur dann gewährleistet, wenn die beiden Umgebungen, in denen sie zur Anwendung kommt, absolut gleich sind. Aus diesem Grund ist es nicht meine Absicht, auf den folgenden Seiten eine bestimmte „Methode" anzupreisen. Es ist vielmehr mein Ziel, allgemeine Prinzipien und Beispiele anzubieten, welche dazu anregen sollen, neue Ideen zu entwickeln. Kreativität ist die Fähigkeit, neue Kombinationsmöglichkeiten bei Dingen zu entdecken, mit denen man schon vertraut ist.

Sie werden Methoden benötigen. Wenn Sie Methoden aus den folgenden Seiten übernehmen, dann achten Sie darauf, daß sie Ihrer eigenen speziellen Situation angepaßt sind. Das Resultat wird dann auch den örtlichen Bedürfnissen entsprechen.

15. Evangelisieren ist Team-Arbeit

Gegenseitige Ergänzung durch verschiedene Gaben

Sie wollen sich in der Evangelisationsarbeit einsetzen. Sie würden in diesem Augenblick wohl kaum diese Seite dieses Buches lesen, wenn es nicht so wäre. Nehmen wir einmal an, daß Sie motiviert genug sind, um Ihre Absicht in die Tat umzusetzen. Was sollte Ihr erster Schritt sein? Ich würde vorschlagen, daß Sie sich zunächst wenigstens einen Gleichgesinnten suchen, jemand, der Ihren Wunsch teilt. Dann sollten Sie sich auf eine echte Zusammenarbeit einigen.

Überrascht Sie das? Vielleicht, aber eigentlich sollte es nicht, weil wir nicht dazu geschaffen wurden, alles alleine zu machen. Mehr als einmal sandte Jesus seine Jünger zu zweit aus. Der Apostel Paulus, ohne Zweifel einer der befähigsten Christen in der Geschichte, arbeitete fast immer mit einem Team. Er war sehr wählerisch bei der Auswahl seiner Mitarbeiter. Von denen, die mit Paulus zusammen Missionsreisen unternahmen, wurden bestimmte Qualitäten gefordert. Markus genügte diesen Anforderungen nicht. Das führte dazu, daß sich Paulus und Barnabas trennten, weil Paulus sich weigerte, Markus in seinem Team zu behalten (Apg. 15,36-41).

Fähigkeiten und Kräfte vereinigen

Es gibt verschiedene Gründe, weshalb Teamarbeit wichtig ist. Der erste Grund ist, daß keiner von uns alle Gaben besitzt. Alleine steht uns nur ein begrenztes Maß an Fähigkeiten und Zeit zur Verfügung. Denken Sie einmal einen Moment nach und ziehen Sie Bilanz. Wo liegen Ihre Stärken? Welche Fähigkeiten haben Sie? Wieviel Zeit steht Ihnen in der Woche zur Verfügung, um sie anderen Menschen zu widmen? Welche Schwächen, welche Ängste haben Sie?

Wenn Sie so sind wie die meisten von uns, werden Sie die Antworten auf diese Fragen wahrscheinlich entmutigen. Sie werden versucht sein, den Gedanken aufzugeben, je eine bedeutsame Rolle bei der Evangelisation spielen zu können, bevor Sie überhaupt angefangen haben. Vielleicht kommen Sie auch nie über das Stadium des Wünschens hinaus. Sie werden jedoch wahrscheinlich genug von der Bibel kennen, um zu wissen, daß sie uns nicht die Wahl läßt, einfach nichts zu tun. Bibelstellen wie Epheser 4,11-16 machen deutlich, daß es keine Zuschauer geben kann, die bloß dasitzen und zusehen, wie andere die Arbeit tun. Gottes Volk soll für das „Werk des Dienstes" zugerüstet sein. Der Leib Christi wird nur in dem Maße wachsen, wie „jedes Glied seinen Teil dazu tut". Jeder Christ soll ein Mitarbeiter sein und sich entsprechend seiner geistlichen Reife und seiner Gaben einsetzen, um mitzuhelfen, daß Verlorene gerettet und Gerettete in ihrem Glauben aufgebaut werden. So oder so befinden wir uns also in einer Spannung! Bei der Einschätzung unserer persönlichen Fähigkeiten werden die meisten von uns wohl zu dem Schluß kommen, daß wir nicht das nötige Rüstzeug besitzen, um die Evangeliumsbotschaft in unsere Umwelt hineinzutragen. Aber abseits stehen und Zuschauer sein, geht auch nicht. Wie lösen wir dieses Dilemma?

Zu den grundlegendsten Wahrheiten über die Gemeinde gehört die Tatsache, daß sie ein Leib, ein Organismus ist. Das bedeutet: es war nie Gottes Wille, daß einzelne Glieder isoliert von anderen funktionieren. Es trifft zwar zu, daß jeder von uns vor Gott verantwortlich ist, aber das Glaubensleben und der Dienst im Reiche Gottes sollten sich nicht in der Abkapselung von anderen vollziehen. Wir schaffen es allein nicht.

Ich finde es interessant, daß Gott nicht alle seine Gaben jedem einzelnen gegeben hat, obwohl er es natürlich hätte tun können. Auf den ersten Blick scheint es, als könnte heute viel mehr Arbeit für ihn getan werden, wenn er einfach jedem einzelnen Gläubigen alles geben würde, was dieser braucht, um seinen Dienst alleine zu tun. Statt dessen hat Gott uns alle zu Spezialisten gemacht. Er hat uns Gaben in einigen Bereichen gegeben und dafür keine in anderen Bereichen. Wir brauchen unsere Schwächen ebenso wie unsere Stärken. Ohne unsere Beschränkungen würden wir es alleine schaffen. Mit unseren Beschränkungen aber sind wir aufeinander angewiesen. Sie dienen als der Zement, der uns aneinander bindet. Das Endresultat ist vermehrte Kraft.

Deshalb müssen wir uns zusammentun. Wenn Sie unter Gebet einen oder zwei Gleichgesinnte gefunden haben, sehen sie nächsten Schritte so aus:

1. Verpflichten Sie sich zur Zusammenarbeit.

2. Werden Sie sich über Ihre Möglichkeiten klar und machen Sie Gebrauch von ihnen. Ein kleines Team von zwei oder mehreren Personen wird für Sie zu einem Arbeitsinstrument werden, mit dem Sie evangelisieren können.

Eine Verpflichtung zur Zusammenarbeit

Die meisten von uns haben drei Feinde zu überwinden, bevor sie sich wirklich für Menschen engagieren können. Diese Feinde sind Geschäftigkeit, Trägheit und die Angewohnheit des Aufschiebens.

Wir neigen immer wieder zur *Geschäftigkeit.* Wir sagen hier unsere Teilnahme zu, wir übernehmen dort eine Verantwortung, und bevor wir uns dessen bewußt werden, ist jeder Abend in der Woche verplant. Das hatten wir niemals gewollt, aber plötzlich befinden wir uns unter der Tyrannei einer endlosen Reihe von Verpflichtungen.

Zu diesem Zeitpunkt bekommen wir es mit dem zweiten Feind, der Trägheit, zu tun. *Trägheit* ist jene Neigung in uns, die alles beim alten beläßt. Wir sind zu beschäftigt. Wir wissen das. Wir beklagen uns darüber. Wir wissen sogar im Innersten, daß wir uns in unserem Leben mit den falschen Dingen beschäftigen. Dennoch geht unser Leben Woche für Woche und Jahr für Jahr unverändert so weiter. Es fällt uns schwer, aus unserer Trägheit auszubrechen.

Unser dritter Feind ist unsere Neigung, Dinge auf *„die lange Bank“* zu schieben. Wir sind uns bewußt, daß wir uns von allen möglichen Aktivitäten fortreißen lassen, die ihrerseits eine Eigendynamik entwickelt haben. Wir wissen, daß wir unser Leben mit zweitrangigen Angelegenheiten verschwenden. Wir wissen auch, daß die eigentlichen Absichten, die Gott mit uns hat, vernachlässigt werden. Wir wissen, daß wir innehalten, unser Leben überdenken und es wieder unter Kontrolle bekommen müssen, aber wir tun es nicht. Wir verschieben es ein weiteres Mal.

Jesus sagte: „Gehet ein durch die enge Pforte“ (Mt. 7,13). Wahrscheinlich sprach er hier von der Wahl eines Menschen zwischen Errettung und Gericht. Aber wir können diesen Vergleich von den zwei Pforten auch auf unser ganzes Leben beziehen. Entscheiden Sie sich für die enge Pforte, für den schwierigeren Weg. Lassen Sie sich nicht ziellos vom Leben treiben. „Denn die Pforte ist weit, und der Weg ist breit, der zur Verdammnis führt, und ihrer sind viele, die darauf wandeln.“ Gott nachzufolgen heißt, daß man sich sein ganzes Leben lang immer neu für die enge Pforte entscheidet. Paulus weist darauf hin, daß einige von uns eines

Tages vor Gott wie Überlebende eines Hotelbrandes erscheinen werden – mit nichts anderem auf dem Leibe als einem Pyjama, weil wir unser Leben vergänglichen Zielen gewidmet haben (1.Kor. 3,15).

Die meisten von uns brauchen Hilfe, um diese Feinde der Geschäftigkeit, der Trägheit und des Aufschiebens zu besiegen.

Unser Leben kann eine große Veränderung erfahren, wenn wir uns verbindlich mit einigen Gleichgesinnten zusammentun. Das hat auch den Vorteil, daß wir unsere Prioritäten und Verpflichtungen ganz neu ordnen müssen. „Ein Messer wetzt das andere und ein Mann den anderen" (Spr. 27,17). Menschen, die in einem Team zusammenarbeiten, müssen Zeit zum gemeinsamen Beten aufbringen, ihr Leben einander öffnen und ihre Herzen auf der Grundlage der Gebote und Verheißungen Gottes vereinen. Das ist darunter zu verstehen, eine Verpflichtung zur Zusammenarbeit einzugehen.

Ängste und Entmutigung überwinden

Ein anderer Vorteil dieser Zusammenarbeit mit anderen ist die Unterstützung und Hilfe, die wir durch sie bekommen, wenn wir versuchen, die Ängste zu überwinden, die sich immer wieder einstellen, wenn wir das Evangelium weitersagen wollen. Häufig ist die Angst der eigentliche Grund für unser Aufschieben; das ist zumindest die Erfahrung, die ich bisher gemacht habe.

Es ist seltsam, wie sich diese Angst immer wieder einstellt. Bis heute beschleicht mich oft Angst, wenn ich mit einem Menschen zum ersten Mal über die Botschaft des Evangeliums spreche. Es kommt immer wieder vor, daß ich mich den ganzen Tag lang in einem gewissen Sinne vor dem Gespräch fürchte, das für den Abend abgemacht ist.

Aber wir furchtsamen Seelen befinden uns in guter Gesellschaft. Wir haben schon früher festgestellt, daß auch Paulus „in Schwachheit und in Furcht und mit großem Zittern" das Evangelium verkündigte (1.Kor. 2,3). Das einzige persönliche Gebetsanliegen, das er seinen Brüdern in Ephesus hinterließ, war, daß er seine Ängste überwinden wollte (Eph. 6,19-20). Das erste überlieferte Gebet der Urgemeinde war ein Gebet um Mut (Apg. 4,29).

Was sind das für Ängste, die uns beunruhigen wollen? In einigen Fällen gibt es gute Gründe dafür, körperlichen Schaden zu befürchten. Paulus wußte aus eigener Erfahrung um Auspeitschungen, Steinigungen und Gefängnishaft. Christen in vielen Teilen der Welt heute leben unter der ständigen Bedrohung, aus Glaubensgründen körperlichen Schaden zu erleiden. Schließen wir diese Gefahren für den Leib aber aus, dann sind die Ängste immer noch da! Wovor fürchten wir uns denn? Vor Ablehnung? Vor Versagen? Vor einer peinlichen Situation? Vermutlich ein bißchen von jedem.

Wir könnten uns ebensogut mit der Tatsache abfinden, daß uns unsere Ängste immer begleiten werden. Das einzige, was wir damit tun können, ist, sie einander zu bekennen und sie dann gemeinsam zu Gott bringen. Angst an sich ist noch keine Sünde. Wenn ich mich aber in meinem *Verhalten* von meinen Ängsten beeinflussen lasse, handle ich im Unglauben (Mk. 4,40). Ich vermute, daß diese Angst auch der Grund war, weshalb Jesus die Jünger jeweils zu zweit aussandte. Wer mit seinen Ängsten allein ist, wird auch von ihnen überwältigt.

„So ist's besser zu zweien als allein; denn sie haben guten Lohn für ihre Mühe. Fällt einer von ihnen, so hilft ihm sein Gesell auf. Weh dem, der allein ist, wenn er fällt! Dann ist kein anderer da, der ihm aufhilft" (Pred. 4,9-10).

Ohne Zweifel werden auch Ihnen manche Fehlschläge nicht erspart bleiben. Sie werden Pläne machen, Sie werden darüber beten, Sie werden anfangen, Ihr Vorhaben in die Tat umzusetzen – und nichts geschieht. Was dann? Es wäre eine ganz normale Reaktion, die ganze Idee aufzugeben und nichts mehr zu unternehmen. Ein Fehlschlag ist immer entmutigend. Jeder neue Versuch ist ein Experiment, und jedes Experiment birgt die Wahrscheinlichkeit eines Fehlschlags in sich. In solchen Zeiten wird die Objektivität des oder der Menschen gebraucht, mit denen Sie zusammenarbeiten, damit Sie sich neu orientieren und wieder Mut fassen können.

Einschätzung und Aktivierung Ihrer Möglichkeiten

Vor einigen Jahren zogen wir als Familie in eine andere Stadt in Zentralbrasilien. Meine Verpflichtungen brachten es mit sich, daß ich mehr als die Hälfte meiner Zeit auf Reisen war. Deshalb hatten wir uns für die Stadt vor allem wegen ihrer Schulen für die Kinder sowie wegen des Flugplatzes entschieden. Sobald wir uns etwas eingelebt hatten, begann ich, mir Gedanken darüber zu machen, wie ich unter den Menschen hier arbeiten könnte. Die Tatsache, daß ich die meiste Zeit auf Reisen war, Vorträge hielt, Evangelisationen durchführte und anderen in ihrem Dienst half, befriedigte mein persönliches Bedürfnis nicht, mich intensiv der Arbeit unter Nichtchristen und Neubekehrten zu widmen. Auch meine Frau und meine Familie empfanden das gleiche Bedürfnis.

Die folgenden Monate brachten nichts als Frustrationen. Es gelang mir, ein paar Bekanntschaften zu schließen und sie dafür zu interessieren, mit uns die Bibel zu lesen. Zu jenem Zeitpunkt standen auf meinem Programm wieder etliche vier- bis fünfwöchige Reisen. Wenn ich dann nach Hause kam, hatten diese Bekannten gewöhnlich meinen Namen bereits wieder vergessen, und ich mußte von vorne beginnen. Das wiederholte sich immer wieder von neuem, bis ich völlig frustriert war. Ich dachte: „Vielleicht ist eine solche Arbeit einfach nicht möglich für jemanden, der soviel reisen muß wie ich." Aber ich wußte, daß ich eine solche Entschuldigung bei einem Geschäftsmann, der viel zu reisen hätte, nicht gelten lassen würde.

Als meine Frau und ich für diese Situation beteten, kam uns der Gedanke, daß ja meine eigene Familie ein Team war und daß unsere Arbeit bei den Kontakten beginnen mußte, die wir als Familie zu anderen geknüpft hatten. Mit wem spielten unsere Kinder? Kannten wir deren Eltern? So fingen meine Frau und ich an, für die Eltern der Freunde unserer Kinder zu beten. Speziell zu einem Ehepaar begann sich eine Freundschaft zu entwickeln. Wir taten ihnen manchen Gefallen und sie umgekehrt uns. Da sowohl der Mann wie auch die Frau beruflich selber viel auf Reisen waren, glaubten wir, auf Verständnis für unsere eigene Situation zu stoßen.

Eines Tages erklärten meine Frau und ich ihnen, worin unsere Absichten bestanden. Wir sagten ihnen, daß wir es gewohnt waren, mit unseren Freunden die Bibel zu lesen, und daß wir diesen Austausch brauchten, weil wir unser Leben nach biblischen Grundsätzen ausrichten wollten. Wir erzählten ihnen auch von unserer Frustration wegen meines Arbeitsprogrammes. Dann sagte ich: „Marge und ich haben darüber gesprochen und würden euch gerne einladen, mit uns zusammen die Bibel zu studieren." Sie fühlten sich geehrt, und wir setzten unser Vorhaben unverzüglich in die Tat um.

Als ich wieder auf Reisen gehen mußte, konnten meine Frau und meine Familie die Beziehung weiterpflegen. Nach meiner Rückkehr nahmen wir unser Bibelstudium wieder auf. Dies setzten wir achtzehn Monate so fort, bis der Mann und auch seine Frau die Gnade Gottes erfaßten und Fortschritte im Glauben an Jesus machten. Unser Team hatte sich verdoppelt.

Nachdem wir unsere Möglichkeiten neu überdacht hatten, fanden wir, daß es wieder an der Zeit war, einen neuen Vorstoß zu wagen. Und so luden wir zwei andere nichtgläubige Ehepaare zum gemeinsamen Bibellesen ein. Wir begannen wieder mit Johannes Kapitel 1. Da dies für das erste Ehepaar kein Neuland mehr war, konnte der Mann das Gespräch leiten, wenn ich abwesend war. Mein Reisedienst fing an, sich positiv auszuwirken. Andere waren gezwungen, die Leitung zu übernehmen.

So sahen die Anfänge unserer Arbeit unter Nichtgläubigen aus, wie ich sie während mehreren Jahren tat. Diese Arbeit entwickelt sich weiterhin erfreulich, und zwar in dem Maße, wie jeder Teilnehmer, selbst wenn er noch nicht zum Glauben gekommen ist, seinen Teil dazu beiträgt. Einige beteiligen sich durch ihre Gastfreundschaft. Andere pflegen den Kontakt zwischen den verschiedenen Teilnehmern. Und wieder andere knüpfen ständig neue Beziehungen und wecken neues Interesse. Dann gibt es solche, die sich vor allem im Gebet engagieren. Zwei oder drei leiten das Bibelstudium. Andere kümmern sich um die organisatorische Seite.

Wichtig ist, daß alle in einer Gruppe vorhandenen Fähigkeiten eingesetzt werden. Wenn Menschen das tun, was sie heute tun können, werden sie morgen das tun, was sie gestern noch nicht tun konnten. Doch auch das Umgekehrte ist möglich. Wenn wir unsere Fähigkeiten nicht nutzen, verkümmern sie allmählich.

Diese grundlegenden Gedanken lassen sich in der folgenden Darstellung verdeutlichen:

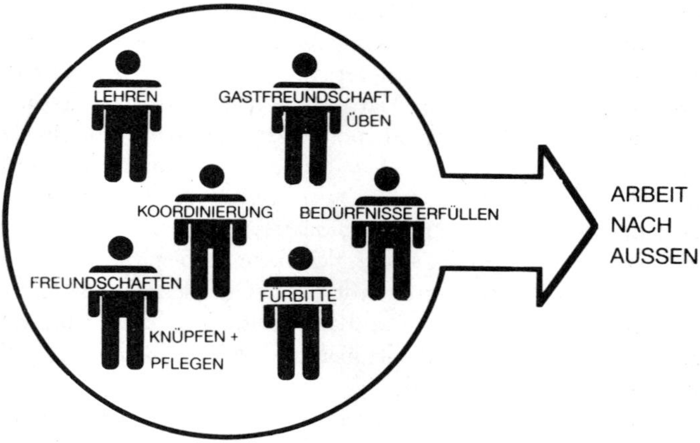

Eine solche Arbeit muß unter dem Gesichtspunkt des Teilens geschehen, wenn sie ihre Dynamik behalten soll. Dadurch wird ein gesunder Bedarf an neuen Leitern und nach vermehrter Beteiligung eines jeden einzelnen geschaffen. Bei der Teilung von Gruppen sollte darauf Rücksicht genommen werden, daß die Teilnehmer der jeweiligen Gruppe gut zusammenpassen.

Was wird meine Gemeinde dazu sagen?

Wahrscheinlich taucht jetzt bei Ihnen die Frage auf: „Wird mich dies nicht mit meinen übrigen Verpflichtungen in Konflikt bringen? Wie wird sich meine Gemeinde dazu stellen? Werde ich nicht mit den Zielen und Programmen meiner örtlichen Gemeinde in Konflikt geraten?"

Die Antwort wird vom Selbstverständnis Ihrer Gemeinde abhängig sein. Betrachtet sie sich als Operationsbasis, von der aus die lebendige Gemeinde (das heißt die einzelnen Gläubigen) nach außen wirkt, dann wird sie sich über die Entwicklung freuen. Versteht sie sich jedoch als Festung, die gelegentlich Kundschafter aussendet, um ein paar weitere Menschen in ihre sicheren Mauern zu bringen, kann es sehr wohl zu Spannungen wegen des Zielkonfliktes kommen.

Wenn wir, die Gemeinde Jesu dieser Generation, die Verlorenen unserer Generation zu erreichen hoffen, muß unsere geistliche Schau genügend Weite besitzen. Solche nach außen hin gerichteten Bemühungen, wie ich sie soeben beschrieben habe, müssen ein fester und wesentlicher Bestandteil der Gemeinde Jesu sein. Vielleicht brauchen wir eine neue Definition dessen, was Gemeinde ist. Diese Definition sollte weit genug gefaßt sein, so daß sie auch ihre Berufung mit einschließt, in die Nachbarschaft und auf die Plätze und Straßen zu gehen. Doch das ist ein Thema für eine andere Gelegenheit.

Was Sie jetzt vor allem brauchen, ist die Unterstützung Ihrer Gemeinde, so daß Sie die Freiheit haben, Ihre Prioritäten neu zu setzen und Ihren Lebensstil Ihrem Dienst für Gott anzupassen.

Es gibt bereits Anzeichen für eine solche Entwicklung. Da sind Gemeinden, die sich in diese Richtung bewegen. Ich hörte Gene Getz (u.a. als Autor zahlreicher Bücher bekannt, d. Übers.) zu seiner Gemeinde sagen, daß es ausreiche, wenn man einmal in der Woche in die Kirche oder in das Gemeindehaus kommt. Alles andere würde den Gemeindegliedern nur die notwendige Zeit rauben, die sie eigentlich mit ihren nichtgläubigen Freunden verbringen könnten. Die übrigen Aktivitäten sollten sich bei ihnen zu Hause abwickeln.

Joe Aldrich sagt dazu: „Wir brauchen Männer und Frauen, die sich gedrungen fühlen, hinauszugehen und sich an die Front zu begeben ... da, wo die Nichtchristen sind.“ Er spricht auch davon, daß „Christen überall in die Welt ausschwärmen sollten“.

Die evangelistische Methode, von der wir sprechen, läßt sich wohl kaum als zusätzliche Aktivität des Gemeindeprogramms bewußt organisieren. Wie sollten wir auch die gelegentlichen und unstrukturierten Stunden, die zur Pflege sinnvoller Beziehungen zu Nichtchristen nötig sind, organisatorisch in den Griff bekommen können? Hier kann die Gemeinde (der Leib Christi) ihren Auftrag erfüllen – hier, wo sie hingehört: in die Welt. Wenn wir die Menschen unserer Zeit erreichen wollen, dann müssen wir sie da abholen, wo sie sind. Sie selber werden nicht zu uns kommen.

Anmerkungen

1 Joseph Aldrich, aus dem Referat „Developing Vision for Disciplemaking“.

16. Die ersten Schritte machen

Schritt für Schritt zur Bekehrung

Kürzlich führte ich in meiner Heimatstadt ein Seminar über Evangelisation durch. Unter den Teilnehmern befand sich auch ein alter Freund von mir. Vor fünfundzwanzig Jahren hatten er und ich viele Stunden zusammen verbracht. Da er damals noch nicht lange gläubig war, hatte ich versucht, ihm einiges von dem weiterzugeben, was ich über Jüngerschaft wußte.

Während dieser Zeit zeigte ich ihm auch, wie man einem anderen Menschen das Evangelium erklärt. Er begleitete mich einige Male, wenn ich bei bestimmten Gelegenheiten Zeugnis ablegte. Als nächstes bat ich ihn, eine Liste seiner Freunde und Kollegen aufzustellen. Nachdem er mir diese Liste gezeigt hatte, beteten wir gemeinsam einige Wochen lang für jeden der aufgeführten Namen. Dann ermutigte ich meinen Freund, doch seine Bekannten zum Essen einzuladen, um ihnen das Evangelium zu erklären.

Nach dem Seminar kam dieser Freund zu mir und sagte: „Du hast dich wirklich verändert."

„Ja", entgegnete ich, „du hast recht." Er erinnerte mich an den Schulungsprozeß, durch den ich ihn vor fünfundzwanzig Jahren geführt hatte, und wie er jedem seiner Freunde das Evangelium bezeugt hatte. „Ich machte es genau so", erzählte er mir, „bis ich überhaupt keinen Freund mehr hatte."

Ich hatte geglaubt, meinem Freund beigebracht zu haben, wie man evangelisiert. Doch in Wirklichkeit hatte ich dazu beigetragen, daß er sich von den Menschen isolierte, die er am meisten für Christus gewinnen wollte. Ich hatte den Fehler begangen, ihn zu dem Versuch zu ermutigen, unter Menschen zu ernten, die noch nicht vorbereitet waren.

Durch verkehrtes Vorgehen Distanz bewirken

Viele Jahre lang hatte ich ein sehr vereinfachendes Verständnis von dem, was Evangelisation bedeutet. Für mich war es lediglich darum gegangen, auf passende Gelegenheiten zu warten, um das Evangelium einem Freund oder einem Bekannten zu erklären, damit dieser die Entscheidung treffen konnte, ob er sein Leben Gott öffnen wollte oder nicht. Wenn sich diese Gelegenheit nicht von selber bot, führte ich einfach eine solche herbei.

Dewey Johnson und ich waren Klassenkameraden. Aufgrund seines Verhaltens war ich überzeugt, daß ich ihn, wenn er noch nicht gläubig war, durch ein einfaches Gespräch zur Bekehrung führen könnte. Doch die Wochen verstrichen, ohne daß sich eine Möglichkeit dazu gezeigt hatte. So suchte ich also nach einer passenden Gelegenheit, um mit ihm zu reden, und lud ihn ein, mit mir angeln zu gehen.

Als wir nach dem Angeln unsere Fische ausnahmen, fing ich an und erzählte Dewey über das Evangelium. Noch nie in meinem Leben hatte ich mich so sehr in einem Menschen getäuscht. Dewey Johnson war weit davon entfernt, Christ zu sein, und er wollte nicht einmal über dieses Thema sprechen. Mein Versuch bewirkte nur, daß eine Spannung in unserer Beziehung entstand und eine weitere Kommunikation unmöglich wurde. Von da an war das Verhältnis zwischen uns recht schwierig.

Wenn ich damals doch bloß etwas von dem gewußt hätte, was ich seither gelernt habe, dann wäre die Sache mit Dewey wahrscheinlich ganz anders verlaufen. In diesem Buch habe ich die These aufgestellt, daß Evangelisation ein Prozeß ist, der sowohl Pflanzen, Pflegen und Ernten mit einschließt. Wenn wir diese Tatsache mißachten und dennoch versuchen, dort zu ernten, wo der Boden noch nicht vorbereitet und die Saat nicht aufgegangen ist, dann kommt es nicht selten zu einer Polarisierung anstatt zu einer Bekehrung. Der Grund dafür liegt auf der Hand. Die Verkündigung des Evangeliums beinhaltet naturgemäß auch einen Aufruf zur Entscheidung. Ein hartnäckiger und wenig einfühlsamer Zeuge Jesu wird den Nichtchristen, der nicht bereit ist, sich unter die Herrschaft Christi zu stellen, zwangsläufig dazu bringen, sich zurückzuziehen und eine Distanz zwischen sich und den Menschen, die ihn bekehren wollen, zu schaffen.

Erfolgsgeschichten beweisen, daß es auch anders geht

Wenn Sie dieses Kapitel lesen, denken Sie wahrscheinlich an Menschen, die Sie kennen oder von denen Sie gehört haben, die gleich beim ersten Mal, als sie das Evangelium hörten, zum Glauben an Christus kamen, ohne daß es vorher ein Aussäen oder sonst eine Vorbereitung gegeben hatte. Vielleicht haben sogar Sie selber es auf diese Weise erlebt. Ich bin sicher, daß es diese Ausnahmen gibt. Doch es wäre nicht sehr gescheit, unser Leben mit der Suche nach den Ausnahmen zu verbringen. Außerdem ergibt eine nähere Untersuchung oft, daß die Ausnahme in Wirklichkeit gar keine war.

In Wahrheit sind die plötzlichen Bekehrungen, die wir im Neuen Testament finden, die Frucht einer beträchtlichen Vorbereitung. Der äthiopische Eunuch befand sich auf dem Rückweg von einer religiösen Pilgerreise und las im Buch Jesaja, als er zum ersten Mal das Evangelium hörte (Apg. 8,26-39). Der erste Römer, der sich bekehrte, Kornelius, wird als ein frommer, gottesfürchtiger Mann beschrieben, der für die Armen spendete und regelmäßig zu Gott betete (Apg. 10,1-2). Für den Apostel Paulus bestand die Vorbereitung darin, daß er durch das Erbe von 16 Jahrhunderten biblischer Glaubensinhalte geprägt war. Hinzu kam eine mächtige Vision, die ihn zu Boden warf und erblinden ließ (Apg. 9,1-9). In Philippi, wo es keine Synagoge gab, bereitete Gott eine unmittelbare Ernte vor, indem er ein Erdbeben auftreten ließ, das einem Kerkermeister fast das Leben gekostet hätte (Apg. 16,25-34).

Es ist wirklich wahr, daß wir „Gottes Mitarbeiter" sind (1.Kor. 3,9). Wo Gott schon vorbereitend gewirkt hat, können und sollen wir auch ernten. Doch sehr oft will Gott, daß wir, seine Mitarbeiter, selber die *Vorbereitung* der Ernte übernehmen. Hier trifft das Wort zu: „Einer sät, der andere erntet" (Joh. 4,37).

Die Frage lautet darum nicht, was von beiden richtig ist, die Evangelisation durch Verkündigung oder die Evangelisation durch das gelebte Zeugnis. Beide haben ihren Platz. Statt dessen müssen wir uns fragen: *Welche* Art sollen wir *wann* anwenden?

Dawson Trotman, der Gründer der Navigatoren, pflegte zu beten, daß Gott ihn im Leben eines jeden Menschen gebrauchen möge, dem er begegnen würde. Dieses Gebet verdient Nachahmung. Wenn die Hinwendung zu Christus ein Prozeß ist, warum sollten wir dann nicht jedem Menschen, dem wir begegnen, helfen, Christus einen Schritt näher zu kommen? Manche Leute müssen nur noch einen Schritt zu Jesus hin machen, und da könnten wir die Freude erleben, bei ihrer geistlichen Geburt mitzuhelfen. Andere sind weiter entfernt, aber der Schritt, den sie mit unserer Hilfe tun, ist darum nicht weniger wichtig.

Unsere zwischenmenschlichen Beziehungen sind im Grunde genommen zweierlei Natur. Es gibt die zufälligen Begegnungen mit Fremden, und es gibt die dauerhafteren Beziehungen zu Freunden, Nachbarn und Arbeitskollegen. Der Fahrgast, der neben uns im Bus sitzt, ist ein Beispiel für die erste Art von Beziehungen. Der Nachbar, der Sie um einen Gefallen bittet, ist ein Beispiel für die zweite Art. Wenn wir im Sinn haben, mit anderen über unseren Glauben zu sprechen, ist es wichtig, diese Unterscheidung zu beachten, obgleich unser unmittelbares Ziel dasselbe ist – Menschen helfen, den nächsten Schritt hin zu Jesus Christus zu tun.

Bei einer zufälligen Begegnung müssen wir genügend Wahrnehmungsvermögen besitzen, um den Hintergrund und die Denkweise eines Menschen zu erkennen. Wir sollten darauf vorbereitet sein, das Evangelium zu erklären, aber es gleichzeitig vermeiden, diesen Menschen ungebührlich in Bedrängnis zu bringen, indem wir ihn mit der Botschaft des Evangeliums geradezu überfallen. Bei den meisten zufälligen Begegnungen wird unser Zeugnis durch andere Einflüsse, die Gott zum Tragen bringt, unterstützt und bekräftigt werden. Manchmal wird es uns gelingen, einem Menschen ein klares Verständnis der eigentlichen Evangeliumsbotschaft zu vermitteln. Wenn wir so geführt werden, können wir gewiß sein, daß Gott unser Zeugnis bestätigen wird.

Was Beziehungen von längerer Dauer betrifft, müssen wir ein feines Gespür für die Einstellung und die Gefühle anderer haben. Das Evangelium ist eine Nachricht, die Dringlichkeit besitzt, aber das bedeutet nicht, daß wir bei der Weitergabe hasten und drängen müßten. Nach 2. Petrus 3,9 hält Gott das Gericht über die Welt und die Einführung seiner neuen Schöpfung zurück, bis die letzten Verirrten nach Hause gekommen sind. Deshalb können wir annehmen, daß Gott dann, wenn er durch uns ein Werk im Leben eines Menschen anfangen will, auch die Absicht hat, Frucht daraus entstehen zu lassen. Darum müssen wir unter den Menschen in unserer alltäglichen Umgebung auf die Weise evangelisieren, daß wir die Beziehungen zwischen ihnen und uns immer mehr vertiefen, anstatt sie aufs Spiel zu setzen.

Die meisten von uns haben nur einen bestimmten Kreis von Freunden und Bekannten. Diesen Freundeskreis können wir entweder in einen zunehmend fruchtbaren Boden für das Evangelium umwandeln, oder wir können ihn durch eine „Friß-oder-Stirb"-Methode ruinieren. Das Ziel dessen, was ich als gelebtes Zeugnis bezeichnet habe, ist, das Beste aus den Gelegenheiten zu machen, die sich uns im Rahmen unserer dauerhafteren Beziehungen bieten.

Entscheidungen in kleinen Schritten

Ich höre immer wieder, daß Christen gerne wissen möchten, wie sie ein Gespräch mit einem Bekannten auf das Thema Glaube bringen können. Jemand drückte es so aus: „Ich muß einen positiven, unaufdringlichen Einleitungssatz finden, der mir den Einstieg in dieses Thema ermöglicht. Was schlagen Sie vor?"

Was hier gesucht wird, ist eine Einstiegsfrage – etwas, womit man von einem toten Punkt im Gespräch wegkommen und zu einer fruchtbaren Diskussion über Christus hinführen kann. In Situationen, wo Gott den Weg schon vorbereitet hat, kann man an diesem Punkt fast nichts falsch machen. Beinahe alles, was man sagt, ist gut. Philippus fragte den Äthiopier einfach, ob er auch verstehe, was er lese. Petrus fragte Kornelius, weshalb er ihn kommen ließ. Aber die meisten Menschen, denen wir begegnen, lesen weder das Buch Jesaja, noch werden sie unlängst Visionen gehabt haben. Für Menschen, die nicht vorbereitet sind, gibt es keinen einfachen Schritt von dort, wo sie innerlich stehen, bis dahin, wo wir sie hinführen wollen. Diese Frage, wie man jemand mit einem einzigen Schritt zum Glauben führen kann, würde der Frage entsprechen: Wie kann ich beim Golfspielen den Ball so spielen, daß er mit einem Schlag ein ca. 65 m entferntes Loch erreicht?

Anstatt mit Entscheidungen zu rechnen, die in einem einzigen Schritt zustande kommen, ist es wohl besser, an Entscheidungen in kleinen Schritten zu denken.

Wenn Evangelisation ein Prozeß ist, dann besteht unsere Aufgabe darin, unsere Bekannten auf dem Weg zu Christus zu begleiten und ihnen den Weg zu ihm zu zeigen. Wir müssen den Weg mit ihnen gehen und zusammen einen Schritt nach dem anderen machen. In diesem Sinne verstehen wir kleinere Schritte oder Mini-Entscheidungen. Dieser Prozeß läßt sich wie folgt darstellen:

Wenn wir die Dinge aus dieser Perspektive betrachten, sieht auch unsere Fragestellung anders aus. Anstatt zu fragen, wie wir das Evangelium auf eine solche Weise mitteilen können, daß die betreffende Person, die weit weg vom Glauben ist, positiv darauf reagiert, lautet jetzt die Frage: Was muß geschehen, damit diese Person überhaupt zu Christus hingeführt werden kann?

Wir werten die uns zur Verfügung stehenden Möglichkeiten aus: Gott hat uns zum Licht gesetzt; wir haben den Heiligen Geist, und wir können beten. Das ist ein eindrückliches Rüstzeug. Wir setzen unsere Bemühungen fort und rechnen damit, daß Gott eingreift, wenn wir diese Hilfsmittel einsetzen.

Die ersten Schritte zu Jesus hin können mit scheinbar unbedeutenden Dingen beginnen: jemanden als erster begrüßen; ihm wiederholt einen Gefallen tun; unter Nachbarn sich Dinge ausleihen; über den Gartenzaun miteinander plaudern. Diese Dinge entwickeln sich zu größeren Freundschaftserweisungen und zu Gastfreundschaft. Man geht zum Beispiel gemeinsam aus, veranstaltet ein Picknick und anderes mehr.

Wenn die innere Distanz allmählich abgebaut wird, behalten Sie den anderen gut im Auge. Versuchen Sie, die Bedürfnisse und Interessen Ihrer neuen Freunde zu verstehen. Vermeiden Sie aber, mit Ihrem Zeugnis auf der Problemseite ihres Lebens anzusetzen; denn das wäre ein verkehrter Start.

Mit der Zeit werden Sie Ihren Freunden einige dieser „Entscheidungen vor der Bekehrung" – vor allem Sie persönlich betreffend – entlocken können:

- Er ist eigentlich in Ordnung.
- Ich würde ihn gerne besser kennenlernen.
- Ich fühle mich in seiner Gegenwart wohl. Er akzeptiert mich.
- Ich möchte herausfinden, weshalb er so anders ist.
- Es sieht so aus, als ob er seine Auffassungen aus der Bibel hat.
- Er ist zwar Christ, aber trotzdem in Ordnung.
- Es ist sicher ein Vorteil, wenn man Christ ist.
- Ich mag seine Freunde. Ich beneide sie wegen der Zuversicht, die sie ausstrahlen.
- Vielleicht wäre es interessant, einmal in die Bibel hineinzuschauen.

Jetzt sieht unsere graphische Darstellung wie folgt aus:

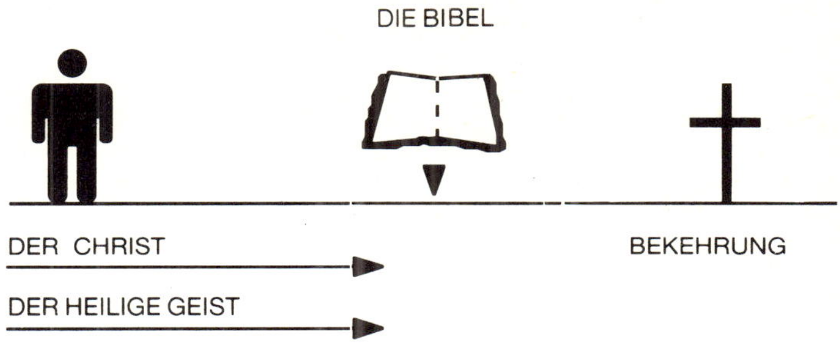

Wenn ein Nichtchrist erst einmal dahin kommt, daß er wissen will, was die Bibel sagt, dann sind viele der größeren Hindernisse für den Glauben schon überwunden. Der Weg vom Zustand des Unglaubens zum Glauben an Jesus Christus ist verhältnismäßig einfach geworden. Das ist darauf zurückzuführen, daß das Arsenal der geistlichen Waffen nun vollständig ist. Der Heilige Geist kann jetzt das Schwert aufnehmen, das „durchdringt, bis daß es scheidet Seele und Geist ... und ist ein Richter der Gedanken und Sinne des Herzens" (Hebr. 4,12). Aus diesem Grund bringt es viel mehr ein, den Nichtchristen soweit zu bringen, daß er gemeinsam mit uns die Bibel studieren möchte. Wenn wir uns das zu unserem vorrangigen Ziel machen, bringt das viel größere Vorteile, als zu einem günstigen Zeitpunkt ein einziges Mal das Evangelium erklären zu wollen.

Wenn wir richtig vorgehen, wird unser Bibelstudium mit dem Nichtchristen unsere Beziehung festigen, anstatt sie zu gefährden. Zudem erlaubt uns dies, ein Wahrheitsfundament zu legen, das gleichzeitig als Grundlage für den Glauben dienen wird. So hat der einzelne die Zeit und die Freiheit, den Kampf gegen seinen eigenen Willen, der bis dahin stets nein zu Gott gesagt hat, zu kämpfen und zu gewinnen. Auf diese Weise kommt es zu einer gesunden geistlichen Wiedergeburt.

Wir fügen unserer graphischen Darstellung also folgende Faktoren hinzu:

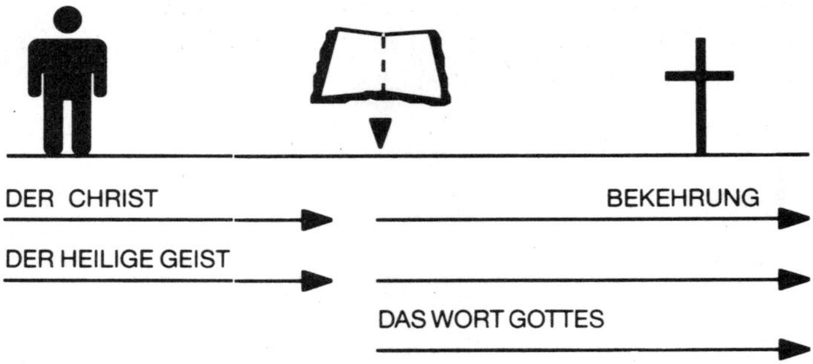

Weitere kleine Entscheidungen

Sobald der Nichtchrist erst einmal damit angefangen hat, zusammen mit uns die Bibel zu studieren, können wir erwarten, daß eine ganze Reihe von kleineren Entscheidungen folgen werden. So könnte er zum Beispiel zu uns sagen:

* Letzten Endes ist es gar nicht unmöglich, die Bibel zu verstehen.
* Es stehen wirklich wichtige Dinge in der Bibel.
* Was die Bibel über das Leben sagt, entspricht auch meiner Erfahrung.
* Jesus scheint der Schlüssel zu sein. Ich frage mich, wer er wirklich war.
* Jesus ist Gott.
* Ich muß das tun, was er sagt.
* Ich will an ihn glauben.

Wenn wir unter Menschen aus der Welt mit Erfolg evangelisieren wollen, ist es von größter Wichtigkeit, sie dazu zu bringen, daß sie mit uns unter positiven Bedingungen die Bibel studieren. Das heißt, daß sie mit unserem gelebten Zeugnis konfrontiert und von uns akzeptiert werden. Das ist etwas ganz anderes als die gebräuchlichere Methode, wo wir auf eine einzige Bezeugung des Evangeliums vertrauen, um jemanden vom Unglauben zum Glauben zu bewegen. Doch was wir hier vorschlagen, ist wohl für viele ziemlich neu und wird deshalb wieder andere Fragen aufwerfen. Einige dieser Fragen lauten: Wie bringe ich Menschen, die nicht einmal an die Bibel glauben, dazu, daß sie sie studieren wollen? Wie kann ich ihr Interesse an der Bibel aufrecht erhalten, damit sie Woche für

Woche darin lesen? Was soll ich mit all den Fragen machen, die sie wahrscheinlich stellen werden und auf die ich überhaupt keine Antwort habe? Wie soll ich zu konkreten Ergebnissen kommen? Wir werden uns mit diesen Fragen in den folgenden Kapiteln befassen.

17. Die Distanz zwischen Gleichgültigkeit und Glauben überbrücken

Gemeinsame Interessen entdecken

Das unaufmerksamste Publikum würden wir wahrscheinlich auf Flügen am Freitagnachmittag zwischen New York und Washington antreffen. Diese Flüge sind vor allem von Geschäftsleuten belegt, die diese Reise zum Teil mehr als hundert Mal im Jahr machen. Vor dem Start erteilt die Stewardess die üblichen Routine-Sicherheitsinstruktionen. Während ihren Erklärungen herrscht absolutes Desinteresse. Man läßt sie reden und ist froh, wenn sie endlich fertig ist.

Aus zwei Gründen gelingt es ihr nicht, die Aufmerksamkeit der Passagiere zu wecken. Erstens sagt sie nichts Neues. Die Fluggäste haben das schon unzählige Male miterlebt. Zweitens scheint die Gefahr, auf die die Stewardess sie vorbereiten will, sehr unwahrscheinlich. Das Bedürfnis der Fluggäste für das, was sie sagt, ist gleich null.

Was wäre nötig, um die Aufmerksamkeit ihrer Passagiere zu gewinnen, so daß sie tatsächlich zuhören und verstehen, wie man eine Sauerstoffmaske anlegt? Angenommen, das Flugzeug würde in neuntausend Meter Höhe ernste technische Probleme bekommen und an Höhe verlieren. Würden dieselben Anweisungen unter diesen Ernstfallbedingungen wiederholt, könnte die Stewardess der vollen Aufmerksamkeit eines jeden einzelnen sicher sein! Die Menschen sind in dem Maße motiviert, etwas zu lernen, wie die betreffende Sache von unmittelbarer Bedeutung für ihre persönlichen Bedürfnisse und Wünsche ist.

Aus ähnlichen Gründen hat der säkularisierte Mensch aufgehört, auf alles zu hören, was mit Religion zusammenhängt. Er ist zu dem Schluß gekommen, daß es ja nichts Neues (neue Informationen) mehr gibt. Christliche Ansprüche und Warnungen erscheinen ihm vollkommen überflüssig. Wenn wir seine Aufmerksamkeit zurückgewinnen wollen, müssen wir bei den Bedürfnissen und Wünschen beginnen, die ihm selbst bewußt sind.

Das ist auch der Grund, weshalb Jesus in der bekannten Weise mit Nikodemus redete. Dieser war auf der Leiter der jüdischen Hierarchie ganz nach oben gekommen. Das, was er erreicht hatte, verlieh ihm ein Gefühl von Sicherheit. Als Jesus dann zu ihm sagte: „Du wirst es nie schaffen, es sei denn, du wirst von neuem geboren", gewann er seine Aufmerksamkeit. Mit einer Frau, die jeden Tag Wasser vom Brunnen holte, sprach Jesus über das Wasser. Mit einem Fischer sprach er über die Fischerei. Zu einem Hungrigen redete er über Brot. Er begann mit dem, was den Menschen vertraut war und was sie täglich beschäftigte. Von diesen alltäglichen Dingen aus führte er seine Zuhörer zu einer neuen Tiefe des Verständnisses.

Das größte Hindernis, das sich uns stellt, ist die Gleichgültigkeit. Gleichgültigen Menschen ist alles egal. Sie ähneln dem Weg, von dem Jesus in seinem Gleichnis vom Sämann spricht (Mt. 13,4) und der so hart war, daß der ausgestreute Samen einfach auf ihm liegen blieb, bis die Vögel ihn fanden und auffraßen. Die Härte des Bodens ist ein Sinnbild für die Gleichgültigkeit.

Manche Menschen erwecken den Eindruck, als sei ihnen alles gleichgültig. Sie haben alles gesehen und glauben nichts. Aber das ist nur der äußere Eindruck. Jeder interessiert sich für etwas, und dieses Etwas bietet uns den Einstieg. Was immer auch dieser Einstiegspunkt sein mag, wir können zuversichtlich sein, daß Gott immer das letzte Wort haben wird. Unser Ziel ist es also, von den eigentlichen Bedürfnissen eines Menschen auszugehen und ihn dann zu dem Punkt zu führen, wo er selbst erkennt, daß Jesus alle seine Bedürfnisse stillen kann.

Einstiegsmöglichkeiten

Aus dem zuletzt Gesagten geht deutlich hervor, daß es nicht eine einzige Methode und keinen Patentschlüssel gibt, um die Tür zu dem Interesse der Menschen garantiert aufzuschließen. Oft werden wir neue Schlüssel anfertigen müssen, die bestimmten Situationen entsprechen. Das ist nicht sehr schwierig. Wir müssen nur anfangen, zu beobachten und einfühlsam zu sein. Hier sind ein paar Beispiele dafür.

1. Junge Eltern. Für viele Brasilianer steht die Familie noch ganz oben auf der Prioritätenliste. Fragen wir einen Studenten in Brasilien, der kurz vor seinem Examen steht, nach seinen Zielen, würde er uns in den meisten Fällen erzählen, daß er gerne heiraten und Kinder haben möchte. Er wünscht sich ein angenehmes Familienleben und möchte in der Lage sein, gut für seine Frau und für seine Kinder sorgen zu können. Die brasilianische Gesellschaft ist kinderorientiert.

Nach seinem Universitätsabschluß ist ein solcher Student dem Evangelium gegenüber oft völlig ablehnend. Er ist mit anderen Dingen beschäftigt: Er möchte eine berufliche Stellung antreten, bald heiraten und anderes mehr. Wenn wir uns jedoch diese junge Familie sechs oder sieben Jahre später anschauen, werden wir feststellen, daß ihr Leben nicht ganz nach Plan verlaufen ist. Mutter und Vater leben jetzt unter der diktatorischen Herrschaft ihres Dreijährigen, der seine Terrorherrschaft gerade verstärkt hat, um dem Eindringling, dem neugeborenen Geschwisterchen, den Kampf anzusagen.

Die Eltern wissen nicht, was sie tun sollen. Aus Angst, der Psyche ihres Kindes zu schaden, indem sie es für sein Verhalten bestrafen, ziehen sie es vor, dieses Martyrium zu erdulden. Aber es ist einfach zu viel. Allmählich lassen sie ihre Frustration aneinander aus, und bald sind die letzten Überreste ihrer früheren Idealvorstellungen dahin.

Jetzt haben sie ein tatsächliches Bedürfnis!

Wir haben dieses Bedürfnis aufgenommen, indem wir eine Diskussionsreihe zu dem Thema Kindererziehung in der Bibel zusammengestellt haben. Wir stellten fest, daß die Eltern oft so hilflos sind, daß sie jetzt gerne erfahren möchten, was die Bibel zum Thema Kindererziehung zu sagen hat, obwohl sie die Bibel ihr ganzes bisheriges Leben lang ignoriert haben. Obwohl die Bibel und die moderne Psychologie in fast allen Punkten unterschiedliche Standpunkte vertreten, und obwohl diese Eltern oft nicht bereit sind, die Inspiration der Bibel anzuerkennen, enden unsere Gespräche regelmäßig damit, daß die Bibel die unbestrittene Autorität ist. Die Erfahrungen dieser Eltern sprechen eine deutliche Sprache.

2. Universitätsstudenten. Hätten wir mit denselben Menschen zehn Jahre früher angefangen zu arbeiten, würden sie keinerlei Interesse daran gehabt haben, Ratschläge über Kindererziehung entgegenzunehmen. Studienanfänger haben andere Interessen und Bedürfnisse.

Die ersten Jahre des Studentenlebens bieten die lang ersehnte Gelegenheit, der ständigen Kontrolle durch Eltern, Geschwister, Tanten und Onkel zu entrinnen. Jetzt gibt es die Möglichkeit, nachzudenken, zu hinterfragen, zu handeln. Wenn ein Mensch irgendwelche philosophischen Neigungen besitzt, werden sie sich in dieser Phase seines Lebens bemerkbar machen. Der Student wird versuchen, eine Erklärung für den Sinn seiner Existenz zu finden und sein eigenes Verhalten zu rechtfertigen. Der Einstieg, den wir hier haben, ist also gänzlich anders.

In diesem Fall könnte unsere Brücke aus der Gleichgültigkeit heraus etwa im Sinne folgender Aussagen gebaut werden:

a. Der Mensch existiert. Entweder ist er durch Zufall auf der Erde und hat sich evolutionsmäßig entwickelt, oder er ist hier, weil er erschaffen wurde. Wenn es einen Schöpfer gibt, muß er intelligent und mächtig sein. Die Frage ist, welche dieser Alternativen entspricht der Wahrheit?

BILD 1

b. Das Instrument, das uns zur Verfügung steht, um die Antwort auf diese Frage zu erforschen, sind unsere fünf Sinne. Alles, was wir wissen, haben wir durch Hören, Sehen, Schmecken, Tasten und Riechen erfahren.

BILD 2

c. Wenn es einen Gott gibt und er Geist ist, dann ist er außerhalb unserer Sinnesbereiche. Er kann nicht wahrgenommen werden. Die Wissenschaft, welche nur auf der Grundlage dieser Sinne forschen kann, wird die Gottesfrage nie beantworten.

d. Gott kann darum also nicht erkannt werden – es sei denn, daß er selbst die Initiative ergriffen hätte, um sich dem Menschen zu offenbaren.

e. Der Hauptanspruch, den die Bibel erhebt, besteht darin, daß sich Gott *tatsächlich* zu erkennen gab, indem er in unsere Zeit und Welt gekommen ist.

BILD 3

f. Jesus von Nazareth behauptete, diese Offenbarung zu sein. Entweder war er das, was er von sich behauptete, oder Gott bleibt unerkennbar. Die Menschheitsgeschichte weiß von keinem anderen zu berichten, der ernsthaft den Anspruch erhob, Gott zu sein.

BILD 4

g. Das vereinfacht unsere Suche, die auf eine einzige Frage reduziert wird: Wer ist Jesus? Wenn er das ist, was er von sich behauptet, dann haben wir Antworten für das Leben. Wenn wir hingegen zu dem Schluß kommen, daß er nicht das ist, was er von sich behauptet, dann gibt es trotzdem eine Antwort – nämlich, daß es keine Antworten gibt.

Wenn wir von der Möglichkeit ausgehen, daß dieser Anspruch Jesu wahr sein könnte – daß man Gott in Jesus sehen, berühren und ihm zuhören konnte (1 Joh 1,1-2) – dann haben wir auch eine Grundlage dafür, den Nichtchristen einzuladen, der Frage nachzugehen: „Wer ist Jesus wirklich?".

3. Menschen jenseits christlicher Tradition. Das Obengesagte ist eine gute Einstiegsmöglichkeit bei Menschen, die sich existentielle Fragen stellen. Doch solche Fragen sind unter vielen Menschen heute praktisch überhaupt kein Thema. Die säkularisierten Europäer, von denen in Kapitel 1 die Rede war, wären ein gutes Beispiel für Menschen, die es aufgegeben haben, sich den lebenswichtigen Fragen zu stellen. Sie geben bereitwillig zu, daß sie keine Antwort gefunden haben, sind aber auch davon überzeugt, daß niemand anderer Antworten auf solche Fragen hat. Weshalb sollen wir uns also, so argumentieren sie, damit abmühen, noch weiter zu suchen? Es ist besser, sich den Tagesaktualitäten zu widmen.

Uns, die wir in der aristotelischen Tradition der linearen Logik aufgewachsen sind, verblüffen solche Leute – sie sind für uns unverständlich! Aber sie sind keine Ausnahme der Regel. Auch sie haben Bedürfnisse und Wünsche, die genauso als Brücken zu Christus dienen können wie alle anderen. Es ist nur so, daß die Brücke ganz anders beschaffen sein muß. Sie kann nicht auf eine Folge logischer Gedanken aufgebaut werden.

Für den säkularisierten Europäer und seinen amerikanischen Vetter stehen insbesondere zwischenmenschliche Beziehungen im Vordergrund. Dahinter verbirgt sich eine gewisse Ironie; denn obwohl bei ihnen Beziehungen an der Spitze ihres Wertsystems stehen, erweisen sie sich gleichzeitig als ungewöhnlich unfähig auf diesem Gebiet. Zum Teil ist diese Schwäche auf die Tatsache zurückzuführen, daß sie in schlechten persönlichen Verhältnissen aufgewachsen sind. Da sie spüren, daß ihr geistliches Erbe bankrott gegangen war, ehe sie es überhaupt antreten konnten, wird ihnen jetzt bewußt, daß das einzige, das ihnen noch bleibt und möglicherweise Sinnerfüllung verspricht, andere Menschen sind. Deshalb können ihre Bedürfnisse und Wünsche auf dem Gebiet der Beziehungen – nach Liebe, Bestätigung und Annahme – als geeigneter Brückenkopf dienen, um ihre Brücke zu Christus zu bauen.

Die Bibel hat sehr viel zum Thema Beziehungen zu sagen, und Gespräche darüber können reizvoll und hilfreich sein. Doch bei dieser Art von Brücke ist die Praxis viel wirksamer als die Theorie. Über Liebe und Annahme zu reden, kann die echte Liebe nicht ersetzen. Bauen Sie einfach eine sinnvolle Beziehung auf. Ich habe erlebt, daß viele Menschen unserer Tage nur deshalb zur Bibel und dann weiter zu Christus geführt wurden, weil sie die bedingungslose Freundschaft eines evangelistisch engagierten Christen erfuhren. Daß die Einladung, in der Bibel zu forschen, angenommen wurde, war nicht das Ergebnis irgendwelcher überwältigender Argumente oder eines tiefempfundenen Bedürfnisses, Antworten zu finden. Der Grund dafür war einfach, daß sich dadurch eine weitere Gelegenheit bot, die von dieser Beziehung ausgehende Liebe und Wärme zu genießen. Ich bin davon überzeugt, daß die Logik als Überzeugungsfaktor bereits überholt ist. Sie ist im Vergleich mit der Liebe nur zweitrangig.

Diese drei Beispiele dafür, wie man Brücken bauen kann, wollen nur als Illustrationen verstanden sein. Ich hoffe, daß sie zum kreativen Nachdenken anregen werden, wie man Brücken bauen kann, die den Bedürfnissen und Wunschträumen der Menschen entsprechen, die man gewinnen will. Es gibt noch viele andere, wie das Streben nach Erfolg, der Wunsch nach einer guten Ehe und anderes mehr. Ehe wir weitergehen, sollten wir uns zwei Fragen stellen:

1. Welches sind die Bedürfnisse und Wunschträume der Menschen, die ich erreichen möchte?

2. Auf welche Weise könnten diese Bedürfnisse und Wunschträume als Brücken dienen?

Die nächste logische Frage, mit der wir uns im folgenden Kapitel befassen wollen, lautet: Wie stellen wir es an, daß unsere Freunde diese Brükken betreten und dann weiter zu Christus geführt werden?

18. Zur Primärquelle gehen

Völliges Vertrauen in die Schrift

Es gibt Primär- und Sekundärquellen. Ein Augenzeuge zum Beispiel ist eine Primärquelle. Im Wissenschaftsbereich ist es die Person, die die Experimente vornimmt. Sie betreibt Grundlagenforschung und fördert neue Informationen zutage. Sekundärquellen hingegen berichten über das, was Primärquellen herausgefunden und getan haben.

Verläßlichkeit ist ein Problem bei Informationen jeglicher Art, besonders bei Informationen, die aus Sekundärquellen stammen, weil sie nie völlig frei von persönlichen Vorurteilen und Subjektivität sind. Informationsübermittler brauchen gar nicht absichtlich zu lügen, um auf eine falsche Fährte zu führen. Aber weil sich die subjektiven Wahrnehmungen eines Menschen mit den Tatsachen vermischen können, über die er berichtet, kann es zu Entstellungen von Tatsachen kommen.

Die Medien sind ein besonders passendes Beispiel dafür, wie unterschiedlich die Nachrichtenvermittlung sein kann. Selbst wenn alles, was über einen bestimmten Gegenstand berichtet wird, auch stimmt, kann doch das, was für die Berichterstattung ausgewählt oder weggelassen wird, oder auch die Zeit und der Raum, der diesem Gegenstand gewidmet wird, darüber entscheiden, ob die Öffentlichkeit auf diese Nachricht positiv oder negativ reagiert.

Ein weiteres Beispiel für solch unterschiedliche Kommunikation ist die weite Spannbreite von Geschichtsbüchern. Ein kurzer Vergleich eines französischen Geschichtsbuchs mit einem deutschen, in denen dieselben Ereignisse geschildert werden, ergibt, daß die Helden und Schurken häufig ausgetauscht werden. Was bei dem einen "Mut" ist, wird in dem anderen als "Brutalität" dargestellt, und eine unbedeutende Episode in dem einen Buch ist in dem anderen ein großer Sieg.

Wenn es darum geht, einem säkularisierten Menschen das Evangelium zu vermitteln, erzielen wir eine ungleich stärkere Wirkung, wenn wir ihn wissen lassen, daß wir uns auf eine Untersuchung der einzigen Primärquelle beschränken, die wir Christen als solche anerkennen: die Bibel. Obgleich der durchschnittliche säkularisierte Mensch weder die Inspiration noch die Autorität der Bibel akzeptiert, wird der Gedanke, selber einmal einen Blick in dieses berühmte Buch zu werfen, wahrscheinlich einen gewissen Reiz für ihn haben. Dies steckt auch den Rahmen unserer Diskussion für ihn und uns ab. So bekommt er das Gefühl, daß die Chancen gleichmäßiger verteilt sind und daß er die Freiheit haben wird, selbst nachzudenken und eine freie Entscheidung zu treffen.

Häufig hat der Nichtchrist Angst davor, manipuliert und indoktriniert zu werden. Christliche Bücher und Traktate gibt es mehr als genug, und es erscheinen immer neue. Obwohl viele von ihnen außerordentlich hilfreich sein können, gehören sie alle doch zu der Kategorie der Sekundärquellen. Sie geben nur die Wahrnehmungen und Auffassungen eines Menschen von der Primärquelle wieder. Als solche werden sie oft von einem Nichtchristen mit Argwohn betrachtet. Er ist sich nie sicher, daß er wirklich die ganze Geschichte vermittelt bekommt. Deshalb wird ein skeptischer oder mißtrauischer Nichtchrist nicht selten die Gelegenheit ergreifen, selbst einmal in der Originalquelle etwas zu forschen – vorausgesetzt, die Umstände sind günstig dafür. Unser Ziel ist also, die richtige Atmosphäre zu schaffen und gleichzeitig den Nichtchristen davon zu überzeugen, daß es klug wäre, sich Zeit dafür zu nehmen, ein Thema von solcher Wichtigkeit persönlich zu untersuchen.

Sich an den Gedanken gewöhnen

Die meisten Menschen lehnen neuartige Ideen automatisch ab. Da es zum menschlichen Wesen gehört, sich gegen Veränderungen zu sträuben, reagieren wir besonders dann negativ, wenn sie uns aufgezwungen werden. Das liegt daran, daß Veränderung gewöhnlich von einem Gefühl von Verlust begleitet ist. Das Bekannte weicht dem Unbekannten. Jemand hat Veränderung einmal als Prozeß in vier Stufen beschrieben: Ablehnung, Duldung, Akzeptieren und Anpassung. Wenn wir zum ersten Mal mit etwas Neuem konfrontiert werden, neigen wir dazu, es abzulehnen. Doch mit der Zeit gewöhnen wir uns daran und dulden es. Allmählich sehen wir auch die positiven Möglichkeiten der neuen Sache und akzeptieren sie schließlich. Von da ist es nur noch ein kleiner Schritt dazu, daß wir uns für diesen Gedanken öffnen und ihn uns zu eigen machen.

Wenn sich ein Nichtchrist zum ersten Mal mit dem Gedanken konfrontiert sieht, die Bibel zu erforschen, wird er dies meistens ablehnen. So tragen wir erst einmal den Gedanken an ihn heran, ohne eine direkte Reaktion von ihm zu erwarten: „Eines Tages möchte ich dir gerne einmal zeigen, wie du die Bibel selbst lesen und verstehen kannst." Oder: „Eines Tages werde ich dich zu unserem montäglichen Bibelstudium einladen." „Eines Tages" ist eine vage und unverbindliche Formulierung. Aber wenn wir die Reaktion eines Menschen auf eine solche Aussage richtig deuten, wird es uns nicht schwerfallen, zu beurteilen, ob man diesen Tag für die folgende Woche oder für den folgenden Monat ins Auge fassen oder ihn erst einmal bis auf weiteres verschieben sollte.

Wenn Sie eine abstrakte Einladung dieser Art mehrere Male wiederholen, können zwei Dinge geschehen. Zum ersten hat Ihr nichtchristlicher Freund Zeit, sich an diesen Gedanken zu gewöhnen und ihm immer positiver gegenüberzustehen. Zum anderen beginnt er sich zu fragen, wann Sie diese Einladung in die Tat umsetzen werden. Der Ball liegt jetzt beim andern. Jetzt wartet er darauf, daß Sie ihr Versprechen einlösen.

Den Anfang machen

Unser unmittelbares Ziel besteht darin, einem Menschen dabei zu helfen, die Bibel zu erforschen. Von da aus verfolgen wir die Absicht, ihn zu einem Verständnis der zentralen Botschaft der Bibel zu führen, das heißt, daß Jesus Gott ist und wir durch den Glauben an ihn vom Tod zum Leben gelangen. Dieses Ziel läßt sich in zwei Fragen zusammenfassen: 1. Wer ist Jesus? 2. Was erwartet er von mir?

Die weitreichende Bedeutung dieser zwei Fragen kann allerdings angesichts der sechsundsechzig Bücher der Bibel mit ihrer ganzen Unterschiedlichkeit leicht übersehen werden. Wenn wir einen Menschen dafür gewinnen möchten, selbst in der Bibel zu forschen, müssen wir ihm dabei helfen, seine Suche auf diese wesentlichen Punkte zu konzentrieren. Der Dialog könnte etwa so aussehen:

A: Wenn Sie daran interessiert sind, in der Bibel zu lesen, würde ich Ihnen gerne dabei behilflich sein und Ihnen zeigen, wo Sie anfangen können.
B: Ich wüßte gerne, was sie sagt. Doch ich glaube, Sie sollten wissen, daß ich nicht so an die Bibel glaube wie Sie.
A: Das steht Ihnen zu. Die Bibel ist jedoch die einzige Originalquelle, die wir Christen haben. Wenn Sie, nachdem Sie diese Quelle geprüft haben, zu dem Schluß kommen, daß sie nicht recht hat, dann haben Sie Ihre Antwort gefunden. Sie können

Ihre Fragen nach Gott vergessen und Ihre Wege gehen. Finden Sie aber die Wahrheit in der Bibel, dann haben Sie auch Ihre Antwort gefunden. Gewinnen werden Sie in jedem Fall.
B: Das klingt vernünftig.
A: Zuerst sollten Sie wissen, daß die Bibel anders ist als alle übrigen Bücher. Sie können Sie nicht einfach in die Hand nehmen und sie von Anfang bis Ende lesen. Die Bibel enthält 1189 Kapitel und ist in 66 verschiedene Bücher aufgeteilt. Sie wurde in einem Zeitraum von ca. 1600 Jahren von vielen verschiedenen Autoren geschrieben. Wenn Sie sich hinsetzen und sie ganz durchlesen würden, um eine Antwort auf Ihre Fragen zu suchen, wäre das etwa so, als ob Sie mit einer Frage in eine Bücherei gehen und wahllos die verschiedensten Bücher aus den Regalen nehmen und lesen würden, um eine Frage zu beantworten. Es wäre viel besser, sich vom Bibliothekar helfen zu lassen. Er kann Ihnen viel Zeit und Ärger ersparen, indem er Ihnen hilft, die richtigen Bücher vom Regal zu nehmen. Und das ist der Vorschlag, den ich Ihnen machen möchte: Lassen Sie mich Ihnen dabei helfen, sich in der Bibel zurechtzufinden.
B: Damit bin ich gerne einverstanden.
A: In Ordnung. Lassen Sie uns einen Termin abmachen.

Wir nehmen das Gespräch zum vereinbarten Zeitpunkt und Treffpunkt wieder auf. Das sollte am besten an einem neutralen und bekannten Ort sein, entweder bei Ihnen oder aber bei ihm zu Hause. Sie haben eine weitere Bibel mitgebracht, die dieselbe Seiteneinteilung hat wie Ihre eigene. Sie benutzen eine moderne Übersetzung und vermeiden bewußt eine Übertragung der Bibel. Müßten Sie nämlich erklären, daß die Wiedergabe einer bestimmten Bibelstelle nicht mit dem biblischen Grundtext übereinstimmt, würde das nicht gerade die Glaubwürdigkeit der Bibel unterstreichen.

A: Die Bibel ist in zwei Teile unterteilt: das Alte und das Neue Testament. Das Alte Testament handelt von Dingen, die in der Zeit vor Jesus Christus geschahen. Das Neue Testament beginnt mit den vier Berichten über das Leben Jesu, geschrieben von vier seiner Zeitgenossen. Dann gibt es ein Buch, das über die ersten Jahre der christlichen Bewegung berichtet. Der Rest des Neuen Testamentes besteht aus Briefen, die an die jungen christlichen Gruppen oder Gemeinden, die im ersten Jahrhundert über die ganze Welt verstreut waren, gerichtet sind.

Das Thema der ganzen Bibel, sowohl des Alten wie des Neuen Testaments, ist das gleiche. Es geht darum, daß Gott sich dem Menschen mit dem Ziel geoffenbart hat, ihn von seiner selbstzerstörerischen Auflehnung zu befreien. Der Hauptanspruch der Bibel besteht darin, daß diese Offenbarung Gottes in dem Menschen Jesus Christus gipfelt.

Das Alte Testament wurde geschrieben, um die Welt auf diese Offenbarung vorzubereiten. Das Neue Testament wurde geschrieben, um von diesem Ereignis zu berichten und seine Bedeutung zu erklären.

B: Ich verstehe, was Sie sagen, kann Ihnen aber nicht versprechen, daß ich zu denselben Schlußfolgerungen kommen werde wie Sie.

A: Natürlich nicht. Alles, was ich von Ihnen erwarte, ist, daß Sie erst einmal anfangen, selber in der Bibel zu lesen. Es geht jetzt nicht darum, ob die Bibel recht hat oder nicht. Wichtig ist, daß Sie verstehen sollten, daß die christliche Position mit dieser einen Person, Jesus Christus, steht oder fällt. Wenn er sich nicht als das erweist, was die Bibel von ihm behauptet, dann bietet der christliche Glaube niemandem eine echte Antwort. Leuchtet Ihnen das ein?

B: Ich verstehe, was Sie meinen.

A: Ich schlage Ihnen vor, daß Sie eine Gelegenheit bekommen, die Bibel selbst zu untersuchen, so daß Sie Ihre eigenen Schlüsse in bezug auf die Frage nach der Identität Jesu ziehen können.

B: Einverstanden!

A: Wie schon gesagt, beginnt das Neue Testament mit vier Büchern, die wir die Evangelien nennen. Drei sind Augenzeugenberichte über Leben und Lehre Jesu, das vierte ist von einem Arzt geschrieben worden. Weshalb vier? Es ist so, als ob vier Menschen an verschiedenen Ecken einer Kreuzung stünden und Zeugen eines Unfalls würden. Obwohl diese vier Zeugen im wesentlichen das gleiche aussagen, werden sie sich jedoch unterscheiden, je nachdem, wo der jeweilige Zeuge gestanden hat und welche Einzelheiten seine Aufmerksamkeit besonders gefangen nahmen. Wenn man die Berichte von vier Zeugen zusammennimmt, dann wird über jedes Ereignis exakter berichtet werden. Dies ist auch die Wirkung der vier Evangelien. Die Summe dieser vier ergibt einen quadrophonischen Bericht des Lebens Jesu. Ich schlage vor, daß wir mit dem vierten Evangelium anfangen,

dem Johannesevangelium. Johannes war einer der engsten Freunde Jesu. Somit haben wir den Augenzeugenbericht von jemand, der Jesus sehr nahestand. Sein Bericht beginnt auf der Seite 1137. Wir wollen zuerst die ersten drei Verse lesen.
B: „Am Anfang war das Wort, und das Wort war bei Gott, und das Wort war Gott. Dasselbe war im Anfang bei Gott. Alle Dinge sind durch dasselbe gemacht, und ohne dasselbe ist nichts gemacht, was gemacht ist."
A: Haben Sie das verstanden?
B: Nein.
A: Das kann ich Ihnen nicht verübeln. Lassen Sie uns sehen, ob wir herausfinden können, was das meint. Worauf bezieht sich das „Wort" in diesem Abschnitt?
B: Ich weiß es nicht.
A: Lesen Sie Vers 14.
B: „Und das Wort wurde Fleisch und wohnte unter uns."
A: Das „Wort" wurde also ein Mensch. Wer könnte dies sein?
B: Jesus?
A: Richtig. Lesen Sie jetzt diese drei Verse noch einmal, und setzen Sie „Jesus" an die Stelle von „Wort". Was behauptet Johannes also von Jesus?
B: Daß er von Anfang an existierte, daß er Gott war und daß er die Welt schuf. Aber damit stimme ich nicht überein!
A: Das erwarte ich ja auch nicht von Ihnen, erinnern Sie sich? Meine Aufgabe besteht nur darin, Ihnen zu helfen, damit Sie verstehen, was hier geschrieben ist. Könnten Sie es auch sehen, daß Johannes dies von Jesus behauptete?
B: Ja, aber ich kann es nicht akzeptieren.
A: In Ordnung. Lassen Sie uns fortfahren. Könnten Sie bitte die nächsten zwei Verse lesen?

Und so geht es immer weiter. Unser Ziel ist es, unseren nichtchristlichen Freund durch das Johannesevangelium zu begleiten und ihm dabei zu helfen, daß er versteht, was die Bibel zu diesen zwei Fragen zu sagen hat: 1. Wer ist Jesus? 2. Was will er von mir?

Unser erstes Anliegen ist nicht, seine Zustimmung zu gewinnen oder als Sieger aus der Diskussion hervorzugehen. Wir wollen ihm vielmehr helfen, die Aussagen der Bibel zu verstehen. Dabei müssen wir Raum für andere Meinungen und für Zweifel lassen. Der Heilige Geist allein ist es, der von Sünde, Gerechtigkeit und Gericht überzeugt, nicht wir. Es ist die

Bibel, die die wahren Motive des Herzens offenbart. Das sind nicht unsere Aufgaben. Unsere Rolle als Mitarbeiter Gottes ist es, den Ungläubigen in Kontakt mit diesen göttlichen Kräften zu bringen und ihm Liebe zu erweisen, währenddem er darum ringt, aus seiner Rebellion herauszukommen und zum Glauben zu gelangen.

Im Anhang dieses Buches finden Sie eine Reihe von hilfreichen Fragen über den Text des Johannesevangeliums. Sie sind nicht erschöpfend, doch mit einiger Erfahrung werden Sie diese Reihe durch weitere Fragen ergänzen können, die Ihnen vielleicht noch besser dienen werden als die von mir angeführten. Aber diese sollen Ihnen wenigstens den Anfang erleichtern. Es ist gewöhnlich am besten, immer zu versuchen, ein Kapitel des Johannesevangeliums nach dem anderen durchzunehmen. Höchstwahrscheinlich werden Sie den Inhalt eines ganzen Kapitels nicht in einem Gespräch von einer Stunde erschöpfen können. Aber wenn Sie nicht widerstehen können, ins kleinste Detail zu gehen, dann werden Sie wohl bald wieder alleine studieren!

Doch zurück zu unserem Gespräch! Etwa eine Stunde ist vergangen, und wir sind gerade mit den ersten vierzehn Versen des ersten Kapitels des Johannesevangeliums fertig. Wir nehmen wieder Bezug auf unser erstes Angebot: daß wir unserem Freund helfen wollen, die Botschaft der Bibel selber zu erforschen. Zu diesem Zeitpunkt weiß er nur soviel, daß dies das erste und letzte Gespräch ist, das wir beide über dieses Thema führen werden.

A: Das soll für den Anfang genügen. Ich habe den Eindruck, daß Sie die Bedeutung des Textes gut verstanden haben. Wie denken Sie darüber?
B: Es ist kompliziert, aber ich verstehe es.
A: Von jetzt an wird es einfacher, wenn Johannes damit beginnt, von Ereignissen im Leben Jesu zu berichten. Möchten Sie gerne weitermachen?
B: Ja.
A: Dann wollen wir das nächste Mal hier weitermachen. Wenn Sie in der Zwischenzeit gerne weiterlesen wollen, tun Sie es ruhig. Unterstreichen Sie alles, was Sie besonders interessant oder wichtig finden, und machen Sie ein Fragezeichen da an den Rand, wo Sie etwas nicht verstehen. Wir wollen uns in etwa einer Woche wiedertreffen und dann über Ihre Beobachtungen und Fragen reden.

Für Fortsetzung sorgen

Es ist besser, sich jeweils von Woche zu Woche zu verabreden, als eine Abmachung zu treffen, das ganze Johannesevangelium zu studieren beziehungsweise sich in den nächsten sechs Wochen regelmäßig zu treffen. Je ungezwungener wir die Beziehung gestalten, desto freier fühlt sich der andere. Wenn wir Erwartungen äußern, die er nicht erfüllen kann, stellt sich ein Gefühl des Versagens ein. Das können wir ganz einfach dadurch vermeiden, indem wir keine Erwartungen äußern oder irgendwelche Anforderungen stellen. Die Fortsetzung dieses Bibelstudiums muß davon abhängig gemacht werden, ob ein echtes Interesse am Thema vorhanden ist und ob die Beziehung oder persönliche Freundschaft zwischen uns genügend gefestigt ist.

Wie wichtig es ist, ihm zwischen unseren Zusammenkünften zum Bibelstudium unsere Freundschaft immer wieder zu bestätigen, kann gar nicht genug betont werden! Ein kurzer Besuch oder Telefonanruf von uns ist ein Ausdruck von Annahme und Interesse unsererseits. Noch besser ist es, gemeinsam die Freizeit zu verbringen. Wenn wir zusammen sind, sollten wir über Dinge reden, die ihn besonders interessieren, sei es über Sport oder sogar das Wetter. Aber reden wir nicht ausschließlich über die Bibel! Uns würde bald der Gesprächsstoff ausgehen, wenn wir uns einzig und allein über das erste Kapitel des Johannesevangeliums unterhalten würden.

Manchmal spricht ein Ungläubiger völlig ungeniert mit seinen Freunden über sein zunehmendes Interesse an der Bibel. Meistens ist es jedoch umgekehrt. Er muß sich gegen das Gefühl der Angst wehren, verspottet zu werden. Wir müssen uns dieser Gefühle des anderen bewußt sein. Nikodemus suchte Jesus zur Nachtzeit auf, weil er nicht wollte, daß seine Kollegen etwas von seinem Interesse an diesem umstrittenen Menschen wußten. Jesus merkte das natürlich, aber er schickte Nikodemus nicht weg mit der Aufforderung, doch bei Tage wiederzukommen. Ein Mensch, der unterwegs zu Jesus ist, hat schon genügend innere Kämpfe durchzustehen. In solchen Momenten braucht er nicht noch zusätzliche Gegner. Deshalb sollten wir genügend Feinfühligkeit aufbringen und ihm Sicherheit geben.

Eine Möglichkeit, dem Empfinden unseres Freundes Rechnung zu tragen, ist, daß wir darauf achten, wo und wann wir uns zum Bibelstudium treffen. Es sollte möglichst ein neutraler und privater Ort sein. Kirchliche Gebäude kommen nicht in Betracht, weil sie nicht neutral sind. Restaurants und Büros sind nicht privat genug. Zu Hause – bei uns oder bei ihm – wäre es am besten.

Vor vielen Jahren haben ein Freund und ich etliche evangelistische Abende in verschiedenen Studentenverbindungen durchgeführt. Wir wurden eingeladen, Diskussionen zu leiten. Meistens kamen die Mitglieder solcher Studentenverbindungen in einem Tagesraum zusammen, wo wir unseren Vortrag hielten und anschließend Gelegenheit zum Fragenstellen gaben. Nachher organisierten wir mit solchen, die echtes Interesse zeigten, verschiedene Hausbibelkreise.

In einer Studentenverbindung waren wir übereingekommen, unsere Bibelkreiszusammenkünfte im Zimmer von Jack Smith durchzuführen. Das Treffen in der ersten Woche nahm einen sehr guten Verlauf – so glaubten wir wenigstens. Aber wir hatten nicht an die übrigen Mitglieder der Studentenverbindung gedacht und sie komplett überrumpelt. Die darauffolgende Woche waren sie auf uns vorbereitet. Anscheinend hatten sie die ganze Woche dazu gebraucht!

Während der ersten halben Stunde nahm alles seinen normalen Verlauf. Plötzlich ging in voller Lautstärke ein Tonbandgerät mit einer überspielten Radiosendung los – genau vor der Tür. Musik und Werbung wechselten sich ab. In der Werbung wurde zum Beispiel für echte Sandalen von Johannes dem Täufer und für Leuchtbilder von Jesus geworben. Jack Smith und seine Kommilitonen, die am Hauskreis teilnahmen, waren ziemlich verärgert. Ich selber war eher frustriert. Unser Bibelstudium war unterbrochen worden! Wenn ich auf diesen Vorfall zurückschaue, kann ich kaum glauben, was wir dann machten. Wir kamen nämlich weiter in Jack Smiths Zimmer zusammen. Allerdings blieben seine Freunde fern, so daß nur noch Jack und ich da waren. Was hätte er auch machen können? Wir benutzten ja sein Zimmer! Die Störungen gingen weiter. Schließlich, als Jacks zwischenmenschliche Beziehungen ruiniert waren, brachte er den Mut auf und ließ uns wissen, daß er uns nie wiedersehen wolle.

Irgendwie rechtfertigten wir unser Tun mit dem Mut, den wir als Christen haben sollten. Aber wenn wir uns mit Jesus Christus identifizieren, dann stellen sich Schwierigkeiten und der Druck von außen schon früh genug ein. Wir sollten die letzten sein, die noch selber für solche sorgen!

In diesem Kapitel haben wir das Thema behandelt, wie man mit Menschen ein Bibelstudium beginnen kann. Sehr oft fängt es in diesem Rahmen an – mit einem einzelnen. Wenn wir von der Vorstellung ausgehen, daß wir erst eine Gruppe von Nichtchristen beisammen haben müssen, bevor etwas geschehen kann, dann übersehen wir leicht die Gelegenheiten, die sich uns bei einzelnen Menschen anbieten. Häufig erweisen sich diese Chancen auf lange Sicht als die besten! Die Vorgehensweise, die wir hier beschrieben haben, kann natürlich auch sehr wirksam in einer kleinen Gruppe angewandt werden.

19. Die biblische Grundlage für den Glauben

Bewußter Gehorsam gegenüber Gott durch sein Wort

Das Ziel, das wir verfolgen, wenn wir zur Primärquelle gehen, ist, daß wir Menschen zum Glauben an Jesus Christus bringen. Mark Twain definierte Glauben als „an etwas glauben, wovon man weiß, daß es eigentlich gar nicht wahr ist“. Aber echter Glaube ist genau das Gegenteil – er *muß* auf Wahrheit gegründet sein.

Eine der hilfreichsten Definitionen von Glauben finden wir in Römer 4,21: „Und wußte aufs allergewisseste: Was Gott verheißen hat, das kann er auch tun.“ Glauben ist die feste Zuversicht, daß Gott das tun wird, was er verheißen hat. Zum Glauben kommen heißt also: *wissen,* was Gott gesagt und getan hat, und sich dann mit seinem ganzen Leben darauf einlassen. Der Glaube ist nicht ein Sprung ins Ungewisse. Er ist vielmehr eine bewußte, freiwillige Unterwerfung unter den Willen Gottes für unser Leben.

Beim Evangelisieren schaffen wir beim Nichtchristen die informationsmäßige Grundlage, die er braucht, um im Glauben auf den Ruf Gottes einzugehen. Bei dieser Grundlage, die wir legen müssen, handelt es sich um die biblische Wahrheit. Wann aber können wir wissen, daß sich diese Grundlage genügend gefestigt hat? Es ist nicht immer leicht, das zu erkennen.

In einem unveröffentlichten Artikel unter dem Titel „Die Sündenlehre beim Gemeindebau in anderen Kulturen“ beschreibt Wayne Dye die Bemühungen einer Gruppe von Missionaren, die unter den Bergstämmen Neuguineas arbeiteten. Als sie sich mit diesen primitiven Völkern eingehender beschäftigten, machten ihnen die Vielweiberei und das Betelnußkauen dieser Menschen so sehr zu schaffen, daß diese beiden

Praktiken zum Hindernis für eine christliche Gemeinschaft zu werden drohten.

Doch für die Dorfbewohner waren andere Dinge wichtiger. Nach ihrer Auffassung hing ein langes Leben von der Vermeidung jeglichen Unfriedens ab.

Dye berichtet von einem Fall, wo sich als Folge der missionarischen Bemühungen eine Anzahl dieser Menschen bekehrt hatten. Sie waren getauft worden, hatten mehrere Jahre lang den Zehnten gegeben, die Gottesdienste besucht und die christlichen Verhaltensregeln befolgt, die von den Missionaren eingeführt worden waren. Eines Tages kam einer der Dorfältesten zu den Missionaren und sagte: „Wir haben jetzt wohl genug getan, um abzuzahlen, was Jesus für uns getan hat." Dann kehrten sie wieder zu ihrem alten Heidentum zurück.

Was war geschehen? Sie waren gar nicht zum echten Glauben gekommen. Man hatte auf die heidnischen Voraussetzungen etwas aufgepfropft, das nach christlichem Glauben *aussah*. In der Folge hatten die Dorfbewohner mit den Missionaren mitgemacht, bis sie es leid waren, und gingen dann wieder ihre eigenen Wege.

In einem solchen Fall, wo die Gegensätze zwischen Christentum und Heidentum so kraß sind, bedarf es keiner besonderen Scharfsicht, um zu erkennen, was falsch gelaufen war. Aber dieselbe Gefahr droht überall dort, wo evangelisiert und missioniert wird, und oft ist es sehr schwierig, sie zu erkennen.

Ich lernte Henrique im Januar 1964 in Curitiba (Brasilien) kennen. Wir begegneten uns in einer Kunsthandlung und kamen miteinander ins Gespräch.

Henrique war einer der gescheitesten Menschen, die ich je gekannt habe. Er war außerordentlich belesen und besaß ein erstaunliches Gedächtnis. Er konnte über jedes Thema diskutieren, angefangen bei byzantinischer Kunst bis hin zur Genetik, als ob er gerade gestern erst ein Buch darüber gelesen hätte. Neben Portugiesisch sprach er fließend Englisch und Spanisch. Als wir uns kennenlernten, war er gerade einundzwanzig, frisch verheiratet und leitete eine Sprachschule.

Weil wir uns noch weiter unterhalten wollten, begaben wir uns in ein Restaurant und tranken zusammen Tee. Seine erste Frage war: „Was machen Sie, ein Amerikaner, hier in Curitiba?" Als ich es ihm erzählt hatte, sagte er: „Gut; dann bekehren Sie zuerst einmal mich, dann haben wir eine ganze Schule als Missionsfeld." Er meinte es tatsächlich ernst. Er wollte, daß ich dort an seiner Schule das Evangelium erklärte. Er hatte sich entschieden, das Evangelium anzunehmen, bevor er es überhaupt gehört hatte. Ich ließ ihn bis zum nächsten Tag warten, damit wir in aller Ruhe zusammen die Bibel studieren konnten. Am diesem Tag traf Henrique seine Entscheidung für Christus. Seine Frau folgte einige Wochen später seinem Beispiel. Einige Jahre lang trafen wir uns jeden Tag. Eine tiefe Freundschaft entwickelte sich zwischen uns. Wir wurden wie Brüder.

Ich kannte Henrique erst eine Woche, als ich bei ihm eine gefährliche Charakterschwäche entdeckte. Das erste Mal bemerkte ich sie, als wir zusammen aßen. Er konnte sich beim Essen nicht beherrschen. Darauf aufmerksam geworden, begann ich, nach weiteren Anzeichen für eine mangelnde Selbstbeherrschung Ausschau zu halten. Tatsächlich zeigten sich solche in seinem Umgang mit dem Geld, in der Art und Weise, wie er seinen Beruf ausübte, sowie in seiner starken Abhängigkeit vom Rauchen. Ich geriet deswegen in echte Besorgnis. „Die Frucht des Geistes ... ist Selbstbeherrschung" (Gal. 5,22-23). Aber diese war bei ihm einfach nicht vorhanden.

Die Bibel war für Henrique noch etwas Neues, und so verschlang er sie förmlich. Er legte furchtlos Zeugnis ab, aber auch das nur, weil es für ihn etwas Neues war. Ich sah voraus, daß, wenn der Reiz des Neuen vorbei war und er eine tiefergehende Motivation brauchte, um im Glaubensleben weiterzukommen, es Schwierigkeiten geben würde. Und so war es auch.

Als er aufhörte, von sich aus die Bibel zu lesen, taten wir es gemeinsam, um diesen Mangel an Selbstdisziplin auszugleichen. Wir trafen uns zwei Jahre lang jeden Tag zum gemeinsamen Bibelstudium. Dadurch hatte Henriques Leben immer noch einen christlichen Anstrich. Aber ich sah nie, daß der Heilige Geist ihn an der Wurzel seiner Probleme packen konnte. Ich war mit Gott ein wenig unzufrieden und fragte ihn, warum ich zusätzlich zu meiner Arbeit noch seine Arbeit machen sollte. Doch diese Einstellung half auch nicht weiter.

Ich konnte diese „Transfusion" nicht auf die Dauer aufrechterhalten. Nach ungefähr zwei Jahren beschloß ich, ihn zu „entwöhnen". Henrique mußte jetzt anfangen, seine geistliche Nahrung von Gott selber zu beziehen.

Als wir nach siebenmonatigem Heimaturlaub nach Curitiba zurückkehrten, erfuhren wir, daß Henriques Sprachschule Pleite gegangen war, daß er von seiner Frau geschieden war und die Stadt verlassen hatte.

Das letzte Mal war ich mit Henrique 1971 in einem Restaurant in Porto Alegre zusammen. Auch seine neue berufliche Karriere und seine zweite Ehe waren gescheitert. Im Verlaufe unseres Gesprächs sagte er: „Du weißt gar nicht, wie nahe du daran warst, aus mir einen Christen zu machen!"

Henrique hatte versucht, ein christliches Leben zu führen, ohne Christ zu sein, und ich hatte ihn noch darin unterstützt. Welch ein Leerlauf! Wohl hatte Henrique eine Entscheidung getroffen, aber ich hatte ihm nicht dabei geholfen, die richtige Grundlage für seinen Glauben zu legen. Wir waren also zwei Jahre lang einer Illusion erlegen.

Wir müssen darauf achten, daß sich der Glaube auf die einzig sichere Grundlage, den Felsen des lebendigen Wortes Gottes – des Fleisch gewordenen wie des geschriebenen – gründet (s. Eph. 2,20). Nur auf diesem Fundament kann der Glaube ruhen. Man kann ihn nicht mit anderen Glaubensvorstellungen sowie heidnischen oder humanistischen Philosophien vermischen. Wenn wir zu Gott kommen wollen, müssen wir uns nach seinen Bedingungen richten und nicht nach unseren Vorstellungen.

Wie leicht kann man doch Dinge, die einen anderen stark beschäftigen, mit ein paar oberflächlichen Sätzen übergehen, jemandem ein Übergabegebet entlocken oder ihn etwas anderes tun lassen, was wir als „eine Entscheidung für Christus" werten. Dann gehen wir fort und freuen uns über unseren vermeintlichen Erfolg. Eine der Herausforderungen an den Missionar ist, zu erkennen, ob diejenigen, denen er seelsorgerlich dient, auch wirklich ihren Glauben in Jesus Christus gesetzt haben, oder ob sie sich nur dem Missionar selber angeschlossen haben. Manchmal kann es eine ganze Generation dauern, bis ein solcher falscher Glaube aufgedeckt wird.

Wo immer also evangelisiert wird, sollte der Zeuge Jesu sich um eine echte Reaktion derer bemühen, die das Evangelium gehört haben. Oberflächliche, gut gemeinte Entscheidungen untergraben nur eine echte Bekehrung. So hatte Henrique alles getan, was ich ihm als notwendige Schritte für eine echte Bekehrung erklärt hatte. Folglich nahmen er und ich an, daß eine geistliche Wiedergeburt stattgefunden hatte, obgleich das überhaupt nicht der Fall gewesen war. Wenn so etwas geschieht, führt es entweder zu Verwirrung oder – wie in unserem Fall – zu Enttäuschung.

Wenn jemand auf unser Angebot eingeht und auf den versprochenen Segen wartet, der dann aber ausbleibt, so ist das Endresultat nur Desillusion. Als ich einem unserer Nachbarn in Amerika das Evangelium bezeugte, antwortete er: „Mann, ich bin schon dreimal bekehrt worden." Er hatte es mit dem Glauben versucht, aber es hatte nicht funktioniert. Also probierte er es mit etwas anderem.

Wie können wir so etwas vermeiden?

Eine Entscheidung treffen

Drei Persönlichkeitsbereiche sind betroffen, wenn wir uns für Christus entscheiden oder sonst eine wichtige Entscheidung im Leben zu treffen haben: das Gefühl, der Verstand und der Wille.

Da begegnet zum Beispiel ein junger Mann einer jungen Frau. Sie fühlen sich augenblicklich zueinander hingezogen. Sie sagen sich beide: „Das wäre jemand, den ich gerne heiraten würde." Wenn sie zu diesem Zeitpunkt ihrem Gefühl nachgeben würden, gäbe es bald eine Hochzeit. Doch der Verstand schaltet sich ein und stellt die gefühlsmäßige Reaktion in Frage. Würden wir wirklich zusammenpassen? Wie ist sie in Wirklichkeit? Kann ich für ihren Unterhalt sorgen? Beide kommen zu dem Schluß, daß es besser wäre, sich noch etwas mehr Zeit zu lassen und ein paar Fragen zu klären, bevor sie eine feste Verbindung eingehen. Also werden die beiden jetzt mehr Zeit miteinander verbringen. Er stellt schließlich fest, daß ihr inneres Wesen genauso schön ist wie ihr Äußeres. Jetzt stellt sich auch sein Verstand auf die Seite seiner Gefühle und befürwortet den Gedanken an eine Heirat.

Aber die letzte und schwierigste Entscheidung muß noch getroffen werden – die Entscheidung mit dem Willen. Bevor es zum Gang zum Traualtar kommt, stellt sich der Wille verschiedene Fragen: „Bin ich bereit, meine gewohnte Lebensweise für jemand anders aufzugeben? Was ist mit meiner Freiheit – lohnt sich der Tausch? Will ich wirklich die zusätzliche Verantwortung auf mich nehmen?" Erst dann wird es zur Hochzeit kommen, wenn schließlich auch der Wille mit den Gefühlen und dem Verstand zur Übereinstimmung gelangt. Genauso verhält es sich, wenn man zu Christus kommt.

Sagt uns das nicht auch das Gleichnis vom Sämann?

> „Wenn jemand das Wort von dem Reich hört und nicht versteht, so kommt der Arge und reißt hinweg, was da gesät ist in sein Herz; das ist der, bei dem an den Weg gesät ist. Bei dem aber auf das Felsige gesät ist, das ist, der das Wort hört und es alsbald aufnimmt mit Freuden; aber er hat nicht Wurzel in sich, sondern er ist wetterwendisch; wenn sich Trübsal und Verfolgung erhebt um des Wortes willen, so nimmt er Ärgernis. Bei dem aber unter die Dornen gesät ist, das ist, der das Wort hört, und die Sorge der Welt und der Betrug des Reichtums erstickt das Wort, und er bringt nicht Frucht. Bei dem aber in das gute Land gesät ist, das ist, der das Wort hört und versteht es und dann auch Frucht

bringt; und der eine trägt hundertfältig, der andere sechzigfältig, der andere dreißigfältig“ (Mt. 13,19-23).

Der Unterschied in der Reaktion liegt nicht im Samen, sondern an der Beschaffenheit des Bodens. Vier verschiedene Böden – vier verschiedene Reaktionen.

1. Der Same, der an den Weg gesät wird. Der Boden war hart. Es gab nicht genug lockeren Boden, damit auch nur eine gefühlsmäßige Reaktion zustande kommen konnte. Wir alle kennen solche Menschen. Sie sind gleichgültig und interessieren sich überhaupt nicht für Glaubensdinge. Diese Menschen sind am schwersten für Jesus zu gewinnen. Sie mögen gebildet und nett sein, aber gänzlich verschlossen gegenüber dem Wort Gottes. Es gibt für sie nur eine Hoffnung, nämlich daß Gott selber diesen harten Boden aufbricht, die Beschaffenheit des Bodens verändert und ihn bearbeitet, damit er den guten Samen aufnehmen kann. Im Blick auf solche Menschen können wir zunächst nur eines tun: für sie beten. Gott "gräbt“ ihren harten Herzensboden auf, wenn wir beten. Wie oft habe ich schon erlebt, daß Gott so etwas getan hat, und es ist immer wieder beeindruckend.

2. Dann gibt es den felsigen Boden. Dieser Mensch hört das Wort und nimmt es zuerst mit Freuden auf. Er reagiert gefühlsmäßig, aber ihm fehlt die entsprechende Grundlage für den Glauben. Darum ist seine Reaktion nicht von Dauer. Was ist hier geschehen? Menschen dieser Art fangen erst nach ihrer Entscheidung an zu denken. Sie stellen hinterher alles, was sie vorher getan haben, wieder in Frage. Sie schämen sich sogar ihrer Gutgläubigkeit und Impulsivität. Oftmals gehen sie dann denen aus dem Weg, die dafür verantwortlich sind, daß sie eine Entscheidung getroffen haben.

In diesem Fall fehlte vor allem – so wird es im Gleichnis erklärt – das rechte Verständnis. Die vorher getroffene Entscheidung hielt einer genaueren, verstandesmäßigen Prüfung nicht stand. Aus irgendeinem Grund sind solche Menschen verstandesmäßig noch nicht zu einer verbindlichen Übergabe an Christus bereit.

3. Einige Samenkörner fallen zwischen die Dornen. Hier geht der Same auf, und die Sache sieht gut aus. Sicher wird diesmal Frucht entstehen! Aber andere Samenkörner liegen noch unbeachtet auf demselben Boden. Es sind „die Sorgen dieses Lebens“ und „der Betrug des Reichtums“. Es sind anderweitige Interessen und Ambitionen. Der Wille hält noch an Dingen fest, die mit der Zeit die positive Reaktion auf das Evangelium wieder zunichte machen.

Weshalb entschließt sich ein solcher Mensch überhaupt, Christ zu werden? Vielleicht tut er es nur deshalb, weil ihm die Argumente gegen das Evangelium ausgegangen sind. Er findet keine Gründe mehr, warum er nicht Christ werden sollte, selbst wenn er es eigentlich gar nicht will. Es ist eigentlich gar nicht so schwer, die Argumente eines Menschen gegen das Evangelium zu zerstreuen. In einer solchen Situation hört man dann nicht selten den anderen einfach sagen: „Sie haben gewonnen!" Er beugt sich zwar der Wahrheit, stellt aber sein Leben nicht unter die Herrschaft Christi. Sein Wille behauptet sich immer noch.

Haben Sie sich jemals darüber Gedanken gemacht, wie leicht es für Gott eigentlich wäre, jedem Menschen seine Existenz zu beweisen? Oder denken wir an Jesus – warum ging er nicht wenigstens einmal nach seiner Auferstehung zurück nach Jerusalem in den Tempel, hielt dort eine Rede und forderte die heraus, die ihn drei Tage zuvor getötet hatten? Statt dessen beschränkte sich Jesus darauf, diejenigen zu besuchen, die sowieso schon an ihn glaubten. Wäre er in den Tempel gegangen, hätte die ganze Welt anerkannt, daß er der Messias ist. Warum tat er es nicht? Ich glaube, er war gar nicht daran interessiert, daß die Leute daraufhin praktisch gegen ihren Willen vor seiner Souveränität kapituliert hätten. Das hätte nichts mit Glauben und Liebe zu tun gehabt, sondern wäre nur ein widerwilliges Eingeständnis gewesen, daß seine Botschaft tatsächlich die Wahrheit war.

Es wird ein Tag kommen, an dem das geschehen wird, was ich gerade beschrieben habe; aber es wird der Tag des Gerichts sein.

Es kann sich auch jemand deshalb für Christus entscheiden, weil er meint, sein Leben trotzdem nach seinem Willen einrichten zu können. Das ist ausgeschlossen. Die Bedingungen, auf welche Weise wir zu Gott kommen, stellen nicht wir, sondern er.

In den dreieinhalb Jahren seines öffentlichen Wirkens gab es eine Zeit, in der Jesus große Popularität beim Volk genoß. Die Massen folgten ihm überall hin. Ihnen gefiel, was er sagte. Seine Wunder faszinierten sie. Sie wollten ihn zum König machen. Nach außen betrachtet, war Jesus sehr erfolgreich. Er ließ sich aber nicht davon beeindrucken. Im Gegenteil, er stieß die Leute mit einer Reihe von harten Aussprüchen bewußt vor den Kopf, worauf sie verletzt reagierten und nach Hause zurückgingen (s. Joh. 6,25-66).

Wo lag das Problem? Die Menschen folgten Jesus aus falschen Beweggründen. Er sagte ihnen, er könne sie nicht in seiner Nachfolge gebrauchen, wenn sie nicht bereit wären, ihn als die einzige Quelle des ewigen Lebens anzunehmen. Obwohl sie Jesus mochten, waren sie nicht bereit, ihn zum Mittelpunkt ihres Lebens zu machen. Schockiert durch seine hohen Anforderungen gingen sie weg.

Der eigene Wille war schon immer das größte Hindernis für den persönlichen Glauben. Das kommt daher, daß das Kernproblem seit dem Sündenfall die Auflehnung des Menschen gegen Gott ist. Satan sagte zu Eva: „Ihr werdet sein wie Gott" (1.Mo. 3,5). Das war ein verlockendes Angebot! Auflehnung bedeutet, daß man sein eigener Gott sein möchte (s. Jes. 53,6).

In einem Menschen, der sich gegen Gott auflehnt, kann Gott nur in beschränktem Maße wirken. Gott hat uns so erschaffen, daß er unsere Entscheidungsfreiheit nicht verletzt. Das zeigt sich auch in seinem Aufruf an sein Volk: „Warum wollt ihr sterben, ihr vom Hause Israel? Denn ich habe keinen Gefallen am Tod des Sterbenden, spricht Gott der Herr. Darum bekehrt euch, so werdet ihr leben" (Hes. 18,31-32).

Oft evangelisieren wir unter den Menschen um uns her auf eine Weise, als meinten wir, daß Unkenntnis das Haupthindernis zum Glauben wäre. Es ist ein Hindernis, jedoch nur ein untergeordnetes. Stellen Sie sich vor, wie leicht es sonst wäre, in Ihrer Stadt zu evangelisieren, wenn die Aufgabe lediglich darin bestünde, die aufzuklären, die vom Evangelium noch keine Ahnung haben. Aber Errettung bedeutet, daß man sich völlig Christus ausliefert. Einen anderen Weg kann es nicht geben.

4. Der vierte Boden ist das gute Land. „Er hört das Wort und versteht es." Wir wissen, daß jemand einem guten Boden gleicht, wenn er Frucht bringt. Wir wissen, daß da, wo Frucht ist, auch Leben ist.

Wie können wir wissen, daß ein neues, geistliches Leben begonnen hat? Woher wissen wir, daß ein Baby geboren wurde? Das Leben spricht für sich selbst. Christ werden ist gleichbedeutend mit dem Empfang des Heiligen Geistes (s. Röm. 8,9). Ist es möglich, daß der Schöpfer aller Dinge, der alle Macht und Weisheit besitzt, in ein Menschenleben tritt, ohne daß man etwas davon bemerkt? Der Beweis für geistliches Leben besteht nicht einfach darin, daß man auf bestimmte Fragen die richtigen Antworten gibt. Er liegt aber im Offenbarwerden der Geistesfrucht: „Liebe, Freude, Friede, Geduld, Freundlichkeit, Gütigkeit, Glaube, Sanftmut, Keuschheit" (Gal. 5,22-23).

Die Heilsgewißheit eines Neubekehrten stammt aus derselben Quelle: „Und daran erkennen wir, daß er in uns bleibt, an dem Geist, den er uns gegeben hat" (1.Joh. 3,24).

20. Die dynamischen Kräfte bei der Bekehrung

Der Christ, der Heilige Geist und die Bibel

Wir sind zu dem Schluß gekommen, daß das Haupthindernis zum Glauben nicht die Unwissenheit, sondern die Auflehnung gegen Gott ist. Wenn das zutrifft, hängt es weitgehend von den Mitteln ab, deren sich Gott bedient, um Menschen zu sich zu ziehen. Wie wir schon früher sahen, macht Gott seinen Einfluß auf die Geschicke der Nationen geltend und wirkt durch Umstände und Ereignisse, um Menschen für seine Botschaft vorzubereiten. Darüber hinaus stehen Gott noch andere Einflußmöglichkeiten zur Verfügung: der Heilige Geist, die Bibel und der Christ. Das sind die drei Hauptwerkzeuge, die Gott für sein Versöhnungswerk einsetzt.

Wir haben uns auch schon damit befaßt, daß Gott den Christen auf drei verschiedenen Ebenen einsetzt: durch das Zeugnis seines Lebens, durch das gemeinschaftliche Zeugnis der Christen und durch das gesprochene Zeugnis des einzelnen Christen. In diesem Kapitel wollen wir noch die beiden anderen Möglichkeiten zur Beeinflussung untersuchen: den Heiligen Geist und die Bibel.

Der Heilige Geist

Als wir 1964 mit unserer Arbeit in Curitiba, Brasilien, begannen, sah ich mich vor die dringende Notwendigkeit gestellt, etwas zu unternehmen. Da waren wir nun, vollbeschäftigt mit all dem, was ein Familienleben mit sich bringt. Eines Tages, als meine Frustration ein nie zuvor erreichtes Ausmaß angenommen hatte, schrieb ich in mein Tagebuch: „Ich bin jetzt ein ausgewachsener Missionar. Ich habe ein Haus, ein Auto und eine Kamera. Das einzige, was mir fehlt, sind Menschen!"

Wir waren Ausländer, Fremde in der Stadt und kannten nicht eine

Menschenseele. Ich suchte verzweifelt nach etwas, was ich tun konnte, um in meinen Augen eine Daseinsberechtigung zu haben.

Ich entdeckte bald, daß es nicht so schwer ist, eine Beschäftigung zu finden, wenn man nicht wählerisch ist. Es ergaben sich verschiedene Möglichkeiten, aber als ich sie prüfte, gab Gott mir einen beunruhigenden Gedanken aus Matthäus 15,13 ins Herz. Er begleitete mich überall hin und läßt mich bis heute nicht los. Jesus sagte: „Alle Pflanzen, die mein himmlischer Vater nicht gepflanzt hat, die werden ausgerissen."

Wie leicht ist es doch, irgend etwas zu machen, nur weil man sich von einem falsch verstandenen Pflichtbewußtsein bestimmen läßt, weil wir um etwas gebeten wurden und nicht nein sagen konnten, oder weil wir einfach das Gefühl hatten, etwas tun zu müssen. Mir wurde klar, daß, wenn Gott nicht mit mir war bei dem, worauf ich mich in Curitiba eingelassen hatte, alles vergeblich wäre. Nichts würde davon überdauern. Als ich die verschiedenen Möglichkeiten überdachte, beschloß ich, keinen Gebrauch davon zu machen und meine Spannungen auszuhalten. Gott mußte zuerst in Aktion treten, bevor ich etwas anfing. Meine Abhängigkeit vom Heiligen Geist führte mich in die Nähe schierer Verzweiflung. Ich sah mir einige Verheißungen in Jesaja 45,13-14 an. Sechs Monate lang fing ich jeden Tag damit an, diese Verse zu lesen, darüber zu beten und sie für unseren Dienst in Brasilien in Anspruch zu nehmen.

Jesus sagte: „Ohne mich könnt ihr nichts tun" (Joh. 15,5). Wenn der Heilige Geist nicht in spürbarer Form in unseren Aktivitäten beteiligt ist, dann sollten wir herausfinden, was falsch läuft, oder damit aufhören. Nachdem Jesus auferstanden war, sagte er zu seinen Jüngern, sie sollten nach Jerusalem gehen, sich in einem Raum einschließen und auf das Kommen des Heiligen Geistes warten. Das war alles, wozu sie fähig waren, bevor der Heilige Geist auf den Plan trat.

Der Heilige Geist und die Bekehrung

Jesus beschreibt in Johannes 16,7-11, worin die Rolle des Heiligen Geistes beim Versöhnungsvorgang besteht. Er sagt, er würde den Jüngern den Heiligen Geist senden, und dieser würde die Welt von drei Dingen überführen: von Sünde, Gerechtigkeit und Gericht. Genau diese drei Dinge sind notwendig, um die „Bodenbeschaffenheit" des menschlichen Herzens zu verändern, damit der gute Same des Wortes Gottes darin Aufnahme finden kann.

Jesus geht auf diese drei Dinge näher ein und beschreibt drei Zusammenhänge zwischen Ursache und Wirkung: „Über die Sünde, daß sie nicht glauben an mich; über die Gerechtigkeit: daß ich zum Vater gehe ... über das Gericht, daß der Fürst dieser Welt gerichtet ist" (Joh. 16,9-11). Die Beziehung zwischen Ursache und Wirkung ist in diesen Versen nicht sofort erkennbar.

Was hat die Überführung von Sünde durch den Heiligen Geist damit zu tun, daß jemand nicht an Jesus Christus glaubt? Sehr viel sogar, denn *Unglaube ist die Wurzel aller Sünde.* Unglaube bedeutet soviel wie Auflehnung gegen Gott. In Lukas 16 lesen wir von einem reichen Mann, der sich, nachdem er in die Hölle gekommen war, um seine Brüder sorgte. Er bat daher, daß Lazarus, der Bettler, der vor seiner Tür gelebt hatte und gleichfalls gestorben war, zu seinen Brüdern auf die Erde geschickt würde, um sie zu warnen. Abrahams Entgegnung auf diese Bitte war bestürzend: „Sie haben Mose und die Propheten [das Alte Testament], laß sie dieselben hören ... Hören sie Mose und die Propheten nicht, so werden sie auch nicht glauben, wenn jemand von den Toten auferstünde" (Lk. 16,29.31).

Auch hier werden wir wieder daran erinnert, daß das Hauptproblem des Menschen nicht seine Unwissenheit ist, sondern seine Auflehnung gegen Gott. Wenn Menschen nicht an die Evangeliumsbotschaft glauben, obwohl sie sie verstanden haben, dann deshalb, weil sie nicht wollen. Darum sendet Gott den Heiligen Geist, um den Menschen von seiner Sünde zu überführen.

Was hat es mit dem zweiten Ausdruck, mit der Gerechtigkeit auf sich? Jesus sagte, der Heilige Geist werde die Menschen von ihrer Schuld „in bezug auf die Gerechtigkeit" überführen, weil er „zum Vater geht" (Joh. 16,10). Worin besteht hier die Beziehung? Einfach darin, daß Jesus der vollkommene Maßstab für Gerechtigkeit ist. Sein Leben ist eine Definition dessen, was Gerechtigkeit ist. Während Jesus als Mensch in dieser Welt war, trat die Ungerechtigkeit des Menschen offen zutage. Er unterstrich dies durch Aussagen wie: „Ich bin das Licht der Welt" und: „Es ist das Licht noch eine kleine Zeit bei euch. Wandelt, solange ihr das Licht habt, damit euch die Finsternis nicht überfalle" (Joh. 12,35). Als Jesus diese Welt verließ, sandte er den Heiligen Geist, damit dieser seine Aufgabe übernahm. Heute ist der Heilige Geist der Maßstab für das, was wahre Gerechtigkeit ist, und zeigt dem Menschen in seinem Herzen, wie wenig er vor Gott bestehen kann.

Was sagt der dritte Ausdruck über die Beziehung zwischen Ursache und Wirkung aus: „Über das Gericht, daß der Fürst dieser Welt gerichtet ist" (Joh. 16,11)? Wir leben auf einem gefallenen Planeten, der von Sünde geplagt wird. Die ganze Schöpfung kommt ins Gericht. Satan, der Fürst dieser Welt, ist schon tödlich verwundet.

Nichtsdestoweniger lebt und handelt der Nichtchrist so, als wären seine Leistungen und sein Besitz ewig. Es gehört zum Werk des Heiligen Geistes, daß er dem Nichtchristen die Unsicherheit, die Sinnlosigkeit und die kurze Dauer seines Lebens bewußt macht.

Der Heilige Geist überführt von Sünde, Gerechtigkeit und Gericht. Welch eine Erleichterung für uns, zu sehen, daß diese Verantwortung auf ihm liegt und nicht auf uns!

Die Bibel und die Bekehrung

Die Bibel ist unsere Autorität. Sie vermag sich selbst gegenüber dem Ungläubigen zu behaupten. Unsere Aufgabe als Zeugen ist nicht, sie zu verteidigen, sondern ihr Gelegenheit zu schaffen, damit sie ihre Wirkung ausüben kann.

Aber was fangen wir mit Nichtchristen an, die sich weigern, die Autorität der Bibel zu akzeptieren? Die Position des säkularisierten Menschen läßt entweder auf seinen Unglauben oder auf seine Ablehnung der Autorität der Bibel schließen. Was sagen wir ihm?

Wir sollten uns nicht in Diskussionen über die Inspiration und Autorität der Bibel hineinziehen lassen. Nicht, weil dies kein wichtiges Thema wäre, sondern weil das nicht der richtige Ausgangspunkt ist. Die Wahrheiten des Evangeliums weisen eine gewisse Reihenfolge auf, die wir ebenso beachten sollten, wie man das Dach ja auch erst auf ein Haus setzt, wenn dessen Mauern hochgezogen sind.

Jorge, einer unserer Freunde, wurde Christ. Später nahm auch Elisa, seine Verlobte, Christus an. Elisas Vater, ein Deutscher und immer noch ein treuer Anhänger des Dritten Reiches, war entsetzt. Er suchte uns zu Hause auf, um herauszufinden, wer wir waren und was wir mit seiner Tochter machten. Er war so wütend, daß er einen kleinen Salontisch in unserem Wohnzimmer übersah und umrannte. In seiner Wut – zum Teil wegen seiner Tochter und zum Teil wegen des Schmerzes am Schienbein – verkündete er lautstark, er werde anfangen, die Bibel von der ersten bis zur letzten Seite zu studieren, um ihre Glaubwürdigkeit zu widerlegen. Er wolle im 1.Buch Mose anfangen und alle Irrtümer und Widersprüche notieren.

Natürlich hat er das nicht geschafft. Jedem Punkt, den er aufwarf, fehlte die Beweiskraft. Irgendwo in der „Wüste“ zwischen 3. und 4.Mose gab er auf. In der Zwischenzeit wuchs seine Tochter Elisa zu einem reifen Gotteskind heran.

Fast alle Leute, mit denen wir im Laufe der Jahre über das Evangelium sprachen, waren zuerst nicht bereit, die Autorität und Inspiration der Bibel anzuerkennen. Dennoch kam es selten vor, daß ich mit Nichtchristen oder mit solchen, die wir zu Christus führten, über dieses Thema zu reden brauchte. Und wenn dies geschah, dann handelte es sich gewöhnlich um den geschichtlichen Hintergrund der Bibel und um das Wie und Wann ihrer Entstehung.

Da die Bibel in der Tat autoritativ ist, beansprucht sie ihren rechtmäßigen Platz im Leben eines Neubekehrten, der sich mit ihr beschäftigt. Nach und nach akzeptiert er unbewußt ihre Entscheidungshoheit. Das geschieht, weil die Bibel die Wahrheit ist. Sie bringt Licht und Wahrheit in die Themen, die sie anspricht. Wenn sie Aussagen über den Menschen, das Leben, die Gesellschaft und die Welt macht, dann klingen ihre Worte wahr.

Aber die Bibel geht noch einen Schritt weiter. Sie deckt die Irrtümer und die Inkonsequenzen in unseren persönlichen Anschauungen auf. „Denn das Wort Gottes ist lebendig und kräftig und schärfer und dringt durch, bis daß es scheidet Seele und Geist, auch Mark und Bein, und ist ein Richter der Gedanken und Sinne des Herzens" (Hebr. 4,12).

Was sonst könnte ein Nichtchrist tun, wenn er mit dieser lebendigen, aufdeckenden und prophetischen Kraft der Bibel konfrontiert wird, als anzuerkennen, daß sie wirklich die entscheidende Autorität ist? Er wird sich entweder der Herrschaft Christi beugen oder aber zugeben, daß er einfach nicht will, daß dieser über sein Leben herrscht.

Wo anfangen?

Welches ist der Ausgangspunkt? Wo fangen wir an, wenn wir positive Reaktionen hervorrufen wollen? Die Antwort auf diese Frage hängt ganz davon ab, wo der Zuhörer steht. Was weiß und versteht er? Was anerkennt er?

In jedem Fall läßt sich, wie wir schon in Kapitel 3 gesehen haben, die gesamte christliche Botschaft in zwei Fragen zusammenfassen. Doch ungeachtet dessen, wie ein Mensch zu diesen beiden Fragen steht, besteht unser Ziel darin, mit ihm ein Bibelstudium zu beginnen. Bei den beiden Fragen handelt es sich um jene, die Paulus Jesus bei ihrer Begegnung auf dem Weg nach Damaskus stellte: „Herr, wer bist du?" und: „Herr, was soll ich tun?" (Apg. 22,8.10).

Anders ausgedrückt heißen die beiden Fragen: „Wer ist Jesus?" und „Was will er, daß ich tun soll?"

Wer ist Jesus?

Die Mitte der Bibel ist eine historische Gestalt: Jesus von Nazareth. Er sagte: „Wenn ihr mich kenntet, so kenntet ihr auch meinen Vater. Von nun an kennet ihr ihn und habt ihn gesehen ... Wer mich sieht, der sieht den Vater" (Joh. 14,7.9).

Die Grundaussage des christlichen Glaubens ist, daß man Gott kennen kann: er hat den ersten Schritt gemacht und die Kluft zwischen sich und dem Menschen geschlossen. Das ist entscheidend, denn wenn das nicht stimmen würde, wäre der Mensch bei seiner Suche nach Gott auf seine eigenen, schwachen fünf Sinne angewiesen und käme doch nirgendwo hin. Kurz gesagt: Entweder war Jesus Gott oder man kann Gott nicht kennen. Im letzteren Fall würde für uns alles nur noch relativ sein.

Nach Aussage der Bibel hat Gott sich in der Geschichte auf verschiedenste Weise geoffenbart, bis dieser Prozeß in Jesus seinen endlichen Höhepunkt erreichte. „Nachdem Gott vorzeiten manchmal und auf mancherlei Weise geredet hat ... durch die Propheten, hat er in den letzten Tagen zu uns geredet durch den Sohn ... Er ist der Abglanz seiner Herrlichkeit und das Ebenbild seines Wesens" (Hebr. 1,1-3).

„Das Ebenbild seines Wesens". Können Sie glauben, daß Gott existiert? Wer war dann Jesus? Wie verhält es sich mit der Gerechtigkeit Gottes? Haben Sie auch damit Probleme? Dann schauen Sie auf Jesus. Wie sah sein Gerechtigkeitsempfinden aus? Wie ist es mit dem Problem des Bösen in der Welt? Wie hat Jesus sich dem Bösen gegenüber verhalten? Ist die Bibel das inspirierte Wort Gottes? Was sagte Jesus darüber?

Bevor wir nicht diese grundlegende Frage nach der Person Jesu geklärt haben, können wir auch nichts Schlüssiges über andere einzelne Punkte sagen. Gelangen wir aber zu dem Schluß, daß Jesus Gott ist, werden wir entdecken, daß viele unserer anderen Fragen, die vorher unlösbar schienen, mit einem Mal entweder überflüssig oder aber leicht erklärbar sind.

Die Bibel bringt Menschen zu dieser Schlußfolgerung über Jesus. Johannes sagte, sein Evangelium sei geschrieben worden, „auf daß ihr glaubet, Jesus sei der Christus, der Sohn Gottes, und daß ihr durch den Glauben das Leben habet in seinem Namen" (Joh. 20,31).

Jesus wies die ungläubigen Juden zurecht, weil sie das Grundanliegen der Heiligen Schrift nicht verstanden. Er sagte zu ihnen: „Ihr suchet in der Schrift, denn ihr meinet, ihr habt das ewige Leben darin." Aber Jesus fügte hinzu, daß das Ziel der Schrift ist, „von ihm zu zeugen" (Joh. 5,39).

Die erste Aufgabe, die die Bibel bei der Bekehrung erfüllt, ist also, auf die Frage: „Wer ist Jesus?" Antwort zu geben. Wenn wir auf diese Frage antworten, gewinnt die nächste Frage an Bedeutung.

Was will Jesus, daß ich tun soll?

Es versteht sich von selbst, daß diese zweite Frage bedeutungslos wird, wenn der Nichtchrist nicht zu dem Schluß kommt, daß Jesus Gott ist. Glaubt er aber, daß Jesus der ist, der zu sein er beansprucht, dann wird jedes andere Problem in seinem Leben von dieser einen Frage überragt: „Was will Jesus, daß ich tun soll?"

Wenn die Menschwerdung Jesu wahr ist, wenn Gott wirklich Mensch wurde, muß diese Tatsache für jeden Menschen auf der Erde von allergrößter Bedeutung sein. Logischerweise müssen wir dann fragen: „Was willst du, daß ich tun soll?"

Für den Nichtchristen gibt es nur eine mögliche Antwort: glauben.

Eines Tages kam aus der Menge, die Jesus nachfolgte, eine ganz ähnliche Frage wie die, die uns an dieser Stelle beschäftigt: „Was sollen wir tun, daß wir Gottes Werke wirken?" Jesus antwortete: „Das ist Gottes Werk, daß ihr an den glaubet, den er gesandt hat" (Joh. 6,28-29).

Ich werde nie den Tag vergessen, als ich die Antwort auf die erste Frage „Wer ist Jesus?" so richtig begriff. Die erste logische Reaktion, die mir einfiel, war, daß ich auch die zweite Frage beantworten und sofort zur Tat schreiten wollte. Ich besorgte mir ein Notizbuch und schrieb jedes Gebot auf, das ich in den Evangelien finden konnte. Als mein Notizbuch zu zwei Dritteln voll war, packte mich die Verzweiflung. Ich erkannte: das kann ich ja gar nicht alles ausleben, ich kann mich nicht einmal an alles erinnern. Ich war mir der Eigendynamik meines Stoffes nicht bewußt. Die Bibel ist ein lebendiges Buch, die in unser Leben hineinspricht, sofern wir das Gelesene anwenden. Die Bibel wird unter der Einwirkung des Heiligen Geistes lebendig, und zwar entsprechend unseren persönlichen Bedürfnissen.

Tatsächlich werden wir keine dieser beiden Fragen je endgültig beantworten. Ständiges Wachstum im Glaubensleben ergibt sich aus wachsender Einsicht in die Person Jesu Christi. „Wer ist er?" und „Was will er, daß ich tun soll?" – diese beiden Fragen sollten in jeder Lebenslage an erster Stelle stehen. Auch bei unserem täglichen Bibellesen müssen uns immer wieder und vor allem diese Fragen beschäftigen.

Wir haben uns in diesem Kapitel damit befaßt, wie Gott sich im Rahmen des Versöhnungswerkes einer gewissen Arbeitsteilung bedient. Die *Christen,* einzeln und gemeinsam, legen mit ihrem Leben und Reden Zeugnis ab. Sie bringen den Nichtchristen in Hörweite des Wortes Gottes. Die *Bibel* offenbart die Wahrheit und zeugt von Christus. Der *Heilige Geist* überführt, führt den Menschen zur Buße und gibt neues Leben.

Das Folgende ist ein Beispiel dafür, wie alle drei Möglichkeiten zusammenwirken.

Das Beispiel von Abrahao

Abrahao studierte an der Universität von Parana in Brasilien Agrarwissenschaften. Es ging ihm bei seinem Studium nicht so sehr um eine Berufsausbildung, als vielmehr darum, an der Universität Unruhe zu stiften. Er war Kommunist. Sein Zimmerkamerad im Studentenheim war ausgerechnet ein junger Christ. Sein Name war Jark. Abrahao machte sich auf unbarmherzige Weise über Jark lustig, bis dieser so frustriert war, daß er Abrahao in einen unserer Bibelkreise einlud. Abrahao hatte erreicht, was er wollte – die Möglichkeit, noch mehr Unruhe zu stiften.

Er nahm in einer Ecke unseres Wohnzimmers, wo der Bibelkreis zusammenkam, Platz und zeigte sich an allem, was gesagt wurde, scheinbar uninteressiert. Plötzlich, als das Gespräch beinahe zu Ende war und jeder schon mehr am nachfolgenden Kaffee interessiert war als weiter zuzuhören, hob Abrahao die Hand. Er stellte dem Hauskreisleiter eine gezielte Frage. Dieser mußte einen Augenblick lang überlegen. Abrahao nutzte diese Gelegenheit, um eine zweite Frage folgen zu lassen. Jetzt waren schon zwei Fragen zu beantworten. Der Leiter war sichtlich verwirrt. Die Verlegenheitspause wurde größer. Abrahao stellte zusätzlich zu den beiden anderen noch zwei oder drei Fragen. Als der Leiter in seiner Verwirrung immer noch kein Wort herausbrachte, sagte Abrahao: „Sehen Sie, Sie wissen noch nicht einmal, wovon Sie reden. Sie sind gar nicht in der Lage, meine Fragen zu beantworten."

In den folgenden Wochen ließ Abrahao nicht eine einzige Zusammenkunft aus. Er tat sein Bestes, um soviel Verwirrung wie möglich zu stiften. Ich überlegte, ob ich ihn nicht bitten sollte, doch unseren Bibelgesprächen fernzubleiben. Doch dann beschloß ich, noch einen letzten Versuch zu machen, um ihm näher zu kommen.

Am Schluß unseres nächsten Bibelstudiums, als Abrahao und ich uns etwas unterhielten, fragte ich ihn: „Abrahao, wie stehen deiner Meinung nach die Chancen für mich?"

Er wollte wissen, was ich damit meinte. So fuhr ich fort: „Wieviel

Chancen habe ich, daß ich im Recht bin, wenn ich das Gegenteil von dir behaupte und sage, daß es Gott gibt?"

Er lachte: „Keine!"

Dann sagte ich: „Willst du damit sagen, daß du alles menschliche Wissen und alles Unbekannte erforscht hast, daß du das ganze Universum durchsucht hast und jetzt vor mir stehen und sagen kannst: Beruhige dich, es gibt keinen Gott?"

Er erwiderte: „Das würde ich nicht sagen."

„Dann räumst du also die Möglichkeit ein, daß ich recht habe und du unrecht?"

Er stimmte zu. Ich ließ nicht locker: „Wieviel Chance gibst du mir ein? Zwanzig Prozent?"

„Nein."

Ich handelte mit ihm um fünfzehn, um zehn Prozent und sagte schließlich: „Fünf Prozent mußt du mir aber bestimmt geben."

Er wollte wissen, worauf ich hinauswollte. Ich entgegnete: „Wenn ich recht habe und du unrecht, dann hast du verloren. Und da diese Möglichkeit besteht, wäre es das einzig Vernünftige für dich, nachzuprüfen, wer von uns recht hat."

Er fragte: „Wie kann ich das tun?"

Ich antwortete: „Indem du zur Urquelle zurückgehst. Jeder, der ernsthaft forscht, läßt die Sekundärquellen beiseite (also das, was andere Menschen zu einem Thema gesagt haben) und prüft statt dessen die Originaldokumente."

„Und welches sind die Urquellen des Christentums?"

„Die Bibel."

„Ich glaube nicht an die Bibel."

Ich antwortete: „Dann hast du einen Vorteil mir gegenüber. Die Bibel ist das einzige Originaldokument, das wir Christen haben. Wenn du die Bibel widerlegen kannst, hast du gewonnen."

Er fragte: „Was schlägst du vor?"

Ich erklärte: „Die Bibel ist ein dickes, kleingedrucktes Buch. Du kannst es nicht wie irgendein anderes Buch von vorne bis hinten durchlesen; denn sie ist wie eine Bibliothek, die 66 Bücher umfaßt. Du wirst Hilfe brauchen, um zu wissen, welches Buch du zuerst lesen solltest. Ich möchte dir gerne zeigen, wo du nachschauen mußt, und ich will dir helfen, zu verstehen, was die Bibel sagt."

Abrahao ging auf mein Angebot ein, und wir machten ab, wann wir uns das erste Mal treffen wollten.

Ich führte ihn in das Johannesevangelium ein und bat ihn zu Beginn, die ersten drei Verse zu lesen: „Am Anfang war das Wort, und das Wort war bei Gott, und Gott war das Wort. Dasselbe war im Anfang bei Gott. Alle Dinge sind durch dasselbe gemacht, und ohne dasselbe ist nichts gemacht, was gemacht ist" (Joh. 1,1-3).

Ich fragte Abrahao, ob er verstehe, was dort gesagt wird. Es verstand es nicht. Ich fragte ihn: „Worauf bezieht sich „das Wort"?"

Er wußte es nicht, also wies ich ihn auf Vers 14 hin: „Das Wort ward Fleisch und wohnte unter uns." Mit ein wenig Hilfe meinerseits verstand er, daß dieser Abschnitt von Jesus Christus spricht. Als er begriff, daß die Bibel den Anspruch erhebt, daß Jesus ewig ist und daß er alle Dinge erschaffen hat, war er zum Kampf bereit. Ich kam ihm zuvor, indem ich sagte: „Ich verlange nicht von dir, daß du glaubst und akzeptierst, was hier geschrieben steht. Ich möchte nur sicherstellen, daß du verstehst, was die Bibel sagt. Tust du das?"

Er antwortete: „Ja, aber ..."

Ich sagte: „Gut, dann laß uns den nächsten Abschnitt lesen."

Während wir in den nächsten Wochen Abschnitt um Abschnitt durchnahmen, schien sich Abrahao innerlich keinen Fingerbreit zu bewegen. Jeden Anspruch in bezug auf Christus wies er als Märchen oder als übertriebenen Bericht ab. Ich hielt an meinem Ziel fest, ihm zu helfen, das, was die Bibel über die Identität Jesu sagt, zu verstehen. Und so waren unsere Zusammenkünfte bei all seiner Auflehnung zwar spannungsgeladen, aber frei von harten Diskussionen.

In dieser Zeit betete ich mit einigen Freunden gemeinsam darum, daß der Heilige Geist sein Überzeugungswerk an ihm vollbringen möge.

Ein paar Monate später bemerkte ich schon erste Anzeichen einer Veränderung. Abrahao hörte damit auf, die Bibel ständig zu attackieren. Allmählich erkannte er die Zusammenhänge zwischen den einzelnen Bibelstellen. Mit der Zeit veränderte er sich von einem negativ eingestellten Menschen zu einem positiv eingestellten. Er meldete sich in seinen Sommerferien freiwillig als Mitarbeiter bei einem Regierungsprojekt für Arme. Nach Ablauf des Sommers kehrte er als alter Freund zurück und nicht mehr als Gegner. Ohne daß ein weiteres Wort nötig gewesen wäre, nahmen wir unser Studium des Johannesevangeliums wieder auf.

Schließlich konnte ich meine Neugierde nicht länger bezähmen. Er hatte sich wirklich sehr verändert! Als wir gerade Johannes 13 lasen, sagte ich: „Sag mal, Abrahao, was ist passiert?"

Er erwiderte: „Tja, es ist wahr."

„Was ist wahr?"

„Daß Jesus Gott ist."

„Na und?“

„Nun, ich denke, daß ich jetzt Christ bin. Aber“, so fuhr er fort, „ich muß dir eins sagen. Ich betätige mich politisch und vertrete eine regierungsfeindliche Position. Außerdem bin ich anti-amerikanisch eingestellt. Meine Freunde kritisieren mich, weil ich mit dir verkehre.“

„Und weiter?“

„Das ist alles“, sagte er. „Ich wollte nur, daß du es weißt.“

„Glaubst du, daß das etwas bei mir ändert?“

„Nein.“

Dann sagte ich: „Ich möchte dir gern eine Bibelstelle zeigen.“ Sie stand in demselben Kapitel, das wir gerade durcharbeiteten. Wir schlugen Johannes 13,13 auf: „Ihr heißet mich Meister und Herr und saget recht daran, denn ich bin's auch.“

Ich fragte Abrahao: „Was bedeutet es, wenn Jesus unser Meister ist?“

Seine Antwort konnte nicht besser sein. „Es bedeutet, daß das, was wir denken und glauben, von ihm kommen muß. Wir beziehen unsere Vorstellungen von ihm.“

„Akzeptierst du das für dich?“

„Ja.“

„Was bedeutet es, daß Jesus Herr ist?“

Wieder gab er eine ausgezeichnete Antwort. „Es bedeutet, daß er der Chef ist!“

„Akzeptierst du das für dich persönlich?“

Er bejahte auch diese Frage.

Über Politik oder Wirtschaft diskutierten wir nie. Abrahao und ich hatten jetzt denselben Meister und standen unter demselben Herrn – Jesus Christus. Beide folgten wir derselben Berufung: „Seid würdige Bürger des Reiches.“

Was kann uns dieses Beispiel lehren?

Unsere Aufgabe ist es, einem Menschen zu helfen, die Bibel zu *verstehen.* Die Beweislast liegt nicht auf unseren Schultern, sondern auf der Bibel. Die Verantwortung, einen Menschen zu überzeugen, liegt nicht bei uns, sondern beim Heiligen Geist. Wir sind verantwortlich, diesem Menschen treu beizustehen, daß er so lange mit dem Worte Gottes in Berührung bleibt, bis er eine endgültige Entscheidung – pro oder kontra – getroffen hat.

Ich habe einen gläubigen Bekannten, der zu jenen bewundernswerten Menschen gehört, die eine große Anziehungskraft besitzen. Er wußte immer das richtige Wort im richtigen Augenblick zu sagen. Ungezwungen gab er überall, wo er hinkam, sein Zeugnis und weckte in den Menschen einen Hunger nach mehr davon. Als wir uns vor Jahren anfreundeten, dachte ich: „Hier ist einmal jemand, der wirklich Eindruck machen wird."

Das Erwartete traf jedoch nicht ein. Er gleicht einem schönen Schmetterling; aber von einem Schmetterling kann man nicht erwarten, daß er sich zweimal auf derselben Blume niederläßt. Einen säkularisierten Menschen zu Christus zu bringen, erfordert viel Ausdauer und Zähigkeit. Es bedeutet, eine Beziehung aufzubauen und diese auch dann aufrechtzuerhalten, wenn er eine Phase des Widerstrebens durchmacht. Manchmal hält ihn nur unsere Beziehung zu ihm davon ab, den Heiligen Geist abzuweisen und davonzulaufen.

Zusammenfassung

Um sich den Menschen, die noch nicht mit Gott versöhnt sind, mitzuteilen, bedient sich Gott des Heiligen Geistes, der Bibel und des Christen. Jeder von ihnen hat seine besondere Funktion. Der Christ bezeugt das, was er gesehen und gehört hat (s. 1.Joh. 1,1-3). Er bringt Nichtchristen mit der Bibel in Berührung. Dann tritt der Heilige Geist auf den Plan und überführt die Menschen. Das „lebendige und kräftige Wort Gottes" (Hebr. 4,12) bewirkt, daß ein Mensch wiedergeboren wird.

Es ist wichtig, daß uns diese Arbeitsteilung klar bewußt ist. Es ist nutzlos, wenn wir versuchen, die Arbeit des Heiligen Geistes oder der Bibel zu tun. Wenn ein Mensch durch den Heiligen Geist überführt worden ist und eine geistliche Wiedergeburt durch das Wort Gottes erlebt hat, können wir voller Zuversicht sein, daß neues Leben entstanden ist, das auch Frucht bringen wird. Wir hatten nur das Vorrecht, die Vorbereitungsarbeit zu leisten.

21. Einen Menschen durch die Bibel führen

Fragen – unser wertvollstes Werkzeug

Eine gute Frage ist das bestmögliche Werkzeug, einem Menschen etwas zu lehren. Da Jesus der hervorragendste Lehrer war, konnte auch niemand so gute Fragen stellen wie er. Häufig drang er mit einer einzigen Frage direkt zum Kern auch der umstrittensten Themen vor.

> „Was ist leichter, zu sagen ... dir sind deine Sünden vergeben, oder zu sagen: Stehe auf, nimmt dein Bett und wandle?" (Mk. 2,9).
> „Zeiget mir einen Groschen! Wes Bild und Aufschrift hat er?" (Lk. 20,24).
> „Wer sagt denn ihr, daß ich sei?" (Mt. 16,15)
> „Die Taufe des Johannes, war sie vom Himmel oder von Menschen?" (Mk. 11,30)

Die Fragen Jesu übten eine starke Wirkung aus. Sie entlockten den Zuhörern Schlußfolgerungen, zu denen sie sonst nicht gelangt wären. Ein Studium der Evangelien mit dem Ziel, zu beobachten, wie Jesus Fragen gebrauchte und welche Wirkung sie auf andere ausübten, ist in sich selbst schon ein ganzer Kurs über Kommunikation.

Eine Kommunikation findet immer dann statt, wenn sich ein Mensch dem anderen verständlich machen kann. Nicht was wir jemand *sagen* können, ist wichtig. Es kommt allein auf das an, was vom anderen *gehört* und aufgenommen wird. Der Gebrauch von Fragen ist bei der Kommunikation deswegen so wirksam, weil dies in Einklang mit der Arbeitsweise unserer natürlichen Gedankengänge steht. Beim Denken stellen wir uns selbst ständig Fragen: Was muß ich als nächstes tun? Wann kann ich das auch noch einschieben? Welchen Vorteil könnte die andere Möglichkeit bringen?

Die Naturwissenschaften sind auf Hypothesen und Forschung aufgebaut. Eine Hypothese ist eine Aussage, die als Frage gilt. Die Forschung bestätigt, widerlegt oder modifiziert die Hypothese. Wenn wir diesen Prüfvorgang wiederholen, vermehrt sich unser Verständnis.

Ich habe dieses Kapitel unter die Überschrift gestellt: „Jemand durch die Bibel führen." „Führen" bringt besser zum Ausdruck als „erzählen" oder „lehren", was wir beim Evangelisieren tun sollten. Unser Ziel ist es, den Nichtchristen auf seiner Suche nach Wahrheit durch die Bibel zu führen. Wir müssen uns bewußt sein, daß seine grundlegenden Einstellungen und Wertvorstellungen bis zu dem Zeitpunkt, wo er zum Glauben kommt, nicht der Bibel entsprechen. Das Umdenken erfordert Zeit. Gewisse Dinge muß er sozusagen für sich entdecken und neu formulieren. Vieles davon geschieht unbewußt, aber es wird stattfinden. Während dieses Prozesses des Umdenkens brauchen wir in unserer Begleiterfunktion Geduld.

Wenn wir unser Verständnis von Evangelisation darauf beschränken, anderen etwas zu erzählen (das Wesen des Evangeliums darlegen) oder zu lehren (von der biblischen Wahrheit abgeleitete Anweisungen zu erteilen), dann werden wir nicht das nötige Stehvermögen besitzen, um an Menschen zu arbeiten, die eine Kehrtwendung von 180 Grad machen müssen, was ihre persönlichen Einstellungen und Wertmaßstäbe betrifft. Solche Menschen müssen in einer von Ermutigung und Annahme geprägten Atmosphäre für sich nachdenken können. Der Schlüssel dazu, diesen Bedürfnissen zu begegnen, ist, daß wir lernen, die richtige Art von Fragen zu stellen.

Im allgemeinen machen wir uns nicht viel Gedanken darüber, Fragen zu stellen. Meistens sind wir mehr daran interessiert, die Fragen, die uns Nichtchristen stellen, zu beantworten. Christen fallen oft zwei verkehrten Auffassungen zum Opfer. Diese sind die zwei Seiten derselben Münze und lauten wie folgt: 1. Ich bin für eine evangelistische Arbeit nicht qualifiziert genug, weil ich Mühe habe, die Fragen von Leuten zu beantworten. 2. Ich kann mich jedem stellen, denn ich habe die Antworten auf die zehn häufigsten Fragen auswendig gelernt, die Nichtchristen gewöhnlich stellen.

Diese Menschen gehen am Kern der Sache vorbei, weil sie davon ausgehen, daß es auf unsere Antworten, die wir auf Fragen geben, ankommt. Sicher sollten wir wissen, wie man auf Fragen antwortet, aber es ist nicht nötig, daß wir alle Antworten wissen. Wenn es darum geht, einen Menschen durch die Bibel zu führen, ist es in Wirklichkeit mindestens ebenso wichtig, Fragen zu stellen als zu beantworten. Den Grund dafür werden wir im Verlauf dieses Kapitels sehen, wenn wir uns damit beschäftigen, wie man Fragen stellt und beantwortet.

Wie man Fragen stellt

Wir sind dann darauf vorbereitet, ein Bibelstudium zu leiten, wenn wir einige Fragen formuliert haben, die den anderen dahin bringen, daß er die wichtigen Wahrheiten eines Bibeltextes entdeckt. Dies tun zu können, setzt natürlich voraus, daß wir selber zuerst verstanden haben, was der Text aussagt. Das erfordert einige Arbeit, besonders am Anfang.

In Kapitel 15 sprachen wir davon, wie wichtig die Teamarbeit für die Evangelisation ist. Wir werden ein Team zu diesem Zeitpunkt brauchen, weil nur wenige von uns die Initiative oder Selbstdisziplin aufbringen, Woche für Woche mit einem Bibelstudium weiterzumachen, wenn wir auf uns selbst gestellt sind. So könnten Sie beispielsweise als erstes zusammen mit den anderen das Johannesevangelium oder ein anderes Buch Ihrer Wahl kapitelweise durcharbeiten. Bei diesem Studium würden Sie einen doppelten Zweck verfolgen: selber den Text zu verstehen und Fragen zu formulieren, die Sie anderen stellen könnten.

Fragen können drei Aufgaben erfüllen. Sie können erstens eine Starthilfe für ein Gespräch über ein bestimmtes Thema sein, zweitens einem Gespräch die Richtung angeben und drittens dazu dienen, das bisher Gesagte zusammenzufassen. Die folgenden Fragen sind Beispiele für diese drei Funktionsweisen von Fragen:

Einstiegsfragen: Welche Bemerkungen machte Nikodemus über Jesus?

Wegweisende Fragen: Wie reagierte Jesus auf diese Äußerungen des Nikodemus?

Zusammenfassende Fragen: Zu welchen Schlußfolgerungen führt uns dieser Dialog über die menschlichen Fähigkeiten, geistliche Dinge zu verstehen?

Die Fragen über das Johannesevangelium, die Sie im Anhang dieses Buches finden, sind zumeist Einstiegsfragen. Wenn Sie dann über eine bestimmte Bibelstelle ins Gespräch kommen, werden Sie in der Lage sein, die meisten wegweisenden und zusammenfassenden Fragen aus dem Stegreif zu stellen. Es ist auch hilfreich, sich daran zu erinnern, daß Fragen alle drei Funktionen übernehmen können. Richtig eingesetzt, können solche Fragen dem Gespräch zu einem vertieften Austausch verhelfen.

Es gibt eine Reihe von Standardfragen, die sich häufig als sehr nützlich erweisen, um das Gespräch in eine bestimmte Richtung zu lenken. Hier einige Beispiele:

* Warum sagte er dies Ihrer Meinung nach?
* Worauf möchte er Ihrer Meinung nach hinaus?
* Was sehen Sie sonst noch in diesem Vers?
* Weshalb sagen Sie das?
* Was meinen Sie damit?
* Warum gebraucht er hier Ihrer Meinung nach dieses Wort ...?

Einige Fragen können Sie besonders gut als zusammenfassende Fragen benutzen:

* Wie würden Sie den Kerngedanken dieses Bibelabschnitts zusammenfassen?
* Wie würden Sie dies mit Ihren eigenen Worten ausdrücken?
* Wie würden Sie den Gedanken, über den wir gesprochen haben, am besten zusammenfassen?

Wir haben soeben die drei *Aufgaben* beschrieben, die Fragen in einem Gespräch übernehmen können. Darüber hinaus gibt es auch eine Vielfalt unterschiedlicher *Arten* von Fragen. Wieder einige Beispiele dafür:

* *Verständnisfragen:* Was sagt dieser Text aus? Was noch?
* *Auslegungs- oder Klärungsfragen:* Was bedeutet dies?
* *Begründungsfragen:* Wie sind Sie zu diesem Ergebnis gekommen?
* *Lenkungsfragen:* Michael, was denken Sie darüber?
* *Vergleichsfragen:* Wo sind wir diesem Gedanken schon einmal begegnet?
* *Anwendungsfragen:* Was bedeutet das für uns persönlich?

Ein Wort zur Vorsicht

Zu Beginn dieses Kapitels sagten wir, Fragen seien die besten Werkzeuge zum Lehren. Sie können jedoch auch als Waffen benutzt werden. In achtlosen Händen können sie die Kommunikation augenblicklich zerstören oder zumindest lähmen. Das liegt daran, daß Fragen selten neutral sind. Eine Frage ist gleichzeitig eine Aussage. Die Aussage hinter der Frage:

„Wann haben Sie damit aufgehört, Ihre Frau zu schlagen?“ ist eindeutig. Aber auch hinter einer so scheinbar harmlosen Frage wie: „Welche praktische Bedeutung hat dieses Kapitel für Ihr Leben?“ steht eine bestimmte Aussage. Mit ein oder zwei solcher Fragen können wir die Person, mit der wir zusammen die Bibel studieren, unversehens schachmatt setzen. Das würde etwa so gehen:

Was sagt dieses Kapitel über Sie aus?
„Dieses Kapitel spricht von Ihrem Leben!“
Sind Sie auch der Ansicht, daß dieses Kapitel wahr ist?
„Sie müssen sich ändern!“
Was sollten Sie in dieser Sache tun?
„Sie müssen sich jetzt ändern!“

Was einmal in einer offenen Atmosphäre angefangen hat, kann mit einigen wenigen „gut plazierten“ Fragen in einen Wortkrieg umschlagen. Wir bringen es damit fertig, unser Opfer in die Ecke zu drängen. Das geschieht ganz leicht, aber sicher nur einmal!

Vernünftig ist es, die Anwendungsfragen mehr allgemein zu stellen, etwa so: „Haben Sie in diesem Kapitel etwas über sich gelernt?“ Mit diesen Worten beenden Sie das Gespräch. Damit geben Sie dem anderen den Raum, den er braucht, um seine 180 Grad Kehrtwendung zu vollziehen. Er wird es schaffen.

Wie man Fragen beantwortet

Wenn ein Nichtchrist anfängt, zusammen mit Ihnen die Bibel zu studieren, wird ihn vor allem diese eine unausgesprochene Frage beschäftigen: „Inwieweit werde ich ihm gegenüber das ausdrücken könne, was ich wirklich denke? Wie wird er reagieren, wenn er von meinen wahren Zweifeln und Fragen erfährt?“ Der Nichtchrist wird darum zuerst einige relativ „sichere“ Versuchsfragen stellen. Wie wir auf diese Fragen reagieren, wird von da an unsere Kommunikationsebene bestimmen. Wenn wir mit Rechthaberei oder Abwehr (beides ist eine Form von Unsicherheit) reagieren, wird der Nichtchrist die Spielregeln schnell verstanden haben und sich dementsprechend verhalten. Entweder wird er innerhalb unserer gesteckten Grenzen weitermachen – oder er wird nicht mehr wiederkommen. Wenn wir jedoch eine Haltung an den Tag legen, die ihn ermutigt, seine Zweifel und Fragen auszudrücken, dann werden wir mit viel größerer Wirksamkeit arbeiten können.

Fragen sind willkommen

Noch viel wirksamer als eine gute Frage zu stellen ist es, wenn die Person, die Sie führen, eine gute Frage stellt. Wird das Gespräch über einen Bibeltext auf der Grundlage der Fragen geführt, die der andere stellt, dann bekommt das Gespräch eine viel größere Bedeutung. Wir sollten darum dem Nichtchristen die erste Chance einräumen. Nachdem wir einen Abschnitt gelesen haben, sollten wir ihn zuerst fragen, ob bei ihm vom Text her Fragen aufgetaucht sind. Manchmal hat er vielleicht nicht genug vom Text verstanden, um eine Frage stellen zu können, aber oft kommt er mit genügend Gesprächsstoff. Wenn eine wichtige Wahrheit noch nicht angesprochen wurde, nachdem er genügend Gelegenheit hatte, sich auszudrücken, sollten wir unsere eigenen Fragen stellen.

Wenn wir unsere Gesprächsleitung in diesem Sinne gestalten, dann schaffen wir ein Klima, in dem Raum genug ist für alle möglichen Fragen, sogar für solche, die keinen unmittelbaren Bezug zum Text haben. Dies sind Fragen, die der Nichtchrist seit Jahren mit sich herumgetragen hat, ohne je die innere Freiheit oder Gelegenheit gehabt zu haben, sie vorher einem Menschen zu stellen. Es ist wichtig, diese Fragen mit einem offenen Herzen aufzunehmen, wenn sie gestellt werden. Vielleicht erschrekken diese Fragen Sie, besonders wenn Sie keine Ahnung haben, wie Sie sie beantworten sollen; aber darum können Sie sich später sorgen. Wichtig ist, daß Sie die Fragen des Nichtchristen positiv aufnehmen.

Drei Arten von Fragen

Weshalb fragen die Menschen? Nicht immer steckt der Wunsch dahinter, zu lernen. Vielleicht wollen sie nicht einmal eine Antwort haben. Manchmal verfolgen sie damit nur die Absicht, jemandem eine Falle zu stellen oder in Verlegenheit zu bringen. Das sind dann die sogenannten *Fangfragen.* Oder jemand will mit seinem Fragen die Flucht ergreifen, sein eigenes Verhalten rechtfertigen oder lediglich Zeit gewinnen. Das sind die *Selbstverteidigungsfragen.* Dann gibt es die echten Fragen, die von dem Wunsch motiviert sind, etwas zu erfahren und zu lernen. Das sind die *ehrlichen Fragen.*

Fragen müssen ihrer Absicht entsprechend beantwortet werden. Der Verfasser der Sprüche Salomos drückt es sehr geschickt aus: „Antworte dem Toren nicht nach seiner Torheit, daß du ihm nicht gleich werdest. Antworte aber dem Toren nach seiner Torheit, daß er sich nicht weise dünke (Spr. 26,4-5). Mit anderen Worten: wenn wir die Absicht oder die wahren Motive hinter einer Frage nicht erkennen, gehen wir vielleicht dem anderen in die Falle. Wenn wir versuchen, auf eine Fangfrage eine ehrliche Antwort zu geben, dann sind wir der Dumme.

In den Gesprächen Jesu mit Menschen, die uns in den Evangelien überliefert sind, finden wir zahlreiche Beispiele für diese drei Arten von Fragen. Es ist sehr lehrreich, zu beobachten, wie Jesus auf Fragen reagierte. Anstatt eine Frage für bare Münze zu nehmen, antwortete er entsprechend dem Motiv der Fragesteller. In einem Gespräch in Lukas 10,25-37 haben wir Beispiele dafür, wie Jesus mit einer Fangfrage wie auch mit einer Frage, die aus Selbstverteidigung heraus gestellt wurde, umging.

„Da stand ein Schriftgelehrter auf, versuchte ihn und sprach: Meister, was muß ich tun, daß ich das ewige Leben ererbe?" Das war eine Fangfrage. Anstatt das als eine Gelegenheit zu benutzen, den Fragesteller zu belehren, antwortete Jesus ihm mit einer Gegenfrage. „Was steht im Gesetz geschrieben? Was liesest du?"

Er [der Gesetzesexperte] antwortete und sprach: „Du sollst Gott, deinen Herrn, lieben ..." und: „Liebe deinen Nächsten wie dich selbst."

„Du hast recht geantwortet", erwiderte Jesus. „Tue das, so wirst du leben." Leute, die Fangfragen stellen, wollen keine Informationen; deshalb gab Jesus hier auch keine. Er erinnerte ihn nur an das, was er schon wußte. Aber das genügte schon, um den Angreifer in die Defensive zu treiben.

„Er aber wollte sich rechtfertigen und sprach zu Jesus: Wer ist denn mein Nächster?" – eine Selbstverteidigungsfrage.

Diesmal antwortete Jesus mit einer Geschichte, dem Gleichnis vom Barmherzigen Samariter, die er bezeichnenderweise mit einer Frage abschloß: „Welcher dünkt dich, der unter diesen dreien der Nächste gewesen sei dem, der unter die Räuber gefallen war?"

„Der Schriftgelehrte sprach: Der die Barmherzigkeit an ihm tat." Diese haarspalterische Frage des Schriftgelehrten nach dem Nächsten ist vielfach typisch für Selbstverteidigungsfragen. Hinter solchen Fragen steht der Versuch, der persönlichen Verantwortung auszuweichen oder sich selbst zu rechtfertigen. Jesu letztes Wort an ihn: „So gehe hin und tue desgleichen!" trug sicher auch nicht dazu bei, daß der Mann seine Fassung zurückgewann. Er muß wohl ziemlich niedergeschmettert von diesem Wortwechsel weggegangen sein.

Hingegen hatte Jesus immer Zeit für Menschen, die mit ehrlichen Fragen zu ihm kamen. „Aber wenn sie allein waren, legte er seinen Jüngern alles aus" (Mk. 4,34).

Man kann Jesus unmöglich vollkommen nachahmen. Aber wir können manche Lektionen von ihm lernen. Wir können uns entweder damit abmühen, unwiderlegbaren Argumente und Verteidigungsreden auf unaufrichtige Fragen vorzubereiten, oder wir können die an uns herankommenden Fragen aussortieren, indem wir die ernstgemeinten ernstnehmen und uns durch die anderen nicht aus der Fassung bringen lassen. Wir müssen uns auch bewußt sein, daß es den Fragenden kaum näher zu Jesus bringen würde, selbst wenn wir die Fangfragen zufriedenstellend beantworteten! Unsere Antworten sollten also in Einklang mit der Absicht stehen, die hinter den Fragen steht.

Die Absicht hinter einer Frage erkennen

Wenn es uns gelingt, eine offene und von Annahme geprägte Atmosphäre für den Nichtgläubigen zu schaffen, dann sollte er sich frei genug fühlen, alle möglichen Fragen zu stellen. Vielleicht stellt er Ihnen zuerst Testfragen, bevor er mit seinen *echten* Fragen herausrückt. Die Absicht hinter einer solchen Testfrage braucht gar nicht immer negativ zu sein wie im Fall von Lukas 10. Der Fragende will nur sehen, ob er ohne Risiko auch ernsthaftere Fragen stellen kann. Die Testfrage dient ihm als Versuchsballon. Es ist nicht einfach, aber auch nicht nötig, die Absicht hinter einer jeden Frage zu erkennen. Es gibt jedoch ein paar einfache Richtlinien, die uns helfen können, die einzelnen Fragen voneinander zu unterscheiden.

Was bewirken unsere Antworten?

Wenn der Nichtchrist eine Frage stellt, müssen wir nicht dem anderen, sondern uns selber verschiedene Fragen stellen: „Was sind die Folgen, wenn ich diese Frage beantworte? Was wird er tun, wenn ich ihm eine zufriedenstellende Antwort gebe? Wird er sie akzeptieren und sich danach richten? Oder ist diese Frage mehr eine allgemeine Aussage, hinter der sich eine gewisse Ablehnung verbirgt?"

Wenn Sie, nachdem Sie sich diese Fragen gestellt haben, zu dem Schluß kommen, daß der Nichtchrist eine sofortige Antwort verdient, und wenn Sie sich genügend vorbereitet glauben, darauf antworten zu können, dann sollten Sie nicht zögern, dies auch zu tun.

Ein Kennzeichen der ehrlich gemeinten Frage ist, daß der Fragesteller bereit ist, auf die Antwort zu warten. Es macht ihm nichts aus, wenn Sie sagen: „Das ist eine gute Frage; aber ich weiß im Moment nicht, was ich darauf antworten soll. Ich will sie mir aber diese Woche durch den Kopf gehen lassen, und wenn wir uns das nächste Mal wiedersehen, werde ich Ihnen sagen, was ich herausgefunden habe." Wenn Sie aber jemand auf die Probe oder Ihnen eine Falle stellen will, dann wird er seine Antwort sofort haben wollen. Doch wie wir schon feststellten, werden auch unsere besten Antworten gar nichts bewirken, wenn die Beweggründe nicht stimmen.

Die Fragen aufschreiben

Fragen, die sich aus dem Bibeltext ergeben, mit dem Sie sich befassen, sind meistens ehrliche Fragen, die man sogleich beantworten sollte. Aber da niemand alle Antworten weiß, werden unweigerlich manche Fragen auftauchen, auf die wir keine Antwort haben. Das wird dem anderen nichts ausmachen, wenn es auch uns nichts ausmacht. Wenn wir sagen: „Das weiß ich nicht; aber ich will versuchen, es herauszufinden", wird das unsere Glaubwürdigkeit eher fördern, anstatt sie zu untergraben, wie wir es vielleicht befürchten. Solche Fragen sollten wir aufschreiben und sie dann das nächste Mal beantworten.

Fragen, die nichts mit dem Text zu tun haben, sollten näher unter die Lupe genommen werden. So fragt zum Beispiel jemand plötzlich: „Wenn Jesus der einzige Weg ist, was wird Gott dann mit den Heiden machen, die noch nie seinen Namen gehört haben?"

Solchen Fragen können mehrere Beweggründe zugrundeliegen. Es kann sich um eine bewußte Fangfrage handeln. In diesem Fall ist es eigentlich keine richtige Frage. Es ist einfach eine Aussage, mit der der andere versucht, seinen Unglauben zu rechtfertigen, indem er behauptet, daß Gott nicht gerecht sei.

Oder die Frage wird zur Selbstverteidigung gestellt. Vielleicht hat das Gespräch den Nichtchristen aus seiner Ruhe aufgeschreckt. Er braucht Zeit und Gelegenheit, um darüber nachzudenken. Er spürt, daß Sie oder der Heilige Geist ihm zu sehr auf den Leib rücken, und er ist noch nicht bereit dazu. Deshalb wirft er zur Abwehr eine komplizierte Frage auf. Manchmal braucht der andere tatsächlich eine Gelegenheit zum Nachdenken, die wir ihm dann auch einräumen sollten. Wenn der Fragende jedoch mit der gleichen Absicht fragt wie jener Schriftgelehrte mit seiner Frage: „Wer ist mein Nächster?", so sollten wir keine Antwort geben.

Es ist nicht schwierig, sich vor einer solchen Ablenkungstaktik zu schützen. Sie könnten zum Beispiel sagen: „Das ist wirklich eine wichtige Frage. Darüber will ich nachdenken. Ich schreibe sie mir auf." Lassen Sie den anderen die Frage wiederholen, damit Sie sie genau aufschreiben können. Dadurch geben Sie ihm zu verstehen, daß Sie ihn ernstnehmen, auf ihn eingehen und seine Anliegen und Zweifel respektieren.

Achten Sie aber darauf, daß Sie das nächste Mal diesen Zettel wieder mitbringen. Nehmen Sie ihn zu Beginn des Gesprächs hervor und legen ihn auf den Tisch vor sich. Das ist für den anderen ein aufschlußreiches Zeichen. Es bedeutet ihm: „Ich habe deine Frage nicht vergessen. Wir werden darauf noch zurückkommen. Und wenn du noch andere Fragen hast, sind auch sie stets willkommen!"

Fragen haben eine bestimmte Reihenfolge

Nicht selten kann man eine Frage einfach deshalb nicht beantworten, weil der passende Zeitpunkt für sie noch nicht da ist. Wie können wir zum Beispiel über die Gerechtigkeit eines Gottes sprechen, dessen Existenz noch bezweifelt wird? Wir sollten dem anderen zu verstehen geben, daß Fragen ihre Reihenfolge haben und diese mit der Person zusammenhängt, mit der wir Bibelarbeit machen. So wird er besser verstehen, weshalb wir die Beantwortung dieser oder jener seiner Fragen noch aufschieben. Er fühlt sich dann auch frei, der Liste weitere Fragen hinzuzufügen.

Wenn wir solche zusammenhangslosen Fragen aufschreiben, sobald sie geäußert werden, anstatt sie auf der Stelle zu beantworten, sind wir besser in der Lage, das Gespräch nicht vom Thema abweichen zu lassen. Wir können entscheiden, wann und wie wir diese Fragen behandeln werden. Auf diese Weise können wir die falschen Motive neutralisieren, wenn eine neue Frage auftaucht. Der Wunsch, uns eine Falle zu stellen oder uns herauszufordern, läßt nach, wenn wir unverändert dem anderen Liebe und Annahme zeigen. Wenn sich dann die Beziehung vertieft, verändern sich auch die Fragen, die gestellt werden.

Es gibt natürlich Ausnahmen dieser Regel, Fragen nur in einer bestimmten Reihenfolge zu beantworten. Oft zeigt sich, daß eine bestimmte Frage tatsächlich ein Hinderungsgrund für einen Menschen ist, den Weg zu Christus zu finden. Selbst wenn wir nicht die Zeit hatten, die nötige Grundlage für eine Antwort auf diese Frage zu schaffen, wird uns bewußt, daß der Fragende wirklich eine Antwort braucht, bevor er weiterkommen kann.

In solchen Fällen könnte unsere Antwort etwa so aussehen: „Ich sehe, daß diese Frage für Sie wichtig ist. Deshalb will ich versuchen, Ihnen zu zeigen, was die Bibel dazu sagt. Ich wäre nicht überrascht, wenn die Antwort Sie nicht zufriedenstellen würde [er hat die Autorität der Bibel noch nicht akzeptiert], aber ich will Sie ja nur darüber informieren, was die Bibel zu diesem Punkt sagt.“

Ob die betreffende Person die Antwort, die wir in dieser Situation geben, annimmt oder ablehnt, ist zweitrangig. Wichtig ist, die Frage von der Bibel her zu beantworten.

Konsequent bei der Bibel bleiben

Wenn wir mit Menschen arbeiten, die nicht an die Bibel glauben, ist es speziell wichtig, uns immer und ausschließlich auf die Bibel zu berufen.

Unsere Position lautet: „Sie sind nicht bereit, die Autorität der Bibel anzuerkennen? Das ist verständlich. Einer der Gründe, warum wir hier zusammensitzen, ist, Ihnen die Gelegenheit zu geben, selber zu beurteilen, ob die Bibel die Wahrheit sagt oder nicht. Deshalb werde ich versuchen, meine persönliche Auffassung aus der Diskussion herauszuhalten. Wenn Sie eine Frage stellen, werde ich mich darauf beschränken, Ihnen zu zeigen, was die Bibel dazu sagt.“

Jede andere Position würde schließlich die Autorität der Bibel untergraben. Sobald wir anfangen, Meinungen – unsere eigenen oder solche, die aus Sekundärquellen oder Traditionen stammen – mit der biblischen Wahrheit zu vermischen, schaffen wir eine zweite Autorität: den Menschen selbst! Wo immer das geschieht, hat schlußendlich der Mensch das letzte Wort!

Diese Grundhaltung, die Bibel für sich selbst sprechen zu lassen, muß auf unserem völligen Vertrauen in die Bibel beruhen. Weil sie die Wahrheit ist, ist sie auch *die* Autorität. Als solche ist sie völlig in der Lage, sich selbst zu behaupten. Wenn sie von Lebensbewältigung, vom Menschen und von seiner Gesellschaft spricht – immer spricht aus ihr die Wahrheit. Wenn das immer wieder geschieht, fängt der Nichtchrist – gewöhnlich unbewußt – einfach an, die Autorität der Bibel anzuerkennen.

Die Gretchenfrage

Es gibt eine Schlüsselfrage, die, wenn sie beantwortet wird, zu den Antworten auf die meisten anderen Fragen führt. Viele der zuvor nicht zu beantwortenden Fragen sind dann kein Problem mehr, sondern erübrigen sich sogar. Diese entscheidende Frage ist natürlich diejenige, wie wir schon in Kapitel 3 gestellt haben – die Frage nach der Identität Jesu.

Die Identität Jesu ist die unerläßliche Grundlage, auf welcher alle unsere anderen Antworten gegründet sind. Ein Beispiel: Solange ein Mensch nicht die Gottheit Jesu anerkennt, wird er vor einem unlösbaren Dilemma stehen, wenn es zur Frage seiner Beziehung zu Gott kommt. Dieses Dilemma wird in Lukas 7,29-30 beschrieben: „Und alles Volk ... gab Gott recht und ließen sich taufen mit der Taufe des Johannes. Aber die Pharisäer und Schriftgelehrten verachteten, was Gott ihnen zugedacht hatte, und ließen sich nicht von ihm taufen."

Eine Gruppe sagte, Gott sei gerecht, die andere nicht. Diejenigen, welche sagten, daß Gott gerecht sei, waren von Johannes getauft worden, die anderen nicht. Doch was hatte die Taufe des Johannes mit der Einstellung eines Menschen zu Gottes Gerechtigkeit zu tun? Es war eine Bußtaufe. Buße tun heißt, daß man sein Unrecht einsieht. Zu dieser Schlußfolgerung müssen wir kommen, bevor wir zugeben können, daß Gott gerecht ist.

Mit anderen Worten: wenn Gott gerecht ist, bin ich ungerecht. Aber wenn ich gerecht bin, ist Gott ungerecht. Weil ich aber nicht bereit bin, zuzugeben, daß ich ungerecht bin, muß Gott derjenige sein, bei dem etwas nicht stimmt. Deshalb muß ich irgend etwas Ungerechtes bei ihm finden. Von daher rühren auch oftmals die Fragen nach dem Schicksal der Heiden oder nach dem geistig zurückgebliebenen Kind. Hier liegt auch der Grund, warum der Mensch, nachdem er die Welt in eine Hölle verwandelt hat, Gott für das Chaos verantwortlich macht. Entweder klagen wir Gott an, oder wir müssen die Schuld auf uns selbst nehmen. Übernehmen wir aber die Schuld, sprechen wir uns selber das Urteil.

Wenn wir die Frage nach der Identität Jesu geklärt haben, können wir auch dahin kommen, daß wir uns unserer eigenen Ungerechtigkeit stellen. Man könnte Römer 1,17 auch so übersetzen: „Denn darin [im Evangelium von Christus] zeigt sich die *Gerechtigkeit* Gottes."

Sie stellen Gottes Gerechtigkeit in Frage? Sehen Sie sich doch das Leben Jesu an. War er je ungerecht? Nein. Aber in ihm werden wir auch von unserer eigenen Ungerechtigkeit befreit. Dazu können wir stehen.

Wenn dies erst einmal verstanden wurde, beantworten sich die übrigen Fragen fast wie von selbst.

* Sie haben eine Frage in bezug auf die Existenz Gottes? Diese Frage erübrigt sich jetzt, weil wir erkannt haben, daß Jesus Gott ist.
* Wie ist Gott? Schauen Sie Jesus an.
* Wie ist die Welt entstanden? Was ist der Mensch? Was ist der Sinn des Lebens? Die Antworten auf diese und ähnliche Fra-

gen finden sich in den Äußerungen, die Jesus über diese Dinge gemacht hat.

Zusammenfassende Vorschläge

Wenn Sie beabsichtigen, jemanden durch die Bibel zu führen, finden Sie nachfolgend noch einige praktische Ratschläge.

Was Sie tun sollten

* Vergessen Sie nicht, daß „reden“ nicht gleich „lehren“ ist.
* Denken Sie daran, daß Ihre Aufgabe darin besteht, den andern so weit zu bringen, daß er die Wahrheit entdeckt.
* Stützen Sie sich ganz auf die Bibel. Lassen Sie die Bibel selber ihre Autorität bestätigen und die Wahrheit offenbaren.
* Benutzen Sie Fragen als Ihr wichtigstes Lehrmittel.
* Lernen Sie, mit philosophischen Fragen umzugehen.
* Lernen Sie, ernsthafte Fragen genügend auszuwerten.
* Geben Sie der Person, mit der Sie in der Bibel lesen, die Möglichkeit, nachzudenken und Antworten zu finden.
* Nicht zwischen Ihnen beiden soll die Auseinandersetzung stattfinden, sondern zwischen der Person und der Wahrheit.
* Achten Sie auf Gefühle und Befürchtungen – entwickeln Sie Sensibilität auf diesem Gebiet.
* Sorgen Sie dafür, daß sich der andere frei fühlt.
* Achten Sie darauf, wie das Bibelstudium verläuft.
* Sie sollten die Zusammensetzung der Gruppe bestimmen.
* Führen Sie eine Liste von schwierigen Fragen. Beantworten Sie sie in ihrer logischen Reihenfolge.
* Vermeiden Sie es, die Bibel verteidigen zu wollen.
* Führen Sie keine Streitgespräche über irgendein Thema.
* Geben Sie nicht immer selber die Antworten, insbesondere rechthaberische Antworten.
* Fühlen Sie sich nicht durch die Größe des Widerstands oder durch Ihr lückenhaftes Wissen verunsichert.
* Vermeiden Sie es, philosophische Standpunkte zu verteidigen.
* Bestehen Sie nicht auf der Zustimmung des anderen.
* Meinen Sie nicht, alles beurteilen zu müssen.

Zu erwartende Ergebnisse

* Die Bibel wird ihre Autorität unter Beweis stellen.
* Die Bibel wird die Kraft ihrer Wahrheit beweisen.
* Der Heilige Geist wird sein Teil tun: aufdecken und überführen.
* Die Identität Christi wird offenbar werden.

22. Eine Zeit zum Säen, eine Zeit zum Ernten

Den Prozeß aufmerksam und geduldig verfolgen

„Auch ihr wart tot in euren Übertretungen und Sünden“ (Eph. 2,1).

Unser Dienst geschieht an den Toten. Genau das ist es, was Evangelisation bedeutet. Der Tod ist jedoch abstoßend und häßlich. Wir wenden uns am liebsten von ihm ab, um ihm nicht ins Angesicht schauen zu müssen.

Ebenso geht es uns mit den geistlich Toten. Ihr Verhalten ist oft häßlich und stößt uns ab. Wir fühlen uns verletzt durch das, was sie tun und sagen. Wir möchten wirklich, daß sie sich bekehren, damit sie ihr Leben ins Reine bringen können. Aber die Welt ist kein schöner Ort zum Leben, die Menschen in ihr sind oft alles andere als respektabel und der Umgang mit ihnen alles andere als angenehm. Dennoch sind wir gerade zu diesen Menschen gesandt.

Jesus sagte: „Die Gesunden bedürfen des Arztes nicht, sondern die Kranken. Ich bin gekommen, zu rufen die Sünder zur Buße und nicht die Gerechten“ (Lk. 5,31-32). Später sprach er über denselben Gedanken in seinem Gleichnis vom großen Hochzeitsmahl. Nachdem sich die obere Gesellschaftsklasse mit ihren Ausreden abgemeldet hatte, schickte der König seine Diener auf die Straßen und Gassen, um die Armen, Krüppel, Blinden und Lahmen zu rufen. So wurde der Hochzeitssaal mit vielen Ausgestoßenen der Gesellschaft gefüllt (Lk. 14,15-24).

Es ist so leicht, andere zu verurteilen und sie an unseren Normen für akzeptables Verhalten zu messen. Doch welche Erwartungen sollten wir gegenüber Menschen haben, die in geistlicher Beziehung tot, stumm und blind sind? Was können wir von einer Person erwarten, die im Alter von elf Jahren sich selbst überlassen wurde? Was von dem Mann, der gegen seine Verbitterung gegenüber seinem Vater ankämpfen muß, der sich zwar religiöse gab, aber es ihm überließ, mit dem finanziellen und moralischen Durcheinander aufzuräumen, nachdem er die Stadt mit seiner Geliebten verlassen hatte? Im Alten Testament kommt wiederholt zum Ausdruck, daß Gott die Kinder für die Väter bis in die dritte und vierte Generation straft. Jeder, der einige Zeit in Tuchfühlung mit Menschen dieser Welt verbracht hat, versteht die schreckliche Wahrheit dieses traurigen Vermächtnisses. Es gibt ein Gesetz von Ursache und Wirkung: wie der Vater, so der Sohn (2.Mo. 20,5). Sündiges Verhalten ist die übliche Norm bei denen, zu welchen wir gesandt sind, um sie zu gewinnen. Der Verfall von Sitte und Moral überträgt sich von den Eltern auf die Kinder. Wir sollten also weder schockiert noch verletzt sein durch das, was uns begegnet.

Wie schnell verurteilen wir doch andere Menschen. Es ist so leicht, eine kritische und abschätzige Einstellung zum Nichtchristen zu haben. Wir kommen uns so tugendhaft vor, wenn wir den Ehemann verdammen, der seine Frau verlassen und durch sein Verhalten seine Kinder zu emotionellen Krüppeln gemacht hat. Statt dessen sollten wir weinen. Die Toten sind tot. Sie sind unter der Herrschaft des „Mächtigen, der in der Luft herrscht" (Eph. 2,2). So sieht die Situation in Wirklichkeit aus. Wir müssen uns der Distanz und des Unterschieds zwischen den Lebenden und den Toten bewußt sein, wenn wir die nötige Toleranz und Geduld haben wollen, um jemand auf seinem Wege aus der Herrschaft der Finsternis in das Licht und Leben des Reiches Gottes zu begleiten.

Für die große Mehrheit der Menschen ist der Weg zu Christus ein weiter Weg. Auch wenn Christus dem Menschen nahe ist, ist der Mensch doch weit entfernt. Überzeugungen und Auffassungen müssen umgekrempelt werden. Viele Menschen müssen eine völlige Kehrtwendung machen. James Engel faßte die Überzeugungen und Auffassungen zusammen, die unter den sogenannten modernen Menschen allgemein vorherrschen:

> Gott, wenn er überhaupt existiert, ist nur eine unpersönliche, moralische Macht.
> Der Mensch hat in sich die Kraft, sich moralisch zu bessern und die richtigen Entscheidungen zu treffen.
> Glück bedeutet, unbegrenzt materielle Dinge zu erwerben.
> Es gibt keine wirklich objektive Grundlage für das, was gut oder böse ist.
> Das Übernatürliche existiert nur in der Phantasie gewisser Leute.
> Wenn ein Mensch ein „gutes Leben" führt, ist ihm der Himmel garantiert.

> Die Bibel ist nichts anderes als ein von Menschen geschriebenes Buch.[1]

Der Gegensatz zwischen einer solchen Weltanschauung und der christlichen Einstellung offenbart die Distanz, mit der wir rechnen müssen, wenn wir dieser Generation das Evangelium bringen. Diese enorme Distanz läßt sich nicht durch Konfrontation, Debattieren und Polemik überwinden. Wir gewinnen die Menschen nicht dadurch, daß wir ihnen ihren Irrtum nachweisen. Vielmehr ist es die Herrlichkeit und Überlegenheit Christi, die ihnen bewußt macht, daß es einen besseren Weg gibt. Das zu erkennen, braucht jedoch Zeit. Ich habe die Erfahrung gemacht, daß ein Nichtchrist häufig ein Jahr oder länger benötigt, um durch die Bibel mit Jesus Christus vertraut zu werden, bevor es zu einer geistlichen Wiedergeburt kommt. Doch solche Geburten verlaufen nach einer angemessenen „Schwangerschaftszeit" in der Regel gut. Das Baby lebt.

Eine Zeit zu säen
Das Interesse während des Pflanzens und Bebauens aufrechterhalten

Wie halten wir das Interesse aufrecht? Wie bringen wir einen Menschen dazu, Woche für Woche wiederzukommen, wenn er noch nicht Christ ist?

Auf diese Frage haben wir schon mehrere Antworten gegeben. Entscheidend ist die Liebe und Annahme gegenüber dem Nichtchristen. Hinzu kommt der Verzicht auf Normen und Erwartungen, die von Menschen aufgestellt wurden. Des weiteren sollten wir den anderen nicht für unseren persönlichen Erfolg mißbrauchen. Wir bieten ihm die Gelegenheit an, einen ehrlichen Blick auf die Primärquelle zu werfen. Dazu kommt das beständige Wirken des Heiligen Geistes durch das Wort Gottes an seinem Herzen. Dies sind die grundlegenden Faktoren, die bei den Menschen das Interesse aufrechterhalten. Doch es gibt auch andere, vielleicht mehr technische Dinge, die man nicht vergessen sollte.

1. Achten Sie bei Ihren Bibelgesprächen auf die Uhr.

Oft hat man mir erzählt: „Gestern abend haben wir bis Mitternacht diskutiert. Sie wollten einfach nicht aufhören."

Vielleicht wollten sie wirklich nicht aufhören. Aber am nächsten Tag, wenn sie sich müde durch den Tag schleppen, werden sie es wahrscheinlich bedauern, nicht früher aufgehört zu haben. In der Woche darauf werden es sich die Nichtchristen zweimal überlegen, ob sie die körperliche und gefühlsmäßige Energie aufbringen, einen ähnlichen Abend zu überstehen. Verhindern Sie endlose Gespräche und Diskussionen. Beenden Sie den Abend, bevor die Teilnehmer selber mit diesem Vorschlag kommen.

Beachten Sie dieses Prinzip auch, wenn Sie ein Kapitel durcharbeiten. Gehen Sie weiter und versuchen Sie nicht, das Letzte aus jedem Punkt herauszuholen. Sie und nicht die anderen sollen bestimmen, daß es Zeit ist, zum nächsten Abschnitt überzugehen.

Also: langweilen Sie die Leute nicht.

2. Achten Sie darauf, daß der Inhalt Ihrer Ausführungen wirklich etwas aussagt.

Wenn die Menschen, die Sie durch die Bibel führen, sagen, wie tief Ihre Gedanken sind, dann ist das wahrscheinlich kein Kompliment. Was sie damit eigentlich sagen möchten, ist, daß sie Mühe haben zu verstehen, worüber Sie reden. Die Wahrheit aber ist in ihrem Kern ganz einfach.

Diskussionen wirken ermüdend, wenn wir fast nur die theoretische oder lehrmäßige Seite eines Themas beleuchten. Lebendig werden sie, wenn es uns gelingt, eine Verbindung zwischen der Aussage der Bibel und der alltäglichen Erfahrung herzustellen.

Der Inhalt muß den Zuhörer ansprechen. Wichtig ist nicht unbedingt, was Sie an einem Bibeltext interessant finden, sondern was für den Zuhörer wichtig ist. Zwischen Ihren Bedürfnissen und Interessen und jenen des Zuhörers kann ein großer Unterschied bestehen.

3. Bleiben Sie gelassen, wenn jemand nicht kommt.

Nehmen Sie es nicht übel, wenn der Nichtchrist sich im letzten Moment abmeldet oder einfach nicht auftaucht. Das ist ein unvermeidbarer Bestandteil des ganzen Prozesses. Der Nichtchrist empfindet nicht immer gleich, was diese Bibelarbeiten betrifft. Einerseits möchte er weitermachen, andererseits aber auch wieder nicht! Wenn er dann mit der Zeit versteht, was die biblische Botschaft mit sich bringt, entwickelt sich diese Unschlüssigkeit zu einem wirklichen Kampf in seinem Innern. Das aber bedeutet Fortschritt.

Einer meiner Freunde gab einmal Zeugnis von seinem sich über Jahre hinziehenden Weg zu Jesus Christus und erzählte in diesem Zusammenhang, wie er mich öfters versetzt hatte. Er war dann jeweils auf dem Weg zu unseren Zusammenkünften gewesen und hatte dabei nach einem Vorwand gesucht, um ja nicht daran teilnehmen zu brauchen. Oft war er schließlich irgendwo hängengeblieben und hatte zusammen mit einem Freund ein Bier getrunken, anstatt seinen Weg zu mir fortzusetzen.

Wenn das vorkam, ließ ich gewöhnlich ein paar Tage verstreichen. Dann suchte ich ihn in der Bank, in der er arbeitete, auf. Wir tranken meistens einen Kaffee zusammen und plauderten ein Weilchen. Ich fragte ihn nie, weshalb er das letzte Mal nicht gekommen sei. (Ich wußte es ja auch so.) Und er gab auch nie eine Erklärung dafür. Wenn ich mich dann verabschiedete, sagte ich oft: „Wie wäre es mit Donnerstag abend, nach den Nachrichten?"

Wir sollten akzeptieren, wenn jemand nicht kommt. Wichtig ist, daß wir immer wieder den persönlichen Kontakt herstellen, ganz unabhängig davon, wie die Dinge laufen. Ein kurzer Besuch oder Telefonanruf stärkt die Freundschaft und bereitet den Weg für die Zeit, wenn der wirkliche Kampf beginnt.

4. Sorgen Sie dafür, daß bei Gruppen das Verbindende erhalten bleibt.

Vor nicht allzu langer Zeit wurde viel über den Begriff „Homogenität" oder Gleichförmigkeit diskutiert. Es war Donald McGavran, der als erster dieses Homogenitätsprinzip, wie er es nannte, entwickelte. Was er vor allem damit sagen wollte, ist, daß Menschen sich nicht gerne in Gruppen mit anderen zusammenfinden, die sehr unterschiedlich von ihnen sind. Deshalb wird auch eine Gemeinde nicht wachsen, wenn sie heterogen ist. McGavrans Kritiker behaupten, daß sein Prinzip auf Pragmatismus anstatt auf der Bibel beruhe. Die Bibel, so sagen sie, lehrt, daß alle in Jesus Christus eins sind und es deshalb keine Mauern menschlicher Verschiedenheit zwischen den Menschen gibt. Die Befürworter der Thesen von McGavran ihrerseits behaupten, daß die Kritiker zu idealistisch denken.[2]

Von der Gemeinschaft der Christen zu sprechen, ist eine Sache. Aber im obigen Sinne etwas von einem Nichtchristen zu erwarten, ist eine ganz andere Sache. Zu Anfang dieses Kapitels bezeichneten wir Evangelisation als Arbeit unter den Toten. Christliche Liebe kann nur von Menschen ausgehen, die der Heilige Geist zu neuem Leben erweckt und heil gemacht hat. Nach den Aussagen der Bibel ist es realistischer, beim

Nichtchristen eher mit einer verbitterten Einstellung und mit Konflikten zu rechnen.

Es ist rätselhaft, daß der Nichtchrist, obwohl er von dieser einzigartigen Einheit unter den Christen wirklich beeindruckt ist, selber nicht imstande ist, sich ebenso zu verhalten. Er ist vielleicht sehr angesprochen, wenn wir ihm sagen, daß Gott bei den Menschen keinen Unterschied macht und daß der Leib Christi, die Gemeinde, eine Einheit ist. Er gibt vielleicht zu, daß diese Vorstellungen richtig und wahr sind. Aber das wird nichts daran ändern, daß er das neue Ehepaar, das wir in die Gruppe zu integrieren versuchen, nicht mögen wird.

Oft wird der Nichtchrist nicht mehr zu den Zusammenkünften kommen, weil diese innere Verbundenheit fehlt. Er wird einfach fernbleiben, ohne damit spezielles Aufsehen zu erregen. Es ist eine nicht zu übersehende Tatsache: Wir können nicht einfach Menschen willkürlich in einer Gruppe zusammenfassen, ohne uns zu fragen, ob sie auch zusammenpassen. Das Interesse an einer solchen Gruppe würde bei ihnen nicht von langer Dauer sein.

5. Sorgen Sie für eine ausgewogene Gruppe

Es müßte klar sein, daß eine evangelistisch ausgerichtete Bibelarbeitsgruppe den Nichtchristen und nicht den Christen den Vorzug geben sollte. Doch nicht selten habe ich beobachtet, wie drei oder vier gläubige Ehepaare ein oder zwei nichtgläubige Ehepaare förmlich überfielen. Das wirkt auf Nichtchristen fast immer außerordentlich einschüchternd. Wegen ihrer mangelnden Bibelkenntnis werden sie unsicher und wagen nicht, die Fragen zu stellen, die sie wirklich beschäftigen. Sie fürchten, ihre Fragen könnten dumm erscheinen oder sie selbst könnten auf Ablehnung stoßen, wenn sie durch ihre Äußerungen zu verstehen geben, wie tief sie im Widerspruch zur christlichen Position stehen. Weil sie nicht widersprechen wollen, behalten sie ihre Meinung einfach für sich. Unter solchen Umständen ist eine echte Kommunikation beinahe unmöglich.

Eine gute Bibelarbeitsgruppe sollte in einer zwanglosen und entspannten Atmosphäre zusammen sein und auf Nichtchristen nicht einschüchternd wirken. Gegenseitige Annahme sollte die Norm sein. Unter solchen Bedingungen wird man natürlich eine ganze Reihe seltsamer Vorstellungen zu hören bekommen. Aber das ist gut und muß auch so sein, damit wirklich Meinungsfreiheit herrscht. Das bedeutet, daß auch Raum für unausgereifte und falsche Schlußfolgerungen ist. Wir brauchen nicht alles sofort richtigzustellen. Wenn die Gruppe aber mehrheitlich aus Christen besteht, wird immer jemand darunter sein, der der Versuchung nicht widerstehen kann und eine Bibelstelle aufschlägt, „um alles wieder ins rechte Lot zu bringen". Wenn der Denkprozeß immer wieder auf diese Weise abgeblockt wird, erlahmt das Interesse des Nichtchristen bald. Dieser mögliche Hemmschuh führt uns zu dem letzten Hinweis, wie sich das Interesse wachhalten läßt.

6. Christliche Lieder und Gebete sind fehl am Platz.

Das gleiche gilt für Kurzpredigten. Manchmal fällt es Menschen, die in einer Gemeinde aufgewachsen sind, wirklich schwer, zu erkennen, welchen Eindruck sie auf Nichtchristen machen. Oft tun sie ganz automatisch Dinge, ohne sich zu fragen, ob ihr Handeln angebracht ist – Dinge, die einem Nichtchristen sehr seltsam erscheinen.

Wenn ich zum Beispiel alleine bin und meine Bibel aufschlage, bete ich gewöhnlich zuerst und bitte Gott, mir zu helfen, sein Wort zu verstehen. Nachher bete ich wieder und bitte Gott, mir zu helfen, das gerade Gelernte im Alltag auszuleben. Ich beginne oder beende jedoch aus zwei Gründen nie ein Bibelstudium mit einem Nichtchristen mit Gebet. Erstens ist der Nichtchrist nicht in der Lage, am Gespräch mit jemand teilzunehmen, dessen Existenz er noch anzweifelt. Zweitens aber, und das ist noch wichtiger: Ein Bibelgespräch mit Gebet zu eröffnen oder zu schließen, wird vom Nichtchristen als religiöse Form verstanden. Das reicht gewöhnlich aus, um das Gespräch förmlich werden lassen! Die ganze Atmosphäre verändert sich.

Sicher können Sie vor und nach Ihren Bibelgesprächen beten, aber tun Sie es in Ihrem Herzen und nicht als eine unterschwellige Predigt an den Nichtchristen. Wenn Sie singen möchten, singen Sie in Ihrem Herzen. Christliche Lieder, Gebet und Predigten sind für den Nichtchristen gleichbedeutend mit einem Gottesdienst. Darum sollten wir uns zwanglos unterhalten, anstatt einen Vortrag zu halten, die Diskussion leiten, anstatt zu lehren, und wir sollten in unseren Herzen zu Gott beten und singen.

In Kapitel 20 habe ich davon gesprochen, daß drei Bereiche der Persönlichkeit beteiligt sind, wenn jemand sich entscheidet, Christ zu werden. Diese drei Bereiche sind die *Gefühle*, der *Verstand* und der *Wille*. Die Gefühle bewirken den Wunsch, der Verstand liefert uns die Begründung, und der Wille führt den Menschen zum Handeln. Eine Entscheidung, die allein auf der Grundlage der Gefühle oder bloß als Ergebnis einer verstandesmäßigen Zustimmung getroffen wird – eine Entscheidung, hinter der nicht auch das volle Engagement des Willens steht – ist genau genommen keine Entscheidung. Solche Entscheidungen halten dem Test der Zeit und des Druckes von außen nicht stand. Die Vorsätze, die wir immer wieder zu Anfang jedes neuen Jahres fassen, sind ein gutes Beispiel dafür.

Es ist entscheidend wichtig, daß der Wille bei der Entscheidung für Christus mitbeteiligt ist. Das ist so, weil es ja vor allem unser Wille war, der uns mit Gott in Konflikt brachte. Adams Sünde war der Versuch, die Herrschaft über sein Leben an sich zu reißen. Bei der Bekehrung legen wir unsere Waffen nieder und kapitulieren vor Gott. Wir unterstellen uns Gottes souveräner Herrschaft über unser Leben. Dies ist, wie wir im dritten Kapitel gesehen haben, die Bedeutung, die Jesus dem Wort „glauben" gab. Bekehrung als etwas Geringeres darzustellen, würde bedeuten, das Evangelium falsch darzustellen.

Welche offenkundige Reaktion ein Mensch auch immer zeigt, um seiner Entscheidung, Christ zu werden, Ausdruck zu verleihen (ob durch ein Gebet, ein Zeugnis oder den Wunsch, sich taufen zu lassen), sie muß immer eine innere Erfahrung mit dem Heiligen Geist widerspiegeln. Wenn wir Menschen in der beschriebenen Weise evangelisieren, kommt es sehr oft vor, daß eine solche Erfahrung gemacht wird, wenn wir gar nicht dabei sind. Daß etwas Entscheidendes geschehen ist, merken wir dann an den Veränderungen im Leben und in der Einstellung eines solchen Menschen. Manchmal ist das erste Anzeichen dafür eine überraschend andere Ausdrucksweise. Anstatt von „ihr Christen" spricht der Betreffende jetzt von „wir Christen". Auch ein spontanes Zeugnis ist ein solches Anzeichen.

Obgleich wir die innere Veränderung vom Tod zum Leben nicht bewirken können, können wir ziemlich viel tun, um diesen Prozeß helfend zu unterstützen.

Während wir mit einem Nichtchristen die Bibel studieren, ist es gewöhnlich seine Einstellung, die sich als erstes zu verändern beginnt. Am Anfang spiegeln seine Fragen und Reaktionen Unglauben, Zweifel oder sogar Streitsucht wider. Doch es kommt der Moment, an dem der Widerstand nicht mehr da ist. Die Absicht hinter seinen Fragen ist nicht mehr die gleiche. Das bedeutet, daß er von der anfänglichen Frage: „Wer ist Jesus?" zur nächsten Frage: „Was will er von mir?" übergeht.

Sobald diese Veränderung in der Einstellung eingetreten ist, ist es an der Zeit, die Aufmerksamkeit ganz auf den Kern der Evangeliumsbotschaft zu konzentrieren. Wir sollten der betreffenden Person eine zusammengefaßte Darstellung des Evangeliums geben und klar definieren, was sie tun muß, um auf die Evangeliumsbotschaft einzugehen. Sie muß sich der Tatsache bewußt werden, daß eine Entscheidung getroffen werden muß.

Nachdem etliche Wochen verstrichen sind, schlage ich gewöhnlich vor, daß wir einmal etwas anderes tun wollen. Ich sage dem anderen, daß ich ihm gerne eine Illustration zeigen möchte, die eine Zusammenfassung der zentralen Botschaft der Bibel beinhaltet. ich zeige ihm dann die „Brücken-Illustration". Diese Illustration zeigt, wie Jesus Christus die Brücke über die Kluft bildet, die den Tod vom Leben trennt. Wenn wir das Johannesevangelium zusammen lesen, benutze ich als Grundlage Bibelverse aus diesem Buch. Für die wichtigsten Punkte suche ich auch Parallelstellen, um das Gesagte eingehender zu erklären und um die Übereinstimmung der biblischen Aussagen aufzuzeigen. (Diese Illustration finden Sie im Anhang A dieses Buches.)

Wenn ich zu diesem Zeitpunkt über die Brücken-Illustration spreche, beabsichtige ich nicht, den anderen aufzufordern, eine Entscheidung zu treffen. Statt dessen möchte ich diesen Gedanken an eine Entscheidung bei ihm einpflanzen. Wenn wir fertig sind, frage ich ihn nicht: „Wo würden Sie sich in diesem Bild einordnen?" – er hat dies in seinem Innern ja schon getan. Ich frage ihn auch nicht: „Sehen Sie einen Grund, weshalb Sie diese Entscheidung nicht jetzt treffen sollten?" – wahrscheinlich ist er ja vom Verstand her schon völlig überzeugt. Vielmehr sage ich: „Diese Illustration faßt die zentrale Botschaft der Bibel zusammen. Falten Sie dieses Blatt zusammen, und legen Sie es in Ihre Bibel. Wir werden gelegentlich wieder darauf zurückkommen." Von dieser Zeit an werden wir diese graphische Darstellung jedesmal benutzen, um unsere Gespräche zu rekapitulieren. Am Ende eines jeden Gespräches nehmen wir es heraus und sprechen darüber, wie der Inhalt des jeweiligen Kapitels in dieses Bild hineinpaßt.

Das Evangelium auf diese Weise zusammenfassend darzustellen, hat mehrere wichtige Auswirkungen:

* Es erleichtert das Verständnis der Bibel, denn es gibt uns einen grundlegenden Rahmen, dem die einzelnen Teile zugeordnet werden können.
* Es vertieft den Gedanken, daß eine Entscheidung notwendig ist.
* Es verdeutlicht, was der Betreffende daraufhin tun muß.

Jemand, mit dem ich auch die Bibel studierte, drückte es so aus: „Jeden Morgen, wenn ich aufstand, stellte ich mir die Frage: „Ist heute der Tag, an dem ich diese Brücke überqueren werde?" Für den Menschen, der zu Christus unterwegs ist, ist es hilfreich, das zu verstehen, was wir in diesem Abschnitt über die Beteiligung der Gefühle, des Verstandes und des Willens an diesem Entscheidungsprozeß gesagt haben.

Vor mehreren Jahren erhielt ich einen Brief von einem Freund, der gerade in einem anderen Land als Missionar begonnen hatte. Darin erzählte er mir, daß er seit einigen Monaten mit mehreren Nichtchristen die Bibel studiert hatte, aber jetzt kurz davor stand, aufzugeben. Sie waren so weit gekommen, daß sie alles verstanden und die Wahrheit des Evangeliums akzeptierten. Aber keiner von ihnen hatte sein Leben Christus ausgeliefert. Da sie offen zugaben, einfach nicht bereit zu sein, diese Entscheidung zu treffen, wollte er die Arbeit mit ihnen aufgeben und mit anderen Menschen seine Arbeit fortführen. Er wollte von mir wissen, wie ich darüber dachte.

In meiner Antwort gratulierte ich meinem Freund dazu, daß er diese Menschen so weit führen durfte, daß sie klar verstanden, worum es ging. Ich schrieb, daß es letzten Endes immer auf den Willen des Menschen ankommt. Wenn ein Nichtchrist das zugibt, sollten wir uns freuen, anstatt uns entmutigen zu lassen; denn das ist schon an sich ein Fortschritt. Mein Freund blieb bei dieser Gruppe. Am Ende fand er in diesen Menschen seine ersten Mitarbeiter für seinen Dienst in diesem Land.

Oft hilft es einem Menschen, wenn wir sagen: „Ich möchte einfach unseren momentanen Standpunkt noch einmal klarstellen. Ich habe den Eindruck, daß Ihre Fragen auf der verstandesmäßigen Ebene fast alle beantwortet sind. Jetzt müssen Sie sich fragen, ob Sie Gott in Ihr Leben hineinlassen wollen oder nicht. Sehen Sie das auch so?"

Verstandesmäßige Fragen sind gewöhnlich nicht von langer Dauer. Selbst wenn jemand aus dem Atheismus oder Agnostizismus kommt, sind diese Fragen meistens im Verlaufe einiger Wochen geklärt. Aber mit dem Willen ist es eine ganz andere Sache. Er kann sich unglaublich lange gegen eine Entscheidung wehren.

Wann sollen wir aufgeben?

Gott wird sich nicht über den Willen eines Menschen hinwegsetzen. Der Mensch kann bis zum Ende dabei bleiben, nein zu Gott zu sagen. Ich glaube, daß ein Mensch Gott ein endgültiges Nein geben kann und daß Gott eine solche Entscheidung akzeptiert und ihn von diesem Moment an in Ruhe lassen wird. Wir müssen in dieser Beziehung ganz besonders sensibel sein für Gottes Führung.

Der ganze Prozeß, den wir beschrieben haben, muß von Gebet begleitet sein. Bei jedem Gespräch nehmen wir eine innere Gebetshaltung ein. Dabei schauen wir zu Gott auf, um das zu tun, was im Leben eines Menschen nötig ist, um ihn zu Christus zu führen. Gott antwortet ganz offensichtlich auf solche Gebete. Wir lassen uns von Gott Anweisungen geben, wie lange wir bei einem Menschen ausharren sollen, und kümmern uns um ihn so lange, wie Gott es will, aber auch nicht länger. Das Signal zum Aufhören für uns ist, wenn dieser Mensch den Kampf aufgibt und von sich aus beschließt, Gott nicht in sein Leben hineinzulassen.

Hilfe leisten

Das Problem bei einer vorzeitigen Entscheidung für Christus ist, daß man einem Menschen Worte in den Mund legt und ihn dadurch glauben macht, etwas vollzogen zu haben, was in Wirklichkeit überhaupt nicht stattgefunden hat. Es ist schwierig, sich wie ein Christ zu verhalten, wenn man es gar nicht ist. Das hält niemand auf die Dauer durch, und eines Tages gibt man es auf.

Eine Entscheidung andererseits hinauszuschieben, ist gleichermaßen riskant. Menschen, die den Weg zu Christus wissen, sterben dennoch oft in ihren Sünden. Manchmal brauchen sie nur noch einen kleinen Anstoß. Das könnte etwa so aussehen:

A: Wir haben jetzt sechs Monate in der Bibel geforscht. Wie geht es voran? Wo stehen Sie Ihrer Meinung nach auf dem Weg zu Jesus Christus?
B: Ich verstehe jetzt schon viel mehr.
A: Was muß Ihrer Meinung nach noch geschehen, damit Sie Christ werden?
B: Ich bin nicht sicher. Wahrscheinlich muß ich mich jetzt nur noch entscheiden, Christus in mein Leben aufzunehmen.
A: Sind Sie bereit, das zu tun?
B: Ja, ich denke schon.
A: Möchten Sie wissen, wie Sie das praktisch tun können?
B: Ich glaube, ja.
A: Was würden Sie dazu meinen, wenn wir es gerade an Ort und Stelle tun? Oder vielleicht möchten Sie es lieber für sich alleine tun?

Zeitdruck vermeiden

Die Kuh von Mutter O'Leary hatte einen großen Einfluß auf die Evangelisationsarbeit in Amerika. Die Kuh stieß eine Laterne um und verursachte dadurch das Großfeuer von Chicago, bei dem viele Menschen den Tod fanden. Zum gleichen Zeitpunkt führte D.L.Moody in der Stadt Evangelisationsversammlungen durch. Durch diese Tragödie erschüttert, kündigte er an, daß er nie wieder predigen würde, ohne einen Aufruf zur Entscheidung zu machen. Viele Reichsgottesarbeiter haben sich den Entschluß Moodys zu eigen gemacht – mit dem Resultat, daß viele unter uns auf der Ebene der persönlichen Evangelisation unter einem übertriebenen Gefühl der Dringlichkeit arbeiten. Wir befürchten oft, daß ein Mensch sich nie entscheidet, wenn er es nicht auf der Stelle tut. Wenn er seinen eigenen Weg weitergeht, ohne die Entscheidung für Christus getroffen zu haben, befürchten wir, er könnte vielleicht von einem Auto überfahren werden, und dann würden wir die Verantwortung für seinen ewigen Tod tragen.

Solche Ängste entspringen jedoch einem falschen Verantwortungsgefühl. Nicht ich bin der Herr der Ernte, Gott ist es. Der die Menschen zu Jesus Christus zieht, ist der Heilige Geist. Wir können darauf vertrauen, daß Gott sein Werk in denen, die zu Jesus unterwegs sind, fortführen und vollenden wird.

Sicher ist das Evangelium eine dringliche Nachricht, aber das heißt nicht, daß wir uns unter einen übertriebenen Zeitdruck setzen lassen. Dabei käme doch nichts Gutes heraus, im Gegenteil! Ich habe einen Freund, der unter einem solchen Druck, wie wir ihn soeben beschrieben haben, im Alter von acht Jahren gedrängt wurde, sich für Jesus zu entscheiden. In den darauffolgenden fünfzehn Jahren machte er einen unglaublichen inneren Kampf durch. Schließlich war er im Alter von fünfundzwanzig Jahren imstande zu erkennen, daß die notwendige innere Veränderung nie stattgefunden hatte. Wir brauchen also Geduld. Wir müssen den Glauben haben, daß Gott zur rechten Zeit die Bekehrung schenken wird.

Zusammenfassende Ratschläge

Während des ganzen Prozesses des Säens und Erntens sollten wir bestimmte praktische Richtlinien beachten:

Was wir tun sollen

* Akzeptieren Sie den Nichtchristen so, wie er ist. Bringen Sie ihm echte Freundschaft entgegen.
* Pflegen Sie freundschaftliche Kontakte zwischen den einzelnen Treffen, aber übertreiben Sie es nicht. Eine einzige Kontaktnahme zwischen den Treffen ist gewöhnlich ausreichend.
* Machen Sie es nicht kompliziert. Konzentrieren Sie sich auf die beiden grundlegenden Fragen.
* Achten Sie auf die Homogenität Ihrer Bibelgruppe.
* Seien Sie sensibel, wenn es darum geht, wann Sie das erste Mal von der Notwendigkeit einer eventuellen Entscheidung sprechen.
* Lassen Sie den Leuten Zeit, damit der Gedanke an eine Entscheidung in ihnen Wurzel fassen kann.
* Geben Sie Hilfestellung, nachdem der Heilige Geist sein Werk getan hat.

Was wir vermeiden sollen

* Versuchen Sie nicht, den Nichtchristen umzuformen oder zu verändern.
* Ziehen Sie die Treffen nicht übermäßig in die Länge. Wenn Sie so früh aufhören, daß die Menschen eigentlich gern noch mehr gehabt hätten, ist es viel besser.
* Lassen Sie sich durch Absagen nicht beunruhigen. Reagieren Sie mit Verständnis.
* Machen Sie sich keine Sorgen, daß es nur langsam vorangeht. Helfen Sie dem Nichtchristen, weiter in der Bibel zu lesen.
* Drängen Sie nicht ungeduldig auf eine Entscheidung. Vergessen Sie nicht, daß es Zeit braucht, um einen widerspenstigen Willen zu überwinden. Lassen Sie den Heiligen Geist sein Werk tun.

Was Sie erwarten dürfen

* Gott wird seine Absichten durchführen.
* Die Bekehrung wird echt sein.
* Die Nacharbeit wird automatisch folgen, wenn Sie Ihre Bemühungen um die betreffende Person fortsetzen.

Anmerkungen

1 James F. Engel, „Contemporary Christian Communications“ (Nashville: Thomas Nelson Publishers, 1979), S. 75
2 Engel, S. 98

23. Die Gelegenheiten multiplizieren

Nutzen ziehen aus neuen Beziehungen

Der Mensch sehnt sich von Natur aus danach, sich für wichtige Dinge zu engagieren. Es gibt nichts Wichtigeres oder Abenteuerlicheres, als an der Verwirklichung der Absichten Gottes teilzuhaben, damit sein Werk vollendet wird. Und sein Werk hat mit Menschen zu tun.

Dieses Buch wurde in der Annahme geschrieben, daß es der Wunsch jedes echten Christen ist, sich für die Evangelisation der Menschen um uns her einzusetzen. Das Buch geht auch von der Voraussetzung aus, daß ein solches Engagement Erfüllung bringen kann. Jesus selbst sprach von persönlicher Erfüllung, nachdem er mit der samaritischen Frau gesprochen hatte. „Ich habe eine Speise zu essen, von der ihr nicht wisset ... Meine Speise ist die, daß ich tue den Willen des, der mich gesandt hat, und vollende sein Werk" (Joh. 4,32.34). Jesus hatte sich durch sein Gespräch innerlich genährt.

Als Christen haben wir ein natürliches Interesse an der Evangelisation. Doch die meisten von uns müssen etliche persönliche Umstellungen vornehmen, wenn wir ernstlich unter Nichtchristen evangelisieren wollen. Ich habe solche Umstellungen, die für die Evangelisationsarbeit notwendig sind, im Rahmen dieses Buches bereits beschrieben. Rufen wir sie uns nochmals in Erinnerung:

- Wir sollten unsere Trägheit überwinden, indem wir zu handeln beginnen und unseren Lebensstil ändern.
- Wir sollten die Menschen unserer Zeit zu verstehen suchen und lernen, wie man mit ihnen kommuniziert.
- Wir sollten uns neue Kommunikationsfähigkeiten aneignen.
- Wir sollten unsere nichtchristlichen Freunde dazu bringen, regelmäßig die Bibel mit uns zu lesen.

Fangen sie nicht immer wieder von vorn an

Wenn wir erst einmal soweit gekommen sind, wollen wir unseren endlich gewonnenen Elan bestimmt nicht wieder verlieren. Das Evangelisieren sollte darum zu einem ständigen, wesentlichen Bestandteil unseres Lebensstils werden. Die erste Krise beim Evangelisieren stellt sich oft als Folge unseres Erfolgs ein. Unsere nichtchristlichen Freunde haben Jesus Christus kennengelernt. Wie geht es nun weiter? Fangen wir wieder von vorn an, suchen neue Bekanntschaften und bauen neue Beziehungen auf, so daß wir wieder mit einem Nichtchristen zusammen die Bibel studieren können?

Es dürfte wirklich schwierig sein, ein Leben lang diesen langwierigen und mühsamen Prozeß ständig neu zu wiederholen. Sollte diese Art von Wiederholung tatsächlich notwendig sein, haben wir sicher irgend etwas verkehrt gemacht und aus den natürlichen Gelegenheiten nicht den bestmöglichen Nutzen gezogen. Wenn wir erst einmal Beziehungen zu Nichtchristen geknüpft haben und Menschen anfangen, positiv auf Christus zu reagieren, dann zieht gewöhnlich eine Beziehung die andere nach sich. Diese aufeinanderfolgenden konzentrischen Kreise von Gelegenheiten können sich fast endlos fortsetzen.

Wir müssen jedoch weise vorgehen, wenn unsere Gelegenheiten sich auf diese Weise ausweiten sollen. Es ist eine echte Herausforderung an uns, dem jungen Christen zu helfen, sich so in die Gemeinde zu integrieren, daß er gleichzeitig die Beziehungen zu seinen Freunden und Verwandten beibehält.

Die erste Begegnung des Neubekehrten mit der Gemeinde

Die erste Begegnung des Neubekehrten mit der Ortsgemeinde kann eine sehr heikle Angelegenheit sein! Ich war einmal eingeladen, auf einer Konferenz für Missionare einer bestimmten Denomination ein Referat über dieses Thema zu halten. Sie erklärten mir ihre Situation wie folgt: „Wir haben bei unserer Evangelisationsarbeit relativ viel Erfolg. Unsere Schwierigkeit besteht darin, die Neubekehrten in die Gemeinden zu bekommen. Die meisten von ihnen verlieren wir an diesem Punkt.“ Das ist eines der häufigsten Probleme, das der christlichen Gemeinde überall in der Welt begegnet.

Wieviel Erfolg wir dabei haben, frischbekehrte Christen aus der Welt in unsere bestehenden Gemeinden zu bringen, hängt von einer Anzahl Faktoren ab: von der geistlichen Vitalität der örtlichen Gemeinde; von dem Eindruck, den die Gemeindeformen auf die Neuankömmlinge machen;

von der Art der Evangelisation, die angewandt wird; vom Hintergrund der Menschen, die zu Christus kommen, und von der Distanz zwischen der „Kultur" der Gemeinde und der Kultur der neubekehrten Christen.

Ich staune über die offenbare Leichtigkeit, mit welcher die Gemeinden des 1. Jahrhunderts ihre Neubekehrten eingliederten. Dabei waren die Gemeinden stark verwurzelt in der Gesellschaft. Diese Urgemeinden führten ein ganz natürliches Dasein in der Kultur, in welcher sie aufblühten. Die Christen trafen sich meistens in den Häusern. Sobald erst einmal die Ausgangsbasis durch die Arbeit der Apostel geschaffen war, wuchsen die Gemeinden aufgrund des Einflusses, den die Gläubigen auf ihre Umgebung ausübten. Strukturen oder Formen hatten einen direkten Bezug zu den Menschen, weil sie aufgrund der unmittelbaren Bedürfnisse geschaffen wurden. Es ist interessant, daß das Neue Testament noch nicht einmal die Frage anspricht, wie man Neubekehrte in eine Gemeinde eingliedert. Wer sich bekehrte, war praktisch schon in einer Gemeinde!

Vielleicht müssen wir eine 180-Grad-Kehrtwendung in unserem diesbezüglichen Denken vollziehen. Das gilt vor allem für Situationen, wo die Distanz zwischen zwei Kulturen oder sogar zwischen zwei Subkulturen tatsächlich sehr groß ist. Sollten wir weiterhin planen, die Frischbekehrten mit in die Gemeinde zu nehmen, oder sollten wir uns überlegen, ob wir nicht die Gemeinde zu ihnen bringen sollten? Die Gemeinde ist kein starres Gebilde; die Gemeinde, das sind Menschen. Das sind Christen, die so miteinander umgehen, daß sie einander in ihrem Glaubensleben unterstützen. Ein Kirchengebäude ist nicht unbedingt erforderlich, um die geistlichen Bedürfnisse einer Gruppe neubekehrter Christen zu befriedigen.

Wenn uns beim Gedanken „Gemeinde" vor allem die Menschen vor Augen stehen, dann haben wir auch die notwendige Flexibilität, um diejenigen einzugliedern, die wir gewonnen haben, ohne daß wir sie in eine neue Umgebung versetzen. Wenn noch mehr solcher Nichtchristen zu Christus kommen, und wenn sie von Leuten, die von der Gemeinde dafür beauftragt sind, unterstützt und gefördert werden, dann werden ihre geistlichen Bedürfnisse auch gestillt. Ob diese Einrichtung nun provisorisch oder von Dauer ist, sie bietet jedenfalls zwei Vorteile. Erstens hat der Neubekehrte viel Zeit zur Verfügung, in einer von ihm schon akzeptierten Umgebung geistlich heranzureifen. Mit dieser zunehmenden Reife wächst auch seine Bereitschaft für eine weitere Anpassung. Zweitens lösen wir ihn auch nicht aus seinem natürlichen Beziehungsnetz heraus, wenn wir ihn dort belassen, wo er ist.

Ich schlage darum vor, daß wir neubekehrte Christen nicht allzu schnell in unsere Gemeindestrukturen einbinden; das gilt insbesondere für jene Neubekehrten, die aus einer ausgeprägt säkularisierten Umgebung kommen. Damit will ich auch sagen, daß es Situationen gibt, wo die Distanz so groß ist, daß wir einfach die Tatsache akzeptieren sollten, daß neue Schläuche notwendig sind.

Erwartungen an christliches Verhalten

Indem wir auf Gleichförmigkeit in Grauzonen des Verhaltens bestehen, können wir sehr schnell die Kommunikation des neubekehrten Christen zu seinem früheren Beziehungskontext blockieren. Darum müssen wir unterscheiden zwischen einem Verhalten, über das sich nicht diskutieren läßt (was richtig und was falsch ist), und einem Verhalten, für das keine festen und unveränderlichen ethischen Richtlinien bestehen. Die Bibel gibt uns Anweisungen über verschiedene Verhaltensweisen. Etliche Dinge sind immer richtig. Wie immer auch die Situation sein mag – wenn man diese Dinge tut, ist das Verhalten richtig. Galater 5,22-23 gibt uns eine Liste von Beispielen: Liebe, Freude, Friede, Geduld, Freundlichkeit, Gütigkeit, Glaube, Sanftmut, Keuschheit. Gegen solche Eigenschaften läßt sich überhaupt nichts sagen. Die erste Gruppe des Verhaltenskatalogs besteht aus jenen Eigenschaften, die die Bibel als richtig bezeichnet.

Dann werden im selben Abschnitt andere Verhaltensweisen als grundsätzlich falsch bezeichnet. Unabhängig von der Situation sind sie immer falsch. Sexuelle Ausschweifung, Unreinigkeit, Haß, Zwietracht, Eifersucht, Zorn, Ichsucht, Neid, Saufen und so weiter sind nicht erlaubt (Gal. 5,19-21). Sie haben zu keiner Zeit Platz im Leben irgendeines Christen.

Obwohl einige Verhaltensweisen klar umrissen sind, gibt es eine Grauzone von „Verhaltensweisen, wo man unterschiedlicher Meinung" sein kann (Röm. 14,1). Dies sind Bereiche, die die Bibel nicht speziell anspricht – beispielsweise an welchem Tag ein Gottesdienst stattfinden sollte oder was man essen darf oder was nicht. Was in solchen Fällen das richtige Verhalten ist, wird von Faktoren bestimmt, die sich verändern können. Manchmal kann es falsch sein, eine bestimmte Sache zu tun. Zu anderen Zeiten kann jedoch dieselbe Handlung richtig sein. Die Bibel überläßt es dem einzelnen Gläubigen, zu entscheiden, *was* für ihn das Richtige ist und auch *wann* und *wo.*

Diese eher offene Handhabung wird von vielen Denominationen als zu diffus und riskant angesehen. Mit Verhaltenskonformität läßt es sich leichter leben. Wir meinen, Nonkonformität fördere nur den Kritikgeist und Auseinandersetzungen. Deshalb finden wir es sicherer, bei den schwierigeren, zweifelhaften Sachfragen eine bestimmte Position zu definieren, und dann verlangen wir von jedem, sich danach zu richten. Die Bibel lehrt uns, nicht auf diese Weise mit zweifelhaften Sachfragen umzugehen; aber wir verhalten uns trotzdem so (Röm. 14,1-4,22; Kol. 2,16.20-23).

Nach Römer 14 ist eines der Zeichen einer gesunden Gemeinschaft eine liebevolle Einstellung gegenüber unterschiedlichen Überzeugungen in diesen persönlichen Verhaltensweisen, die relativ und nicht absolut sind. Gereifte Christen wissen, daß das Reich Gottes nicht in Essen und Trinken besteht. Deshalb akzeptieren sie es, wenn sich jemand in einer umstrittenen Frage für eine andere Verhaltensweise entschließt, und richten ihn deswegen nicht. Sie wissen, daß jeder letzten Endes Gott selber für sein Verhalten verantwortlich ist. Sie respektieren den, der in Verhaltensfragen Skrupel hat, wie auch den, der darin freier ist. Ihr eigenes Verhalten wird bestimmt vom Gesetz der Liebe und der Mäßigung (Röm. 13,10; 1.Kor. 9,24-27).

In einer Gruppe, in der diese Prinzipien vorherrschen, gewährt man jungbekehrten Christen den nötigen Freiraum, um in ihren eigenen Überzeugungen zu wachsen. Das verhilft ihnen langfristig zu einer größeren Reife (Hebr. 5,14).

Wie wir mit solchen umstrittenen Verhaltensfragen umgehen, wird das Wesen und den Umfang unserer evangelistischen Bemühungen stark beeinflussen. Oft verlieren Neubekehrte den Kontakt zu ihren nichtchristlichen Bekannten und Freunden, wenn sie sich den außerbiblischen Anforderungen und Regeln anpassen, die ihnen die christliche Gemeinschaft, der sie sich angeschlossen haben, auferlegt. Wegen solcher Regeln entdecken Jungbekehrte plötzlich, daß ihnen ihre alten Freunde entglitten sind. Wenn dies geschieht, sind wir wieder da, wo wir angefangen haben, und suchen nach neuen Möglichkeiten, wie wir Beziehungen knüpfen können usw.

Zusammenarbeit mit unseren geistlichen Kindern

Wir werden nur in dem Maße einen dauerhaften, fruchtbaren Dienst unter den Menschen tun können, wie wir imstande sind, unser Zeugnis auch in das Beziehungsnetz derer hineinzutragen, die wir schon erreicht haben. Wir dürfen die Kommunikation innerhalb dieses Beziehungsnetzes nicht unabsichtlich und unnötig abbrechen.

Einerseits ist es außerordentlich wichtig, den frischbekehrten Christen, die aus der Welt kommen, dabei zu helfen, sich in die Gemeinde zu integrieren. Andererseits darf dies jedoch nicht auf eine Weise geschehen, daß sie von ihrem früheren Beziehungskreis abgeschnitten werden. Ganz eindeutig bedeutet die Hinwendung zu Christus einen Bruch mit der Vergangenheit und einen Neuanfang. Das zieht zwar eine Distanzierung von dem Tun der Vergangenheit nach sich, nicht aber eine Distanzierung von den Menschen, mit denen man in der Vergangenheit Kontakt hatte.

Wenn eine Beziehung zu der nächsten führt und sich dadurch unsere Möglichkeiten ausweiten, müssen wir mit den Menschen, denen wir dienen, zusammenarbeiten, weil wir dabei ihre Hilfe brauchen und sie die unsere.

Nichtchristen können großartige Evangelisten sein

Das ist übertrieben ausgedrückt, trifft aber den Punkt. Menschen, die zum erstenmal die Bibel entdecken und unterwegs zu Christus sind, legen oft eine frische und ungekünstelte Begeisterung über ihre Neuentdeckung an den Tag.

Ein neubekehrter Christ, mit dem ich immer noch in Verbindung stehe, brachte wenigstens ein Dutzend Menschen mit, bevor er selber zum Glauben kam. Oft kam er in Begleitung seiner Freunde zu unserem Bibelstudium. Dann pflegte er in seiner für ihn typischen Ungezwungenheit bewußt Fragen und Zweifel an Gott und seiner Schöpfung zu äußern. Unangenehm war dies nur für den Gesprächsleiter. Seine Gäste jedoch fühlten sich dadurch eher zu Hause, anstatt durch seine Äußerungen selber in Zweifel zu geraten. Ohne es zu beabsichtigen, wurde er zum Sprachrohr auch ihrer Fragen.

Menschen brauchen nicht viel zu wissen, bevor sie anfangen, einen Einfluß auf andere auszuüben. Philippus führte Nathanael mit drei Worten zu Jesus: „Komm und sieh" (Joh. 1,46). Die samaritische Frau tat ähnliches mit ihren Nachbarn: „Kommt, sehet einen Menschen, der mir alles gesagt hat, was ich getan habe, ob er nicht der Christus sei?" (Joh. 4,29).

Wir sollten nicht die evangelistischen Möglichkeiten übersehen, die uns ein Nichtchrist bietet. Wir sollten ihn ermutigen, indem wir seine Bemühungen unterstützen und die Bedürfnisse und Gefühle der Freunde, die er mitbringt, ernstnehmen.

Jungbekehrte Christen können sehr schlechte Evangelisten sein

Sobald ein Mensch die Grenze zum Glauben überschreitet, erlebt er oft aus irgendeinem Grund eine Zeit, wo er seine Fähigkeit verliert, andere für den Glauben zu interessieren. Die Dinge werden irgendwie schwierig. Der Frischbekehrte ist in der Lage, sehr arrogant und gesetzlich mit seinen Freunden und besonders mit seiner Familie umzugehen. Er hat die Tendenz, zu viel zu sagen und zu stark zu drängen und wundert sich, warum jedermann blind ist für das, was er so klar sieht. Er vergißt dabei nur, daß er selber Jahre brauchte, bis er so weit war.

In den ersten Wochen kann das Glaubensleben eines Neubekehrten bleibenden Schaden davontragen. Es kann sein, daß er seine Verbindung zu seinen Freunden völlig abbricht. Aufgrund der daraus folgenden Ablehnung kommt er zu dem Schluß, daß man das Evangelisieren in Zukunft lieber bleiben lassen sollte.

Jungbekehrte benötigen darum Hilfe. Man muß sie auf diese und andere Dinge aufmerksam machen. Wir müssen sie ermutigen, Zeugnis abzulegen; aber wir müssen ihnen auch dabei helfen und ihnen zeigen, was und wieviel sie anderen sagen sollen. Auch sie müssen lernen, daß Evangelisieren mehr ist als bloß zu reden. Wenn sie selbst durch den früher schon beschriebenen evangelistischen Lebensstil eines anderen Christen zum Glauben gekommen sind, können sie leichter verstehen, daß derselbe Prozeß auch für ihre Freunde notwendig ist.

Freundschaften ausdehnen

Wenn jemand, der zu Christus kommt, bemerkt, daß Sie Ihre Liebe und Annahme auch auf seine Freunde ausdehnen, ohne die erste Gelegenheit zu ergreifen, um mit dem Evangelium über sie herzufallen, dann wird er seine Freunde gerne mitbringen. Solange er dessen nicht sicher ist, wird er es nicht tun.

Wir sollten gewillt sein, ein geselliges Beisammensein wirklich als solches anzusehen und es nicht als Köder für ein Bibelstudium zu benutzen. Ich mußte diesbezüglich erst etliche grobe Schnitzer machen, bevor ein Nichtchrist mich damit konfrontierte und beschuldigte, hinterlistig zu sein. Wir erreichen bei den Menschen viel mehr, wenn wir ehrlich sind und unsere Absicht nicht verbergen. Ein geselliges Beisammensein soll auch ein geselliges Beisammensein sein. Wenn wir die Absicht haben, mit Menschen gemeinsam die Bibel zu lesen, sollten wir dies in unserer Einladung zum Treffen auch sagen.

Wenn das Gespräch beim Abendessen nicht dazu führte, auf irgendeine Art von unserem Glauben Zeugnis abzulegen, sollten wir nicht das Gefühl haben, der Abend wäre verschwendet. Wenn wir Licht sind, wird dem anderen auch ohne Worte ein Zeugnis übermittelt. „Mini"-Entscheidungen werden sicherlich folgen, und wenn erst einmal eine gewisse Vertrauensgrundlage geschaffen worden ist, wird eine solche Beziehung auch das mündliche Zeugnis ertragen. Es braucht viel weniger Zeit, dieses Vertrauen unter den Freundesfreunden aufzubauen, weil wir in gewisser Weise auf langjährige Beziehungen „aufspringen" können.

An dieser Stelle ist ein Wort zur Vorsicht angebracht. Wir sprechen von der Ausweitung unserer evangelistischen Bemühungen auf die Einflußbereiche derer, zu denen wir schon Zugang bekommen haben. Wir müssen darauf achten, in welcher Form dies geschieht. Die Versuchung besteht, daß wir die Gelegenheiten mißbrauchen und daraus unsere eigenen Evangelisationsgelegenheiten machen. Der Neubekehrte gibt uns vielleicht sogar selber den Anstoß dazu, indem er seine Freunde zu uns führt, damit wir mit ihnen über das Evangelium reden. Doch dadurch lassen wir uns die große Chance entgehen, die uns eine solche Situation bietet, nämlich unseren Dienst dadurch zu vervielfachen, daß wir den Neubekehrten anleiten, selber mit seinen Freunden über das Evangelium zu sprechen. Wir müssen darauf aus sein, ihn immer wieder als Mitarbeiter an unseren evangelistischen Bemühungen zu beteiligen und ihm mit zunehmender geistlicher Reife immer mehr direkte Verantwortung zu übergeben. Indem sich die evangelistischen Gelegenheiten konzentrisch ausweiten, wird sich auch die Zahl der Evangelisten entsprechend vermehren.

Eine Brücke zum Evangelium schlagen

Die Evangelisationsarbeit in Ephesus nahm eine immer faszinierendere Gestalt an. Paulus begann in der Synagoge. Als die Auseinandersetzung mit den Juden an Intensität zunahm, suchte er sich mit seinen Anhängern einen anderen, neutralen Ort. Zwei Jahre lang redete er täglich in der Schule von Tyrannus (Apg. 19,8-10). Die Folge war, daß „alle, die in der Landschaft Asien wohnten, Juden und Griechen, das Wort des Herrn hörten". Wie sahen diese Gespräche über das Evangelium wohl aus? Wie wurden sie geleitet? Worüber wurde im einzelnen gesprochen? Wir werden es nie wissen. Wir wissen nur, daß sie sehr lebendig gewesen sein müssen, sonst wären die Leute wohl kaum aus der ganzen Provinz Asia herbeigeströmt, um Paulus zu hören.

Es kann nützlich sein, festzustellen, daß diese täglichen Diskussionen ein Forum bildeten, wo die Leute hinkommen, zuhören, miteinander reden, weggehen und nachdenken konnten, um dann später wiederzukommen, wenn sie mehr hören wollten. Bekannt wurden diese Gespräche höchstwahrscheinlich durch jene, die zum Glauben gekommen waren oder kurz davor standen und davon sprachen. Daß die Menschen dort ständig mit dem Evangelium konfrontiert wurden, hatte in der Gegend seine verstärkende Wirkung.

Nur ein ungewöhnlich begabter Lehrer konnte versuchen, etwas so Weitreichendes zu wagen, wie Paulus es durch seinen Lehrdienst in Ephesus tat. Doch auch wir können entsprechend den Möglichkeiten unserer kleinen Gruppe Gleichgesinnter einen ähnlichen Effekt erzielen. Die Schule von Tyrannus war ein neutraler Ort (im Gegensatz zur Synagoge), wo interessierte Leute immer wieder die Evangeliumsbotschaft hören konnten.

Es gibt Möglichkeiten, wie wir eine ähnliche Gelegenheit schaffen können und dies sogar mit einem einzelnen. Zum Beispiel können wir gegenüber den Freunden jener, mit denen wir gerade die Bibel studieren, eine „Offene-Tür-Haltung" einnehmen. Da sind wir gerade bei Kapitel 5, als ein Neuer zu uns stößt – was jetzt tun? Eine kurze Zusammenfassung des bisher Gesagten bringt den Neuankömmling „up to date" und ist auch für alle anderen nützlich.

Es gibt noch eine andere Art, eine Umgebung zu schaffen, in der frischbekehrte Christen die Kluft zwischen ihren Freunden und dem Evangelium überbrücken lernen. Wir können drei oder vier offene Diskussionsabende über Themen durchführen, die sich mit aktuellen Bedürfnissen befassen (s. Kapitel 17). Wenn Sie sich dies nicht selbst zutrauen, laden Sie doch jemand anders ein, der darüber spricht. Besser aber wäre, wenn Sie oder jemand aus der Gruppe mit Hilfe einer kompetenten Person das betreffende Thema selber ausarbeiten könnten. Das wäre eine Gelegenheit für Sie, etwas zu lernen und gleichzeitig sich weiterzuentwickeln.

Wählen Sie ein aktuelles Thema oder einen Themenbereich von allgemeinem Interesse. Lesen Sie Bücher dazu. Lassen Sie sich bei der Vorbereitung Zeit, und wenn Sie Ihre Gedanken geordnet und kommunikationsreif gemacht haben, gehen Sie damit in Ihre Gruppe. Laden Sie etwa so viele Nichtchristen ein, wie Sie sonst zusammen sind. Bleiben Sie auch an diesen Abenden bei dem 1:1-Verhältnis.

Fangen Sie mit einer zwanzig- bis dreißigminütigen Einführung an, die dazu dienen soll, grundlegende biblische Gedanken zum Thema zu vermitteln und zur Diskussion anzuregen. Eine Diskussion kommt vor allem dadurch zustande, daß eine gewisse – natürlich positive – Spannung erzeugt wird. Dafür eignen sich besonders gute Fragen. Halten Sie ein paar richtungsweisende Fragen bereit, um das Gespräch in Gang zu halten, und richten Sie sich auch auf eine abschließende Zusammenfassung ein. Anschließend sollten Sie zusammen Kaffee trinken und ungezwungene Gemeinschaft miteinander haben.

Hier sind einige Themen, die für Sie in Frage kommen könnten:

* Gott und die Geschichte: Was sagt die Bibel zum heutigen Weltgeschehen? Über die Zukunft?
* Was sagt die Bibel über die Ehe? Über die Familie? Über Kindererziehung?
* Was ist Erfolg? Wie wird man erfolgreich? Wie sichert man Erfolg?
* Biblische Prinzipien über den Umgang mit Geld.
* Zwischenmenschliche Beziehungen

Der Zweck dieser offenen Diskussionen ist nicht, Menschen zu einer Entscheidung für Christus zu bewegen. Wir wollen sie vielmehr zu der Erkenntnis bringen, daß eine Beziehung mit Gott für das Leben und für das Lebensverständnis von grundlegender Bedeutung ist. Solche Diskussionen sollen die Menschen motivieren, positiv auf unsere Einladung zu reagieren, weiter die Bibel mit uns zu erforschen. Eines der positiven Ergebnisse dieser Gespräche wird darin bestehen, daß wir unseren neuen Mitarbeitern die nötige Hilfestellung gegeben haben, damit sie ihre Freunde zu einem fruchtbaren Kontakt mit Christen und der Evangeliumsbotschaft verhelfen.

Nachwort

Einheit in Vielfalt

In diesem Buch ging es um eine der wesentlichen Aufgaben der Gemeinde Jesu: um die Evangelisation. Da man diese unmöglich von den anderen, mit ihr eng verbundenen Aufgaben – Christen für den Dienst im Reiche Gottes festigen, aus- und zurüsten – trennen kann, befürchte ich, daß ich ebensoviele Fragen aufgeworfen wie beantwortet habe. Das ist auf die Tatsache zurückzuführen, daß ich den Inhalt dieses Buches nicht nur auf die Evangelisation an sich beschränkt habe, sondern zudem auf eine besondere Form der Evangelisation, die zwei grundlegenden Bedürfnissen entspricht: 1. der Notwendigkeit, das Evangelium den Menschen zu bringen, die der Hauptströmung unserer Gesellschaft zuzurechnen sind und die in die entgegengesetzte Richtung gezogen werden, also weg von biblischen Vorstellungen und Werten; und 2. der Notwendigkeit eines evangelistischen Konzepts, das es auch dem Durchschnittschristen ermöglicht, sich immer wieder unter seinen Freunden und Kollegen für die Sache des Evangeliums einzusetzen. Die aufgeworfenen Fragen lassen sich aus dem Zusammenhang beantworten.

Ich würde mir die Reaktion des Lesers nach der Lektüre dieses Buches gerne etwa so vorstellen: „An und für sich schaffe ich das nicht! Aber mit ein wenig Hilfe von meinen Freunden könnte es trotzdem gehen." Ich hoffe, mit diesem Buch genügend Wegweisung und Antworten gegeben zu haben, damit der Leser zu einer solchen Schlußfolgerung gelangt.

Dieses Buch stellt auch die Frage, was denn mit jenen Menschen unserer Gesellschaft geschieht, die positiv auf unsere evangelistischen Bemühungen reagiert haben. Im allgemeinen sind wir nicht an diese Art von Menschen gewöhnt, die da nun in unsere Gemeinden kommen. Wie dienen wir diesen Menschen, deren Bedürfnisse sich stark von den unseren unterscheiden? Wie verkraften wir diese Art von Gemeindewachstum?

Doch wir wollen jetzt erst einmal die evangelistische Aufgabe neu anpacken und uns darauf konzentrieren, daß diese Fragen auch bei uns aktuell werden! Die Frucht unserer Arbeit wird zur Folge haben, daß solche Fragen, die jetzt vielleicht noch theoretischen Charakter besitzen, zu echten Bedürfnissen werden. Das wird uns in die Lage versetzen, sie genau zu definieren und sie praktisch und im biblischen Sinne zu beantworten. Not macht erfinderisch.

Ein Schlußwort

Nachdem der Apostel Paulus vierzehn Jahre lang unter den Heiden gewirkt hatte, kehrte er nach Jerusalem zurück, um sich mit den leitenden Männern dort zu beraten (Gal. 2,1-10). Dies tat er aus der Sorge heraus, „daß ich nicht etwa vergeblich gelaufen wäre".

Ist es nicht seltsam, daß Paulus nach all dem großen Segen Gottes, den er bei seiner Arbeit erlebt hatte, sich Sorgen machte, es könnte alles vergeblich gewesen sein? Worin bestanden denn seine Befürchtungen? An seiner Botschaft hegte er nicht den geringsten Zweifel, hatte er doch gerade gesagt: „Wenn jemand euch Evangelium predigt anders, als ihr es empfangen habt, der sei verflucht!" (Gal. 1,9).

Seine Zweifel galten der Frage, wie seine Brüder über seine Arbeit dachten. Er wollte sich sicher sein, daß sie seine relativ ungewöhnliche Tätigkeit unter den Heiden auch verstanden und akzeptierten. Er wollte ihre Billigung und Unterstützung. Es ging ihm um die *Einheit*, weil er sich wohl bewußt war, welche eine zerstörerische Macht Uneinigkeit war. Er wußte, daß sie alles zunichte machen konnte, was er mühsam aufgebaut hatte.

Einheit bedeutet nicht Gleichförmigkeit. Bei dieser Begegnung einigten sich Paulus und Barnabas mit Petrus, Jakobus und Johannes darauf, daß es am nützlichsten sei, die Verschiedenheit beizubehalten. „Sie wurden mit uns eins, daß wir unter den Heiden, sie aber unter den Juden predigten" (Gal. 2,9). So herrschte Verschiedenheit in dem, was sie machten und wie sie es machten, Einheit des Sinnes und der Zielsetzung aber im Blick auf ihren Gesamtauftrag.

Wir haben davon gesprochen, das Evangelium in eine veränderte und sich ständig noch verändernde Welt hineinzutragen. Unter den mehr als fünf Milliarden Menschen in der Welt gibt es unzählige Kulturen und Subkulturen und viele Trends innerhalb jeder dieser Kulturen! Es bedarf eines Wunders der göttlichen Gnade, wenn wir als Gemeinde Jesu in diese Welt gehen und dieser Verschiedenheit gerecht werden wollen, ohne unrichtige Beurteilungen und Vergleiche vorzunehmen.

Währenddem wir uns in jenen Bereichen evangelistischer Arbeit, die wir in diesem Buche näher untersucht haben, zur Mitarbeit bereithalten, wollen wir uns gleichzeitig in Demut unseren Pastoren, geistlichen Leitern und Brüdern unterstellen. Alles andere würde das Risiko in sich bergen, daß wir vergeblich arbeiten. Wo nicht die Liebe unter Brüdern herrscht, verleugnen wir tatsächlich das Evangelium. Wir berauben es seiner Glaubwürdigkeit und Kraft und zerstören das, was wir eigentlich aufbauen wollten. Jesus sagte: „Daran wird jedermann erkennen, daß ihr meine Jünger seid, so ihr Liebe untereinander habt" (Joh. 13,35).

Anhang A

24 Stunden mit Johannes

Rein vom historischen Standpunkt aus gesehen war Jesus von Nazareth die außerordentlichste Persönlichkeit der gesamten Menschheitsgeschichte. Wie immer auch die Leute über ihn denken mögen – niemand würde sich wohl die Gelegenheit entgehen lassen, einen Tag zusammen mit einem seiner (Jesu) engsten Freunde zu verbringen.

Zu den drei engsten Freunden Jesu gehörte auch der Apostel Johannes. Er war überall dabei. Oft waren sie ihrer nur vier: Jesus, Petrus, Jakobus und Johannes. Johannes hatte enge Tuchfühlung mit Jesus, beobachtete ihn und hörte ihm oft zu. Zusammen wanderten sie in der Hitze über staubige Straßen, unterhielten sich dabei, schwitzten und wurden hungrig und durstig dabei.

Der Bericht des Johannes über seine Erfahrungen und Erlebnisse mit Jesus – das Johannesevangelium – ist in einundzwanzig Kapitel eingeteilt. Das Bibelstudium in diesem Anhang umfaßt im ganzen vierundzwanzig Lektionen. Zwei der Kapitel im Johannesevangelium sind so lang, daß ich beide über je zwei Lektionen verteilt habe. Diese vierundzwanzig Bibelarbeiten bieten uns die Gelegenheit, vierundzwanzig Stunden mit Johannes zusammen zu sein.

Wenn Sie als Führer den Nichtchristen in das Abenteuer mit Johannes hineinführen, ist es wichtig, bestimmte Dinge im Auge zu behalten. Die meisten davon haben wir in diesem Buch schon angesprochen; an dieser Stelle kommen wir noch einmal auf sie zurück.

1. Denken Sie daran, daß Ihre Aufgabe bei Ihren evangelistischen Bemühungen darin besteht, dem einzelnen Menschen Liebe zu erweisen und ihm dabei zum Verständnis der biblischen Wahrheit zu helfen. Das Übrige überlassen Sie getrost dem Heiligen Geist und dem Wort Gottes.

2. Zum Glück ist es nicht unsere Sache, eine Religion zu verteidigen – nicht einmal das Christentum. Dasselbe gilt für die Bibel, die Schöpfungsgeschichte oder die Existenz Gottes.
3. Da für den Nichtchristen vor allem die Frage nach der Identität Jesu im Vordergrund steht, werden wir in diesen Bibelarbeiten diesem Punkt unsere besondere Aufmerksamkeit schenken. Zusammengefaßt werden dabei zwei Fragen im Mittelpunkt stehen: a) Wer ist Jesus? und b) Was erwartet er von mir?
4. Sie brauchen sich nicht unbedingt strikt an die hier aufgeführten Fragen halten. Gespräche verlaufen nicht immer in der beabsichtigten Richtung. Es ist nicht das Ziel dieses Studiums, den ganzen Stoff zu bewältigen, sondern einfach dem anderen zu helfen, daß er versteht, was jedes Kapitel aussagt.
5. Bemühen Sie sich, mit dem Stoff weiterzukommen. Wenn Sie jemand loswerden möchten, dann brauchen Sie mit ihm nur einen Monat lang das gleiche Kapitel durchzuackern. Versuchen Sie, bei jeder Zusammenkunft ein ganzes Kapitel durchzunehmen.
6. Bedenken Sie andererseits, daß es sich bei den meisten aufgeführten Fragen um *Einstiegsfragen* handelt. Sie sollten je nach Verlauf des Gesprächs Ihre eigenen *weiterführenden* und *zusammenfassenden Fragen* formulieren (Siehe Anhang B).
7. Gehen Sie nicht in einen evangelistisch ausgerichteten Bibelkreis mit der Bibel in der einen und mit diesem Buch in der anderen Hand. Ich habe mich dabei nie so ganz wohl gefühlt, wenn ich beim Bibelstudium zusammen mit Nichtchristen gedrucktes Arbeitsmaterial benutzt habe. In ihren Augen sieht das oft wie ein lehrmäßiger Drill aus. Es ist besser, wenn Sie sich die Fragen und die Referenzbibelstellen, die Sie verwenden wollen, auf einem Extrablatt Papier aufschreiben. Sie können sie auch an den Seitenrand in Ihrer Bibel schreiben. Ich glaube, das trägt dazu bei, daß die Gespräche spontaner verlaufen.
8. Sie werden in diesen Bibelarbeiten sowohl Anmerkungen als auch Querverweise finden. Diese sollen als Verständnishilfe für die behandelten Abschnitte dienen und zur Klärung von Fragen beitragen, die im Verlaufe Ihres Studiums auftreten. Es ist nicht unbedingt notwendig, daß Ihre Bibelgruppe alles lernt, was in den Anmerkungen steht. Wählen Sie einfach aus, was Sie erklären möchten, damit Ihr Studienpartner nicht das Gefühl hat, daß er nichts weiß oder daß Sie ihn anpredigen.
9. Es wird selten bis zum Abschluß aller vierundzwanzig Bibelarbeiten

dauern, bis der Nichtchrist zum Glauben kommt. Wie lange es im einzelnen Fall dauert, hängt davon ab, wo der Betreffende innerlich steht, aber auch davon, welche Art von Schwierigkeiten er zu überwinden hat. Wenn jemand beispielsweise beim Studium von Kapitel 6 zum Glauben kommt, was müssen Sie dann tun? Gehen Sie einfach weiter zu Kapitel 7.

Das ganze Glaubensleben läßt sich in unseren zwei Fragen zusammenfassen: Wer ist Jesus? Was erwartet er von mir? Wir alle tun gut daran, in unserem ganzen Leben immer wieder Antwort auf diese beiden Fragen zu geben.

Wenn also jemand im Verlaufe dieser Bibelarbeiten zum Glauben kommt, dann fahren Sie mit dem Studium fort. Freuen Sie sich mit ihm zusammen über seine geistliche Wiedergeburt und schenken Sie dann beim Weiterstudium speziell der zweiten Frage Ihre Aufmerksamkeit: „Was erwartet er von mir?" Das Johannesevangelium enthält mit das beste „Nacharbeitsmaterial", das je geschrieben wurde.

10. Denken Sie daran, daß sich Ihr Freund nur von Mal zu Mal verpflichtet fühlt, mit Ihnen zusammen die Bibel zu studieren. Behalten Sie diesen Punkt auch im fortgeschrittenen Stadium Ihres gemeinsamen Bibelstudiums im Auge.

    Das hier vorliegende Material ist nicht für die andere Person, sondern für Sie bestimmt. Vielleicht sollte sie nicht einmal von der Existenz dieses Buches etwas wissen. Dadurch haben Sie viel mehr Spielraum, aus diesem Material das auszuwählen, was Sie für notwendig halten. Es sei Ihrem gesunden Urteil überlassen, zu entscheiden, was und wieviel Sie davon benutzen.

Bibelarbeit 1 – Johannes 1,1-14

Lesen Sie 1,1-14

1. Worauf nimmt Johannes Bezug, wenn er in den Versen 1-3 und 14 von dem „Wort" spricht? (s. 1.Joh. 1,1-3)
2. Weshalb wird er Ihrer Meinung nach als das „Wort" beschrieben?
   Anmerkung: Die Funktion eines Wortes besteht darin, einen Gedanken zu übermitteln. Ich sage „Bleistift", und Sie wissen sofort, was ich meine. Wenn ich „Gott" sage, was kommt Ihnen dabei in den Sinn? Woher haben Sie diesen Begriff „Gott"? Jesus Christus ist das „Wort" für Gott (s. Joh. 1,18).
   Ich bin auf den Wahrnehmungsbereich meiner fünf Sinne beschränkt.

Könnte Gott vielleicht jenseits derselben existieren? Natürlich. Würde er dort bleiben, wäre es eine Unmöglichkeit, ihn zu kennen. Ehe ich ihn kennen kann, muß er die Initiative ergreifen und uns das „Wort“ geben. Und genau das ist der Anspruch, der hier in bezug auf Jesus gemacht wird.
Ob wir bereit sind, diesen Anspruch anzuerkennen oder nicht – wir müssen zugeben, daß die Position des Atheismus oder jener, die alles leugnen, was jenseits der sinnlichen Wahrnehmung liegt, unhaltbar ist. Niemand weiß soviel, daß er mit Recht die eine oder die andere Position vertreten kann!

3. Welches sind einige der Eigenschaften, die dem „Wort“ in den Versen 1-5 und 14 zugeschrieben werden?
4. In den Versen 4-9 wird Christus als Licht bezeichnet. Was wird Ihrer Meinung nach mit dieser gleichnishaften Beschreibung alles zum Ausdruck gebracht? (s. 3,19-21; 8,12; 12,35-36)
5. In Joh. 1,19 steht, daß jeder Mensch durch Christus erleuchtet wird. In welchem Sinn meint Johannes das?
   Anmerkung: Alle Menschen sind durch ihn erschaffen. Alle haben das Leben von ihm. Doch der Mensch hat diese Lebensquelle verlassen und ist in geistlicher Dunkelheit versunken. Der Mensch weist immer noch Spuren seines edlen Ursprungs auf, doch sie sind nur die Überreste dessen, was er einst war. Was ist davon übriggeblieben?

Ein gewisses Gottesbewußtsein – Jeder besitzt eine gewisse Erkenntnis von Gott, etwa in dem Sinne, wie man etwas vom Wesen eines Künstlers aufgrund seiner Werke erkennen kann. (s. Röm. 1,18-21)

Ein angeborenes Moralempfinden – Jeder Mensch hat eine Vorstellung davon, wie das Leben eigentlich sein sollte: „innere Gesetze“. (s. Röm. 2,14-15)

Diese beiden Elemente erklären die Existenz von Religionen und Philosophien: eine „Gottes“-Ahnung sowie ein Moralstandard, deren Hüter Gott ist. Jedoch nur wenn der Mensch wieder zum Licht zurückkommt, kann er erleuchtet werden und dadurch wiederum eine Neuorientierung bekommen. In Jesus ist das Leben. Wir verstehen unter Leben – dem unsrigen und dem von anderen – ein Hinzutreten zum Licht.

6. Wie kann man nach Joh. 1,11-13 zur Familie Gottes hinzugefügt werden?
   Anmerkung: Dies geschieht nicht durch
   * Vererbung
   * Selbstanstrengung
   * Bemühungen anderer (Pastor, Priester usw.)
   Nur Gott kann Leben geben.
7. Was bedeutet es Ihrer Meinung nach, „Christus aufzunehmen"?
   Anmerkung: In 1,12 sind „aufnehmen" und „glauben" Synonyme, das heißt, beide Ausdrücke bedeuten das gleiche. Nach 3,36 ist das Gegenteil von Glauben die Auflehnung gegen Gott – die Nichtanerkennung seiner Autorität über unser Leben. Welche Schlußfolgerung können wir daraus ziehen? Glauben hat mit Sich-Unterwerfen zu tun (Offb. 3,20).

Bibelarbeit 2 – Johannes 1,15-51

Lesen Sie 1,15-28

1. Welche Behauptungen stellen Johannes der Täufer und der Evangelist Johannes in den Versen 15-18 über Jesus auf?
   Anmerkung: Der Schreiber dieses Evangeliums erwähnt sich nie selbst. „Johannes" bezieht sich auf Johannes den Täufer, einen sehr bekannten, radikalen Propheten zur Zeit Jesu.
2. Was wissen Sie über das Gesetz, das Mose dem Volk Israel gab (1,17)? Weshalb wurde es ihm Ihrer Ansicht nach gegeben?
   Anmerkung: Das Gesetz wurde nicht gegeben, daß man es halten sollte, sondern daß es das Wesen der Sünde aufdeckte. Röntgenstrahlen können keine Heilung bewirken, sondern nur ein Problem aufdecken. Dasselbe trifft auch auf das Gesetz zu. (s. 5,45; Röm. 3,19-20; 7,7; Gal. 2,16; 3,24)
3. Wie verstehen Sie anhand von Joh. 1,23 die Hauptrolle von Johannes dem Täufer? (s. auch 3,26-30; Luk. 3,4-14; 7,29-30)
   Anmerkung: Johannes der Täufer kündigte die unmittelbar bevorstehende Ankunft des Messias an und rief die Menschen auf, ihren Weg gerade zu machen – einen Weg, der durch jahrhundertelangen Eigenwillen und durch religiöse Traditionen krumm geworden war. Taten sie das nicht, würden sie den Messias nicht erkennen.
4. Auf welche Weise konnte das Volk Israel seinen Lebensweg – seine Lebensweise – gerade machen?

Anmerkung: Buße bedeutet eine Veränderung in der Mentalität; sie bedeutet den Wunsch, unsere jetzige Lebensweise aufzugeben, um in eine persönliche Beziehung zu Christus zu treten. Beachten wir, daß damals zuerst die Veränderung kam, danach die Taufe. Die Taufe des Johannes war das Zeichen dafür, daß der Mensch Buße getan hatte (Lk. 3,4-14).

Lesen Sie 1,29-34

5. Weshalb wurde Jesus das „Lamm Gottes" genannt? (s. Jes. 53,4-7; Hebr. 10,1-14)
   Anmerkung: Die alttestamentlichen Opfer illustrieren die Notwendigkeit eines einzigen, ausreichenden Opfers Christi.
6. Welches sind die Auswirkungen der Aussage von Johannes dem Täufer in Joh. 1,33, daß Jesus mit dem Heiligen Geist taufen werde?

   Anmerkung: Christsein heißt nicht, bloß eine bestimmte Weltanschauung zu vertreten oder Anhänger eines Religionssystems zu werden. Christsein ist vielmehr eine Beziehung zwischen zwei Personen: Jesus Christus und dem betreffenden Mensch (1,12; 3:5-8; 4,23-24). Diese Taufe geschieht nicht mit Wasser.

Lesen Sie 1,35-51

7. Dieser Abschnitt erzählt die Geschichte, wie fünf Menschen das erste Mal Jesus begegneten. Jeder kam auf eine andere Weise dazu. Wer sind die Fünf, und was war es, das jeden von ihnen dazu brachte, an Christus zu glauben?

Bibelarbeit 3 – Johannes 2

Lesen Sie 2,1-11

1. Welche Hinweise auf Jesus gibt uns die Tatsache, daß Jesus auf der Hochzeit war? (s. Mt. 11,16-19)
2. Halten Sie die Art und Weise, wie Jesus das Problem des fehlenden Weines bei der Hochzeit löste, für glaubhaft? Warum oder warum nicht?
   Anmerkung: Welche Behauptung wird in Joh. 1,3 über Jesus aufgestellt? Man kann sich nur äußerst schwer vorstellen, daß der Schöpfer auf der Erde in Erscheinung tritt, ohne seine Macht über seine Schöp-

fung kundzutun. Christus, der volle Kenntnis über das Wesen der Materie besitzt und Macht über sie hat, konnte ohne weiteres über die Elemente der Schöpfung gebieten (Hebr. 11,3).

3. Beachten Sie, daß Johannes in Joh. 2,11 dieses Ereignis als „erstes [Wunder-]Zeichen" beschreibt. Er benutzt diesen Ausdruck immer wieder, wenn er von den Wundern Jesu spricht (3,2; 4,54; 6,14; 6,26 usw.). Warum? Worin besteht die Aufgabe eines Zeichens?
   Anmerkung: Zeichen dienen zum Informieren.
4. Was sagt das Zeichen über Jesus aus?
5. Wie verstehen Sie dieses Gespräch zwischen Jesus und seiner Mutter (2,3-5)?
   Anmerkung: „Weib" (so die Lutherbibel) war eine Art Kosewort. Was Jesus sagte, läßt sich wie folgt umschreiben: „Wir sind nicht von derselben Welt. Was für euch ein Problem ist, ist für mich überhaupt keines. Ich werde mich darum kümmern. Ich habe Zeit für solche Dinge, bevor meine ‚Stunde' kommt."
6. Von welcher „Zeit" spricht Jesus in 2,4? (S. 7,6; 12,23.27; 17,1)
   Anmerkung: Sein Tod war nicht eine nutzlose und unvorhergesehene Tragödie. Gerade dieser Tod war der Grund, weshalb er auf die Erde gekommen war. Die „Wunderzeichen" trugen dazu bei, jene Kettenreaktion auszulösen, die unweigerlich zu seinem Tod führen mußte.

Lesen Sie 2,12-22

7. Was halten Sie für den Grund, weshalb Jesus bei der Tempelreinigung (2,13-17) gerade so und nicht anders handelte?
   Anmerkung: Das Passafest war eines der Hauptfeste der Juden. Sie pilgerten zum Zweck des Feierns und der inneren Reinigung nach Jerusalem. Die Händler auf dem Tempelareal nutzten die Gelegenheit aus, indem sie Opfertiere verkauften und fremde Währung gegen die Tempelwährung wechselten – natürlich alles mit Gewinn. Jesus beschuldigte sie, den Namen Gottes zu beschmutzen. Er sagte es ihnen in aller Deutlichkeit: „Mißbraucht ja nicht den Namen meines Vaters, um eure schmutzigen Geschäfte zu machen!" (s. Röm. 2,24)
8. Wie läßt sich der Zorn Jesu rechtfertigen? (s. Röm. 1,18)
9. Die Juden verlangten von ihm gewissermaßen einen Vollmachtsausweis für eine solche autoritative Aktion. Was können Sie aus seiner Antwort über Jesus erfahren (Joh. 2,18-22)?
10. Weshalb glauben Sie, daß seine Auferstehung der allerbeste Vollmachtsausweis ist? (s. 1.Kor. 15,12-19)

Lesen Sie 2,23-25

11. Aus welchem Grund hat Ihrer Meinung nach Jesus den Leuten in 2,23 nicht geantwortet, obwohl es doch von ihnen heißt, daß sie an ihn glaubten?
    Anmerkung: Wirklicher Glaube hat mit Hingabe zu tun. Aber so weit ging ihr Interesse an Jesus nicht (s. 12,42-43; Jak. 2,19). Ein Glaube, der sich das Recht vorbehält, über sein Leben selber zu bestimmen, ist überhaupt kein Glaube (s. Joh. 3,36).

Bibelarbeit 4 – Johannes 3

Lesen Sie 3,1-14

1. Was fällt Ihnen auf an den Aussagen, die Nikodemus in bezug auf Jesus machte (3,1-2)?
2. Jesus korrigiert Nikodemus in Vers 3. Wann ist jemand nach den Worten Jesu qualifiziert, die Dinge Gottes zu verstehen? (s. 1,12-13; 1.Kor. 2,7-16)
   Anmerkung: Jesus sagte, Nikodemus könne zu keinen sinnvollen Schlüssen über das Reich Gottes kommen, solange er nicht „wiedergeboren“ ist.
3. Woran zeigte es sich, daß Nikodemus geistliche Dinge nicht verstand (Joh. 3,4.9)?
   Anmerkung: Gott redet auf einer geistlichen Ebene. Der Mensch interpretiert ihn in menschlichen Begriffen und findet es schwierig, sich etwas vorstellen und aufzunehmen, was darüber hinaus geht. Stellen Sie sich zum Beispiel Blinde vor, die versuchen, sich einen Begriff von der Farbe Rot zu machen. Daß ihnen das nicht gelingt, schließt nicht aus, daß Rot existiert. Um das Reich Gottes zu „sehen“, muß der Mensch geistliche Sinne bekommen.
4. Wie verstehen Sie den Ausdruck „wiedergeboren“ bzw. „von neuem geboren werden“ in Joh. 3,3-8?
   Anmerkung: Wiedergeboren sein bedeutet:
   * Ein Mensch war in einer gewissen Hinsicht tot und ist nun in derselben Hinsicht lebendig. Der Heilige Geist macht einen vorher toten Menschengeist lebendig (Eph. 2,1-9).
   * Der Mensch bekommt eine neue Vaterschaft. Gläubige sind aus Gott geboren (Joh. 1,12-13); darum haben sie die geistlichen „Gene“ ihres Vaters.

5. Weshalb besteht Jesus darauf, daß jemand wiedergeboren sein muß, bevor er das Reich Gottes sehen kann (3,3.5.8)? (s. auch Eph. 2,1-9)
   Anmerkung: Sie müssen einen lebendig gemachten Geist haben, der mit den geistlichen „Genen" des himmlischen Vaters – seinen Wesenszügen und etlichen seiner Fähigkeiten – ausgestattet worden ist, um im Besitze jener geistlichen Sinne zu sein, mit denen Sie das Reich Gottes sehen können.
6. Was bedeutet „aus Wasser geboren" (Joh. 3,5)?
   Anmerkung: Jesus dachte hier wohl an die Taufe des Johannes. (Das war die einzige Art von „Wasser", mit der Nikodemus vertraut war.) Damit wird jedoch nicht gesagt, daß man getauft sein muß, um gerettet zu sein. Die Johannestaufe war einmalig, ein Symbol einer Buße, die bereits vollzogen war (s. Lk. 3,7-14).
   Der Sinneswandel wurde nicht durch das Wasser herbeigeführt, sondern durch die Buße. Die Buße ist notwendig, wenn die geistliche Neugeburt stattfinden soll (Jes. 55,6-7; Lk. 13,1-5). Jesus sagte praktisch zu Nikodemus: „Tut, was Johannes der Täufer gesagt hat. Macht eine Kehrtwendung, gebt eure alte Denkweise auf, und dann laßt den Heiligen Geist in euch kommen, damit er euch ein neues Leben gibt."
   Die Bußpredigt des Johannes allein reichte nicht aus. Ohne die zusätzliche Erfahrung der „Neugeburt durch den Geist" genügte sie für das geistliche Leben nicht." (S. Apg. 19,1-7)

Lesen Sie 3,14-21

7. Das Wort „glauben" kommt in den Versen 15-18 mehrere Male vor. Worin besteht die Beziehung zwischen glauben und „wiedergeboren sein"?
8. Zu welchem Zweck sandte Gott Jesus Christus (3,16-21)?

Lesen Sie 3,22-36

9. Wie beschreibt Johannes der Täufer sich selbst und sein Wirken (3,27-30)? Welche Eigenschaften sind für diesen Mann charakteristisch?
   Anmerkung: Er ist ein Vorbild für all jene, die von Christus zeugen wollen. Er lenkt die Aufmerksamkeit nicht auf sich selbst, sondern bezeichnet sich als „eine Stimme" (1,19-23) oder als den „Freund des Bräutigams" (3,27-30).
10. Was muß nach Joh. 3,31-36 erst stattfinden, damit ein Mensch zu dem Schluß gelangt, daß diese Botschaft über Gott die Wahrheit ist?

11. Was haben Sie aus unserem Gespräch über dieses Kapitel in bezug auf Ihre Beziehung zu Gott gelernt?

Bibelarbeit 5 – Johannes 4

Lesen Sie 4,1-18

1. Was erfahren Sie aus diesen Versen über Jesus?
   Anmerkung: Es passierte selten, daß sich ein Rabbi dazu herabließ, mit einer Frau zu reden, geschweige denn einer samaritischen Frau.
2. Was meinte Jesus Ihrer Meinung nach mit „lebendigem Wasser" (4,10)? (S. Jes. 44,3-4; Joh. 7,37-39)
3. Was behauptete er von diesem ganz speziellen Wasser?
4. Wie verstehen Sie diesen „Durst", von dem Jesus redet?
   Anmerkung: Das Unbefriedigtsein, das der Mensch von Natur aus hat, ist eine starke Empfindung.
5. Auf welche Weise hat die Frau vorher versucht, ihren Durst zu stillen?
   Anmerkung: Sie hatte von der falschen Quelle getrunken – der Quelle der Promiskuität (= ungebundene sexuelle Beziehungen) (4,17-18). (s. auch Jes. 55,1-2)
6. Was glauben Sie: Warum verstand die Frau nicht, was Jesus mit dem lebendigen Wasser meinte?
   Anmerkung: Ihr Denken bewegte sich im natürlichen Bereich, Jesus hingegen sprach vom geistlichen Bereich (Joh. 3,4; 6,26.34).

Lesen Sie 4,19-30

7. Sobald die Samariterin merkte, daß Jesus auf das Thema Religion zu sprechen kam, griff sie zu einer sehr verbreiteten Taktik, um das Gespräch nicht allzu persönlich werden zu lassen. Worin bestand die Taktik (4,19-20)?
   Anmerkung: Sie probierte, Jesus in eine allgemeine Diskussion über Religion zu verwickeln, die jedoch nicht die ihrige war.
8. Wie reagierte Jesus auf ihre Ausweichtaktik (4,21-24)?
   Anmerkung: Es kommt nicht auf das Religionssystem, die religiösen Formen oder Glaubensbekenntnisse an. Gottes neuer Tempel ist inwendig in den Herzen, und hier findet die Anbetung statt (1.Kor. 6,19).
9. Was lernen wir von der Aussage Jesu in Joh. 4,26?

10. Vor welche Entscheidung sah sich die Frau gestellt?
11. Was geschah mit ihrem Wasserkrug?

Lesen Sie 4,31-42

12. Warum war Jesus nicht länger hungrig (4,31-34)?
13. Was ist die Ernte (4,35)? (S. auch Mt. 9,36-38) Wer sind die Arbeiter (Joh. 4,36-38)? (s. auch 2.Kor. 5,18-20)
14. Zu welchen Schlußfolgerungen über Jesus kamen die Stadtbewohner? Was bildete die Grundlage für ihre Überlegungen (Joh. 4,39-42)?

Lesen Sie 4,43-54

15. Wie interpretieren Sie die Reaktion Jesu auf die Bitte des königlichen Beamten? Vergleichen Sie dessen Einstellung mit derjenigen des Offiziers in Mt. 8,8.
16. Weshalb erfüllte Jesus die Bitte, obwohl der Mann nur einen schwachen Glauben hatte?

Bibelarbeit 6 – Johannes 5

Lesen Sie 5,1-18

Die ältesten bekannten Bibelhandschriften enthalten Vers 4 nicht. Das läßt darauf schließen, daß er später eingefügt wurde, um das Phänomen des Teiches zu erklären.

1. Warum wählte Jesus Ihrer Meinung nach gerade jenen gelähmten Mann aus der Menge der Kranken aus (5,7)? (s. auch Lk. 19,10)
2. Waren bei dem Lahmen irgendwelche Anzeichen für einen Glauben erkennbar? Aus welchem Grund könnte das von Bedeutung sein?
3. Weshalb wohl fragte Jesus: „Willst du gesund werden?" (Joh. 5,6). War das nicht eine dumme Frage?
4. Stellen Sie sich vor, Sie wären ein gelähmter Bettler, der achtunddreißig Jahre lang auf eine Heilung wartet, für die kaum eine Wahrscheinlichkeit besteht. Doch Jesus sprach von „etwas Ärgerem" (5,14). Was könnte das sein? (s. Mt. 16,26)
5. Ist es möglich, daß man mit Sündigen aufhört? (s. Röm. 7,14-20) Weshalb sagte Jesus zu ihm, er solle damit aufhören? (s. Röm. 3,19-31; 7,21-25)
   Anmerkung: Was mochte der Mann wohl empfunden haben, als er feststellte, daß er wieder gesündigt hatte, nachdem Jesus ihn doch

davor gewarnt hatte. Aber er mußte es selber versuchen, es nicht mehr zu tun, um davon überzeugt zu werden, daß er es nicht konnte. Oft bedarf es erst solcher eigensinnigen, selbstbewußten Versuche, bevor wir bereit sind, es auf Gottes Weise zu tun. Dem Mann mußte klar werden, daß er es selber unmöglich schaffte, nicht mehr zu sündigen, solange er nicht sein Wesen änderte. Er mußte erst wiedergeboren werden (Joh. 3,3).

6. Warum hat Jesus bewußt das Sabbatgebot übertreten (5,16-18)? (s. auch Mt. 12,1-14)
   Anmerkung: Eine Jahrhunderte alte Tradition hatte verdunkelt, was das Alte Testament in Wirklichkeit über den Sabbat lehrte. Jesus zeigte einfach, wie der Sabbat zu verstehen war. Zu den Kennzeichen der Tradition gehört, daß sie mit der Zeit eine autoritative Eigendynamik entwickelt (s. Mk.7,6-9).
7. Was fällt Ihnen in Joh. 5,17-18 an Jesus auf?

Lesen Sie 5,19-30

8. Welche Feststellungen können Sie über das Verhältnis Jesu zu seinem Vater machen (5,19-23)? (s. 8,28; 12,48-49; 14,10) Inwiefern war er von seinem Vater abhängig?
9. Was verheißt Jesus in Joh. 5,24? Wie bekommt man das, was hier verheißen wird?
10. Wie läßt sich Joh. 5,29 mit der Lehre vereinbaren, daß das neue Leben nicht durch Werke, sondern durch den Glauben kommt? (s. 6,28-29; 15,5)
    Anmerkung: Das Leben muß zuerst kommen; denn es ist das Leben, das die Werke hervorbringt.

Lesen Sie 5,31-47

11. Jesus nennt fünf Zeugen, die alle sein Gottsein bestätigen (5,31-39). Wer oder was waren diese?
    Anmerkung:
    * Jesus selbst
    * Seine eigenen Werke
    * Johannes der Täufer
    * Der Vater
    * Die Heilige Schrift

    Es ist möglich, diese Zeugen voneinander zu isolieren und sie in Frage zu stellen. Aber wenn man ihr Zeugnis zu einer gemeinsamen Aussage zusammenfaßt, sind sie unwiderleglich, auch wenn sie das Gottsein Christi nicht mit menschlichen Beweisen nachweisen.

12. Welches Hindernis für den Glauben erkennen Sie in Joh. 5,44? (s. auch 12,42-43) Inwiefern ist das auch heute noch ein Hindernis für die Menschen?

Bibelarbeit 7 – Johannes 6

Lesen Sie 6,1-31

1. Was bewog die Menge, Jesus nachzufolgen (6,2.14-15.26-27)?
   Anmerkung:
   * Ihre körperlichen Nöte (6,2)
   * Politische Beweggründe
   * Materielle Vorteile – Brot ohne Bezahlung (6,26-27)
2. Glauben Sie, daß die gleichen Dinge auch heute Menschen veranlassen, religiös zu sein?
3. Wie hat Jesus auf diese Menschen reagiert (6,26-29)?
4. Was hat sie Ihrer Auffassung nach disqualifiziert, echte Nachfolger Jesu zu sein?
   Anmerkung: Sie weigerten sich, die eigentliche Bedeutung der Wunderzeichen zu akzeptieren. Sie waren nur am Nützlichkeitsaspekt interessiert, das heißt daran, was Jesus für sie tun konnte.
5. Was war es in Wirklichkeit, was Jesus die Menge lehren wollte, als er sie speiste (6,27)?
6. Jesus verband mit dem Brot und dem Manna, das Mose den Israeliten gab, eine zweite Bedeutung. Wie würden Sie diese zweite Bedeutung erklären? (s. Jes. 55,1-2)

Lesen Sie 6,32-58

7. Was wollte Ihrer Meinung nach Jesus damit ausdrücken, wenn er sich selbst als „das Brot des Lebens“ bezeichnete (6,35.51)?
   Anmerkung:
   * Er ist von oben – von der übernatürlichen Welt (6,38.41.42).
   * Er gibt der Welt Leben (6,33).
   * Er stillt unseren Hunger und Durst (6,35).
   * Er ist ewig (6,51.54).

8. Wie kann ein Mensch etwas von diesem „Brot“ bekommen (6,51-58)?
9. Was meinte Jesus mit „mein Fleisch essen und mein Blut trinken“? *Anmerkung:* Es handelt sich hierbei um einen individuellen Akt. Der Mensch muß Christus ganz persönlich als „Lebens-Mittel“ in sich aufnehmen (s. Gal. 2,20). Dieses Kapitel spricht nicht vom Abendmahl. Mit wem brach Jesus beim Abendmahl das Brot? Zu welchem Zweck? (s. Lk. 22,14-23) Das Abendmahl war dazu bestimmt, eine ständige Erinnerung an die Todesstunde Jesu zu sein. Jesus sagte zu der Menge in Joh. 6, daß sie ihn aus einem ganz anderen Grund essen und trinken sollten. Welches war dieser Grund?
10. Weshalb ist es unmöglich, daß Jesus nur ein Lehrer oder ein Philosoph war und sagen konnte, was er in 6,35-38 sagte?

Lesen Sie 6,59-71

11. Warum unternahm Jesus keinen Versuch, das Gesagte abzuschwächen, als er sah, daß sich seine Anhänger über das ärgerten, was er sagte (6,60-66)? (s. auch Mt. 15,8-9; Apg. 28,26-27)

    Anmerkung: Die Menschen hatten Jesus nur in oberflächlicher Weise angenommen. Er wollte jedoch alles oder nichts. Er tat diesen Menschen einen Gefallen, wenn er sie wegschickte. Sie hatten sich lange genug der Illusion hingegeben, „Nachfolger Christi“ zu sein. Aber die indiskutable Bedingung Jesu lautet: „Gib mir dein ganzes Leben oder vergiß es!“

    Wenn das Christentum etwas wäre, das wir anfertigen würden, so könnten wir es natürlich leichter machten. Aber so ist es nicht. Wir können nun einmal nicht mit Leuten mithalten, die Religionen erfinden. Wie könnten wir auch? Wir haben es mit einer Tatsache zu tun. Jeder kann es natürlich einfach machen, wenn er sich nicht um Tatsachen zu kümmern braucht. (C.S. Lewis)
12. Als Jesus seine zwölf Jünger fragte, weshalb sie ihn denn nicht verließen wie alle anderen auch, machte Petrus ihre Position (Joh. 6,68-69) klar. Wie lautete seine Antwort?
13. Was meinte er Ihrer Meinung nach damit?
14. Haben Sie durch dieses Evangelium etwas Neues über die Nachfolge Jesu Christi dazugelernt?

Bibelarbeit 8 – Johannes 7

Das Thema dieses Kapitels ist die ständige Kontroverse über die Frage: „Wer ist Jesus?"

Lesen Sie 7,1-52

1. Zählen Sie mit Hilfe der folgenden Bibelstellen die Faktoren auf, die zur Verwirrung der Leute in dieser Frage beitrugen:
   * Johannes 7,14-15
   * Johannes 7,19-20
   * Johannes 7,25-27
   * Johannes 7,31
   * Johannes 7,40-44
   * Johannes 7,46-49
   * Johannes 7,52
2. Inwieweit war ihre Verwirrung das Resultat ihrer vorgefaßten Meinungen über den Messias? Woher stammten Ihrer Meinung nach diese Vorurteile?
   Anmerkung: Unkenntnis der Heiligen Schrift und/oder mangelhaftes Verständnis derselben (Lk. 24,25-27); religiöse Traditionen (Mk.7,6-9).
3. Glauben Sie, daß die Leute heute mit ähnlichen Vorurteilen fertigwerden müssen, bevor sie verstehen, wer Jesus Christus wirklich ist? Nennen Sie einige Beispiele, wie solche Vorurteile heute aussehen.
4. Welche Hinweise auf das Gottsein Jesu finden Sie in diesem Kapitel?
   Anmerkung:
   * Joh. 7,15-16.46 – seine Weisheit
   * Joh. 7,28-29 – sein Selbstanspruch
   * Joh. 7,31 – seine Zeichen
   * Joh. 7,33-34 – seine von ihm vorausgesagte Auferstehung
   * Joh. 7,37-39 – sein Anspruch, anderen Leben zu geben
   * Joh. 7,41-42 – die Propheten
5. Was beeindruckt Sie an dem Angebot Jesu in 7,37-39?
   a) Wem machte er das Angebot?
   b) Von welcher Art von Durst sprach er? (s. 4,13; 6,35; Jes. 55,1-3)
   c) Worin bestand sein Angebot genau? (s. Joh. 14,25-26; Röm. 8,9)
   d. Wie soll man auf dieses Angebot reagieren? (s. Offb. 3,20)
6. Die Wachen waren von den Worten Christi beeindruckt. Auf welche Weise versuchten die Behörden, diesen Eindruck abzuschwächen (Joh. 7,48-49)?

7. Welches Argument führte Nikodemus an, und wie reagierten die Behörden darauf (7,50-52)?
8. Welche Einstellung war für die Behörden typisch? Wie wirkt sich eine solche Einstellung auf das objektive Denken aus (s. Ps. 10,4)?
9. Wie denken Sie über Nikodemus?

Bibelarbeit 9 – Johannes 8

Lesen Sie 8,1-11

1. Aus welchem Grund brachten die Pharisäer Ihrer Meinung nach diese Frau zu Jesus?
2. Was fällt Ihnen am Verhalten Jesu gegenüber dieser beim Ehebruch ertappten Frau auf? (Billigte er, was sie getan hatte? Warum verurteilte er sie dann nicht?)
   Anmerkung: Drückte er einfach ein Auge zu, was ihre Sünde betraf? (s. Joh. 3,16-18; 1.Petr. 3,18.) Jesus zahlte einen hohen Preis, um ihr die Vergebung anzubieten, deren sie bedurfte. Er nahm die Stelle der Frau ein (s. 2.Kor. 5,21).
3. Was erscheint Ihnen am Verhalten Jesu gegenüber den Pharisäern besonders wichtig?
   Anmerkung: Er versuchte, ihnen zu der Einsicht zu verhelfen, daß sie nicht anders waren als die Frau. Ihr Fall wog sogar noch schwerer. Sie wußte um ihr Problem, die Pharisäer nicht (s. Mt. 9,10-13; 21, 28-32).

Lesen Sie 8,12-20

4. In 8,12 haben wir eine weitere „Ich bin"-Selbstbezeugung Jesu. Wie verstehen Sie seinen Anspruch, das „Licht der Welt" zu sein?
5. Wenn Jesus das Licht der Welt ist, was könnte das für Sie bedeuten? (s. Eph. 5,8-15)

Lesen Sie 8,21-38

6. In Joh. 8,24.28.58 stoßen wir auf weitere „Ich bin"-Aussagen. Worauf bezog sich Jesus? Ich bin was? Er sagte, nach seiner Auferstehung würden die Menschen die Antwort auf die Frage nach seiner Identität wissen (8,28). Wie lautet die Antwort? (s. Röm. 5,8)
7. a) Welches war der Hauptgrund für den Konflikt zwischen Jesus und seinen Gegnern (8,23)?

b) Warum ist es Ihrer Meinung nach schwer, so etwas zu akzeptieren?

Anmerkung: Das Eingeständnis, daß Jesus Gott ist, ist gleichzeitig auch das Eingeständnis, daß man im Irrtum ist und diesen korrigieren muß (s. Lk. 7,29-30).

8. Jesus spricht über Wahrheit und Freiheit (Joh. 8,31-36).

a) Was meint er mit „Wahrheit“? Was ist Wahrheit?

Anmerkung: Eine Wahrheit ist etwas, das man geprüft und für richtig befunden hat. Jesus sagte in Joh. 14,6: „Ich bin die Wahrheit.“ Das war entweder Ausdruck einer unübertroffenen Selbstüberschätzung – oder er hatte recht!

b) Wie können wir feststellen, ob er mit diesem Anspruch recht hatte oder nicht (8,31-32)?

Anmerkung: Wir müssen ihn auf die Probe stellen – nach seinen Bedingungen.

c) Jesus formulierte einen geistlichen Grundsatz: Sündigen führt zur Knechtschaft (8,34). Was heißt das?

Anmerkung: Wer sagt: „Ich bin frei, zu machen, was mir meine innere Stimme sagt“, der wird bald merken, daß er ein Sklave dessen ist, was er in seiner Freiheit meint tun zu können (s. Mk.7,14-23). Es ist unmöglich, das zu tun oder zu sein, was wir wirklich tun oder sein möchten.

d) Was betrachten Sie als Ursache dafür, daß die Juden ihre geistliche Knechtschaft nicht erkennen konnten (Joh. 8,33)?

Anmerkung: Menschen, die sich in einer geistlichen Knechtschaft befinden, können es nicht erkennen, weil die Knechtschaft selbst sie blind dafür macht (s. 9,39-41).

e) Was muß zuvor geschehen, damit ein Mensch wirklich frei sein kann?

Anmerkung: Sich Christus unterstellen erfordert eine bedingungslose Übergabe an ihn (Lk. 14,25-33). Wir müssen uns ihm erst ganz unterstellen, ehe er etwas für uns tun kann. Beispiel: Der Kranke muß sich dem Arzt unterstellen, so daß dieser tun kann, was zur Heilung notwendig ist.

Lesen Sie 8,39-59

9. Weshalb sagte Jesus, daß die Juden, die ihn ablehnten, nicht Söhne Gottes waren (8,42)? Womit begründete er diese Feststellung (8,37-47)?

10. Halten Sie es für möglich, daß man wohl an Gott, aber nicht an Jesus

Christus glaubt? Warum? Was kennzeichnet den, der Gott kennt, und den, der ihn nicht kennt?
11. Wie dachten zu diesem Zeitpunkt die Pharisäer über die Identität Jesu (8,48)?
12. Womit begründeten sie diese Beurteilung?
13. Wie antwortete Jesus ihnen (8,.49-59)?
14. Zählen Sie abschließend die Hauptgründe auf, warum es von höchster Wichtigkeit ist, eine persönliche Beziehung mit Jesus Christus zu bekommen.

Bibelarbeit 10 – Johannes 9

Die Wunder, welche Jesus vollbrachte, waren „Zeichen", die auf die geistlichen Wahrheiten hinwiesen, die Jesus lehrte. Die Geschichte dieses blinden Mannes ist ein Beispiel dafür. Indem Jesus ihn heilte, deckte er auf, was wahre Blindheit ist und wer blind ist.

Lesen Sie 9,1-12

1. Wie beurteilten die Jünger den Blinden (9,2)? Weshalb dachte sie so? (s. 9,34)
   Anmerkung: Das entsprach der üblichen religiösen Erklärung jener Zeit.
2. Wie beurteilte Jesus den Blinden (9,3)?
   Anmerkung: Er betrachtete ihn als eine Gelegenheit, das Werk Gottes an ihm zu tun. Wie interpretiert Jesus Leiden? (s. Lk. 13,1-5; Röm. 8,18-20.) Das Leiden, das wir in der Welt sehen, ist eine Folge des Sündenfalls. Wer glaubt, ist davon genausowenig ausgenommen wie der, der nicht glaubt (s. 2.Kor. 12,8-10). Leiden ist für uns eine Gelegenheit, Gottes Teilnahme an unserem Leben zu erfahren.
3. Wie reagierten die Nachbarn auf die Heilung des Blinden (Joh. 9,8-12)?
4. Aus welchem Grund waren sie von der Erklärung des vormals Blinden nicht befriedigt?
5. Was sind nach der Aussage Jesu die „Werke" Gottes (6,28-29.40)?

Lesen Sie 9,13-34

6. Wie oft mußte der geheilte Blinde seine Geschichte erzählen? Warum?
7. Weshalb taten sich andere so schwer, die Heilung zu akzeptieren?

* Die Nachbarn (9,13)
* Die Eltern (9,22)
* Die Pharisäer (9,16-19.24.29-34)

8. Die Nachbarn, die sich mit seiner Erklärung nicht zufriedengeben wollten, brachten den Fall vor die Theologen. Zu welchem Schluß kamen diese, nachdem sie den Fall nach ihren theologischen Kriterien geprüft hatten?
9. Weshalb konnten ihre Argumente den geheilten Blinden nicht erschüttern?
10. Wer befand sich in der besseren Position: der geheilte Blinde oder die Theologen? Weshalb?
    Anmerkung: Stellen Sie sich vor, einer Welt voller Blinder erklären zu müssen, was Farbe ist. Sie können ihnen nicht beweisen, daß es so etwas gibt. Die Blinden könnten sogar theoretische Beweise dafür vorlegen, weshalb es keine Farbe geben kann. Dieser einfache Bettler, der sein Sehvermögen wiederbekommen hatte, könnte mehr über Farbe sagen, als der gescheiteste Intellektuelle.
11. Wer ging schließlich als Sieger aus der Auseinandersetzung hervor? Aus welchen Gründen?
12. Können Sie erklären, warum die Eltern dieses Mannes eine solche Haltung einnahmen, wie sie hier beschrieben wird?

Lesen Sie 9,35-41

13. Warum konnten die Pharisäer nicht das gleiche tun wie der Bettler?
14. Weshalb besteht mehr Hoffnung für diejenigen, welche ihre Blindheit zugeben, als für diejenigen, die es nicht tun (Lk. 5,30-32)?
15. Denken Sie an den Zweck, zu welchem Christus gekommen war (Lk. 4,16-22). Erkennen Sie eine Parallele zwischen dem Wunder in Joh. 9 und dieser Aussage über den Zweck seines Kommens?

Bibelarbeit 11 – Johannes 10

In diesem Kapitel sehen wir, wie Jesus den echten Leiter und den falschen Leiter beschreibt. Die Bibel braucht oft das Bild von den Schafen und vom Hirten, wenn es um das Thema Leiter und Nachfolger geht. Weshalb?

Anmerkung: Schafe können ohne einen Hirten nicht überleben. Sie sind hilflos.

Lesen Sie 10,1-18

1. Dieser Abschnitt enthält ein Gleichnis und dessen Erklärung. Welches ist nach Ihrer Auffassung der Hauptpunkt des Gleichnisses?
   Anmerkung: Christus ist der einzige, der ein solches Interesse am Menschen hat, daß er sein Leben für ihn hingibt (s. auch Ps. 100,3; Lk. 15,4-7; Röm. 8,31-39; 1.Petr. 2,24-25).
2. Welches sind die Merkmale eines schlechten Hirten (Joh. 10,12-13)? Für wen könnte er repräsentativ sein?
   Anmerkung: Er ist am Wohlergehen des einzelnen nicht interessiert. Er ist ein Professioneller, und darum ist der Mensch für ihn nur Mittel zum Zweck. Deshalb läßt er den Menschen in seiner Not allein, sobald es Schwierigkeiten gibt.

Lesen Sie Hes. 34,1-31.

Beachten Sie, was in diesem Abschnitt gesagt wird über:

a) den schlechten Hirten (V 1-10) – den schlechten Leiter
b) den treuen Hirten (V 11-16) – den guten Leiter
c) die Schafe (V 16-31) – die Art von Schafen, an welchen der gute Leiter interessiert ist.

3. Welche Lehre über den Menschen können Sie aus dem Gleichnis von den Schafen lernen? (s. auch Jes. 53,6; Mt. 9,36)
4. Was stellen Sie bei Jesus fest, wenn Sie an das von ihm in Joh. 10,7 gebrauchte Bild von der „Tür" denken (s. 14,6)?
5. Wie würden Sie aufgrund des Bildes von den Schafen die Beziehung beschreiben, die Jesus mit den Menschen haben möchte, die ihm gehören?

Lesen Sie 10,19-42

6. Im restlichen Kapitel taucht wieder die alte Frage auf: „Wer ist dieser Jesus?" Auf welche Weise äußert sich Jesus in diesem Abschnitt über sein Gottsein?
7. Jesus spricht immer wieder vom Glauben an ihn. Schauen Sie 1.Joh. 3,1-2 an (oder auch 2.Petr. 1,4; Röm. 8,16-17.28-30). Was bietet Jesus denen an, die glauben, das heißt, die auf sein Wort achten und eingehen?
   Anmerkung: Christus kam auf die Erde als der eingeborene Sohn, als der Erstgeborene unter vielen Kindern Gottes, die Anteil am großen ewigen Erbteil haben werden.

8. Joh. 10,27-29 beschreibt die Sicherheit und Geborgenheit, derer sich solche erfreuen, die Christus angehören. Worin besteht der Beitrag des einzelnen daran? Welches ist der Beitrag Jesu?
9. Sind Sie in der Frage, die von den Juden aufgeworfen wurde, zu einer persönlichen Schlußfolgerung gekommen (10,24)? Wie begründen Sie diese? Welche Auswirkungen auf Ihr Leben ergeben sich daraus?

Bibelarbeit 12 – Johannes 11

Lesen Sie 11,1-17

1. Beachten Sie, daß Jesus bewußt damit wartete, auf den dringenden Hilferuf seiner Freunde zu antworten. Das Resultat war, daß Lazarus starb, ehe Jesus eintraf. Warum verhielt sich Jesus Ihrer Meinung nach so (11,3-6.11-15)?
2. Was wollte Jesus damit sagen, wenn er das Bild vom Wandel bei Tage und vom Wandel bei Nacht redete (11,9-10)? (s. auch 8,12; 9,4; 13,27-30)

Lesen Sie 11,18-27

3. Welches sind Ihrer Meinung nach die Auswirkungen der Behauptung Jesu: „Ich bin die Auferstehung und das Leben" (11,25)?
   Anmerkung: Lesen Sie 2.Kor. 15,12-19. *Seine* Auferstehung ist der Schlüssel zu der Auferstehung, die er *uns* verheißen hat (s. 2.Kor. 15,35-49). Was wird das Wesen unserer Auferstehung sein?
4. Was muß erst geschehen, ehe ein Mensch diese Verheißung für sich in Anspruch nehmen kann (Joh. 11,25-26)? (s. 12,24-25)
   Anmerkung: Zwei Weizenkörner mögen äußerlich genau gleich aussehen, aber das eine hat einen Lebenskeim in sich und das andere vielleicht nicht (s. Röm. 8,9-11).

Lesen Sie 11,28-46

5. Weshalb weinte Jesus wohl, wenn er doch wußte, daß er Lazarus bald von den Toten auferwecken würde (11,31-35.41-44)? (s. auch Lk. 19,41-44)

Lesen Sie 11,47-57

6. Welches waren die beiden Reaktionen auf das Wunder?
7. Gewöhnlich bringt man Unglaube mit Dingen in Verbindung, die der

Verstand nicht ergründen kann. Aber in diesem Fall behauptete sich der Unglaube sogar angesichts eines unwiderlegbaren Beweises. Was bewog die jüdischen Führer, Jesus abzulehnen (11,47-48)? (s. auch 12,9-11.42-43)
Anmerkung: Es waren politische und persönliche Gründe.

8. Bilden solche Gründe auch heute noch ein Hindernis für den Glauben?
9. Welcher menschlichen Überlegungen bediente sich der Hohepriester Kaiphas, um seinen Plan zur Beseitigung eines unbescholtenen Menschen wie Jesus zu rechtfertigen (11,49-50)?
10. Inwiefern fiel dieser Standpunkt mit dem ewigen Plan Gottes zusammen (11,51-53)?
Anmerkung: (s. auch Jes. 53,1-12; Apg. 2,22-23) Der Tod Jesu war kein Unfall und auch keine ihm durch seine Gegner zugefügte Niederlage. Er war die Erfüllung des göttlichen Heilsplans für den Menschen.

Bibelarbeit 13 – Johannes 12

Lesen Sie 12,1-11

1. Beachten Sie, wer unter den Zwölfen die gemeinsame Kasse verwaltete (12,4-6). Was meinen Sie: Aus welchem Grund delegierte Jesus diese Aufgabe gerade an den einzigen Dieb in der Gruppe?
Anmerkung: Judas hatte eine Gelegenheit nötig, um sich selber so zu sehen, wie er wirklich war, damit ihm bewußt wurde, daß er einen Heiland brauchte (s. Röm. 7,7-8).

Lesen Sie 12,12-19

2. Was veranlaßte die Menge zu dieser Demonstration (12,17-18)?
Anmerkung: Jesus hatte die früheren Versuche des Volkes abgelehnt, ihn in die Politik hineinzuziehen (6,14-18). Warum stellte er sich diesmal nicht dagegen? Er wollte die endgültige Auseinandersetzung herbeiführen (s. 11,27-57). Durch diesen Akt wollte er die Juden herausfordern, Farbe zu bekennen, was ihn betraf: „Entweder anerkennt ihr mich als den Messias, oder dann tötet mich!" Es war das letzte Zeichen (s. Sach. 9,9).

Lesen Sie 12,20-36

3. Wie würden Sie anhand dieser Bibelverse den entscheidenden Lebenszweck Jesu bezeichnen?

4. Jesus sagte: „Die Zeit ist gekommen, daß des Menschen Sohn verherrlicht werde“ (12,23). Worauf bezog er sich? (s. 12,27.32)
5. Warum redete er von seinem Tode als von seiner „Verherrlichung“? *Anmerkung:* Joh. 17,4-5; 2.Mo. 33,18-19. So wie Jesus lebte, machte er vor der Welt deutlich, wie das Wesen seines Vaters war, und verherrlichte dadurch seinen Vater. Jetzt sollte der Tod Jesu seine Identität und den Zweck seines Kommens für die Welt aufzeigen.
6. Wer ist der „Fürst dieser Welt“ (Joh. 12,31)? (s. auch Lk. 4,5-7)
7. Welche Auswirkungen hat das unter anderem? (s. Röm. 8,18-22; 1.Joh. 5,19)
8. Was können Sie anhand seines Beispiels vom Weizenkorn (Joh. 12,24) über den Tod Jesu lernen? Inwiefern trug sein Tod viel Frucht? (s. Röm. 5,15-19; 1.Petr. 2,24) Warum ist dieser Tod unerläßlich? (s. Lk. 9,23-25)
9. In den nachfolgenden Bibelversen überträgt Jesus dieses Prinzip vom Sterben als Vorbedingung des Fruchttragens auch auf uns. Wie verstehen Sie das?

Lesen Sie 12,37-50

10. Was ist der Grund dafür, daß manche Menschen nicht an ihn glauben können?
    Anmerkung: Was passiert mit den Menschen, die sich für das Wertsystem der Welt entschieden haben oder sich weigern, ihre Vorurteile oder Halsstarrigkeit aufzugeben? (s. Apg. 28,25-28) Bedeutet Joh. 12,38-40, daß manche dieser Menschen unmöglich gerettet werden können? (s. 2.Kor. 3,15-16)

Bibelarbeit 14 – Johannes 13

Lesen Sie 13,1-20

1. In Joh. 13,1-16 finden wir den Bericht über einen symbolischen Akt Jesu, mit dem er seinen Jüngern ein geistliches Prinzip nahebringen will. Was will er sie Ihrer Meinung nach lehren? (s. auch Lk. 22,24-27)
2. Aus welchem Grund fiel es Petrus schwer, sich von Jesus die Füße waschen zu lassen (Joh. 13,6-9)? (s. Mt. 16,13-17)
3. Die Fußwaschung hat offenbar noch eine andere Bedeutung (2.Kor. 6,11). Wir brauchen die tägliche Reinigung durch Jesus Christus, weil

unsere Füße ständig durch den Staub der Welt beschmutzt werden (Röm. 12,1-2).

4. Jesus macht in Joh. 13,13 zwei Aussagen. Welche Auswirkungen haben diese für Sie?
   a) Was meint er damit, daß er unser „Meister“ (= Lehrer) ist? Können Sie ihn in diesem Sinne anerkennen? (s. 6,68-69)
   b) Was meint er damit, daß er unser „Herr“ ist? Können Sie ihn in diesem Sinne anerkennen? (s. Mt. 7,21)
5. Welche andere Lektion wollte Jesus den Jüngern mit der Fußwaschung erteilen (Joh. 13,14-17)? Was könnte das für uns ganz praktisch bedeuten?

Lesen Sie 13,21-38

6. Was veranlaßte Ihrer Meinung nach Judas, Jesus zu verraten? (s. Joh. 12,4-6; Mt. 26,14-16.47-50; 27,3-10)
7. Welches Gebot gab Jesus seinen Jüngern in Joh. 13,34-35? Weshalb bezeichnete er es als neu? (s. 3.Mo. 19,18; Mt. 22,34-40)
   Anmerkung: Bis dahin galt die jüdische Regel, daß man seinen Nächsten wie sich selbst lieben sollte. Jetzt gibt Jesus uns eine neue Dimension zum Vergleich: „Wie ich euch geliebt habe.“ (s. 1.Joh. 3,16)
8. Was ist es um die von Jesus beschriebene Liebe, daß Menschen, die sie praktisch ausleben, einzigartig sind (Joh. 13,35)? (s. 1.Joh. 4,7-12)
9. Glauben Sie, daß Petrus aufrichtig war, als er beteuerte, er würde für Jesus sein Leben lassen (Joh. 13,35)? (s. Mt. 26,40-41; Joh. 15,5; Röm. 7,18-25)

Bibelarbeit 15 – Johannes 14,1-14

Lesen Sie 14,1-14

1. Wie Sie ohne Zweifel bemerkt haben, gehört das Thema „ewiges Leben“ zu den vorherrschenden Lehren Jesu. In den ersten vier Versen dieses Kapitels geht er auf das Wesen dieses Lebens näher ein. Was sagen Ihnen diese Verse über das ewige Leben? (vgl. 2.Kor. 15,35-50)
2. Was erfahren Sie in Joh. 14,6 über Jesus?
   a) Was meinte er mit „Ich bin der Weg“? (s. Eph. 2,1-10)
   b) Was meinte er mit „Ich bin die Wahrheit“? (s. Joh. 8,32)
   c) Was meinte er mit „Ich bin das Leben“? (s. 1.Joh. 5,11-12)

3. Jesus sagte zu seinen Jüngern, daß sie Gott den Vater bereits gesehen hätten. Philippus, der ihn nicht verstand, bat Jesus, ihnen doch den Vater zu zeigen. Jesus reagierte darauf, indem er nochmals bestätigte, daß sie tatsächlich schon den Vater gesehen hätten. In welchen Sinne ist das wahr? (s. Joh. 5,19.30; 8,28; 12,49-50; 14,11)
   Anmerkung: Welches war der Ursprung der Dinge, die Jesus sagte? Welches war der Ursprung seiner Werke? Wessen Willen gehorchte er?
   Auf welche Weise offenbarte Jesus seinen Jüngern den Vater? Wenn sie ihn sahen, sahen sie auch den Vater.
4. Welche Auswirkungen hat für uns dieses wesensmäßige Ineinandergreifen zwischen Jesus und seinem Vater?
   Anmerkung: Gott ist erkennbar. Welche Fragen wir über ihn auch haben – sie lassen sich beantworten, indem wir Jesus betrachten. Zum Beispiel: Ist Gott gerecht? Sehen wir Jesus an. War Jesus gerecht? (s. Hebr. 1,2)
5. Wie würden Sie die Beziehung Jesu zu seinem Vater beschreiben? (s. Joh. 14,10)
6. Inwiefern ist dies ein Vorbild für die Beziehung zwischen Jesus und denjenigen, die an ihn glauben? (s. 14,10; 15,5)
7. Wir haben nun unsere Definition eines Christen. Wie lautet sie? (s. Röm. 8,9)
8. Wie kommt Ihrem Verständnis nach ein Mensch zu dieser Art von Beziehung zu Jesus Christus? (s. Röm. 10,9-13)
9. Welche Möglichkeit bietet Jesus uns an, damit auch in unserem Leben große Dinge geschehen können? (Joh. 14,12-14)

Bibelarbeit 16 – Johannes 14,15-31

Lesen Sie 14,15-20

1. In diesem Abschnitt beginnt Jesus seinen Jünger klarzumachen, daß er sie bald verlassen würde. Was erfahren Sie in dieser Bibelstelle über den Heiligen Geist (14,16-17)? (s. Röm. 8,9-17; 2.Kor. 2,10-12)
2. Wie verstehen Sie die paradoxe Aussage Jesu in dieser Stelle? Er sagte, er würde ihnen jemand senden (Joh. 14,16-17). Dann sagte er, er würde selber zu ihnen kommen (14,18-20). Und schließlich sagte er, daß nicht nur er, sondern auch sein Vater kommen würden, um in ihnen Wohnung zu machen (14,23).

Lesen Sie 14,21-31

3. In Joh. 14,15.21.23 beschreibt Jesus das Wesen der Beziehung, die er mit den Seinen haben möchte. Wie würden Sie erklären, was Jesus in diesen Bibelversen sagt?
4. Was wird denen verheißen, die Jesus Christus aus Liebe gehorchen (14,23)?
5. Weshalb ist Gehorsam eine notwendige Voraussetzung für ein tieferes Verständnis Jesu Christi? (s. Mt. 11,28-30)
   Anmerkung: Wenn wir nicht bereit sind, es „auf seine Weise" zu versuchen, kann er uns nicht helfen.
6. Was tut der Heilige Geist für den Christen (Joh. 14,26)?
7. Welchen Unterschied macht seine Gegenwart Ihrer Meinung nach im Leben eines Menschen aus? (s. Röm. 8,14-17; 8,26-27; 2.Kor. 2,12; Gal. 5,22-23)
8. In Joh. 14,27 sagt Jesus, daß der Friede, den er gibt, anders wäre als der Friede, den die Welt gibt. Wie würden Sie diesen Unterschied beschreiben? (s. auch Phil. 4,6-7)

Bibelarbeit 17 – Johannes 15

Lesen Sie 15,1-8

1. Jesus vergleicht sein Verhältnis zum Christen mit dem des Weinstocks zu den Reben. In welcher Weise sind wir wie Reben an ihm?
2. Was sind die Auswirkungen der Aussage Jesu, daß er der wahre Weinstock ist (15,1)? (Vgl. Lk. 6,43-45)
   Anmerkung: Er ist der einzige Weinstock, der wahres Leben hervorbringt.
3. Wenn Christus der Weinstock und der Christ die Rebe ist, welche Frucht bringt dann der Christ hervor?
   Anmerkung: Christus bringt Früchte nach seiner Art. Sein Wesen wird im Christen reproduziert. (s. 2.Kor. 13,1-8; Gal. 5,22-23)
4. Wie legen Sie das aus, was Jesus über die Reben sagt, die Frucht bringen oder auch nicht? (Joh. 15,2.6-7)
   Anmerkung: Die Rebe, die mit dem Weinstock verbunden ist, bringt naturgemäß Frucht. Was keine Frucht bringt, wird abgeschnitten, und sogar das, was fruchtbar ist, wird beschnitten, so daß noch mehr Frucht entsteht. Wenn auch schmerzvoll, so ist es doch ein positiver Prozeß. Zwischen Leiden und Fruchtbarkeit besteht eine Wechselbeziehung. (s. Röm. 5,1-5; Hebr. 12,4-13)

5. Was ist das Geheimnis des Fruchtbringens?
Anmerkung: Der Schlüssel ist das „Bleiben" in Jesus, das Leben in der Abhängigkeit von ihm. Als Vorbild für diese Abhängigkeit verweist Jesus auf seine Beziehung zu seinem Vater. (s. Joh. 5,19.30; 8,28-29) Er möchte dieselbe Art Beziehung mit uns haben (15,5).
6. Worin besteht nach Joh. 15,8 die Bestimmung der fruchtbringenden Rebe?
7. Warum wird der Vater durch das Fruchtbringen verherrlicht? (s. 14,7; 17,4)
Anmerkung: Jesu Aufgabe auf der Erde war die Verherrlichung seines Vaters – zu zeigen, wer und was der Vater ist. Ein wahrer Jünger hat die gleiche Aufgabe.

Lesen Sie 15,9-27

8. Was darf der Mensch, der in der Abhängigkeit von Christus lebt, umgekehrt erwarten? (15,9-27)
Anmerkung:
* Weil wir Empfänger der Liebe Christi sind, kennen wir ihn immer besser. Worin zeigt sich seine Liebe? Er opferte sich selbst (15,13), er suchte tiefe Gemeinschaft (15,15), und er machte den ersten Schritt (15,16).
* Friede
* Freude
* Sie lieben andere so, wie sie von Jesus geliebt werden; sie werden deren Freunde und helfen ihnen auf diese Weise, auch seine Jünger zu werden (15,12-17).
* Ein neues Verhältnis zur Welt: Konflikt (15,18-20). Warum haßt die Welt Christus und seine Jünger? Weil sie anders sind (15,19) weil sie Gott nicht kennt (15,21), und weil er ihre Sünde aufdeckt (15,22-25). Welche beiden Wege gibt es, um diese spezielle Einstellung der Welt zu ändern (15,26-27)? Antwort: Das Werk des Heiligen Geistes und das Zeugnis der Jünger mit ihrem verwandelten Leben.

Bibelarbeit 18 – Johannes 16

Dies ist das letzte der vier aufeinanderfolgenden Kapitel, in denen Jesus seine volle Aufmerksamkeit auf die Unterweisung der Zwölf konzentriert. Diese Belehrung erfolgte in den letzten wenigen Tagen seines

Lebens. Da er sie auf seinen Weggang vorbereitete, können wir sicher sein, daß er jene Stunden besonders dazu benutzte, um die Dinge zu unterstreichen, die von größter Wichtigkeit waren.
Machen wir einen Rückblick:

* Welche Einstellung lehrte Jesus seine Jünger (Kap.13)?
* Welche Vorsorge verhieß er ihnen in Anbetracht seines bevorstehenden Weggangs (Kap.14)?
* Welches ist das Schlüsselwort von Kapitel 15? Was bedeutet es?

Lesen Sie 16,1-11

1. Jetzt, in Kapitel 16, setzt Jesus dasselbe Thema fort und redet von der Vorsorge, die er getroffen hat, um seinen Jüngern auch nach seinem Weggang beizustehen. Beachten Sie in Vers 7, daß er sogar behauptete, es wäre besser für sie, wenn er wegginge. Wie konnte das stimmen? (s. 14,16-20; 2.Kor. 2,11-16)
   Anmerkung: Die Intimität aller menschlichen Beziehungen ist durch physische Trennung begrenzt. Jesus sagte praktisch, daß er durch seinen Weggang seine physische Begrenzung ablegen würde. Er betonte jedoch, daß er wiederkommen würde, um in unseren Leibern Wohnung zu nehmen. Wenn das geschieht, erfreuen wir uns einer höheren Stufe der Intimität mit ihm, als es sogar die Apostel kannten, während sie mit ihm wandelten.
2. a) Was haben Sie über das Wirken des Heiligen Geistes an denen gelernt, die nicht an ihn glauben (Joh. 16,8-11)?
   Anmerkung: In Joh. 16,8-11 kommt das Wort „weil" dreimal vor. Jedesmal folgt ein abhängiger Nebensatz, der den Hauptsatz erklären soll. Auf den ersten Blick scheinen diese Nebensätze allerdings nichts zu erklären. Doch wie müssen wir diese Verse verstehen?
   b) Was bedeutet das Wort „Sünde" in Vers 9?
   Anmerkung: In diesem Fall bezieht sich Sünde auf die bewußte Weigerung, an Christus zu glauben. (s. Jes. 53,6; Joh. 3,36; 5,40)
   c) Wie wird „Gerechtigkeit" erlangt (16,10)?
   Anmerkung: Durch die Rückkehr Jesu zum Vater. (s. Joh. 11,51; Röm. 5,18; 8,31-34; 1.Petr. 3,18)
   d) Wer steht nach Joh. 16,11 unter dem „Gericht"?
   e) Wer regiert die Welt? (s. Joh. 12,31; Mt. 4,8-10) Der Geist Gottes überführt den einzelnen Menschen davon, daß er ein Wrack ist, das keine Zukunft hat. (s. 2.Petr. 3,7)

3. Was sagt Jesus über das Werk des Heiligen Geistes im Christen voraus (Joh. 16,13-15)?
Anmerkung: Er wird den Christen in alle Wahrheit leiten. (s. 1.Joh. 2,27) Außerdem wird er Christus verherrlichen (d.h. unsere Erkenntnis Christi vertiefen). (s. Eph. 1,17-19)

Lesen Sie 16,16-33

4. Jesus sah eine Krise im Leben seiner Jünger voraus.
   a) Worin bestand diese Krise (16,16-22)?
   Anmerkung: Während sie litten und weinten, würde die Welt frohlocken.
   b) Was würde zu dieser Krise führen?
   Anmerkung: Sein Weggang.
   c) Warum würde sein Weggang zu dieser Krise führen?
   Anmerkung: Die Jünger würden sich wie Feiglinge verhalten, ihr Glaube würde versagen, und sie würden so verwirrt sein, als wären sie das Opfer eines Scharlatans geworden. (s. Mk.14,27-42)
   d) Zu welchem guten Ergebnis würde diese Krise führen (Joh. 16,22-23)?
   Anmerkung: Die Jünger würden beständig werden und geistlich heranreifen. Inmitten ihrer Verzweiflung würden sie sich der Realität der Auferstehung Jesu bewußt werden. Dann würden sie nicht mehr unterzukriegen sein. Niemand würde die daraus resultierende Freude zerstören können.
   e) Glauben Sie, daß Krisen für uns wichtig sind? Warum? (vgl. 5.Mo. 8,2-3; Jak. 1,1-4; 2.Kor. 7,8-10; Hebr. 12,4-13)
5. In diesem Zusammenhang verheißt uns Jesus eine besondere geistliche Kraftquelle. Worin besteht diese (Joh. 16,24)?
6. Weshalb erhört Gott Ihrer Meinung nach Gebete im Namen Jesu (16,26-27)?
Anmerkung: Wer sein Eigentum ist, hat als Gotteskind auch Familienrechte. (s. Eph. 5,14-15)

Bibelarbeit 19 – Johannes 17

Lesen Sie 17,1-5

1. In Vers 3 beschreibt Jesus das ewige Leben in etwas ungewöhnlichen Worten. Wie verstehen Sie diese Beschreibung?

Anmerkung: Ewiges Leben ist nicht einfach ein Seinszustand. Es ist auch eine ewige Beziehung zu Gott dem Vater und zu Jesus Christus. (Vgl. 1.Joh. 5,11-12)

Lesen Sie 17,6-19

2. In Vers 4 sagte Jesus zum Vater, daß er das Werk, welches ihm von diesem gegeben worden war, vollendet hätte. Welches Werk meinte er damit?
   Anmerkung: Er vervielfachte sich durch elf. (s. Lk. 6,12-13; Joh. 15,16)
3. Weshalb war dieses Werk so wichtig (17,18)? (Vgl. Mt. 28,16-20)
4. In Joh. 17,6-19 wird beschrieben, was Jesus tat, um die Jünger auf ihre zukünftige Aufgabe vorzubereiten. Worin bestanden diese Vorbereitungen?
   * Er vermittelte ihnen das Wort Gottes in einer Weise, daß sie glauben und in Übereinstimmung mit dem Wort leben konnten (17,6-8).
   * Er war bei ihnen (17,9-13).
   * Er betete für sie, damit sie imstande waren, dem Druck einer Welt standzuhalten, die anders dachte und handelte als sie (17,9-11).
   * Er bewahrte sie, damit sie die Orientierung nicht verloren (17,12-17).
   * Er vertraute ihnen seinen Auftrag an (17,18.19).
5. Beschreiben Sie, wie Ihrer Meinung nach ihr Verhältnis zur Welt aussehen sollte. Warum sehen Sie es so?

Lesen Sie 17,20-26

6. Was erscheint Ihnen in diesen Versen in bezug auf Einheit wichtig? Warum ist Einheit wichtig?
7. In diesem Kapitel beschreibt Jesus seine Strategie zur Übermittlung seiner Botschaft an die Welt. Wie sieht diese Strategie aus? (s. Mt. 9,36-38; 2.Kor. 5,18-21)
   Anmerkung: Das Mittel dazu war die Vervielfachung von Arbeitern im Reiche Gottes.
8. Welche Möglichkeiten sehen Sie, sich aktiv an diesem Werk zu beteiligen? Welche Aufgabe könnten Sie übernehmen?

Bibelarbeit 20 – Johannes 18

Jesus wußte von Anfang an, daß man ihn töten würde. Er wußte auch, daß sein Tod der Hauptzweck für sein Kommen in die Welt war. (s. 2,4; 3,14-15; 12,27) Jesus hatte die Kontrolle über die Umstände und über den Zeitpunkt seines Sterbens (11,53-54), bis er sein Werk vollendet hatte und diejenigen, die ihn ablehnten, reichlich Gelegenheit gehabt hatten, ihn zu beobachten und zu hören.

Lesen Sie 18,1-9

1. Warum brauchte wohl die religiöse Behörde die Hilfe des Judas?
   Anmerkung: Judas kannte die stillen Orte, wohin Jesus und die Jünger sich oft zurückzogen (18,2). Die Festnahme Jesu mußte heimlich geschehen, weil Jesus im Volke sehr bekannt war. (vgl. Mt. 26,3-5.14-16)

Lesen Sie 18,10-27

2. Wie denken Sie über das Verhalten des Petrus? Von den zwei Schwertern, die im Besitz der Zwölf waren, besaß er eines und griff damit die Soldaten an. Nur wenig später erlebte er eine Niederlage, als eine junge Frau ihm lediglich eine Frage stellte. Wie würden Sie die Tatsache erklären, daß aus einem mutigen Petrus innerhalb kürzester Zeit ein feiger Petrus wurde? (vgl. Mt. 26,31-35; Lk. 22,31-34)
3. Welche persönliche Lehre können wir aus der Erfahrung des Petrus ziehen? (s. 2.Kor. 10,12-13)

Lesen Sie 18,28-40

4. Mit welchem Argument versuchten die Ankläger Jesu bei Pilatus, den Prozeß gegen ihn nach dem römischen anstatt nach dem jüdischen System stattfinden zu lassen (18,33-37)? (s. Mk.15,1-15)
5. Wie verstehen Sie die Antwort Jesu auf die Anklage, sich als König der Juden auszugeben?
   Anmerkung: Er bestätigte, ein König zu sein, betonte jedoch zugleich, daß sein Reich keine politische Ordnung wie die jüdische Nation hätte (Joh. 18,36).
6. Worin liegt die Bedeutung seines Anspruchs auf das Königtum? (s. Phil. 2,5-11; Kol. 1,13-14; Offb. 19,11-16)
7. Was war der wirkliche Grund, daß die religiösen Führer den Tod Jesu verlangten? (s. Joh. 19,7; Mt. 26, 63-66)
   Anmerkung: Der Grund war das, was er über seine Identität aussagte.

Er behauptete, Gott zu sein. Ihn als solchen anzuerkennen, hätte bedeutet, ihn auch als König anzuerkennen. Das wiederum würde bedeutet haben, daß sie sich ihm hätten unterwerfen müssen.

8. Was meinte Jesus damit, wenn er sagte, er sei dazu in die Welt gekommen, um „für die Wahrheit zu zeugen“ (Joh. 18,37)? (vgl. 1,14; Kol. 1,15-17; 2,3)
   Anmerkung: Wir können den kennen, den wir sonst nicht kennen könnten. Wir können Gott kennen, weil Jesus ihn uns geoffenbart hat.
9. Was halten Sie von der Frage des Pilatus: „Was ist Wahrheit?“ Warum stellte er diese Frage?
   Anmerkung: „Solange wie ich suche und zu keinem Schluß gekommen bin, bin ich nicht verantwortlich.“ (s. 2.Tim. 3,7)

Bibelarbeit 21 – Johannes 19

Lesen Sie 19,1-16

1. In diesem Abschnitt wird noch einmal das Zusammengehen zwischen den religiösen Verantwortlichen und Pilatus unmittelbar vor der Verurteilung Jesu geschildert. Was war in Ihren Augen das eigentliche Motiv des Hohen Rates?
2. Was ging Ihrer Meinung nach im Kopf von Pilatus vor?

Lesen Sie 19,17-30

3. Als Jesus erkannte, daß er seinen Auftrag erfüllt hatte, sagte er: „Mich dürstet.“ Welche Art Durst war das? (s. Mk.15,33-37; Gal. 3,13)
   Anmerkung: Es ist bezeichnend, daß der, der lebendiges Wasser anbietet (Joh. 4,13-14), durstig starb. Er übernahm unseren Durst.
4. Was war „vollbracht“ (19,28)? (s. 12,24-27)
5. Der Tod am Kreuz trat gewöhnlich durch Asphyxie (Erstickung infolge Sauerstoffverarmung des Bluts) ein. Um den Tod zu beschleunigen, brachen die römischen Soldaten die Beine des Opfers. Weil sie dadurch ihre Beine nicht mehr am Kreuz abstützen konnten, um sich etwas aufzurichten, erstickten die am Kreuz Hängenden bald. Weshalb brachen die römischen Soldaten nicht auch Jesus die Beine (19,31-37)?
6. Was führte in Wirklichkeit den Tod Jesu herbei (abgesehen von der Kreuzigung selber)?

Anmerkung:

* Er trug unsere Sündenlast. (s. 2.Kor. 5,21)

* Sein eigener Entschluß. (s. Joh. 10,18)

Dieses Kapitel bringt uns zum Höhepunkt des Lebens Jesu. Sein Tod war nicht eine unheilvolle Wende der Ereignisse, wie die meisten seiner Anhänger und Feinde glaubten. Im Gegenteil: die Propheten hatten schon Jahrhunderte zuvor eingehend davon geredet. Auch Jesus selber hatte vom Beginn seines Wirkens an von „dieser Stunde" gesprochen und sie als den Zweck bezeichnet, wofür er Mensch geworden war. Das zeigt uns, daß die Kreuzigung Jesu die Grundlage für den Heilsplan Gottes für die Menschheit ist. Vergleichen Sie die Details dieses Kapitels mit einigen Prophezeiungen über dieses Ereignis.

7. a) Welche Details, die in Ps. 22 prophezeit wurden, sind in Joh. 19 in Erfüllung gegangen?
   b) Was verrät Ihnen dieser Psalm über das Leiden Jesu, was in Joh. 19 nicht erwähnt wird?
8. a) Welche Details sind in Jes. 53 vorausgesehen worden und beim Sterben Jesu in Erfüllung gegangen?
   b) Welche Bedeutung mißt Jesaja dem Tod Christi bei?
   c) Worin würden Sie die Bedeutung des Todes Christi sehen (Röm. 5,6-11)?
   d) Inwiefern kann sein Tod einen entscheidenden Unterschied im Leben eines Menschen ausmachen?

Bibelarbeit 22 – Johannes 20

Lesen Sie 20,1-18

1. Was erfahren Sie über die Nachfolger Jesu aufgrund ihrer ersten Reaktion auf das leere Grab? Warum reagierten sie auf die bekannte Art und Weise? (Vgl. auch Lk. 24,1-12.19-27)
2. Welchen Beweis hatten die Jünger für die Auferstehung Jesu?
   Anmerkung:
   * Der Stein war entfernt worden (Joh. 20,1). Das in den Fels gehauene Grab wurde mit einem kreisförmigen Stein, der mehrere Tonnen wog, versiegelt. Ein solcher Stein konnte wohl auf einer geneigten Ebene in Position gerollt, nicht aber ohne weiteres wegbewegt werden. Zu beachten ist, daß der Eingang nicht deshalb

geöffnet worden war, um Jesus herauszulassen, sondern um die Jünger sehen zu lassen, daß er nicht da war.

* Das leere Grab. Das Leichentuch war beiseite gelegt worden (20,3-8).
* Die Anwesenheit von Engeln (20,12-13).
* Die Weissagung Jesu Christi sowie die Prophezeiungen der Propheten. (s. Lk. 24,25-27)

3. Keiner dieser Beweise überzeugte die Jünger so, daß sie glaubten. Was bedurfte es dazu (Joh. 20,16)? (Vgl. Lk. 24,25.31; 2.Kor. 3,16; 4,3-4)
   Anmerkung: Es bedurfte eines Verstehens, einer von Gott geschenkten Einsicht.
4. Beachten Sie die neue Beziehung zwischen dem Menschen und Gott in Joh. 20,17. Jesus spricht zum ersten Mal von „meinem Vater und eurem Vater" und von „meinem Gott und eurem Gott". Wie konnte es durch die Auferstehung zu dieser neuen Beziehung kommen?
5. Welche anderen Auswirkungen sehen Sie als Folge der Auferstehung Jesu? (s. 2.Kor. 15,12-19)

Lesen Sie 20,19-23

6. a) In diesem Abschnitt lesen wir, wie Jesus Christus seinen Jüngern einen Sendungsauftrag gibt. Worin bestand nach Ihrem Verständnis diese Sendung?
   b) Welche Mittel stellte er ihnen zur Verfügung, damit sie den Auftrag ausführen konnten?
   c) Welches sind Ihrer Meinung nach die Auswirkungen dieser Sendung auf unser Leben heute?
7. Wie verstehen Sie die Spezialvollmacht, die Jesus seinen Jüngern in Joh. 20,22-23 verlieh? (s. Röm. 1,16-17; 2.Kor. 4,5-7)

Lesen Sie 20,24-31

8. a) In Joh. 20,24-29 lesen wir die bekannte Geschichte vom zweifelnden Thomas. Wie ging Jesus mit den Zweifeln des Thomas um?
   b) Weshalb begegnet er unseren eigenen Zweifeln nicht mit ähnlich dramatischen Gesten? (s. 20,29; vgl. auch Mt. 12,38-39; Lk. 16,31; Joh. 4,48; 1.Petr. 1,8-9)
9. Was erfahren Sie aus Joh. 20,31 über die Absicht des Johannesevangeliums? Wie bekommt man dieses Leben?

Bibelarbeit 23 – Johannes 21

Lesen Sie 21,1-14

1. Petrus ist wohl die dominierende Persönlichkeit in Kapitel 21. Das gilt für sein Handeln ebenso wie für seine Beteiligung an den Gesprächen. Als was für eine Art von Mensch zeigt ihn dieses Kapitel? Wie würden Sie ihn beschreiben?
2. Als Jesus Simon das erste Mal begegnete, gab er ihm den Zunamen Kephas (Petrus), was soviel wie „Fels" bedeutet (Joh. 1,42). Aus welchem Grund hat er das wohl getan?
3. Petrus machte im Laufe seiner Bekanntschaft mit Jesus eine Menge Fehler. (vgl. Mt. 16,21-23; 17,2-6.) Inwiefern beeinflussen diese sein Persönlichkeitsbild?
4. Petrus war es, der Jesus verleugnete. (s. Mk.14,27-31.66-72) Diese Verleugnung war das letzte, was sich zwischen Jesus und Petrus vor den Ereignissen von Joh. 21 zutrug. Auf welche Weise wirkte sich dies Ihrer Meinung nach auf die Antwort aus, die Petrus hier in Joh. 21 gab?

Lesen Sie 21,15-23

5. Zu einem sehr interessanten Dialog zwischen Jesus und Petrus kam es in Joh. 21,15-19. Weshalb stellte Jesus Petrus dreimal praktisch dieselbe Frage? (Vgl. Mk.14,27-31)
6. Was sollten die Antworten Jesu wohl bedeuten? (vgl. Jes. 40,11; Apg. 20,27-31)
7. Glauben Sie, daß Petrus mitbekam, was Jesus meinte? (s. 1. Petr. 5,1-4; 2. Petr. 1,12-15)
8. „Folge mir nach" waren fast die ersten Worte, die Jesus zu Petrus gesprochen hatte. (s. Mk.1,16-18) Es waren auch fast die letzten Worte, die er zu ihm sagte (Joh. 21,19-20). Weshalb ist diese zweite Aufforderung noch wichtiger als die erste? In welcher Weise war das Nachfolgen von nun an anders?
9. Welchen Vers oder Gedanken in diesem Kapitel halten Sie für den persönlich am herausforderndsten?

Bibelarbeit 24 – Die 24. Stunde mit Johannes

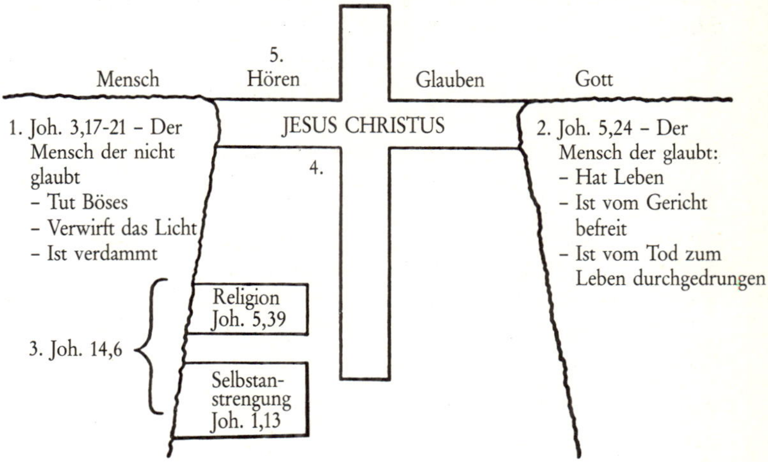

(1) Der von Gott getrennte Mensch steht wegen der Sünde unter dem Gericht (Joh. 3,17-21.36). (s. auch Röm. 3,23; 6,23; Hebr. 9,27)

(2) Die vielen Aussagen, die Jesus über das ewige Leben gemacht hat, weisen darauf hin, daß es für diese Trennung von Gott eine Lösung gibt (Joh. 5,24).

(3) Der Mensch versucht, sich selber Brücken zu bauen (1,13). Aber Jesus sagt, daß er der einzige Weg ist (14,6). (s. auch Eph. 2,8-9)

(4) Jesus ist der Weg aufgrund dessen,
- wer er ist: Gott (Joh. 1,14); das Lamm (1,36).
- was er tat: Er starb (6,51; siehe auch Röm. 5,8); er stand von den Toten auf (Joh. 11,25).

(5) Jesus fordert uns auf, auf diese Botschaft zu reagieren: zu hören und zu glauben (5,24). Synonyme: empfangen (1,12), wiedergeboren sein (3,3), trinken (4,13). (s. auch Offb. 3,20)

Zusammenfassende Frage:

Welche bleibenden Auswirkungen auf Ihr Leben glauben Sie durch das Studium dieses Buches erwarten zu dürfen?

Anhang B

Zwölf Fragetypen

1. *Synonyme:* „Welche anderen Worte oder Ausdrücke gibt es, die dasselbe bedeuten wie ....?"
2. *Definitionen:* „Wie würden Sie .... definieren?"
3. *Unterschiede:* „Welches ist Ihrer Meinung nach der Unterschied zwischen .... und ....?"
4. *Ähnlichkeiten:* „Inwiefern sind sich Ihrer Auffassung nach .... und .... ähnlich?"
5. *Gegensätze:* „Was ist wohl der Gegensatz zu ....?"
6. *Beziehungen:* „Worin besteht Ihrer Meinung nach die Beziehung zwischen .... und ....?"
7. *Beispiele:* „Welche Beispiel gibt es für ....?"
8. *Warum:* „Warum heißt es in diesem Bibelvers ...., während mehrere andere Stellen betonen, daß ....?"
9. *Erklären:* „Wie würden Sie Vers .... erklären? Wie erklären Sie sich die veränderte Haltung von ....?"
10. *Extreme:* „Welches davon ist Ihrem Empfinden nach das größte .... (oder das kleinste ....)?"
11. *Quantität/Qualität:* „Was glauben Sie: wie wichtig ist .... eigentlich?"
12. *Wie:* „Inwiefern ist .... heute noch gültig?"